CONDOR
L'ESPION DE ROMMEL

Dans la collection Poche Histoire

David Alvarez, *Les Espions du Vatican*
Jean-Marc Berlière/René Lévy, *Histoire des polices en France*
Éric Branca/Arnaud Folch, *Histoire secrète de la droite*
Édouard Calic, *Himmler*
Jacques Delarue, *Histoire de la Gestapo*
Éric Denécé, *Histoire secrète des forces spéciales*
Yvonnick Denoël, *Histoire secrète du XX*[e] *siècle*
Albert Desbiens, *Histoire des États-Unis*
Jean Deuve, *Stratagèmes de la Seconde Guerre mondiale*
Roger Faligot, *Les Services secrets chinois de Mao à nos jours*
Hussein Gaafar, *Condor, l'espion égyptien de Rommel*
Paul-Marie de la Gorce, *De Gaulle, tome I (1890-1945)*
Paul-Marie de la Gorce, *De Gaulle, tome II (1945-1970)*
Sébastien Laurent, dir., *Les espions français parlent*
Georges Lefebvre, *Napoléon*
Thierry Lentz, *L'Assassinat de John F. Kennedy*
Wolfgang Lotz, *Mémoires d'un maître-espion du Mossad – L'espion au champagne*
Constantin Melnik, *De Gaulle, les services secrets et l'Algérie*
Paul Paillole, *Notre Espion chez Hitler*
Friedrich Paulus, *La Bataille de Stalingrad*
Erwin Rommel, *La Guerre sans haine – Carnets*
Philippe Valode, *Hitler et les sociétés secrètes*
Philippe Valode, *Les Hommes de Pétain*
Thaddeus Wittlin, *Beria*
Collectif, *Dien Bien Phu vu d'en face - Paroles de Bo Doi*

21, square St Charles – 75012 Paris
ISBN : 978-2-36583-393-6
Dépôt légal : avril 2014
Imprimé en Italie par Grafica Veneta

Hussein Gaafar

CONDOR

L'ESPION DE ROMMEL

Présenté par
Yvonnick Denoël

nouveau monde éditions

Préface

Si l'on veut bien admettre que, la plupart du temps, la vie des « vrais » espions n'a rien de romanesque, alors Hussein Gaafar, nom de code « Condor », fait exception à plus d'un titre.

Ses Mémoires, publiés aux États-Unis dans les années 1960, peuvent sembler invraisemblables, et s'il faut reconnaître au récit un style emphatique tout oriental, parfois enjolivé, dans les grandes lignes, tout est vrai. L'un des plus précieux atouts de l'espionnage allemand pendant la Seconde Guerre mondiale était égyptien !

Né en 1914 à Alexandrie, de père libanais et de mère allemande, Gaafar concentre en lui bien des paradoxes. Sa mère, Johanna Eppler, venue seconder son frère, fondateur de la première chaîne d'hôtels pour Occidentaux à travers le Moyen-Orient, y épouse un riche marchand libanais qui meurt deux mois avant la naissance de Hussein. Elle se remarie avec un juge égyptien de bonne famille, qui deviendra par la suite ministre de la Justice et donne son nom au jeune garçon : Gaafar.

L'adolescent, promis à une vie de luxe et d'oisiveté, rêve d'aventures et fréquente les mouvances indépendantistes égyptiennes, où il croise un certain colonel Sadate, qui remplacera un jour Nasser à la tête de l'État. C'est donc par goût du voyage et du risque, ainsi que par nationalisme égyptien, qu'il se met, après quelques expéditions dans le désert, au service de l'Abwehr, les renseignements militaires allemands dirigés par l'amiral Canaris. Gaafar fait le calcul que l'Allemagne finira par perdre la guerre, mais que, si elle parvient auparavant à chasser les Anglais d'Égypte, son pays sortira libre de la guerre. Polyglotte (il parle à la perfection anglais, arabe et quelques autres langues), connaissant parfaitement le « terrain » moyen-oriental, il est un atout maître pour les Allemands. C'est donc sans état d'âme que l'administration de l'Abwehr lui décerne le brevet d'« aryen », condition *sine qua non* pour en faire un de ses agents !

Il faut dire que les services secrets de la Wehrmacht sont beaucoup moins dogmatiques que ceux des S.S., leurs grands rivaux. Né en 1887, Canaris a commencé sa carrière d'officier dans la marine et pratiqué le renseignement en Espagne pendant la Première Guerre mondiale, avant de commander un sous-marin en Méditerranée. Conservateur, ce n'est pas un nazi convaincu, même s'il est assez prudent pour afficher, dès 1933, un soutien sans faille au nouveau régime. Malgré une carrière médiocre, son expérience du renseignement et ses convictions apparentes le désignent en 1935 comme patron de l'Abwehr. Il s'accorde avec Heydrich, chef de la Gestapo, pour mettre fin aux frictions entre les deux services. Hitler ordonnant la reprise de la conscription, la Wehrmacht et l'Abwehr connaissent une croissance parallèle[1]. C'est dans ce cadre que Gaafar, comme bien d'autres, est recruté pour servir au Moyen-Orient. Même si Canaris n'est pas un nazi fervent (il finira arrêté pour complicité de complot contre le Führer), il est envoyé par Hitler comme émissaire personnel, notamment en Espagne, Roumanie et Italie. Avec le concours de Gaafar, Canaris organise la venue à Berlin du grand mufti de Jérusalem : la rencontre avec ce dernier marque en apparence un sommet de la collaboration entre « le croissant et la croix gam-

1. Cf. notamment David Kahn, *Hitler's Spies, German Military Intelligence in World War II*, Da Capo Press, 2000.

mée », pour reprendre une expression de Roger Faligot et Rémi Kauffer[1]. En réalité, cette alliance tourne à la déroute : après avoir incité les Irakiens à se soulever contre les Anglais, les Allemands retardés par la résistance grecque et monopolisés par leur offensive contre Staline n'ont pas pu venir en aide à leurs alliés musulmans. C'est à Gaafar qu'il revient de sauver *in extremis* le mufti, chef spirituel capable de mobiliser les masses musulmanes contre les Anglais (ce dont Gaafar doute). Il est chargé de le convoyer jusque dans le bureau de Hitler.

Mais son principal fait d'armes, celui qui donne son titre à la présente autobiographie, est son ultime mission d'espionnage pour le compte de Rommel, sous le nom de code « Condor ». Au printemps 1942, l'Afrika Korps semble en mesure de battre la 8e armée britannique et de s'emparer du Caire. Canaris et Rommel comprennent bien le profit qu'ils peuvent tirer d'un fils de bonne famille cairote implanté au cœur du dispositif ennemi. À l'aide d'un poste de radio clandestin, il devra transmettre toutes informations utiles sur la composition, la stratégie et les mouvements de l'armée britannique. Le code de transmission est basé sur le roman de Daphné du Maurier : *Rebecca*[2].

Parvenu au Caire, Gaafar reprend contact avec une ancienne maîtresse, vedette du *Kit-Kat Club*, danseuse orientale fameuse, courtisée par le gratin de l'armée anglaise. Grâce aux renseignements qu'elle recueille « sur l'oreiller », c'est une ample et riche moisson que rassemble l'Égyptien. Mais une monumentale erreur de l'Abwehr met en péril sa mission…

Rédigées bien après la guerre, après que Gaafar rebaptisé Eppler (nom de sa mère) eut entamé une seconde vie aux États-Unis, ces Mémoires offrent un indiscutable parfum romanesque, parfois

1. Cf. leur ouvrage éponyme, *Le croissant et la croix gammée, les secrets de l'alliance entre l'Islam et le nazisme d'Hitler à nos jours*, Albin Michel, 1990.
2. Cette histoire a inspiré le roman de Ken Follett, *Le code Rebecca*.

un peu corsé pour flatter le goût du lecteur. Gaafar-Eppler, qui se démarque soigneusement de toute conviction pronazie, ne se distingue pas par excès de modestie. Il nous rappelle en toutes occasions ses nombreuses qualités physiques – garantes de ses conquêtes féminines – et sa supériorité intellectuelle sur les autres agents de l'Abwehr. Il semble se mouvoir avec la même facilité dans le désert afghan, la haute société cairote ou les bureaux de Hitler. Dans ses propres Mémoires[1], Anouar el-Sadate (à l'époque jeune officier de transmission, qui apporte son soutien à l'opération « Condor ») décrira Gaafar-Eppler comme un alcoolique doublé d'un maniaque sexuel (mais il semble qu'il ait été très jaloux de son succès auprès de la belle danseuse du ventre).

Toutefois, dans l'ensemble, le récit qui va suivre est bel et bien authentique et nous en dit long sur l'Égypte des années 1930 et 1940, le fonctionnement somme toute très artisanal de l'Abwehr, ou encore les limites de l'alliance entre nazis, nationalistes arabes et musulmans…

Sans faire de politique-fiction, il est probable que si les informations transmises par Gaafar étaient parvenues à Rommel, le destin de l'Afrika Korps eût été différent. Mais l'Afrique du Nord n'était pas un théâtre d'opérations aussi majeur que le front russe. On ne peut donc exagérer l'importance de cette seule mission. Cette histoire illustre simplement la limite du recueil de renseignements : s'il n'est pas correctement exploité et transmis au bon moment, il ne sert à rien.

Au-delà de son intérêt historique, que ce document soit aussi un récit d'aventures haut en couleur ne gâche rien.

Yvonnick Denoël

1. *À la recherche d'une identité – Histoire de ma vie*, Fayard, 1978.

I

Hitler ou Mahomet

Ilona, la danseuse hongroise, dort encore dans mon lit. Elle est jeune, jolie, ambitieuse. Je l'ai rencontrée deux jours plus tôt au night-club de l'hôtel Saint-Georges. Né hier matin, sur la plage de Beyrouth, notre amour aux ailes d'éphémère s'est perché sur cette partie haute de la ville qui porte le seul hôtel de classe internationale existant en 1937, face à des rochers connus sous le vocable de « grotte aux pigeons ». Moi, je ne roucoule pas. Je préfère le vol des oiseaux de proie.

Le téléphone sonne. La réception m'annonce la visite d'un certain Haller. Je suis venu d'Alexandrie, en première classe, sur le *Khédive Ismaël*, tous frais payés par d'autres que moi, pour rencontrer Haller. Je m'habille en vitesse et vérifie que la moitié de la page 147, détachée du livre de Juliette Adam *L'Angleterre en Égypte* se trouve bien dans la poche intérieure de mon veston. C'est l'attaché auprès de l'ambassade d'Allemagne au Caire qui me l'a remise, en précisant :

— Monsieur Haller vous remettra l'autre moitié. Vérifiez bien la concordance des fragments qui représente l'équivalent d'un mot de passe.

Il est onze heures du matin. Le visiteur a gagné cinq minutes sur l'horaire prévu. On ne saurait se montrer plus allemand ! Je referme doucement la porte derrière moi pour ne pas éveiller Ilona et dégringole vers le rez-de-chaussée. Haller se trouve au bar. Assis sur un haut tabouret, ses pieds reposent cependant sur le tapis. Il n'en finit plus de se déployer pour se présenter :

— Haller !

J'ai l'impression qu'il va claquer les talons par un mouvement réflexe que je devine existant en lui à l'état endémique. Mais non. Il se contente de me présenter discrètement une page déchirée. Je l'identifie d'un seul coup d'œil, connaissant le texte par cœur. Elle commence : « dans la vieille Égypte », s'achève par une noble résolution qui n'est pas tout à fait la mienne mais pourrait cependant mûrir dans ce sens… « lui consacrer ma jeunesse, mes forces, ma vie ». Je me présente à mon tour :

— Gaafar !

Je commande un café tout en prenant discrètement la mesure du visiteur. Un mètre quatre-vingt-cinq. Cheveux blonds. Yeux en porcelaine de Saxe bleue. Raideur prussienne. Je pense : si je traverse la rue en compagnie de Haller, je me ferai remarquer plus sûrement qu'en me promenant tout nu. Le marchand d'eau laissera tomber sa cloche. L'ânier perdra sa bourrique. Le chauffeur de taxi emboutira sa Chevrolet sur un bec de gaz. Je me demande comment on peut être assez stupide pour envoyer vers un rendez-vous secret, au Proche-Orient, ce porteur de casque à pointe qui pourrait se déguiser en Chinois sans réussir à faire oublier son état d'officier allemand !

Conversation insignifiante d'abord… Le temps… l'état de la mer… le bateau… la ville… La splendeur du Liban… Puis je prends Haller par le bras, le pousse vers une petite table ronde placée dans un coin discret et, après avoir commandé deux scotchs, lui dis :

— Je vous écoute.

Il me répond avec une voix qui paraît se tenir au garde-à-vous.

— Monsieur, nous n'avons pas l'intention de vous verser dans les troupes régulières pour vos deux années de service militaire. C'est pourquoi notre attaché du Caire a organisé cette rencontre. Nous avons formé des projets différents pour vous.

Je réplique sèchement :

— Monsieur Haller, je suis très flatté de savoir que vous formez des projets me concernant, seulement je n'ai pas l'habitude que des inconnus pensent pour moi.

— Pardon ?

— Je veux dire plus directement ceci : je ne reçois pas d'ordres !

Du doigt, je montre mon oreille.

— Elle est ici pour entendre des propositions.

Puis, je désigne mon front.

— Ce crâne réfléchit, accepte ou rejette les propositions.

Les yeux de porcelaine bleue cherchent à me clouer sur la perspective du bar en vue de m'infliger quelque supplice réservé aux refus d'obéissance. La voix paraît jaillir de la partie immergée d'un iceberg.

— Vous êtes allemand, oui ou non ?

Je lui tends mon passeport égyptien. Il le feuillette lentement puis demande :

— Vous voyagez beaucoup, si j'en juge par la multitude des visas et cachets de frontières qu'il porte ? Pourquoi utilisez-vous ce passeport égyptien ?

Je hausse les épaules.

— Il me facilite bien la vie, croyez-moi ! Quand je suis en Allemagne, il me garantit la sécurité d'un citoyen égyptien. Ailleurs, il me soustrait aux questions embarrassantes qui se multiplient lorsqu'on porte un document allemand. Grâce à lui, on ne me regarde jamais de travers comme cela se produit depuis que les choses ont fondamentalement changé dans notre pays !

— C'est facile de dénigrer un régime !

— Je ne dénigre rien, je constate un état de fait. J'aime ce passeport !

— Pourquoi ?

— Il me donne la liberté de dire non aux Allemands qui prétendent me donner des ordres !

— Cependant, vous êtes aussi allemand ? Né en 1914, vous devez accomplir votre service militaire. C'est un décret du Führer !

Je réplique en souriant :

— Je possède aussi un passeport allemand. Mais je le conserve chez moi, enfermé dans un coffre-fort.

— Pourquoi ?

— Pour ne l'en sortir que si ça me plaît. Et dans tous les cas, jamais sur ordre. Vous comprenez ?

Haller s'est radouci. Il bat en retraite.

— Nous sommes des gens compréhensifs ! On peut discuter.

— Je suis là pour ça !

Pour désagréable qu'il fût, l'entretien avec cet iceberg égaré dans un lac prussien m'ouvrait l'appétit. Je lui dis en me levant :

— Nous parlerions plus agréablement devant un déjeuner français. Ne croyez-vous pas ?

Je le mène au restaurant, salle immense qui occupe toute la largeur du bâtiment de l'hôtel. Nappe immaculée. Cristaux de Bohême. Couverts d'argent. Vaisselle de qualité. Les serveurs portent l'habit. L'hôtel Saint-Georges appartient à la civilisation victorienne et se trouve implanté au Proche-Orient sans faire de concession à l'aimable désordre de la civilisation arabe. Partagé entre ces deux mondes, j'apprécie autant la salle à manger du Saint-Georges qu'un bivouac dans les déserts d'Arabie. Haller consulte sa montre et dit :

— Monsieur Rohde nous rejoindra dans quelques minutes.

— Ce Rohde, c'est… votre supérieur ?

— Dans un certain sens, oui. Il est en quelque sorte responsable du Service pour le Proche-Orient. C'est un patron très agréable et, si vous deviez accepter nos propositions vous auriez à faire à lui très souvent.

Mais Haller n'attend pas l'arrivée de son chef et attaque.

— Maintenant, au fait !

Je pense: je te vois venir cher Haller. Mais si tu veux réussir avec moi, tu dois changer de disque! Car celui que tu joues m'écorche les oreilles... Qu'attend-il de moi? Il me revient à l'esprit que l'attaché du Caire, homme d'une éducation irréprochable, m'avait affirmé au cours d'une partie de golf au club de Gesireh, que les Allemands possédant de vastes connaissances linguistiques et, surtout, une bonne connaissance du Proche-Orient, se trouvaient mieux placés que d'autres pour réussir dans l'armée ou la diplomatie. Je pense également qu'en ce qui concerne la bonne éducation, ce Haller aurait intérêt à prendre modèle sur le jeune attaché au Caire. Haller reprend:

— Il va sans dire que nous sommes informés sur vous jusque dans le moindre détail.

— Je m'en doute! Et cela n'a pas dû vous coûter beaucoup d'efforts, car mon père le Bey rencontre souvent son ami le baron von Stohrer, votre Ambassadeur au Caire.

Haller marque un mouvement de surprise mêlé au sentiment de soumission qu'il doit éprouver chaque fois qu'on évoque devant lui l'image d'une autorité élevée.

— Votre père est un Bey?

— Oui. Vous voyez bien que vous ne savez pas tout sur moi!

— Et, vous êtes aussi un Bey?

— Non.

— Je ne comprends pas. Tout à l'heure, le barman vous a dit: merci mon Bey!

Je souris.

— Vous connaissez mal les coutumes du Proche-Orient, Monsieur Haller! À Beyrouth, comme au Caire, les chauffeurs de taxi et les portiers accordent le titre de Bey aux clients qui donnent les gros pourboires!

— Ach! je comprends!

Ce Haller connaît sans doute mes origines et ma vie, mais peut-il les comprendre? Je n'en suis pas certain. Il sait, bien entendu, que ma mère est allemande et que mon père, libanais, a fait de moi un germano-arabe. Que je suis né de leur union en Alexandrie le 7 avril 1914. Mais, comment expliquerait-il la réussite de mes ancêtres allemands au Proche-Orient? Ma mère appartenait à une famille paysanne de la forêt Noire et son père avait épousé une fille de Heilbronn. Les Allemands du Sud possédaient une foi chrétienne vive, un esprit d'entreprise élevé et le goût de l'Orient. S'ils élevaient des « templeries » dans leur propre pays, ils créaient aussi des colonies en Palestine sur le même principe et implantaient des vignobles, donnant ainsi du corps à l'un de leurs proverbes: « Va dans le désert, soulève une pierre, il y a un Souabe dessous. » Les plus aisés d'entre eux faisaient du tourisme à une époque où la mode n'en existait pas et visitaient la Galilée parce que c'était là que Jésus était né. Pour ces gens, la vie tournait autour du bon Dieu, de la terre et du travail. L'oncle de ma mère, Fast, happé par ce courant portant vers l'exotisme, suivit une voie un peu différente. Lui n'implanta pas de « templeries » couvertes de vignes mais un hôtel à Jérusalem. Il lui donna son nom. Il réussit, créa un second hôtel à Jaffa. Avec un demi-siècle d'avance sur l'évolution touristique, il rêvait de posséder une chaîne d'hôtels qui accueilleraient ces pionniers allemands en route pour le Proche-Orient.

Avant de me rencontrer, Haller ne savait pas ce qu'impliquait le double usage du titre de Bey! Mon oncle Fast, lui, le savait et se proposait de défendre sa caisse! Il lui fallait donc un gérant appartenant à la famille pour que prospèrent les hôtels. Il revint en Allemagne, et persuada ma future mère, Johanna Eppler, de prendre en charge celui de Jaffa. Elle y consacra deux ans de sa vie et, âgée de vingt et un ans à son arrivée, rencontra un homme qui lui plut et qu'elle épousa. C'était un riche commerçant de Beyrouth. L'oncle Fast, le précurseur des chaînes d'hôtels, constatant que les courriers maritimes faisaient escale à Alexandrie, créa très vite un autre hôtel dans cette ville et le confia à ma mère. C'est là que je naquis, orphelin avant la lettre, car mon père, lui, venait de périr deux mois plus tôt, le 20 février 1914, dans l'express de Bagdad accidenté.

La Première Guerre mondiale éclata. Ma mère craignait que les Anglais ne lui confisquent son hôtel en raison de sa nationalité allemande. C'est alors que le fils aîné d'une vieille famille égyptienne, issu de Bédouins d'Arabie, revenant d'Europe où il terminait ses études de droit, entra en scène. Nanti d'un poste de juge stagiaire, il recherchait un logement. Il choisit l'hôtel Fast, s'y faisant aménager une « suite » pour un an car il possédait beaucoup d'argent. Ma mère considérait avec sympathie ce jeune magistrat, non seulement parce qu'il payait régulièrement sa note, vertu peu courante au Proche-Orient, mais encore parce qu'il tenait les Anglais à distance, jouait avec moi et me tenait en grande affection. Au bout de quelques années, elle pensa : puisque le juge s'entend si bien avec mon fils, pourquoi la mère ne répondrait-elle pas à ses avances ? C'est ainsi que je devins le fils adoptif de la puissante famille Gaafar et que, tout enfant, je tins Saleh pour mon père, de plus en plus gagné par son noble caractère, sa hauteur de vues, au fur et à mesure que je grandissais, sans parler de mon admiration pour sa carrière qui allait culminer comme ministre de la Justice. Saleh était, lui, un vrai Bey, mais Haller ne pouvait comprendre ce que cela signifiait exactement ! De même que, s'il connaissait en gros ma biographie, il n'avait pas les moyens de pénétrer mon âme, façonnée par ce mariage entre Orient et Occident. Heureusement que son chef Rohde venait d'arriver pour relancer un entretien menaçant de tourner court.

Haller n'existe plus quand Rohde se présente. Le géant se voit nié par un homme de taille moyenne, ses yeux de faïence par deux fleurs discrètes, le casque blond par des cheveux châtain clair. Sa rigidité cède devant l'attitude souple de l'autre dont le corps respire une sorte d'intelligence mondaine et sportive. Haller rentre dans le rang, mais Rohde ne profite pas de sa supériorité naturelle pour l'écraser. Il parle peu au début du déjeuner, lançant de temps à autre quelque commentaire gastronomique tourné comme autant d'éloges pour le personnel et le pays qui l'accueille. En fait, ils s'adresseraient plutôt au chef français pour les grives sur canapé qui fleurent bon l'olive, à Bordeaux pour le Château Latour de Bellegarde 1931 riche en qualités contradictoires de corps et de velouté. Ambiance feutrée. De la rue, montent les rumeurs familières de l'Orient, mais filtrées grâce aux murs épais. Ne s'en dégagent de temps à autre que l'appel d'un marchand de sucreries, les avertissements d'un ânier progressant à travers la cohue…

Au-delà de la simplicité affichée par Rohde, je devine la finesse d'un renard, car il m'observe par de brefs coups d'œil dont chacun vaut une radiographie. Ces analyses spectrales ne me déplaisent pas car, dès l'abord, j'ai ressenti pour cet homme l'élan que Rudyard Kipling résume assez bien dans son Livre de la Jungle : *Nous sommes du même sang toi et moi*. Mais je le laisse venir. Il se décide à l'heure des fromages et attaque sur un front exactement opposé à celui que tenait Haller avant le repas.

— Au fond, dit-il sur un ton léger, j'ai l'impression que je perdrais mon temps en sollicitant votre aide au nom des grands principes… Sens du devoir… Amour de la patrie… Les spéculations sur l'avenir du IIIe Reich ne doivent pas vous empêcher de dormir ? C'est normal ! Vous vivez trop loin de la nouvelle Allemagne pour ressentir certaines sollicitations, comme nous !

Je ne réponds pas, mais la nature même de mon silence ne représente pas une fin de non-recevoir pour ce qui, logiquement, doit suivre. Rohde s'explique.

— Comme n'importe quelle autre armée, nous avons besoin d'obtenir des renseignements précis sur les affaires militaires des différents pays. Moi, je couvre le Proche-Orient. Attaché militaire en Grèce et en Turquie, je me déplace difficilement vu le caractère officiel de ma situation. J'ai donc besoin d'un homme de confiance parfaitement adapté aux pays du Levant. Il faut qu'il soit lié à l'Allemagne par sa famille mais, dans le même temps, complètement intégré sur pied d'égalité dans la société locale. Vous remplissez ces conditions, d'où mon désir d'entrer en contact avec vous et mon offre de collaboration. Si vous l'acceptez, je suis prêt à discuter des détails.

Je comprends parfaitement ce que Rohde attend de moi. Dans une telle perspective, je représente une valeur qui n'a pas de prix. Le IIIe Reich peut bien construire des autoroutes, offrir des croisières à ses prolétaires, avant qu'il ne découvre un Allemand de souche, né en Égypte comme moi, puis élevé par une famille musulmane, lié à l'Islam par l'école Coranique et la vie de chaque jour, mais aussi passé par les collèges allemands, anglais, français, ce qui lui permet de parler quatre langues en plus de l'arabe, il passera beaucoup d'eau sous les ponts de la Sprée !

Je précise ma position.

— Monsieur Rohde, je vous sais gré d'avoir compris que le patriotisme seul ne saurait me pousser à collaborer avec vous, bien qu'un certain sentiment d'appartenance à l'Allemagne ne me soit pas étranger. Ma jeunesse ne s'est pas écoulée comme celle d'un jeune Allemand qui aurait grandi dans son pays. Je suis plus égyptien que citoyen du Reich et c'est tout bénéfice pour vous, car nous sommes pratiquement une colonie de l'Angleterre.

Rohde m'interrompt.

— L'Égypte n'est pas une colonie, elle est devenue État indépendant depuis 1922. C'est entendu, les Anglais y gardent quelques prérogatives, mais le roi et son gouvernement prennent les grandes décisions en toute liberté !

— C'est ce que les Anglais prétendent ! Mais ils ont barré l'autonomie par quatre lois d'exception : sécurité des voies de liaison avec l'empire britannique ; défense de l'Égypte contre toute attaque étrangère, immixtion étrangère directe ou indirecte ; protection des intérêts extérieurs – particulièrement ceux des Anglais – et des intérêts des minorités ; domination sur le Soudan. À part ça, Monsieur Rohde, nous sommes tout ce qu'il y a de plus indépendants !

— Vous êtes caustique, Monsieur Gaafar.

— La vérité, c'est que les Anglais règnent en Égypte en se servant du roi contre la Wafd. Restent donc trois forces en présence : les Britanniques, le roi et le parti de la Wafd du pacha Naha, parti, ne l'oubliez pas, auquel appartient mon père.

Rohde accueille par un sourire la fin de mon explication et dit :

— À défaut d'un patriote allemand, je découvre donc un nationaliste égyptien ?

— Je ne fais pas de politique, mais représente une tendance, celle du monde arabe en général désireux de vivre sous sa propre responsabilité ! Je suis arabe par mon éducation… Imaginez un peu ce que fut l'existence d'un descendant de Souabe dans une famille d'anciens Bédouins du désert d'Arabie ! D'abord, je fus circoncis par la volonté d'Abd el Kader, le chef dont tout dépendait. Révoltée par des mœurs dont elle ignorait encore tout, ma mère pleurait. Moi je me réjouissais d'abord à la vue du banquet fantastique préparé pour fêter l'événement, puis je ressentis une frousse bleue quand le barbier, armé d'une lame de rasoir bien affûtée, et accompagné d'un cheik récitant des passages du Coran, me priva de mon prépuce ! Ils me consolèrent en me certifiant que, désormais, j'étais un musulman et un invincible Bédouin ! Ensuite, ce fut l'école Coranique, l'étude et la récitation mécanique des Sourates qui, pour un musulman, doivent tenir lieu de toute science. Et il y avait la maison ! À la fois terrible et merveilleuse ! Sa façade donnait sur le Nil. Elle n'ouvrait sur la rue que par une seule porte sculptée dans du bois de cèdre, gardée par un Nubien dont la peau noire brillait au soleil.

Vous pouvez en imaginer l'intérieur en relisant les contes des mille et une nuits. Un couloir sombre aboutissant au patio lumineux qui semblait naviguer sur un océan de roses. Fleurs rares et précieuses le long des couloirs, dans les pièces, même sur le toit. Très riche, ma famille possédait les plus beaux meubles de l'Orient. Enfant, je vivais là, dans le « Salamik » réservé aux hommes. Les femmes du clan, les Égyptiennes aux seins blancs, n'y pénétraient jamais selon la loi, vivant dans leur harem, tuant le temps derrière les persiennes des loggias donnant sur le Nil, invisibles. Sous la surveillance des eunuques, elles s'ennuyaient en mangeant des montagnes de sucreries, regardant le fleuve.

— Et votre mère allemande acceptait cet esclavage ?

— Nullement ! Mon beau-père, le juge, ou le chef du clan lui laissait une liberté totale. À travers elle, c'est l'Europe qu'il respectait, car mon beau-père possédait sa culture et le terrible Bédouin la noblesse d'un vrai seigneur du désert.

— Et vous n'étouffiez pas dans cette maison qui me paraît tenir de la caserne ou de la prison ?

— Enfant, non, car je ne connaissais aucun terme de comparaison. Ce n'était ni une caserne, ni une prison, cette maison de famille, mais plutôt une sorte de monastère mondain. Et vous n'avez aucune idée des fêtes qui pouvaient se donner là. Le clan aux multiples rameaux se réunissait, chaque année, pour la fête de l'Aïd-el-Kébir après le mois de jeûne du Ramadan. Les parents d'Arabie, le pays d'origine, arrivaient tels des chevaliers errants montés sur des chevaux et des chameaux rapides, suivis par une foule de gardes du corps armés jusqu'aux dents. Ils portaient des capes noires sur des caftans blancs et, derrière la cartouchière, le poignard recourbé des janissaires. Visages étroits, passionnés, sauvages, durcis et sculptés par le vent brûlant du désert. Nez audacieusement busqués. Yeux noirs rappelant les braises incandescentes. Ils taillaient leur barbe selon la coutume de la tribu et couvraient leurs cheveux d'un chèche blanc maintenu par une corde incrustée d'or. Quelle aubaine pour un enfant que le contact avec ces hommes !

— Et comment l'Allemand n'est-il pas totalement mort en vous après tant d'années ?

— Grâce à ma mère et à la culture que l'Europe dispensait au Caire même, puis dans ses capitales. À peine formé par l'école Coranique, mon beau-père m'expédia dans les collèges français de la ville.

C'est à la Mission laïque française du Caire qu'un vieux professeur lyonnais et radical-socialiste exerça une profonde influence sur ma vie. Il s'appelait Bousson. Chaque matin, il faisait lever tous les élèves et ordonnait :

— Maintenant, mes enfants, nous allons chanter la Marseillaise !

Puis il se tournait vers moi et, sans haine, mais avec une sorte d'inflexibilité qui venait de loin, il me clouait sur mon banc :

— Toi, le Boche, reste assis ! tu n'as pas le droit de chanter la Marseillaise !

Toute la classe, sauf moi, levait alors l'étendard sanglant contre la tyrannie, abreuvait les sillons, écoutait rugir les féroces soldats et trucidait maints rois ivres de sang et d'orgueil. Cela ne me gênait pas du tout. J'y voyais un rituel logiquement fermé à un enfant venant à la fois de la Souabe et de l'école Coranique. Si je ne me plaignais jamais, mes petits camarades bavardaient beaucoup et colportaient l'incident qui finit par atteindre les oreilles de mon beau-père, alors ministre de la Justice. Un matin, alors que la classe appelait aux armes les citoyens et formait ses bataillons, il apparut, suivi de son escorte, entouré de toute la pompe orientale, et tança vertement l'instituteur, lui reprochant son chauvinisme. J'en fus navré. Moi, j'aimais bien Monsieur Bousson et n'ai jamais cessé de l'aimer. Je lui devais la révélation de Racine, Molière, Pascal,

Sainte-Beuve, Vigny et André Gide ; tout ce que la France avait, au cours des siècles, donné au monde d'à la fois tellement sérieux et si léger, sans parler de cette frénésie de justice pour les peuples qui touchait maintenant l'Égypte. L'incident n'eut pas de suite, sur ma prière. Boche, j'aimais entendre chanter la Marseillaise, sagement assis à mon banc, comme si la France me faisait seulement payer à son juste prix le droit de l'aimer, comme j'aimais son vieux professeur.

Rohde se mit à rire franchement et dit :

— C'est avec des hommes comme ce Bousson que la France a implanté en Égypte une influence qui n'est pas près de s'effacer.

— Oui. Elle a réussi à se faire aimer malgré la Marseillaise, ou peut-être à cause d'elle. Voyez-vous, je suis à peu près certain qu'un jour ou l'autre j'habiterai la France.

— Expliquez-moi comment, malgré les frères des écoles chrétiennes, les Jésuites, la mission laïque française, les universités européennes, vous êtes tout de même resté un représentant du monde arabe ?

Je réfléchis en réchauffant dans le creux de mes mains le verre de cognac qu'on venait de nous servir. La réponse était difficile à donner, car je devais faire un choix dans mes contradictions internes, permanentes et nombreuses.

— Monsieur Rohde, je crois que c'est à la fin de mes études en Europe. Je rentrai au Caire le 24 août 1930 et, tout de suite, occupai une place différente dans la maison de famille. Je vivais maintenant avec les autres mâles du clan. C'était une promotion !

Je me tourne vers Haller et lui dis, à brûle-pourpoint :

— Seriez-vous heureux si vous passiez directement du grade de caporal au grade de général ?

— Heu… Mais… Bien sûr ! Seulement, c'est impossible !

Il ne saisissait pas les termes de comparaison et cela ne m'étonnait guère. Je lui tournai le dos. En fait, je me confiais exclusivement à Rohde, tout en n'oubliant pas l'existence du seuil que je prétendais ne pas dépasser.

— Vous imaginez, Monsieur, l'impression que cela peut produire sur un adolescent qui, jusqu'ici, comptait pour moins que rien.

J'habitais maintenant l'un des appartements indépendants interdits aux femmes. Mon droit au logement personnel traduisait ma promotion. Presque aucun bruit n'atteignait ces pièces fraîches en été et agréables en hiver. Sur le seuil de ma porte veillait un Bisharin, à la peau sombre, ramené de nos fermes du Soudan. Il répondait sur sa vie de mon bien-être.

— Oui, confirme Rohde. La vertu du monde arabe c'est de ne jamais oublier que la vie reste un combat de chaque instant, non seulement contre soi-même, mais aussi contre l'environnement. Vous aurez peut-être l'occasion de vous le rappeler. Voyager pour le compte des Services secrets reste sans rapport avec une promenade touristique. Si vous acceptez de collaborer avec nous, votre existence connaîtra un changement aussi radical que si vous passiez de l'enfance à l'âge d'homme, dans votre grande maison au bord du Nil. Il faudra vous garder jour et nuit et aucun Bisharin du Soudan armé ne veillera devant votre porte !

— Je sais.

— Si vous choisissez de vivre dangereusement avec nous, rappelez-vous que vous devrez compter sur vos seules forces en cas de coup dur. Si vos affaires tournent mal, sachez dès maintenant que je ne vous connaîtrai pas. Je ne vous aurai jamais vu. J'irai s'il le faut jusqu'à vous désavouer. Vous êtes d'accord ?

— Je suis d'accord, cependant je ne me suis pas engagé à travailler avec vous !

Rohde marque un léger recul et une certaine mélancolie trouble son regard clair. Il dit lentement en hochant la tête :

— Vous traitez les affaires avec une subtilité bien digne du monde arabe auquel vous appartenez ! C'est une aptitude à laquelle, nous autres Allemands, ne saurions prétendre, et c'est pour cela que nous avons été vous chercher ! Mais j'aimerais bien savoir ce que vous pensez des vertus de fidélité et d'honneur auxquelles nous tenons beaucoup, en tant qu'Allemands ?

Je souris.

— Ce sont aussi des vertus arabes, Monsieur Rohde !

Il se leva.

— Excusez-moi, j'ai un après-midi chargé de rendez-vous. Mais nous pouvons nous revoir après le dîner ?

— Naturellement !

— Où ?

— Le night-club de l'hôtel, par exemple. C'est un endroit plus discret qu'il n'y paraît, en raison du fracas de l'orchestre et de la rareté des consommateurs en cette morte-saison. Voulez-vous 23 heures ?

Il me serra la main et s'en fut, suivi de Haller qui marchait à ses côtés, un peu en retrait, ainsi que l'exige le respect de la hiérarchie et il se tenait raide comme la Justice.

Je passe l'après-midi avec Ilona, dans les bazars de la ville et, surtout, les bijouteries. La danseuse hongroise est engagée par une agence de Vienne pour une tournée Constantinople, Beyrouth, Alexandrie, Le Caire. Circuit classique proposé aux filles d'Europe centrale bien tournées, ambitieuses, et d'accord avec la philosophie orientale qui nous enseigne ceci : il existe au monde trois formes de mouvement ne laissant aucune trace : le passage de l'oiseau dans l'air, celui du serpent sur la pierre et de l'homme dans la femme. Danseuses hongroises, chanteuses polonaises, princesses russes, partent ainsi à la conquête des Pachas et rentrent en général avec quelques illusions en moins et quelques bijoux en plus. Je suis déjà le « mon chéri » d'Ilona, mais noblesse oblige, et il me faut devenir aussi « mon Bey », comme pour le portier de l'hôtel Saint-Georges. Je lui offre donc une bague et la quitte après le dîner. Elle doit préparer son numéro, et moi le mien.

Je retrouve Rohde au night-club à 23 heures. Cet homme subtil a compris qu'il fallait éliminer Haller pour activer le dégel. Décor banalement agréable. Palmiers. Lumières tamisées. Serveurs naviguant sur d'invisibles nuages pour se trouver partout dans le même temps, à l'écoute des propositions les plus inavouables. Les night-clubs du Proche-Orient représentent des bouillons de culture où prospèrent les espions anglais. Il est naturel que les attachés militaires s'y retrouvent parmi ces messieurs de la famille dont ils connaissent la plupart. Un risque pris de manière par trop ostentatoire n'est plus un risque. Peu de monde. Trombone et saxo assurent le secret des entretiens qui se poursuivent par petites tables. Rohde parle peu d'ailleurs, et semblant parfois se livrer, cherche habilement à dénuder mes pensées.

— Un agent secret, dit-il, possède toujours un mobile. Psychologiquement, le monde du renseignement ressemble aux autres. L'important n'est pas de juger ces mobiles mais de les bien connaître. Je me demande quels sont les vôtres ?

Je hausse les épaules.

— Je ne suis pas votre agent !

Il sourit.

— Mais vous devenez mon ami ?

— Presque.

— Donc, quelque chose vous pousse vers nous ?

— Oui.

— L'intérêt ? Certainement pas, car la famille Gaafar possède beaucoup d'argent ! Un renoncement à l'existence normale pour un homme chargé de désillusion ? Mais vous avez vingt-trois ans et la vie ne vous a rien refusé jusqu'ici ! L'ambition politique ? Vous avouez ne rien connaître en politique. Patriotisme ? Votre cœur balance mais penche pour l'Égypte et non l'Allemagne. Alors ? Le goût de l'aventure ?

— Je crois.

— Mais, des aventures vous en avez connu beaucoup malgré votre jeunesse ? Que viendriez-vous chercher dans notre milieu que vous ne possédiez déjà ?

Je réfléchis longuement. La réponse à donner n'était pas simple car je lisais encore mal en moi et ne voulais pas me confier à Rohde de manière irréversible. Je lui dis :

— Au fond, je ne suis plus maître de mes aventures comme je pouvais l'être voici deux ou trois ans ! L'univers particulier dans lequel je suis entré de par ma naissance insolite évolue avec son siècle. Je suis peut-être simplement prisonnier d'un mouvement qui ne doit rien à mon imagination ou ma volonté !

— Expliquez-vous !

Ilona était venue s'asseoir à notre table. Je la présentai à Rohde et commandai la bouteille de champagne rituelle avant de répondre.

— J'ai découvert la vie du désert grâce à l'oncle Ismaël Abd el Kader, le chef de notre clan. Il descendait, ou prétendait descendre, d'Ismaël, le fils répudié d'Abraham et de l'esclave égyptienne Hagaar. De ce passé, il tirait une sorte de légitimité. Il représentait l'Arabe éternel qui traverse le désert à longueur de siècles, à la recherche d'eau et de pâturages. Un homme sauvage, sans lois, mais soumis à la tradition. Un musulman qui se conformait scrupuleusement aux prescriptions de l'Islam. Fier de cette famille qui comptait parmi les premières à avoir quitté l'Arabie pour répandre l'Islam sur toute la terre, il rêvait de me convertir en champion de la tradition, sans comprendre qu'un Allemand de souche ne peut adopter une âme arabe par la seule éducation. Moi, j'appartiens au monde moderne qui, déjà, dénature aussi sa famille. Les jeunes du clan se soucient peu de traverser le désert du Sinaï à dos de chameau, se mêler de luttes tribales, manger des dattes dures comme la pierre, boire du lait de chamelle sous le soleil d'Arabie ! Ils rêvent au contraire de le traverser comme ces Cheiks qui roulent dans des Cadillac à poignées d'or, voyageant avec un bouc magnifique installé sur la banquette à côté d'eux. Si Ismaël Abd el Kader pouvait, il les ferait fusiller, sans oublier les Américains lancés dans la recherche du pétrole. Ils ne recevront jamais l'autorisation de creuser un puits sur ses terres. Mais Ismaël ignore encore que ses frères de la grande ville se trouvent déjà en pourparlers avec la Standard Oil !

J'ajoute :

— J'évolue donc, moi aussi, comme mes cousins. Ma passion pour l'aventure est bien sortie du désert mais tend à se moderniser et si eux penchent pour la Standard Oil, moi c'est pour Berlin. J'ai besoin de vivre maintenant l'aventure avec des gens sérieux, pas avec ces Bédouins qui ne possèdent aucun esprit de corps, aucune discipline, et manquent totalement de confiance les uns envers les autres.

Rohde me regarde droit dans les yeux.

— Plus simplement, disons que l'Allemand se réveille en vous ?

— Un Allemand revu et corrigé, qui ne croit pas plus à la croix gammée qu'au Père Noël, Monsieur Rohde !

— Mais je peux compter sur lui ?

— Peut-être !

Aucun accord n'avait été signé, aucune base d'entente élaborée, mais je savais maintenant que j'appartiendrai un jour ou l'autre aux services de l'amiral Canaris. Rohde le savait aussi. Il se leva et me tendit la main.

— Nous mettrons tout cela au point dans quelques semaines, à Athènes, n'est-ce pas ? Nous conviendrons de la date exacte par l'intermédiaire de l'Ambassade ?

— Comme il vous plaira.

Il disparut dans la fumée bleue qui, maintenant, tendait un voile crépusculaire à travers la salle. Je devais encore attendre une heure avant de regagner ma chambre avec Ilona, tenue de présenter un dernier numéro de pseudo-french-can-can.

II

Fils à papa chercheur d'or

Je me suis retrouvé le lendemain, vers dix heures, sur la plage de Beyrouth. Ilona entreprit de mimer la fuite d'une nymphe effarouchée, mais je la rattrapai facilement et la jetai sur le sable en la priant de rester tranquille. Sable chaud. Ciel bleu légèrement voilé par des vapeurs. Elles distillent sur la côte une humidité qui laisse en permanence la peau moite. Je me couche auprès de la fille, l'œil mi-clos recevant dans le prolongement des longues jambes dorées une image de la ville accrochée à ses collines, exposant en premier plan les falaises des grottes aux pigeons plus blanches qu'un bloc de craie. Derrière elles des crêtes grises et vertes accrochées au ciel et qui s'enchaînent mollement les unes sur les autres pour s'en aller vers le Nord, culminer en vraies montagnes.

J'essaye de rêver, malgré l'agitation de ma compagne. Ilona représente un mouvement perpétuel miniaturisé. Vive, primesautière, agressivement puérile, comme parfumée à la paprika de son pays. Elle a beau me submerger parfois sous un flot de paroles insignifiantes, rien ne prévaut contre le sentiment qui me soulève depuis le départ de Rohde. C'est celui d'une puissance illimitée. Je domine l'événement. Je reste libre d'engager ou non mon destin dans une perspective formidable. J'ai laissé flotter entre nous les prémices d'un accord tacite, mais sans formuler cet accord. Je puis appartenir aux services de l'amiral Canaris mais, dans le même temps, je reste libre de refuser. Je pars quand il me plaît pour Berlin, mais regagne définitivement, si ça me chante, la grande maison familiale au bord du Nil…

Agent secret ou Bédouin roi du désert ? J'hésiterais encore peut-être entre les deux options si j'étais réellement appelé à prendre la succession d'Ismaël Abd el Kader. Improbable ! Je suis trop marginal dans la famille Gaafar pour régner un jour sur elle, comme lui. D'ailleurs, nul n'existera au-delà de lui ! Dépassés, les seigneurs du désert ! Ismaël représente un folklore poursuivant encore sa route à pas comptés… C'est ce que j'ai tenté d'expliquer à Rohde. Commencée avec la famille Gaafar, ma vie d'aventures s'achève si je reste un Gaafar, repoussant l'occasion qui m'est offerte de devenir un Eppler à temps complet ! Je sais ce qui m'attend sur l'itinéraire Standard Oil que mes cousins suivent. L'avenir d'un Gaafar s'équilibre entre beaucoup d'argent et peu de travail. Plus de filles dans chaque port, comme Ilona, mais trois femmes légitimes dans un gynécée que garde un eunuque, abruties par l'ennui et la soumission, épaissies par l'immobilité et les sucreries. Je pèserai moi-même vite cent kilos, comme un Pacha digne de ce nom. Mes jours, mes nuits, couleront à la fois très vite et avec une lenteur inexorable, tandis qu'allongé sur des coussins de soie, le bec de la pipe à eau en bouche, j'écouterai les bavardages de mes innombrables cousins ; ou bien, épluchant des comptes de gestion, je penserai aux fellahs à peine sortis de l'esclavage, travaillant dur dans la boue du delta ou les sables du Soudan, afin de nourrir la famille Gaafar. Une fois de plus, cette évocation me soulève de rage. Ce genre d'oppression exercée sur le peuple par une petite caste folklorique privilégiée m'a toujours révolté… Donc, l'aventure ne peut plus se poursuivre dans le cadre de ma famille égyptienne. C'était elle, pourtant, qui me l'avait révélée ! Le souvenir de cette initiation est gravé en moi en images fulgurantes.

J'étais encore tout enfant lorsque Ismaël Abd el Kader, après m'avoir privé de mon prépuce, décida qu'il me fallait accomplir un pèlerinage à La Mecque, car le chef du clan tenait à faire de moi un vrai musulman. Après une interminable palabre avec mon père, il l'avait convaincu de m'admettre dans la caravane de famille qui traverserait le Sinaï… Le fils de l'Allemande deviendrait ainsi le plus noble et courageux des Bédouins !!! Je devais rejoindre l'oasis d'Ajoun Mousa où bivouaquait la caravane. Je pris d'abord le train pour Suez. Ce fut mon dernier voyage confortable pour quelques mois car, par comparaison avec les selles des chameaux, les banquettes des wagons de chemin de fer se révèlent plus moelleuses que les nuages ! Deux Bédouins m'attendaient devant la gare, assis à l'ombre d'un platane, immobiles comme les chameaux qui ruminaient non loin d'eux, et ils posaient sur le lointain un regard absent.

Après de profondes révérences et toutes les bénédictions imaginables, mes compagnons fourrèrent dans des sacs de cuir fixés aux selles les fusils qu'ils portaient auparavant sur l'épaule. Puis nous montâmes les chameaux, le mien entre les deux autres, qui se mirent à trotter sur le sable en direction du Sud, vers le campement du clan.

Tout de suite, Ismaël Abd el Kader s'approcha le premier des montures sellées qui formaient un cercle, couchées à l'écart des tentes. Plus loin, des esclaves maintenaient accroupis les chameaux de somme destinés aux femmes et aux enfants. Un Bédouin roula le tapis sur lequel Ismaël venait de passer la nuit et le porta jusqu'à sa bête. Comme il se devait pour un chef de clan, Abd el Kader se trouva le premier en selle puis cria d'une voix forte :

— *Inch' Allah !*

L'homme qui tenait les rênes lâcha le méhari. Celui-ci se leva d'un bond et sans blatérer, comme tous les chameaux de selle bien dressés. Dès qu'il se trouva debout, Abd el Kader passa la jambe pardessus le dos de l'animal, s'installa confortablement et, attirant sous lui les pans de sa djellaba, orgueilleux, content de lui, provoquant car responsable du sort de mille Bédouins, de leurs femmes, leurs enfants et des chèvres, moutons, chameaux, chevaux.

Les bêtes prirent le trot. Nous fûmes obligés de presser les cuisses contre les quartiers de la selle pour modérer le train. Retentit ensuite le commandement, tranchant et impératif, d'Ismaël Abd el Kader :

— *Yell'ah !*

Le chef des conducteurs entonna une mélopée nasillarde à deux vers qui imposait son rythme aux montures et nous avançâmes sur le sable monotone. Derrière nous, femmes et enfants suivaient sans hâte.

Le soleil apparut alors derrière les montagnes rouges. Face à la caravane, le désert tirait encore sur le bleu et le noir, dans la brume matinale. Au loin, on apercevait des montagnes sombres. L'air, qui s'échauffait, commençait à trembler. Des broussailles et ces épineux que les chameaux broutent pendant la nuit pour apaiser leur faim accompagnèrent la caravane pendant quelque temps pour céder progressivement la place à de petites dunes de sable.

La lumière du soleil se fit dure comme du verre et brûla les visages. Le sol devenait éblouissant. Les paupières s'alourdissaient. Bientôt, les rayons du soleil nous calcineraient, dans ce pays sans ombre, sans arbres, sans jardins ; la prochaine oasis se trouvant à deux jours de marche. Rien d'ici là que du sable, des roches, le désert et l'impitoyable soleil. Pour éviter le sommeil, les hommes entamèrent des mélopées monotones et tristes. J'essayai de chanter en même temps qu'eux et, peut-être pour la première fois, je découvris ce qui me séparait des Arabes. Le chant les maintenait éveillés et provoquait en moi une irrésistible somnolence !

J'avançais à côté d'Ismaël Abd el Kader qui, depuis le début du voyage, ne m'accordait pas la moindre faveur. À l'étape, je n'obtiendrai qu'après les autres la permission de boire, après avoir dressé ma tente et soigné mon chameau. Il refusait de m'attribuer un esclave, car je devais, selon lui, m'endurcir pour me sentir plus tard fier du voyage. Peut-être savait-il déjà qu'il me forgeait une vocation d'aventurier ?

Ismaël prétendait vivre comme ses ancêtres avaient vécu, en Arabe chef du clan, possesseur de quatre femmes puisque le Prophète l'y autorisait, fier d'avoir à lutter pour guider sa famille à travers le désert. Depuis mille ans, on le traversait ainsi, il n'imaginait pas qu'il en puisse aller autrement mille ans plus tard !

Nous allions à travers le Sinaï pendant des jours et des jours, attendant chaque soir avec impatience d'apercevoir le point sombre qui grandirait lentement sur l'horizon : l'oasis... Palmiers gris. Feuilles en éventail pendant, molles et fatiguées. Troncs ridés comme le visage d'un vieux pêcheur de la mer Rouge. Nous approchions du puits, progressant sur le sable entre les troncs gris et filandreux des palmiers. Le soleil qui se couchait à l'Ouest, derrière les barkhanes, dessinait des ombres géantes sur le sol. Une maigre broussaille bordait le chemin. Nulle part on n'apercevait un brin d'herbe. Rien que du sable triste et gris, des palmiers fatigués poussant deçà delà. Ahmed, qui se tenait à mes côtés, dit lentement :

— Comme le soleil peut être cruel !

Puis, tous les détails disparurent. Ne resta que la ligne mauve de l'horizon, survolée par quelque nuage rouge sang. On entendait toujours la voix nasillarde du conducteur en chef qui accélérait son rythme au fur et à mesure que nous approchions du puits. Car l'eau attire comme un aimant tout ce qui vit, et nous savions que notre soif allait s'apaiser pour quelques heures... Je me souvenais bien de ce rude voyage à travers le Sinaï ! Il avait provoqué ma soif d'aventures sans réussir à l'apaiser !

J'avais trouvé un petit camarade chez les Jésuites du Caire, le fils du Maharadjah d'Ahmednapur. C'était encore l'époque où les Anglais protégeaient cette caste de grands féodaux qui servaient leur politique aux Indes. La fortune de celui-ci pouvait s'aligner sur celle des Gaafar à peu près comme l'océan Atlantique sur une flaque d'eau. Élevé au Caire, le fils de ce fabuleux personnage ne manquait pas d'argent mais d'affection. Mon beau-père, qui s'intéressait à mes relations, l'invita bientôt à passer les fins de semaine et vacances en famille. Nous devînmes complices dans l'art de contester nos situations privilégiées par des mauvais coups nous rapprochant du comportement des jeunes voyous, jugé enviable. C'est ainsi que le musulman et l'hindou s'amusaient à casser les chaises et vitres de l'église des bons Pères jésuites, sans doute pour le plaisir d'affirmer leur liberté par rapport à une religion étrangère ! Les Jésuites nous mirent à la porte sans considération pour les situations importantes de nos familles, et je le regrette aujourd'hui car ils m'avaient appris beaucoup de choses et j'eusse tiré d'eux plus encore si je ne m'étais si vilainement conduit. Je rentrai chez moi et le fils du Maharadjah regagna les Indes.

Un an plus tard, mon beau-père recevait sur le parchemin d'une chancellerie mystérieuse une invitation pour son fils, prié de venir passer six mois au château d'Ahmednapur. Une véritable escorte enturbannée m'attendait sur le quai de Karachi. Je traversai une bonne partie de l'Inde en wagon salon réservé et… climatisé ! Les Anglais avaient en effet mis en service un système de refroidissement bien avant l'invention des réfrigérateurs ! Des réservoirs dominant le toit du wagon laissaient ruisseler l'eau sur ses parois. Reprise dans des gouttières en fin de course, elle réintégrait la réserve à l'aide de pompes. Quand j'aperçus la résidence du Maharadjah, bâtisse énorme, tenant du château de Windsor, de la mosquée des Omeyyades et du Krak des Chevaliers, plantée sur une île, au centre d'un lac bleu, je compris qu'il allait me falloir réviser les échelles de valeur familières. Mon beau-père désirait qu'il en soit ainsi. Homme fort cultivé, épris de justice autant que de respect pour les différentes hiérarchies, il voulait que je connaisse tous les aspects de la condition humaine, m'intègre au progrès sans rien négliger des acquis réalisés par les différentes civilisations.

Je vécus au château d'Ahmednapur avec mon petit camarade, sur un rythme qui paraphrasait les contes de fées. Le temps s'était arrêté sur le lac bleu ou dans la jungle environnante. Des milliers de serviteurs, encore esclaves comme dans l'Égypte du XIXe siècle, prévenaient nos moindres désirs, nous épargnaient tout effort. Et cela, précisément, ne laissait pas de m'irriter. L'Allemand, avide d'action et d'épreuves de force, se réveillait en moi et, sans les règles de politesse qu'il me fallait observer, j'aurais volontiers cassé quelques vitres, quelques lits à baldaquin et le trône du Maharadjah lui-même, comme je brisais le matériel des Jésuites au Caire. Des milliers de singes vivaient en liberté dans toutes les pièces, menant jour et nuit un train généralement primesautier, parfois hostile, qui rendait la vie intolérable.

Le Maharadjah recevait beaucoup d'Anglais, ce qui ne renforçait guère ma sympathie pour ce prince, grand feudataire de l'Inde. Pour accueillir le gouverneur de la province, il déployait un faste qu'on n'eût pas désavoué à la cour de Louis XIV. C'est en Ahmednapur que j'appris à connaître cette élite anglaise qui dominait alors le monde et à classer ses représentants en deux catégories, expérience qui devait m'être d'une grande utilité pendant ma carrière d'agent secret. Les premiers se veulent plus hindous, nigériens ou bantous que les indigènes dont ils ont la charge. Ils parlent les langues locales et poussent la coquetterie jusqu'à modeler leur comportement sur celui du Maharadjah, ou de l'intouchable, selon l'impératif politique du moment. Ils retournent de plus en plus rarement dans la mère patrie et, parfois, vont jusqu'à l'oublier complètement. Les seconds meurent de nostalgie loin d'elle, mais servent ses desseins avec un renoncement qui peut les fixer jusqu'à leur mort au poste que Londres leur assignait.

Ceux qui fréquentaient le Maharadjah de Ahmednapur appartenaient à l'une et l'autre espèce. J'appris donc à les connaître, les admirer tout en me méfiant d'eux, mais je préférais aux fonctionnaires les libres aventuriers représentant un colonialisme marginal, tel ce Ryan Roberts, célèbre chasseur professionnel dont les seigneurs de l'Inde louaient les services quand ils organisaient des chasses dans leur brousse personnelle ou, très loin, au Kenya et Tanganyika où leurs « safaris » déplaçaient des centaines de chasseurs et d'invités parmi lesquels ne manquaient ni les femmes ni les enfants. On prétendait que Ryan Roberts tuait les éléphants en les approchant, seul, par un mouvement tournant permettant de leur tirer un coup de pistolet dans l'oreille. N'aimant pas spécialement la chasse au gros gibier, je n'ai pas eu l'occasion de vérifier si une pareille technique relevait ou nom de la légende. Je n'ai pas eu non plus l'honneur de participer à l'une des chasses au tigre commandées par le Maharadjah, cérémonie rituelle plus que joute contre le plus bel animal du monde, car il refusait de faire courir le moindre risque au fils du ministre de la Justice d'Égypte invité par lui.

C'est en flânant sur les bords du Gange que j'achevai de rejeter l'Inde. Des familles brûlaient leurs morts sur la rive et le parfum du bois de santal n'arrivait pas à dominer celui de la graisse en train de fondre. Des hommes, des femmes, buvaient à longs traits l'eau du fleuve, ou se baignaient sans complexe, tandis que d'autres urinaient paisiblement en amont, ou dispersaient dans le courant les cendres de leurs morts bien cuits. Je regagnai Le Caire, persuadé que, si nos plus grandes familles ne pouvaient rivaliser de faste avec un Maharadjah, le pays se trouvait dans son ensemble beaucoup plus avancé que l'Inde sur la voie du développement.

Quelques voyages au Proche-Orient, organisés par mon beau-père – Turquie, Iran, Irak –, suivirent ce séjour de rêve au palais du Maharadjah d'Ahmednapur. Je mûrissais rapidement, au point de décider brusquement que l'aventure organisée et payée par mon beau-père ne préparait qu'une caricature de l'aventurier que je prétendais devenir. Il me fallait prendre la direction et la responsabilité de toute l'affaire ! Je refusai donc d'aller passer mes vacances en Amérique et me concentrai sur un projet secrètement caressé depuis quelques mois et jugé apte à combler ma volonté d'affirmation et me permettre de prendre quelque distance avec les Gaafar. J'étais encore trop jeune pour comprendre que se faire chercheur d'or quand on dépend d'une famille riche est une forme de conformisme comme une autre, une aventure à référence purement littéraire qui commence et s'achève selon des règles aussi immuables que celles du baptême ou du mariage. Elle commence par une fugue et se termine par une intervention du Consul local, sommé de rapatrier le fugitif ! La mienne ne devait pas faire novation !

Sans prévenir personne, je quittai la grande maison endormie au bord du Nil et pris l'hydravion des Imperial Airways qui venaient d'inaugurer le vol Londres-Le Cap comportant une escale au Caire. Mafflu comme un canard domestique jouant au canard sauvage, le Canopus se posa sur le fleuve par le travers de l'île Zamalek et, après avoir refait les pleins, mit le cap sur le lac Victoria. Ma documentation quant au lavage de l'or et ses problèmes tenait dans un article de journal. Sous l'inévitable rubrique « nouvelle ruée vers l'or », il annonçait l'arrivée de nombreux aventuriers sur les rives d'un fleuve de l'Afrique centrale : le Lupa. Pour l'atteindre, il s'agissait de traverser le lac Victoria, débarquer à Mwanza et parcourir par ses propres moyens huit cents kilomètres de brousse encore riche en bêtes sauvages.

Entre les lacs Albert et Kioga, l'hydravion infléchit sa route vers le Sud-Ouest. Dilaté comme la tache de sang en train de s'élargir sur la poitrine d'un blessé, le soleil roulait sur les monts du Ruwenzori enneigés. Dans une heure nous toucherions Port-Bell.

Quand je sortis de la baraque des Imperial Airways je m'engageai sur la passerelle conduisant à terre. Un inconnu m'interpella.

— Étranger ?

C'était un grand type plus tout à fait jeune, muni d'une barbe rousse correspondant à de longs cheveux poil-de-carotte tombant jusque sur le col de la chemise à carreaux, sale et déchirée. Un peu de sel brillait dans les taches de sueur qui s'élargissaient sous les aisselles. Je possédais encore l'insolence de mon jeune âge et le toisai.

— Étranger, qu'est-ce que ça veut dire ? Étranger à qui ? À quoi ? Je suis né en Égypte, et vous, Monsieur ? Vous avez oublié de vous présenter !

— On m'appelle Whisky Wolf, répliqua-t-il avec assurance, sans s'émouvoir le moins du monde, en mettant l'accent sur Whisky au détriment de Wolf.

Je lui tournai le dos, suivis la passerelle jusqu'au bout, hélai un boy pour faire porter ma valise jusqu'au taxi, une Dodge poussive qui ne pouvait guère compter sur d'autres clients que moi. Ce Whisky Wolf me suivait. Je lui dis :

— Je suppose que nous n'allons pas dans la même direction ! Moi, c'est Kampala…

— Moi aussi !

Je ne l'avais pas invité mais, déjà, il se trouvait à mes côtés sur la banquette du taxi. Je le soupçonnai d'aller vers l'or du Lupa mais, de toute évidence, il ne roulait pas sur lui, et je payai le taxi quand il stoppa devant l'hôtel. Je pénétrai dans le hall pendant que Whisky Wolf me saluait des deux bras comme s'il prenait congé d'un ami sur un quai de gare. Une heure plus tard, rasé, baigné, je descendis au restaurant et me heurtai à l'indésirable, plongé dans l'un des fauteuils du hall. Choqué par le contraste offert par cet homme à la chemise sale, cheveux longs, pantalon effrangé, incrusté dans un confort britannique dont il ne pouvait visiblement payer le prix, je passai devant lui en l'ignorant.

Mais il se trouvait dans mon dos quand je choisis ma table et campé sur une chaise en face de moi, alors que je n'avais pas encore eu le temps d'occuper la mienne. Je lui dis :

— Vous avez sans doute aussi une chambre dans cet hôtel, mais je dois vous signaler que j'attache la plus grande importance au fait de manger tranquille, et seul !

Je répète en le dévisageant avec insistance :

— Seul !

Mon affirmation, en forme de repoussoir, ne produisit aucun effet sur lui. Il appela le boy, commanda avec autorité deux whiskys, puis leva son verre avec la désinvolture d'un Texan et annonça :

— *Welcome* à Kampala !

Je n'ai pas le temps de répondre, que son verre est vide. Il commente :

— Personne ne peut tenir longtemps sur une jambe ! Alors, vous m'offrez un second whisky !

Son accent rocailleux m'intrigue. Quelque dialecte germanique semble figurer à l'arrière-plan de son anglais correct, mais populaire. Je lui réponds donc en allemand avec un clin d'œil.

— *Prosit !*

Il hoche la tête.

— Eh oui ! Ce foutu dialecte saxon ! Toujours et partout ! Mais je n'y peux rien.

C'est un Saxon émigré depuis si longtemps qu'il a, comme certains Anglais, totalement oublié la mère patrie car, entendre sa langue d'origine ne lui procure visiblement aucun plaisir. Il ne s'attarde pas sur ce problème et va droit au fait :

— Bien entendu, je n'ai pas de chambre dans cet hôtel car je suis fauché. Vous me l'offrez et je l'accepte en cadeau de bienvenue !

— Je ne vous offre rien !

— Trop tard ! Ma brosse à dents se trouve dans ma poche.

Je me défends.

— Je veux bien payer les verres que vous avez commandés, le dîner aussi mais après… fini !

Il apparaît absolument décontracté et sûr de lui car, déjà, il me tutoie.

— Laisse tomber, étranger ! Accepte le pays et les hommes comme ils se présentent ! Quand on veut chercher de l'or, à ton âge, alors qu'on ne connaît rien à rien, mieux vaut s'y prendre en compagnie d'un vieux renard plutôt que se précipiter dans l'inconnu ! Tu prends moins de risques et ça te coûtera finalement moins cher !

Il adresse un signe impérieux au boy et un troisième whisky apparaît sur la table. Puis il cligne de l'œil à mon intention.

— T'as combien ? Dix-sept, dix-huit piges ? Inutile de rappeler que tu as foutu le camp de chez toi pour venir sur le Lupa !

Ce diable d'homme ne manque pas de perspicacité ! Il a maintenant barre sur moi, mais paraît devoir limiter le chantage à l'assistance financière. Il confirme presque aussitôt :

— Ne te complique pas la vie ! Tu as deviné où je voulais en venir ? Tu possèdes des livres dans ton portefeuille et moi pas un rond. Mais tu ne sais pas où, quand et comment on lave l'or, et moi je sais. Je suis un vieux chercheur d'or.

Pendant que nous découpons nos steaks, seul élément de la cuisine anglaise qu'on peut accepter dans cet hôtel de Kampala, il me raconte sa vie. En 1900, il se trouvait parmi les premiers qui lavaient l'or du Yukon. Il obtint des concessions dans le « Golden heart of Alaska ». En baie de Bonanza et sur le Klondike, on le connaissait comme le loup blanc.

— Demande qui est Whisky Wolf à un vrai chercheur d'or, il te le dira !

Et hop, il avale un quatrième scotch ! Je reste sur ma réserve et lui dis :

— Vous n'avez pas besoin de moi pour arriver jusqu'au Lupa ! Les trois cents kilomètres sur le lac Victoria ? Vous trouverez toujours une place sur un voilier jusqu'à Mwanza... Huit cents kilomètres de forêts, savane, montagnes jusqu'au fleuve ? Ça n'est rien pour quelqu'un qui a traversé l'Alaska. Il n'y a pas de risques. Il faut seulement faire attention autour des points d'eau. C'est là que les lions attendent les chercheurs d'or !

Il ne m'écoutait plus. Je me levai pour couper court à la beuverie qui s'annonçait. Moralement, je ne pouvais laisser coucher cet homme, presque un compatriote, à la belle étoile ! À la caisse, je réclamai une clé de chambre pour lui et me couchai en réfléchissant... Après tout, n'avait-il pas raison ? Je ne connaissais rien à l'affaire. Peut-être valait-il mieux chercher une formule pas trop onéreuse me permettant d'atteindre le Lupa en sa compagnie, ce qui m'éviterait les erreurs que je ne pouvais pas ne pas commettre.

À sept heures du matin, je le trouvai debout dans le hall. Il allait et venait comme un grand fauve dont il possédait la vigueur, la souplesse, et sans doute la prudence. Il était merveilleusement conservé pour son âge. Il me suffisait de lui offrir un costume kaki neuf, une chemise assortie et lui faire couper ses cheveux rouges pour obtenir un compagnon acceptable lorsque nous repartirions vers Le Caire, cousus d'or. Mais, pour l'instant, ces soucis de présentation ne possédaient pas un caractère d'urgence vu le milieu que nous allions fréquenter. Pendant la traversée du lac Victoria, je n'eus qu'un souci : empêcher mon compagnon de boire toute la provision de whisky existant à bord du vieux vapeur rouillé qui nous berçait en tenant le cap sur Mwanza. Whisky Wolf avait pris son petit déjeuner du matin sous forme d'un mélange scotch-lait condensé sucré, sans réussir à me faire partager son enthousiasme pour ce breuvage écœurant. Maintenant, il me fallait régler ce gosier en forme d'écluse selon les impératifs dictés par ma raison et ma bourse qui n'apparaissait pas inépuisable, loin de là. Mon compagnon protestait avec vigueur contre ce rationnement, fort relatif d'ailleurs.

— En aucun cas, vous ne devez m'empêcher de boire, sinon je vais tomber sur le champ raide mort et jamais nous n'atteindrons le Lupa !

— Ça va, chercheur d'or ! S'il le faut, je paierai l'enterrement et continuerai seul jusqu'au fleuve !

Enfoncé jusqu'au-delà de la ligne de flottaison, barré par un Noir issu de la tribu des Kourias, le vieux rafiot toucha Mwanza en pleine nuit. De la rive orientale soufflait un vent glacé qui venait de la Sérengéti. L'Afrique est un pays froid où brille occasionnellement un soleil chaud, me disait en souriant de toutes ses dents un vieux nègre qui servait dans l'une de nos fermes familiales du Soudan, étalée là où le Nil s'appelle encore Bar el Gebel. Je le vérifiai une fois de plus en remontant jusqu'au nez la couverture dans laquelle je m'enfermai en attendant l'aube.

Il me fallait maintenant découvrir une voiture dans ce pays moins abandonné de Dieu et des hommes qu'il n'y paraissait. Déjà les Indiens monopolisaient le commerce de l'Afrique orientale et l'un d'entre eux me proposa une Chevrolet en bonne voie de désintégration. Pendant qu'il vantait sa machine, le graisseur noir du garage me signalait, en souhaéli, la langue indigène, l'existence d'un châssis Ford en très bon état. Les Indiens n'arrivent jamais à comprendre et parler une autre langue que l'anglais mais celui-ci devinait le sens général de notre entretien. Je le laissai furieux avec sa Chevrolet sur les bras et achetai la Ford quelques heures plus tard. Mais il me fallait la carrosser. J'acquis donc un fauteuil encore présentable, un de ces clubs de cuir propres à développer le goût de la paresse que les Anglais introduisirent dans toutes les brousses et une chaise de paille. Un bricoleur local les ajusta sur le châssis.

— Et où mettrons-nous le whisky ? s'inquiéta mon compagnon.

Ne pouvant amarrer la cuve qui, seule, eût répondu à la déshydratation de Whisky Wolf, je fis poser sur les longerons deux grandes caisses qui absorbèrent vivres et matériel de l'expédition, y compris les fusils, deux Roland-Roland, un F.N. et un Springfield.

Une semaine plus tard, nous avions atteint la terre promise.

Le fleuve Lupa n'était pas un vrai fleuve, mais l'or se trouvait bien dans son lit depuis longtemps desséché. Le vrai cours d'eau s'appelait le Roufigo. Une sorte de kraal s'élevait sur sa rive. Une centaine de Noirs venus travailler pour le compte des chercheurs d'or l'habitaient, de même que les inévitables Indiens. Ils offraient dans leur bazar tout, absolument tout ce que peuvent désirer des Blancs un peu fous, installés en brousse, et représentaient les seuls chercheurs d'or assurés de repartir après fortune faite, comme la grosse Martha. Cette Berlinoise possédait l'inévitable « saloon » local et le gérait avec la plus grande énergie.

Nous nous mîmes au travail. L'or se ramassait là par des procédés ancestraux. Les particules imbriquées dans les sables du Lupa se retrouvaient dans les quatre poches filtrantes placées aux angles de cette sorte de van qu'il fallait agiter à longueur de journée. Rendement artisanal. La fortune ne pouvait surgir que d'un coup de chance rarissime et qui la saisissait devait la défendre, car les chercheurs se surveillaient étroitement les uns les autres pour dépouiller, même au prix d'un assassinat, celui qu'elle touchait. Parmi ces aventuriers venus de tous les coins du monde, se trouvaient, chose assez étonnante, beaucoup d'aristocrates. Je fis la connaissance du baron von Zellanski que je devais retrouver plus tard à la division S.S. Brandebourg, se singularisant toujours autant par ses choix insolites que par ses yeux, l'un franchement gris s'opposant à l'autre rigoureusement bleu.

Un matin, nous vîmes passer au-dessus du kraal un Moth de Havilland qui amorçait sa prise de terrain. Il se posa non loin de nous, heurta une termitière, se mit en pylône et ne bougea plus.

Accourus en foule, les chercheurs d'or virent sortir du fuselage et sauter à terre un jeune homme d'un mètre quatre-vingt-dix, mince comme une anguille, coiffé de cheveux plus roux que ceux de Whisky Wolf et portant barbe assortie. Il se présenta le plus simplement du monde.

— Lord Loveless!

Puis il sortit de son sac de cuir une paire de ciseaux et découpa le pantalon du smoking qu'il portait à la hauteur des genoux, sans doute pour s'intégrer au style de l'aventure qu'il épousait en touchant la terre africaine. C'était un ivrogne, un peu fou, comme mes compagnons. Traumatisée par son intempérance, sa noble famille écossaise lui avait remis un gros chèque en le priant d'aller se faire pendre ailleurs. Pour s'exécuter plus vite, il avait acheté un Moth et, maintenant, tombait littéralement sur nous.

Au Lupa n'existait aucun établissement pour commercialiser l'or recueilli. La grosse Martha représentait la banque et les chercheurs lui remettaient leur petite bouteille de « Eno's Fruit Salt » pleine de poudre. Chaque bouteille représentait une unité de compte de mille shillings. Si l'or se montrait rare, les emballages ne manquaient jamais, chaque ivrogne se fournissant régulièrement chez l'Indien en flacons de « Eno's Fruit Salt », produit indispensable pour surmonter les « gueules de bois ». Dans ce décor caricatural de la ruée vers l'or américaine, les aventuriers ne portaient pas le Colt ou Smith and Wesson en étuis de cuir ouvragés battant sur la cuisse, mais pendu à la ceinture le flacon de Eno's Fruit Salt plus ou moins rempli. Il remplaçait le chèque, le portefeuille et ceux qui échappaient aux griffes de Martha la Berlinoise, finissaient entre celles des Indiens du bazar. Il existait aussi des moyens originaux de s'en défaire. Un soir où je me trouvais chez Martha – quatre cloisons en planches mal rabotées enserrant les tables sous un toit de tôle ondulée – quelqu'un lui demanda, tout en désignant la file de bouteilles alignées le long d'une paroi :

— Ça coûte combien pour foutre ta boutique en l'air ?

Elle pointa un doigt impérieux sur les flacons de Eno's Fruit Salt et chacun posa le sien sur la table. Puis elle donna le signal du massacre. Invisibles jusqu'ici aux yeux de l'administration anglaise, les pistolets sortirent on ne savait d'où, et le massacre des bouteilles commença. Quand l'Allemande eut mentalement calculé la valeur de la casse, celle du capital déposé sur les tables et celle de sa marge bénéficiaire fixée à mille pour cent, elle cria :

— Stop !

Le feu cessa. L'artillerie disparut. Martha sortit de dessous la table qui l'abritait et rafla Eno's Fruit Salt. Cela ne plaisait pas à tout le monde et lord Loveless qui, deux jours plus tôt, baisait la main de Martha dans le meilleur style de Buckingham, le fit savoir. La grosse Martha sortit d'une caisse son fouet en peau de rhinocéros et chassa tout le monde. C'était la loi ! L'ivrogne qui dépassait la mesure recevait le fouet !

Un matin, le Noir qui se trouvait à mon service se précipita sous ma tente, hors de lui, incapable d'aligner les mots d'une phrase. Je finis par comprendre qu'il venait de trouver une pépite intéressante. Je le suivis. Il avait enfoui sa découverte près de notre chantier, comme cet aventurier écossais rencontré un jour au bord du lac Rudolf. Il ferrait les crocodiles avec un croc enrobé d'un morceau de gazelle pourri et les sortait de l'eau à l'aide d'une solide chaîne de vingt mètres de long. Il vendait les peaux et n'acceptait leur règlement qu'en pièces d'or, à la condition qu'elles ne soient pas à l'effigie de la reine Victoria ! Il les cachait dans un trou, en pleine brousse, comme le primitif qu'il était redevenu. Je ne l'étais pas encore ! Je dis à mon compagnon, puis répandis la nouvelle autour de moi, car les chercheurs d'or se surveillaient étroitement les uns les autres, que j'allais jusqu'à la ville la plus proche afin d'acheter du whisky, celui des Indiens me paraissant vendu à des prix scandaleusement élevés. Ma fable fut à demi entérinée, et je partis avec la Ford, salué par quelques froncements de sourcils.

— Comment, me dit le directeur local de la Barclay Bank, vous ne remettez pas vos flacons Eno's Fruit Salt à Martha, comme tout le monde ?

— Non Monsieur !

Je fis estimer ma pépite et virai la somme correspondant à sa valeur sur le compte en banque de mon père au Caire. Mais j'achetai tout de même du whisky pour donner le change, car si mes compagnons avaient appris l'importance de ma découverte – par nègre interposé ! – ils m'eussent fait un mauvais parti.

Il y avait l'or ! Il y avait aussi la chasse aux grosses bêtes. Qui prétendait tuer un lion n'avait qu'à se tenir à l'affût auprès d'un point d'eau, à la tombée du jour. Il suffisait d'être patient, silencieux, et de viser juste.

Mais Whisky Wolf ne pouvait entendre un coup de fusil sans trembler, probablement en raison de son état éthylique permanent, donc, à plus forte raison, se servir d'un Springfield de gros calibre ! Quant à moi, l'attaque de grosses bêtes me paraissait constituer un péché contre la splendeur de la création. Nous chassions donc peu, juste ce qu'il fallait pour nous ravitailler en viande fraîche.

Quelques années plus tôt j'avais cependant tué un lion, mais pour ainsi dire sur ordre. Je passais alors mes vacances scolaires dans cette ferme du Soudan que gérait l'un de mes oncles et il était à ses yeux déshonorant qu'un Gaafar puisse quitter son domaine sans emporter la peau d'un lion abattu par lui. Je partis en brousse une première fois avec ce Dinka qui jugeait l'Afrique pays froid sur lequel brillait parfois un soleil chaud. Il n'avait, pas plus que moi, la moindre envie de rencontrer le lion. Je rentrai n'ayant tué qu'une vieille hyène boiteuse. Le Dinka n'osa pas affronter le mépris de l'oncle. Il s'était planqué dans un champ de coton. Il me fallut repartir en remâchant la réflexion du vieux monsieur qui me conseillait de retourner dans les jupes de ma mère plutôt que de déshonorer les honnêtes chasseurs du Soudan ! Cette fois, le lion vint à mon secours en se plaçant dans la ligne de mire de mon fusil. Je l'abattis et regagnai la ferme dans le style d'un imperator romain admis aux honneurs du Triomphe. Mais, quelques jours plus tard, l'oncle me demanda :

— Où caches-tu ta mitrailleuse, petit ?

— Quelle mitrailleuse ?

— Eh bien, ta mitrailleuse à lion, quoi ?

Il s'en alla quérir mon trophée et, d'un doigt sévère, désigna les trous de deux balles. J'étais persuadé avoir abattu la bête en tirant une seule cartouche ! J'ignorais que le Dinka, retrouvant brusquement son courage et peu confiant dans mon habileté, avait tiré en même temps que moi. Depuis cette aventure douloureuse pour mon orgueil, je ne chassais plus le lion, ni l'éléphant, ni les grosses bêtes en général.

Malgré la compagnie de von Zellanski et de lord Loveless, la vie au Lupa volait assez bas pour qui n'était pas destiné à périr un jour ou l'autre dans un accès de delirium tremens. C'était ma position. Mise à part la découverte de la pépite, je ramassai peu d'or et le volume des sables à exploiter diminuait rapidement. Des chercheurs de l'Afrique du Sud étaient arrivés et pratiquaient le lavage au mercure, procédé plus moderne que le nôtre. Un jour, que j'agitais mélancoliquement mon plateau chargé de sable, je vis une ombre s'interposer entre le soleil et moi. C'était un policier de stature gigantesque dont la tête congestionnée par la chaleur ressemblait à une betterave sucrière.

— Je cherche Monsieur Gaafar ! me dit-il en s'épongeant le front.

— C'est moi.

— O.K. Votre « Old Man » désire vous parler.

Je me demandai qui, du policier ou de moi, devenait fou. Mon père désirait me parler ? Mais où et comment ? Au téléphone ?

Le policier arrivait de Nairobi juché sur une énorme moto Harley Davidson. Il précisa :

— Le Old Man désire vous parler, mais au Caire.

Je compris qu'il avait demandé au gouverneur anglais de me rapatrier. J'avais fait mon plein d'aventures comme chercheur d'or et n'avais aucune raison de ne pas le satisfaire. Je rassemblai mon mince bagage et, laissant la Ford à Whisky Wolf ainsi que mon flacon de poudre d'or, montai en croupe du « cop », visiblement irlandais d'origine car sa consommation de whisky approchait celle de mon compagnon.

Je regagnai l'Égypte par le chemin des écoliers, *via* Monbassa, la mer Rouge, puis le Soudan, alternant les parcours en chemin de fer avec la navigation sur le Nil. Mon père adoptif m'attendait en gare du Caire et c'est lui qui prononça le mot de la fin, avec son humour habituel, à propos de la somme dont j'avais crédité son compte en banque, qui n'en avait nul besoin, en me disant :

— Ça c'est gentil, mon petit, de venir en aide à ton pauvre père !

J'avais été chercher bien loin l'aventure qui se tenait à cent kilomètres du Caire. En 1934, le grand désert occidental de l'Égypte, que nous appelions le « désert anglais », présentait encore une somme d'inconnus et de périls tout à fait remarquable. Il méritait ce surnom de désert anglais par l'audace et la qualité d'hommes comme Penderell qui venait d'entreprendre son relèvement topographique. Cet Anglais de la Geographical Society, employé par la Topografical section du ministère de l'Intérieur égyptien, avait déjà relevé le Sinaï et la Transjordanie. Tout enfant, je l'avais rencontré, grâce à mon père, au cours d'une visite à l'Office arabe où le fameux Lawrence se trouvait de passage. C'était lui que mon père voulait me faire connaître et non Penderell, comme si le célèbre colonel représentait la pièce rare d'un musée destiné à immortaliser les faiseurs de roi de son espèce ! Je me souviens d'autant mieux de lui que, plus tard, je devais me livrer au Proche-Orient à des activités voisines des siennes. Ridiculement petit, il possédait une tête disproportionnée avec son corps mais des yeux bleus intéressants.

Penderell parcourait le désert avec une voiture de l'armée, un petit camion Bedford qui contenait son matériel de campement, ses planchettes, lunettes, théodolites et fusils. Il devait le remplacer par une Ford modèle T, après avoir mis au point un condensateur pour limiter les pertes d'eau par évaporation. J'achetai l'une de ces voitures et l'accompagnai. Sur ces espaces totalement désertiques, on n'était pas autorisé à voyager seul, la panne d'un véhicule isolé pouvant entraîner la mort. Penderell était heureux de disposer d'un compagnon qui, non seulement ne réclamait aucun salaire, mais encore prenait à sa charge une partie des frais élevés exigés par ce genre d'expédition. En échange, il m'initiait aux randonnées motorisées à travers l'un des déserts les plus hostiles du monde.

Une fois, nous allâmes de Faraf Rah, oasis épanouie à trois cents kilomètres du Caire, jusqu'à Darbain en suivant l'itinéraire dit « des quarante jours ». Les anciennes caravanes mettaient en effet quarante jours pour acheminer les contingents d'esclaves qu'elles fournissaient à l'Égypte. Elles traversaient le vrai Sahara, celui dans lequel rien, absolument rien, ne pousse ; sans rencontrer une seule oasis, seulement de la pierre et du sable, du sable et de la pierre et pas une goutte d'eau. On trouve sur ce parcours la plus forte densité d'ossements humains de tout le Sahara. Il suffisait de se rappeler la composition de ces caravanes pour trouver l'explication d'une telle mortalité. Les Noirs raflés en Afrique centrale et orientale ne possédaient aucune expérience du désert. Ils mouraient en nombre élevé au cours des tempêtes de sable car leurs corps se déshydrataient plus vite que ceux des Bédouins. Ce n'était pas mon oncle Ismaël Abd el Kader et ses guerriers qui eussent péri sur la route des « quarante jours » s'ils avaient aujourd'hui décidé de la reprendre ! Je devais la dominer à mon tour puisque j'étais, selon lui et grâce à lui, devenu un invincible Bédouin !

En 1935, je fis équipe avec Clayton, autre Anglais de la section topographique égyptienne. Nous allâmes de Faraf Rah à Wadi Natroun et Siwa, par Kharga dont Hérodote disait : « C'est l'île des gens heureux ». Entre les points extrêmes s'étendent mille sept cents kilomètres de désert aussi effrayant que le néant rocheux qui baigne la piste des quarante jours. Cependant, ici comme là-bas, les hommes avaient déjà violé ces solitudes. Parti de la Méditerranée, Alexandre le Grand avait atteint Siwa où nous retrouvâmes quelques débris du temple qu'il fit édifier et consacra à Isis. À Kharga, nous aperçûmes la plus grande dune mouvante du Sahara. Elle mesure cent cinquante kilomètres de long et progresse d'un mètre cinquante chaque année, à la manière des glaciers européens. La légende, peut-être l'histoire, sait-on jamais, veut que Cambise allant de Kharga à Siwa, surpris par une tempête de sable, fût englouti par la dune sous laquelle il repose encore aujourd'hui avec toute son armée !

Sous un ciel presque toujours pur et bandé comme une feuille d'acier bleui dans un four, règne là, plus impitoyable que dans le temple le plus secret, un silence qui fait mal. C'est le rien de rien qui préfigure les néants cosmiques. Quand je songeais que trois siècles avant notre ère Alexandre et ses guerriers l'avaient affronté en ne disposant que de chameaux, la conduite d'une Ford modèle T le long de la dune me semblait un jeu d'enfant. J'avais beaucoup plus souffert dans le Sinaï, en compagnie d'Ismaël Abd el Kader, que sur ces confins du Tibesti, peut-être grâce à l'expérience acquise depuis, celle d'hier et celle d'aujourd'hui en préparant une autre que j'allais aborder plus tard, en pleine possession de mes moyens. Qui m'aurait annoncé, en 1935, que je me retrouverais dans ce désert huit ans plus tard, que j'y rencontrerais mes amis Clayton et Penderell devenus mes adversaires du « Long Rang desert group » eût été tenu par moi pour un imposteur, et pourtant il devait en être ainsi. Une expérience du désert d'égale valeur et acquise par les mêmes efforts presque fraternels allait passer l'une au service du général Alexander, l'autre au service du maréchal Rommel jusqu'à ne laisser subsister qu'un vaincu et un vainqueur du désert !

C'est au cours de ma troisième expédition, jusqu'au Gilf-el-Kébir cette fois, que je fis connaissance d'un aventurier, le premier qui fut à la hauteur de l'aventure telle que mon imagination la définissait. Il s'appelait Laszlo et portait le titre de comte d'Almaszy. Issu d'une très vieille famille, ce gentilhomme d'origine hongroise avait, comme tant d'autres, été projeté hors de son orbite naturelle par la Première Guerre mondiale. Les prodiges qu'il accomplit alors comme pilote de chasse dans l'armée austro-hongroise ne suffirent pas à lui donner la victoire. L'Europe légale, basée sur un succès des armes occidentales et de la révolution bolchevique, lui pesait et il la contesta avec les moyens qui lui restaient. C'est ainsi que, fidèle aux représentants de sa caste, il rejoignit l'ex-empereur d'Autriche Charles Ier. Après deux ans de règne, Charles Ier avait dû choisir l'exil. Répondant à l'appel du peuple hongrois qui prétendait refaire monter son prince sur le trône, Almaszy s'en alla le retrouver en Suisse, l'embarqua sur une locomotive haut-le-pied qu'il chauffa et pilota, brûlant les frontières, pour le ramener en Hongrie ! Ce fut sa manière de participer à la marche sur Budapest que le communiste Bêla Kun fit échouer.

Très grand, un mètre quatre-vingt-cinq au moins, mince au point de ne pas révéler un gramme de graisse, vibrant de classe princière, raffiné et riche d'une éducation lui permettant d'évoluer avec une aisance égale à la cour de Vienne ou dans un bistrot ouvrier, monocle éternellement rivé, dans l'arcade sourcilière gauche, Almaszy débarquait maintenant en Égypte, décidé à démasquer les mystères de l'histoire après avoir renoncé à le faire. Il prétendait découvrir, dans les profondeurs du désert de Libye, l'oasis de Zarzura qui ne s'était jusqu'ici révélée que dans les légendes égyptiennes. Mais de semblables expéditions coûtaient cher, Almaszy manquait d'argent et fut trop heureux de s'associer avec moi qui n'en manquais pas. Nous ralliâmes Clayton, riche d'appuis officiels, le chercheur Bagnold et l'archéologue Frobenius.

Almaszy exerça une influence décisive sur l'orientation de mes ambitions, non point en raison de ses recherches mais de sa personnalité. Il représentait en effet l'un des aventuriers de grande classe produits par l'Europe au cours des siècles, l'un de ces Prométhée déchaîné qui lui firent découvrir le monde, soumettre les peuples les plus divers. Cette élite aussi inquiétante que finalement utile a totalement disparu aujourd'hui. Almaszy me révéla l'éthique supérieure de l'aventure tout en fortifiant, par ses excès, la sûreté de jugement entre le possible et l'impossible, que mon hérédité orientale m'avait conférée.

Un jour, en effet, entre deux expéditions sérieuses, alors que nous explorions le néant de la vie mondaine au Caire, nous décidâmes d'accomplir une randonnée d'entraînement dans le désert. Je lui dis :

— Je vais chercher ma voiture.

— Inutile, la mienne suffira. Nous n'allons pas loin... Quatre ou cinq cents kilomètres au maximum.

— Mais on n'a pas le droit de s'engager dans le désert anglais avec un seul véhicule !

— On le prend ! Venez.

— C'est dangereux.

— Il s'agit de vivre dangereusement !

Je me laissai convaincre et nous partîmes avec un Bedford. Bien entendu, Almaszy cassa l'embiellage à cinq cents kilomètres du Caire !

— Il ne nous reste plus qu'à bien mourir, affirma-t-il tranquillement.

Je ne partageai pas son avis et lui dis :

— Couchons-nous sous la voiture, c'est bien le diable si on ne nous retrouve pas ! Si je ne rentre pas, mon père organisera une expédition de recherche. Simple question de patience.

En cas d'immobilisation au désert, il faut absolument ne pas quitter son véhicule, même inutilisable, car il constitue un point de repère visible à grande distance. Marcher ne sert de rien. Un dicton saharien affirme : « À trente kilomètres t'attend la mort ». Nous ne possédions que peu d'eau et plus aucune provision de bouche. Nous étions partis à l'aventure, comme des collégiens. Almaszy s'allongea sous le Bedford, mais sans retirer son monocle qui lui semblait sans doute indispensable pour dévisager la mort quand elle se présenterait ! On ne meurt pas de soif au Sahara, contrairement à l'opinion répandue, mais par étouffement, l'effet de déshydratation gonflant la langue au point de provoquer l'asphyxie. Processus très rapide, de l'ordre de vingt-quatre à quarante-huit heures pour qui ne possède pas une réserve de liquide assimilable. La nôtre dura deux jours seulement, l'eau du radiateur s'avérant inconsommable car... ce n'était pas de l'eau mais du glycol, produit qui ne bout qu'au-delà de cent vingt degrés et que Penderell, en avance sur les chimistes, conseillait d'utiliser dans nos voitures.

J'avais déjà souffert de la soif au désert, mais d'une façon pour ainsi dire réglementaire ! En fin d'étape, attendant l'apparition de l'oasis ou par rationnement volontairement organisé. Mon expérience dans ce domaine dépassait donc celle d'Almaszy et, cependant, il se comportait aussi raisonnablement que moi. De toute évidence, pour lui beaucoup plus que pour moi, la mort ne représentait que l'un des thèmes de l'aventure, aussi peu redoutable que d'autres bien que fondamental ! Il ne retirait jamais son monocle, comme si tout geste inutile eût compromis sa lutte silencieuse et tenace contre la déshydratation. Mon admiration et mon amitié pour lui en furent renforcées. Tenter l'impossible devait être normal en compagnie d'un tel homme !

Nous fûmes sauvés, non par mon beau-père, mais par des membres de notre équipe, Clayton et Penderell qui, ayant entendu parler de nos projets d'escapade, les avaient jugés non seulement puérils mais encore dangereux.

Ils nous ramenèrent vers Le Caire. Ils firent halte au Mena House Hotel pour achever de nous réhydrater au whisky. Pas un commentaire sur notre escapade. Pas de sermon ! Pas de conseils pour l'avenir ! L'avenir, au Mena House Hotel se limitait à cette cour de belles étrangères en train d'évoluer avec grâce autour de la piscine et les remarques qui tombaient, laconiques, des lèvres de Clayton, concernaient exclusivement la beauté de leurs cuisses fuselées et ses conseils se limitaient à l'usage qu'on en pouvait faire !

Notre clan d'aventuriers du désert attira bientôt deux hommes intéressants tant par leurs origines contradictoires que leurs possibilités. Authentique prince russe et officier de la garde, René Rehbinder avait sauvé sa vie de justesse pendant la révolution bolchevique. Au lieu de rallier Paris pour y prendre le volant du chauffeur de taxi, comme tant d'autres, il accomplit un bond gigantesque et retomba directement en Éthiopie où il devint aide de camp de Ras Tafari Makonen. Vie mouvementée s'il en fut où l'excès d'honneurs côtoyait l'excès d'indignité, le futur empereur d'Éthiopie, appelé à régner sous le titre de Haïlé Sélassié Ier le confinant un jour en prison, le consultant le lendemain comme chef d'état-major ! Il se lassa, quitta le pays sans rompre avec son despote et vint s'établir en Égypte.

Comme moi, mais avec une décision plus ferme, Otto Eisenauer avait épousé l'aventure en rompant avec sa famille viennoise et rallia l'aristocratie dont il ne sortait nullement par une manœuvre originale. Il devint secrétaire particulier de l'impératrice Zaditho, veuve de l'empereur Ménélik. Il connaissait parfaitement l'Afrique orientale et parlait l'amhari.

Notre aventure débuta sans rien révéler de son futur visage. Rehbinder venait d'acheter en Égypte un lot de camions Ford 24 pour le compte de Ras Tafari Makonen. Il se proposait de les acheminer par la haute Égypte et le Soudan jusqu'à la capitale éthiopienne. Il avait besoin de chauffeurs mais également de spécialistes du désert. Il m'invita donc et nous partîmes en novembre 1935. Contrairement aux expéditions accomplies avec Penderell, Clayton et Almaszy, celle-ci prit au début l'allure d'une promenade dominicale plutôt que celle d'un raid. Je possédais une grande expérience du désert et connaissais le Soudan, mais rien de la guerre qui se préparait.

À la fin du mois d'octobre, venant d'Érythrée, des troupes italiennes franchirent la frontière de l'Éthiopie. Elles marchaient maintenant sur Addis-Abeba, mais nous ne savions rien, ou peu de chose, sur cette expédition coloniale lancée par Mussolini dans la grande tradition de l'Angleterre et de la France qui, cependant, la réprouvaient. Ce n'était pas notre affaire, et si elle le devint, ce fut bien malgré nous.

Aucun problème ne se posa en territoire anglo-égyptien jusqu'à Casala, sur des pistes bien connues. Les camions de Ras Tafari Makonen franchirent la frontière sans difficulté puisqu'ils lui appartenaient. Mais le terrain devint difficile en raison du manque de piste entre Casala et Gondar. Les camions s'ensablaient régulièrement et il fallait manier la pelle plusieurs fois par jour. Les nouvelles transmises grâce au « téléphone arabe » devenaient inquiétantes pour d'honnêtes convoyeurs et alléchantes pour deux aventuriers comme Rehbinder et moi. Les Italiens marchaient sur Gondar avec une rapidité surprenante de la part d'une armée que l'opinion tenait pour médiocre, et nous entrâmes dans Gondar en même temps qu'eux !

Simples convoyeurs de camions, nous n'avions pas à prendre parti entre Mussolini et Ras Tafari Makonen. Mais ce matériel appartenant à l'Éthiopie devenait aussitôt prise de guerre s'il tombait aux mains des troupes fascistes... Que devions-nous faire ? Nous plier aux lois de la guerre et l'abandonner à Gondar ? Tout essayer pour le remettre entre les mains de celui qui l'avait payé et nous trouver ainsi, malgré nous, en état de belligérance ? Mes entretiens avec Rehbinder devenaient des conseils de guerre ! C'est là que, pour la première fois, je compris qu'aucune aventure pacifique ne pouvait opérer un bouleversement des valeurs comparable à celui que provoque la guerre.

Cette rencontre avec elle, qui devait tout à la fatalité et rien à ma volonté, jouait obscurément en faveur de ma vocation future d'agent secret. Je me trouvais déjà, à mon insu, dans l'un des camps appelés à s'affronter à travers ce qu'on appelle à tort la Seconde Guerre mondiale et n'est en réalité qu'un épisode de la guerre de cent ans engagée en 1914, suspendue en 1918, reprise en 1939, déviée vers d'autres objectifs en 1945 et appelée à se réanimer tant que la transformation profonde du monde qu'elle postule ne sera pas accomplie.

Comme Allemand et comme É gyptien musulman, je me refusais à prendre parti et persisterai autant que possible dans ce refus, plus tard, comme agent de l'Abwehr. Mais le destin pesait et pèsera sur nous de tout son poids. En 1935 il me restait cependant une faible marge de liberté dans le choix de ma décision et qui n'existera plus en 1939. Je crois qu'à Gondar j'optai pour l'honnêteté, en simple Gaafar habitué à couvrir ses pertes à la bourse d'Alexandrie lorsqu'elles survenaient... Ras Tafari Makonen nous avait confié des camions payés par lui ; il s'agissait de les livrer, intacts si possible. Rehbinder et moi ne savions pas que ce douteux personnage avait déjà pris l'avion pour Londres, abandonnant ses terres, ses esclaves... et ses camions !

Nous avions stoppé la colonne à l'entrée de Gondar. Je réveillai les chauffeurs et nous prîmes le large avant le lever du jour. Au cours de notre ultime conseil de guerre, nous avions décidé de contourner le lac Tana par l'Ouest, quitte à reprendre la route du Sud vers Addis-Abeba, à travers les zones encore incontrôlées par l'armée italienne.

Après avoir surmonté le vingtième ensablement et abandonné l'un des camions impossible à dégager, je dis à Rehbinder :

— Avant d'acheter des camions, cet abruti de Ras Tafari Makonen aurait dû attendre que les Italiens lui construisent des routes !

Du point de vue routier, l'Éthiopie se trouvait, en effet, non pas au stade médiéval mais à celui de la préhistoire.

La progression restait faible, quelques kilomètres par jour, et nos conducteurs se trouvaient au bord de la révolte ou de la démission. Une avant-garde motorisée du général Graziani nous libéra du soin de relever leur moral. Elle nous rattrapa et nous trouva immobilisés dans le lit d'un torrent desséché d'où les camions ne semblaient plus devoir sortir avant la création des routes fascistes, effectivement construites quelques années plus tard.

Les Italiens nous ramenèrent vers Gondar avec un groupe d'Européens arrêtés avant nous. Parmi eux se trouvait... Otto Eisenauer ! Pendant quelques heures, je vis passer devant mes yeux, comme projeté à toute vitesse par le passage d'une bande de film au ralenti, un aperçu de ma vie future...

— Vous êtes des agents de l'ennemi ! nous disait un colonel portant plume au chapeau.

— Considérez-vous comme prisonniers de guerre ! précisait un commissaire fasciste en chemise noire.

— Vous êtes égyptien, donc agent anglais, risquait l'interprète chargé de traduire les réponses de Gaafar.

La rencontre prenait un tour inquiétant. Les Italiens nous ramenaient vers Gondar où leurs services secrets ne manqueraient pas de nous interroger plus à fond. L'opinion des Européens divergeait. La majorité d'entre eux se proposait de suivre le mouvement, se prétendant capable de prouver sa neutralité. Rehbinder et moi, tenions un raisonnement différent. Nous étions au service de l'ennemi et prouver le contraire me paraissait difficile. L'humeur d'un chef comptant plus que la loi de guerre pendant les périodes de crise, rester aux mains des Italiens manquait de charme. Mais Rehbinder plaisantait avec le sang-froid que jamais il ne répudiait et disait :

— Ils ne peuvent rien contre nous, même s'ils décident de nous fusiller ! Leurs balles ne font pas plus de mal que des piqûres d'épingle !

Il se référait au calibre des carabines italiennes aussi faible en 1935 qu'en 1886, crachant des balles inefficaces, au point que les soldats de Ménélik II marchant contre eux à la bataille d'Adoua, pouvaient en recevoir plusieurs sans pour autant abandonner le combat qui leur donnera la victoire.

Du nouveau conseil de guerre que nous tenions en parlant allemand, l'aventure sortit victorieuse. Nous avions décidé de brûler la politesse à ces Messieurs et de leur abandonner les autres suspects qu'ils détenaient. Avec Rehbinder, je me chargeai des deux sentinelles, Otto Eisenauer du chauffeur. À la tombée de la nuit, je m'emparai du fusil de l'une et l'assommai d'un coup de crosse, tandis que mon prince russe étranglait l'autre par une prise de combat japonaise, Eisenauer tenant déjà le volant du camion à la place de l'Italien balancé directement de son siège sur la route.

Nous fîmes demi-tour tous les trois en direction de la frontière soudanaise. Entreprise risquée à travers un pays sauvage, privé de pistes. Bien équipés en matériel tout terrain, les Italiens auraient pu nous rejoindre pendant les premiers jours. Il s'agissait d'affronter sans broncher la faim et peut-être la soif. Je mis toute l'expérience acquise pendant mes raids précédents au service de cette fuite. Je possédais heureusement une sorte de prémonition adaptée aux étendues désertiques, me trompais rarement sur le cap à tenir et maintenir, même sans boussole, ce qui était le cas.

Dix jours après notre coup de force contre les conquérants italiens, nous repassions la frontière à Casala. Ce fut long et laborieux. Otto Eisenauer devait récupérer là une boîte soudée contenant ses économies, quelques milliers de thalers autrichiens ramassés en Éthiopie où, en ce temps, aucune autre monnaie n'avait cours.

— Regarde, murmura Rehbinder en me désignant notre compagnon, les Autrichiens c'est pire que Mammont!

Eisenauer prenait en effet les pièces d'argent une à une et les mordait pour séparer les fausses des vraies! Il y consacra plusieurs heures mais nous attendions avec patience, bien installés sur une frontière que les Italiens ne toucheraient pas avant plusieurs jours. Nous étions sauvés. Mais j'étais devenu un autre homme. Pour la première fois, l'aventure m'avait confronté non seulement avec des périls nés des forces naturelles, mais encore avec mes semblables… J'avais peut-être fracturé le crâne de la sentinelle italienne et Eisenauer tué le conducteur du camion en le jetant sur la route? Le hasard venait de nous proposer une équation nouvelle: vie contre vie. Je l'avais résolue sans hésiter. Je ne pouvais maintenant aller plus avant sans entrer dans quelque grand jeu où de véritables adversaires me prendraient au sérieux, travailleraient à ma destruction comme je travaillerais à la leur pour déboucher sur des résultats impossibles à obtenir sans un engagement total.

J'étais donc mûr pour l'Abwehr. C'était pour cela que je n'étais pas resté sourd au premier appel de l'ambassadeur d'Allemagne au Caire, von Stohrer, que j'étais venu écouter les propositions de Rohde à Beyrouth d'où je repartais le lendemain par le *Khédive Ismaël* sur lequel j'avais retenu ma cabine.

III

Une seule fille dans mon harem

La sirène du *Khédive Ismaël* mugit. Presque tous les passagers s'étaient rassemblés sur les ponts, chacun prétendant apercevoir avant son voisin Alexandrie sortant de la mer, révélant progressivement ses minarets, ses villas côtières, sur lesquels la lumière crue ruisselait. Tous ces compagnons de voyage qui, pendant quelque temps, venaient d'édifier un monde fermé, ordonné par des lois aussi particulières que celles de la mer, allaient reprendre leur liberté une fois le paquebot à quai. Je leur prêtais de merveilleuses aventures issues de ma seule imagination, avec une sorte de jalousie qu'alimentait en moi, la perspective de reprendre la vie de famille...

Je n'avais pas besoin d'aller jusqu'au Caire pour la retrouver. Je savais que, pendant mes vacances, mes parents s'étaient repliés sur Alexandrie, comme chaque année en raison de la canicule. J'aimais cette ville peut-être pour ses contradictions internes qui confirmaient les miennes. L'Europe et le Proche-Orient la revendiquaient avec des arguments d'égale valeur. On y parlait le français, le grec, l'italien, plus que l'arabe. Mais la ville appartenait tout de même aux Orientaux selon l'esprit. Peuplée de gens à la fois subtils et primaires, âpres au gain, doués pour concilier la soumission musulmane, la poésie du Coran et le tripotage affairiste. Alexandrie ne prenait pas au sérieux qui se désintéressait de l'argent. Elle tenait pour suspects les héritiers des grandes fortunes qui s'intéressaient à tout sauf à l'art de faire fructifier leurs richesses.

J'y représentais donc le suspect numéro un ! Musulman pour Rohde, je redevenais allemand pour Alexandrie !

Depuis le pont de *Khédive Ismaël* je contemplais avec une exaltation un peu romantique la Grande Corniche exhibant ses nombreux cafés sur des kilomètres le long de la mer, et je brûlais de revoir Gliminopoulos, Camp César où j'étais né, Cléopatra, San Stefano. Le soleil étreignait la ville, comme les bandelettes d'une momie de pharaon. Chaque toiture se matérialisait en écailles de lumière, bien qu'il fût encore tôt ; tout virait rapidement du gris de l'aube au bleu de cobalt, rouge vermillon, jaune safran et le vert des arbres prenait la teinte sombre qu'il exhibe lorsque la lumière l'accable.

Une fois le débarquement autorisé, je passai rapidement devant la douane avec l'assurance d'un homme vraiment très riche pour qui les lois égyptiennes ne sont pas faites. Un proverbe dit *« Misr umm' ed dunniya »,* Égypte, père du monde… C'est aussi le plus beau pays du monde… pour les gens riches ! Qui possède quinze mille livres de rentes ne s'arrête pas devant la douane ! Je remis mon bagage à un porteur en le priant de prendre un taxi afin de le déposer chez moi. Puis je me dirigeai vers la maison en flânant, prenant mon temps.

C'était une grande villa cachée au fond d'un parc en bordure de mer, non loin de Montazah, la propriété privée de la famille royale. Comme la plupart des maisons ou palais appartenant aux riches égyptiens, grecs, arméniens, juifs, elle relevait du déplorable style 1900 que la France imposa par son Exposition Universelle où, rompant avec l'exquise mesure des siècles passés elle fit la synthèse de tous les mauvais goûts épars dans l'univers ! Elle comptait autant de clochetons, tours d'angles, fausses échauguettes, toits en chicane que celle du roi Fouad, avec les mêmes rappels de bulbes et de minarets qui ajoutaient au chaos architectural en empilant Orient sur Occident !

Par contre, l'entourait un parc très beau, bien que les hommes y aient corrigé la nature. Mes souvenirs d'enfance y reposaient, tout vifs, et me portaient à l'indulgence pour l'intervention des jardiniers. Derrière chacun de ses palmiers j'avais rêvé des oasis avant de les atteindre. Derrière les pins d'Indonésie, j'avais organisé mes premières terreurs. J'avais peut-être vécu là une première carrière d'agent secret à l'échelle des rêves enfantins, à moins que je n'y aie retrouvé des aventures du Grand Meaulne. Je ne me souvenais plus très bien mais conservais une vive attirance pour cet espace responsable de mes impressions premières.

Ce n'était pas là que j'avais découvert l'Égypte sous l'éclairage social que je faisais pleuvoir sur elle aujourd'hui. C'était en prenant conscience des privilèges exorbitants que me donnaient la fortune et les lois ; en mesurant l'étendue de nos propriétés du delta et du Soudan ; en réfléchissant sur les additions que je payais dans les boîtes de nuit et les comparant avec le salaire d'un fellah, en achetant une Alfa-Romeo de course, tout cela couvert par le chèque mensuel que me tendait mon beau-père avec une générosité que sa grande simplicité anoblissait. Je ne me plaignais pas, bien au contraire, mais tirais de ces comparaisons un sentiment d'inquiétude qui, loin de s'apaiser, prenait de la force au fur et à mesure que je grandissais.

Moins d'un siècle après Khédive Mohamed Ali la totalité de la terre cultivable appartenait à quelques familles, grâce à l'alliance conclue *de facto* entre l'Angleterre et les pachas sous la direction du roi.

Au lieu de s'amenuiser, comme dans les autres pays, les fortunes arbitraires croissaient en progression géométrique pendant que villes et campagnes s'appauvrissaient. Khédive Mohamed Ali, certes, avait fait du fellah un homme libre, mais il vivait de plus en plus cette liberté les poches aussi vides que l'estomac. Les grands propriétaires terriens, eux, se comportaient en seigneurs au Caire et Alexandrie ; gagnaient l'Europe une fois l'an et y jouaient les nababs en dilapidant sottement leurs revenus.

Certes, je reniais toute égalité dans le destin des hommes. L'ordre naturel impose l'inégalité fondamentale entre tout ce qui vit. Mes rêves, mon goût du risque pour les grandes aventures, ma double hérédité, mon éducation et ma culture me situaient bien loin des fellahs. Mon appétit de justice pour eux ne relevait d'aucune démagogie politique. Je pensais qu'il fallait payer leur travail au prix qu'il valait, ce qui n'était pas le cas.

Allongé dans une chaise longue sur la terrasse de la villa, un verre de whisky à portée de la main, je contemplais la mer, un peu honteux de me retrouver dans une position aussi confortable pour réfléchir sur le malheur des autres ! Les idées qui se bousculaient dans ma tête ne m'étaient pas exclusives, loin de là. Toute une jeunesse intellectuelle les partageait, mais aucune organisation sérieuse ne proposait un programme de gouvernement correspondant. Le roi se préoccupait plus de ses relations avec l'Angleterre que du destin des fellahs. Les milieux d'affaires s'intéressaient au cours du coton mais ignoraient l'étendue des efforts de ceux qui le produisaient. Les organisations politiques ignoraient les idées nouvelles en train de fermenter, mis à part deux ou trois mouvements que je connaissais.

Après avoir longuement réfléchi à la situation, je devais conclure. Pour entrer dans le service secret allemand par la grande porte – et il ne pouvait en être autrement ! – je devais me présenter à Rohde porteur d'un capital c'est-à-dire d'un réseau d'informations préexistant à mon admission dans l'Abwehr. Bien que ne relevant pas d'une affaire d'argent, il en allait là comme d'elle : pour exiger beaucoup je devais avoir quelque chose à offrir. D'autre part, si j'avais l'intention de pousser l'évolution de l'Égypte vers un régime à la fois plus réaliste et plus juste, il s'agissait de savoir si l'Allemagne pouvait servir les faibles mouvements travaillant déjà dans ce sens. Ce n'était pas évident ! Ces mouvements déjà structurés ou embryonnaires, je les connaissais.

D'abord « Ichwan el Muslimin ». Dirigés par Hassan el Banna, ces « Frères musulmans » se proposaient de libérer la vallée du Nil de toute hégémonie étrangère et rendre justice au peuple. Un tel programme s'accordait bien avec ce que je pensais. J'étais moins intéressé par le but panarabe et panislamique caressé à terme. Je savais aussi que « Ichwan el Muslimin » possédait un remarquable service de renseignement et si Hassan el Banna acceptait ma collaboration, j'allais jeter une vraie fortune au pied de Rohde.

Ensuite « Misr al Fatat », parti des « Chemises vertes » fondé par Ahmed Hussein. Très anglophobe, considérant le traité anglo-égyptien comme un abus de confiance, le chef de ce mouvement venait de publier un livre intitulé *Imàmi*, « Ma Profession de foi ». Il aurait mieux fait d'inscrire directement sur la couverture « Mein Kampf » car son héros s'appelait Hitler. Ce candidat führer de l'Égypte ne connaissait cependant de Hitler que ce que j'en savais moi-même, c'est-à-dire seulement ce qu'en disaient les journaux, mais il le tenait pour un grand chef. L'Allemagne officielle, faiblement représentée en Égypte, ne pouvait tirer grand profit de son activité mais il n'en était pas de même pour l'Abwebr.

Restaient les jeunes officiers qui, déjà, complotaient plus ou moins. Pour comprendre l'importance de ce nouveau facteur dans la vie politique égyptienne, il faut savoir que, jusqu'à la réforme de 1936, seuls les fils des familles riches pouvaient entrer à l'Académie militaire. Désormais, la caste des fellahs accédait à la carrière des armes et les Nasser ou Sadate parviendront au pouvoir suprême.

Le futur Président égyptien, Anouar el-Sadate était né dans une petite localité, le Benha, qui se trouve près d'un barrage implanté à quarante kilomètres au Nord du Caire. Le pays fournissait les gens les plus extraordinairement madrés de toute l'Égypte et qui se prétendaient, avec juste raison, très supérieurs aux gens des villes. Lui-même portait sur le front ce qu'on appelle là-bas le « grain de raison », stigmate obtenu en se frappant le visage contre le sol avec la plus grande énergie pendant la prière. Manière comme une autre d'affirmer ostensiblement sa raison et sa foi. Je le connaissais depuis l'école et le jugeais enraciné dans le limon du delta aussi bien que dans les pages du Coran, mais sans fanatisme superflu. En dehors d'une terrible volonté de survie et de son amour pour l'Égypte, je lui connaissais peu de passions, hormis celle du ping-pong et du cinéma. Je savais qu'il flirtait beaucoup avec les « Frères musulmans » et les « Chemises vertes ».

Cette nouvelle génération apportait avec elle l'amertume des servitudes passées et la volonté d'affranchir la classe sociale d'où elle provenait. Les révolutionnaires à une ou deux étoiles ne se trouvaient pas encore très nombreux ni très puissants, mais ils représentaient un potentiel que je ne pouvais négliger.

Une fois décidée l'approche de ces trois forces neuves, facile en raison des relations de ma nombreuse famille, un complexe me saisit. Comment aborder Hassan el Banna et au nom de qui lui parler ? Je n'appartenais pas aux services secrets allemands et il dépendait de ma seule volonté que je n'y appartienne jamais. Allemand par ma mère, je représentais certes un intermédiaire possible entre Berlin et Le Caire. Mais, si le chef de « Ichwan el Muslimin » ne désirait pas établir de contacts avec l'Allemagne ? Si le candidat führer égyptien Ahmed Hussein voyait en moi un concurrent décidé à se dresser un jour entre Hitler et lui ? Si les jeunes officiers révolutionnaires voyaient seulement en moi Gaafar, le représentant d'un clan maudit qu'ils se proposaient justement de ruiner ? La partie n'était pas gagnée d'avance, ni mon entrée dans l'Abwehr acquise, car celle-là dépendait de celle-ci. Je ne voulais pas me présenter devant Rohde les mains vides, non plus qu'aider l'Allemagne sans avoir l'assurance que cette activité servirait la libération de l'Égypte. Restait ouverte une troisième perspective : prendre la vie du bon côté, demeurer un Gaafar jusqu'à la fin de mes jours, engraissant en ma maison du Nil, respecté de mon harem, faisant « suer le burnous », allongé dans une chaise longue comme maintenant, le verre de scotch à portée de la main, rêvant d'aventures que je n'aurais jamais le courage de vivre, atteignant un grand âge comme mort-vivant, au lieu de vivre dangereusement pour mourir jeune, c'est-à-dire aimé des Dieux. Et je criai, une fois de plus :

— Tout mais pas ça !

Prendre contact avec « Ichwan el Muslimin » ne présente aucune difficulté. Mon cousin Nabil fait partie du mouvement et occupe un poste de confiance auprès d'Hassan el Banna. Je mets en route ma nouvelle Lancia, un superbe engin, long, bas, profilé comme un esturgeon et fonce vers la place Saad-Zagh-loud. Nous n'avons pas choisi ce lieu qui porte le nom du premier libérateur de l'Égypte pour sa valeur symbolique mais, simplement parce que Nabil possède ses petites habitudes au plus grand des cafés qui avancent leur terrasse sur la place. De toutes ses dents blanches, il allume un sourire éclatant quand il m'aperçoit descendant de voiture, allant à lui la main tendue. Il a lâché l'embouchure du narguilé dont il tirait des bouffées glougloutantes, abandonné sans transition le rêve dont il se nourrissait avant mon arrivée, au profit de l'action que cette arrivée représente, avec l'aisance garantie par la pensée orientale. Salutations. Échange de banalités qui couvre les approches de toute affaire sérieuse en pays musulman. Mais j'abrège car l'Allemand regimbe en moi et je connais l'intelligence, la largeur d'esprit de Nabil, brillant étudiant en théologie islamique à El Azhar, l'université du Caire. C'est en outre un beau garçon, grand, mince, distingué, élevé lui aussi en petit prince auquel fut enseignée la politesse avant les sourates.

Donc, je lui « casse le morceau » comme disent les Français. Il m'écoute, tout en faisant aller et venir le chasse-mouches à manche d'ivoire dont il s'évente, et je conclus :

— Voilà pourquoi je suis venu te trouver ici. Parler de mes projets devant tes parents m'aurait fait prendre pour un fou !

Nabil sourit et approuve par un hochement de tête. Je sais que, pour des raisons politiques, il se trouve en état d'hostilité permanente avec son père, tenu pour un cynique profiteur.

— Tu as de la chance, dit-il lentement. Hassan el Banna se trouve dans la ville depuis quelques jours.

— Crois-tu qu'il me recevra ?

— Quelle question ! Tu es mon cousin et tes relations avec l'Allemagne, même encore simplement familiales comme aujourd'hui, doivent l'intéresser.

Je reprends confiance en moi, mais pour quelques minutes seulement. Le doute revient. Décidément, cette approche apparaît par trop facile. Où donc se dissimule le revers de la médaille ? Allons-y tout de même puisque Hassan el Banna se trouve tout près d'ici. Je remets la Lancia en route, embarque Nabil, traverse le Midan Orabi et stoppe tout près de la mosquée El Kahaïd Ibrahim. Pendant quelques minutes, je conserve mes mains posées sur le volant, comme si j'éprouvais du mal à me libérer de ce complexe, aussi lié à la puissante famille dont je fais partie qu'un péché mortel à la conscience d'un chrétien. Je reste à l'écoute de la ville qui s'affaire autour de moi. Des matelots un peu ivres chaloupent devant les cafés, par deux ou par trois. Les étrangers se tiennent quelquefois par la taille mais les pêcheurs égyptiens restent très dignes. La ville au grand cœur et aux mains crochues les accueille avec une égale bienveillance. Ainsi du pope copte aux cheveux noirs qui marmonne quelque chose en regardant ma voiture, sans doute une condamnation pour le péché d'orgueil qu'elle représente ! Une putain à fesses mouvantes sous la jupe étroitement ajustée s'éloigne, après m'avoir jeté un coup d'œil aussi précis que les balances dans lesquelles les changeurs établis aux environs de la Bourse pèsent les pièces d'or. Les vendeurs ambulants de sirop font marcher leur claquoir argenté pour attirer le client. Foule haute en couleurs. Nubiens noir d'ébène enveloppés dans des gàlabijas plus blanches que les déserts de sel. Bédouins. Visages de bronze. Nez d'aigle. Femmes égyptiennes empaquetées dans des kilomètres d'étoffe noire, glissant sur les pantoufles qui font chip-chip-chip… Tourbillons d'hommes malaxant toutes les races du levant, Grecs, Arméniens, Libanais, Maltais, Juifs.

C'est décidé : je tourne le dos à la ville ! Je descends de voiture suivi de Nabil qui, en franchissant la porte de la mosquée, murmure :

— Au nom d'Allah, Dieu très miséricordieux…

Allah est absolu, tout puissant, unique et juste. Il n'exige des fidèles qu'un seul devoir : croire en Lui et se soumettre à Sa volonté. Islam : qui se soumet est musulman ! J'ai retiré mes chaussures et progresse avec circonspection en direction d'un groupe assis autour de Hassan el Banna et qui compte à peu près autant de jeunes fidèles que d'hommes âgés.

Je l'imaginais plus grand et il me déçoit tout de suite. Il projette sur le demi-cercle d'auditeurs tourné vers lui des harangues rythmées sur un mode par trop lyrique et qui ne me plaisent pas non plus. Je comprendrai seulement plus tard qu'il possédait la puissance d'un prophète issu de la grande tradition musulmane, avec un pied posé sur des nuées et un autre sur le bitume de la ville. Ses yeux, très enfoncés, brûlent d'un feu qui, sans aucun doute, embrase ses auditeurs et cette constatation m'effraye un peu. Je tiens les fanatiques pour dangereux et ces yeux-là me rappellent ceux de Hitler, tellement inquiétants. Hassan el Banna me paraît en outre sournois, jugement que je réviserai par la suite, sa réserve couvrant l'habileté d'un artiste que je verrai recevoir le peuple en prophète drapé dans des tenues sortant directement des Mille et une nuits, mais soigneusement étudiées, apparaître et disparaître par des portes secrètes avec une soudaineté magique également étudiée sur le plan technique.

Hassan el Banna arbore une barbe peu fournie qui encadre le menton, les lèvres et les joues sous le *eh'ma* dont le blanc éclatant drape une sorte d'aura autour du crâne et porte au sommet une trace rouge dont je ne comprends pas la signification. Je lui trouve une ressemblance avec les visages de ces miniatures turques dont mon beau-père possède une belle collection.

Il se lève en m'apercevant, abandonne froidement son auditoire, vient à moi, me prend par le bras, m'entraîne dans un coin de la mosquée. Nous nous asseyons à même le sol, selon la tradition, et il me dit brusquement :

— *Marhaba !* Bienvenue à toi ! Je me réjouis de faire ta connaissance, car ton cousin m'a parlé de toi !

Cette approche directe contraste avec les envolées ésotériques du prophète. Je décide de répondre par une attitude positive. Je brûle mes vaisseaux et résume toute mon affaire, mais sans donner des noms. Je n'ai pas l'intention ni la stupidité de découvrir Rohde dès le départ. Mon capital se trouve dans les deux camps qu'il me faut manipuler l'un par rapport à l'autre, au profit de chacune des parties, me réservant la synthèse de l'opération.

Il me regarde longuement sans répondre et, à travers l'étroite fente que ses paupières plissées ménagent sur le fond des yeux, je lis comme une sorte de lucidité de qualité tout à fait supérieure. Il finit par me dire, lentement, pesant ses mots :

— On m'a déjà posé cette question… Oui… au Caire, voici quelques semaines… Un Italien. Mussolini se proclame « protecteur de l'Islam » ! Qu'Allah nous garde de nos protecteurs ! Je le soupçonne de vouloir jouer les nationalistes égyptiens contre la Grande-Bretagne, et c'est tout. Il a besoin du canal de Suez…

Alors ? Tu essayes maintenant à ton tour pour le compte de Hitler ?

Je hausse les épaules.

— Cher Hassan, je n'essaye rien du tout ! Hitler ? Connais pas !

— Oui, mais les Allemands eux, te connaissent puisqu'ils t'envoient en ambassade auprès de moi ?

— Pas du tout, cher Hassan, pas du tout ! Pour l'instant, je ne représente rien de plus que Gaafar. Gaafar tout court !

Son regard subtilement affiné plongeait en moi et je compris qu'il découvrait ma sincérité. Il reprit sur un mode plus détendu :

— Bon. Tu sais, ou dois savoir que je dirige un mouvement purement arabe ?

— Je le sais.

— Idéal religieux, donc islamique, Nabil t'a fait savoir ce que je pensais des Européens ?

— À peu près. En gros, tu leur accordes une confiance très limitée ?

— Très limitée. Je combats leur influence, celle de l'Angleterre en particulier. Mais je ne renoncerai pas à puiser en Europe ce qui peut servir les intérêts de l'Islam ! Des relations avec l'Allemagne ne sont pas à négliger. À moi de prendre ou de laisser ! Je ne dispose que d'une étroite marge de collaboration, car si l'Islam doit se maintenir dans la vie politique égyptienne aussi longtemps que j'y exercerai mon influence, c'est justement ce que les Européens ne veulent pas, et j'ai l'impression que les Allemands n'échappent pas à la règle.

Je pensai : voilà le revers de la médaille ! Mais c'était prévu ! Hassan el Banna reprit :

— Qui veut atteindre un but ne doit négliger aucune ouverture. Si tes contacts aboutissent, tu seras le bienvenu à la condition que jamais tu ne menaces les intérêts de l'Islam et ne me mettes en relations directes avec des Allemands ! Nabil assurera ta couverture et la mienne.

— Je suis entièrement d'accord, Hassan !

Puis l'entretien devint bavardage. Je m'étonnais de la facilité avec laquelle Hassan el Banna venait de laisser en plan son auditoire. J'aurais dû comprendre tout de suite qu'aux yeux de ces hommes et jeunes gens, il représentait un prophète autorisé à parler au nom de l'Islam, et qui dépend de l'Islam se soumet ! Ils bavardaient eux aussi et, seul, le bourdonnement des voix portait une légère atteinte au silence de crypte que la mosquée opposait aux rumeurs de la ville. Silence et fraîcheur me faisaient oublier que l'heure avançait mais l'appétit du prophète se réveilla. Nous sortîmes et je l'invitai à déjeuner avec Nabil dans un restaurant de la Grande Corniche. Hassan el Banna commanda le plat le plus simple et le moins coûteux, parce que national, le Foul medanis, à base de petites fèves cuites qu'on relève par de l'huile d'olives, citron, poivre, sel et accompagne de feuilles de radis et oignons crus servis à part ; les gens riches allant jusqu'à leur adjoindre un œuf sur le plat.

Je sentais maintenant que cet homme à double visage, instituteur à Ismaïla le jour, agitateur politique la nuit et prophète dans les mosquées égyptiennes, exigeait de la vie fort peu de chose quand il ne s'agissait que de lui-même. Il existait pour « l'Ichwan el Muslimin », toutes ses facultés tendues vers la manipulation difficile d'une confrérie que, de leur côté, le roi, les Anglais et les pachas combattaient ou finançaient selon les circonstances et la politique du moment, afin d'alimenter la petite guerre qui les opposait les uns aux autres. À la fin du déjeuner, Hassan el Banna me dit :

— Si jamais la guerre éclatait et que les Allemands se présentent en Égypte, tu mènerais le jeu avec ton cousin sans jamais oublier, n'est-ce pas, que tu es un fils de l'Islam ?

Je promis. Avec quelques réserves peu contraignantes, Hassan el Banna, qui ne m'avait jamais vu, acceptait ma collaboration. Désormais, je pouvais apporter aux services secrets allemands un réseau de renseignements de valeur inestimable, parce qu'enraciné dans la conscience religieuse de l'Égypte, seule valeur stable dans un pays manquant de stabilité. Cette première victoire ne me devait rien ou peu de chose. Le destin m'en faisait cadeau. Restait à rallier Ahmed Hussein, l'auteur du *Mein Kampf* version musulmane et les jeunes officiers révolutionnaires.

Je n'avais jamais rencontré le chef des « Chemises vertes » mais jouais souvent aux échecs avec Khabil, un étudiant qui faisait partie du mouvement depuis ses débuts. Au Caire, pendant un an, j'avais usé mes fonds de culotte en même temps que lui sur les bancs des frères des écoles chrétiennes au Bab el Loug. Je finis par le retrouver au casino Ibrahimija.

— Ahmed Hussein ? Je te présente quand tu voudras, me dit-il, comme pour se faire pardonner l'échec et mat en six coups qu'il venait de m'infliger. Il se trouve actuellement à Tanta.

— Alors ? Demain ? Tanta est à deux heures d'ici en voiture. Je pourrais te ramener en fin d'après-midi.

— Entendu !

Tout juste rodée, ma Lancia sport s'avérait très rapide pour l'époque. Par goût je conduisais vite. Quelques mois plus tôt j'avais couru le Grand Prix de Tripoli et enlevé la cinquième place avec mon Alfa-Romeo. Mais les routes du delta semblaient plutôt réservées aux ânes et chameaux qu'aux automobiles. Les confrontations entre la « boîte à roulettes » et le « vaisseau du désert » s'achevaient toujours par sa victoire car il lui refusait le privilège espace-temps qu'elle réclamait. Un troupeau de chameaux trottinant devant un capot de Lancia sur toute la largeur de la route, cela ne manquait pas d'humour. De temps à autre, ils tournaient leurs têtes insolentes vers nous pour nous accabler de leur mépris. J'étais jeune et ardent et risquais des dépassements en roulant sur le sable… sans m'ensabler !

Malgré ces acrobaties, je n'arrivai pas à Tanta, comme je me l'étais promis, avant midi. La ville se trouve à mi-chemin entre Alexandrie et Le Caire. Elle abrite un saint. Saïd el Badaoui repose dans la mosquée qui porte son nom, derrière de gigantesques grilles de bronze dont on embrasse les barreaux avant de lui adresser sa prière. Un drap de velours pèse sur sa tombe. Deux fois l'an, en avril et août, les pèlerins se pressent autour d'elle et leur ferveur religieuse s'exprime assez comme celui des femmes espagnoles baisant les pieds de la Madone del Pilar, J'avais en horreur ces bigoteries, contrairement à des cousins installés dans une ferme voisine qui, chaque année, accouraient avec armes et bagages pour solliciter la protection du Badaoui. Une jambe cassée par-ci, une fièvre maligne par-là ne les rendaient jamais sceptiques quant à l'inefficacité de leurs prières. Ils pensaient seulement que le Badaoui s'était battu en vain contre les méchants « Afridis » ; l'an neuf ramenait l'espoir et ils revenaient au « Mouled » suivant.

Ahmed Hussein se trouvait, bien entendu, chez le saint. Il le priait lorsque nous entrâmes dans la mosquée et il me fallut l'imiter. Tout en psalmodiant les sourates pendant le Doh'r, comme tout bon musulman, je rêvais de manière précise à un gigot de mouton. J'ai, dans ma vie, essuyé bien des *« Heil Hitler! »* que des mains énergiques me lançaient en pleine figure, mais celui du porteur de chemise verte m'étonna. Grand, beau garçon, issu d'une excellente famille, musulman convaincu, le candidat Führer me semblait prisonnier d'une contradiction interne supérieure à la mienne et ne devant, elle, rien à l'hérédité. Je jugeai la voie qu'il suivait sans issue par impossibilité de juxtaposer islam et national-socialisme.

Je ne m'attardai pas en considérations politiques, la politique m'intéressant peu et laissai au temps le soin de m'éclairer sur la vraie nature des « Chemises vertes » qui, finalement, relevaient beaucoup plus de l'expérience fasciste que nazie. Mon problème était d'entrer ou non dans l'Abwehr, club très fermé, avec un capital suffisamment important pour y jouer gros jeu. Celui que m'apportait Ahmed Hussein ne valait pas « l'Ichwan el Muslimin », les militants des « Chemises vertes » n'étant pas implantés aussi profondément que les autres dans l'élite religieuse et politique du peuple égyptien.

Je ne me confiai donc à son chef qu'avec une certaine prudence. Mais le prestige que Hitler exerçait sur lui apparaissait si considérable qu'il m'eût suffi de lui donner un ordre censé venir de Berlin pour obtenir son accord. Il n'y eut pas de discussion. Sa collaboration avec l'Abwehr s'imposait comme une chose naturelle et mon réseau possédait maintenant une puissance accrue.

Comme passager de la compagnie Misr Airays récemment créée, je volais maintenant vers Le Caire. Le bimoteur de Havilland dessina une longue courbe au-dessus de la mer et survola le delta du Nil à faible altitude. À trente mille pieds, l'enlacement de la terre et des eaux se fut imposé à nous dans sa vérité topographique, tels les doigts d'une main ouverte et tendue en direction de la mer, mais les avions de cette époque ne permettaient pas de voler à pareille altitude. Alexandrie se dissolvait rapidement derrière nous dans un bain de lumière qui rongeait le mince relief comme un acide la plaque de cuivre du graveur. Cap au Sud. Le désert gris accourait de l'Ouest à la manière d'une marée montante. La rumeur des moteurs m'empêchait de parler à mon voisin de fauteuil comme faisant partie des disciplines que je m'imposais pour rassembler les fils constituant le réseau du timide nationalisme égyptien. Je sortais, ou du moins, j'accomplissais un gros effort pour sortir de la cage dorée dans laquelle ma famille égyptienne me maintenait à la fois captif et libre. Je pouvais m'y comporter en jeune homme insolent, bavard, sûr de lui. Aucun péril venant des hommes ne m'y menaçait. Mais tout changeait depuis que je risquais une main entre ses barreaux. Postulant mon admission dans les services secrets allemands, je m'aventurais sur un terrain inconnu, semé d'embûches. Mon extrême jeunesse, l'aisance d'un comportement édifié à partir de privilèges insolents, mon naturel optimiste qui me poussait aux confidences, un certain amour du prochain, représentaient maintenant autant de pièges. J'avais su tenir jusqu'ici ma langue et ne pas me découvrir au-delà d'une limite fixée d'avance ; les jeunes officiers révolutionnaires que j'allais rencontrer au Caire ne devaient pas faire l'objet d'une ouverture plus approfondie. J'avais maintenant le sentiment de m'avancer sur un glacier couvert de neige dont les crevasses masquées ne demandaient qu'à s'ouvrir sous mes pieds pour m'engloutir, ou sous la glace d'un lac à peine formée. J'avais réellement reçu cette leçon, en Allemagne, de la bouche d'un vieux paysan souabe. En vacances d'hiver, je m'étais avancé sur la glace d'une rivière avec l'insouciance du gamin de dix ans que j'étais alors. Elle céda sous mon poids. Avec maintenant de l'eau jusqu'au cou, j'avais entendu l'homme qui, solidement campé sur un pont, criait sans même lever le petit doigt pour me porter secours.

— Quand l'âne se porte trop bien, il se retrouve sous la glace ! Allez, sors de là, fripon !

Il ricanait lorsque j'émergeai, trempé comme une soupe et peu glorieux. Il ajouta, pendant que je courais vers la maison :

— Je te botterais les fesses si tu étais mon fils !

Aujourd'hui, je donnais un nom symbolique à ce paysan. Il s'appelait Rohde. La glace qui couvrait les périls tenus en réserve par l'Abwehr ne m'apparaissait pas plus épaisse que celle de cette rivière dont j'ai oublié le nom.

Trente minutes après avoir évoqué ce souvenir, j'allais affronter, pour la première fois, un ennemi d'autant plus redoutable qu'il se tenait caché à mes yeux, telle la crevasse du glacier qui se révèle seulement pour vous perdre.

L'avion se posa sur l'aérodrome du Caire. Je ne portais qu'une serviette de cuir et gagnais rapidement la sortie. J'allais monter dans un taxi quand je m'entendis héler :

— *Hello, mister Gaafar !* Quelle chance de vous rencontrer ! J'aperçus le capitaine Forester. Ancien officier de l'armée anglaise, comme la plupart de ses collègues, il coiffait maintenant quelque affaire d'import-export ou quelque mission de recherches archéologiques, je ne me souviens plus exactement. Il ne mesurait pas moins d'un mètre quatre-vingt, sa maigreur, ses jambes émergeant d'un interminable short de toile kaki accusaient encore sa ressemblance avec un sapin. Je le connaissais depuis pas mal de temps. Il appartenait à ce monde aujourd'hui en voie de disparition des « Empires Builders » qui passent toute leur vie dans le Commonwealth, devenant anglo-égyptien, anglo-australien, Monsieur Cuivre ou Monsieur Mouton-laine, au point d'oublier le visage de la mère patrie que jamais ils ne regagnent, mais non point ses intérêts qu'ils défendent jusqu'à leur mort. Il me serra longuement la main.

— Hussein ! reprit-il, voilà une éternité que je ne vous ai vu ! Notre dernière partie de golf remonte à 1936 ! Que diriez-vous d'un petit parcours ?

Je crus discerner de l'ironie dans sa proposition. Je me sentais gêné, presque nerveux. Cette rencontre avec un Anglais sur la route que je suivais vers les jeunes officiers révolutionnaires ne me disait rien qui vaille. Il me fallut accomplir un effort pour lui rendre l'effet de surprise cordial qu'il venait de manifester. Je me dis : un futur agent de l'Abwehr ne saurait être émotif dans quelque circonstance que ce soit... On te veut impénétrable... Pour y parvenir, pose sur ton visage le masque d'un imbécile !

Déjà, Forester m'entraînait vers sa petite Hillman. Je prenais du champ derrière l'écran de fumée des banalités les plus affligeantes... Beau temps, n'est-ce pas ? Le Caire, quelle ville merveilleuse ! Mais

Forester, lui, s'adaptait avec l'aisance d'un caméléon. Je descendais d'avion ? Il parlait donc aviation.

— Alors, Hussein ? Et ces leçons de pilotage, ça marche ? Milton vous a-t-il déjà confié un coucou ?

— Oui. Il m'a laissé aux commandes d'un Moth. J'espère passer mon brevet dans quelques semaines.

— Bah ! Le Moth de Havilland, ça vole tout seul. C'est l'avion le plus sûr du monde ! Impossible de décrocher avec lui !

Nous entrions maintenant au Caire et Forester se dirigea vers la rue Soliman. Je compris qu'il voulait m'offrir un whisky au Turf Club. Seuls, la haute société égyptienne et les Anglais fréquentaient ce pub qui, au pays du soleil éternel, tentait de recréer l'ambiance enfumée et sombre des pubs irlandais. J'épousais la contrariété des voyageurs qui commettent une erreur de parcours et, voulant aller au Nord, se retrouvent cap au Sud. Je venais de prendre le départ pour rallier les jeunes officiers révolutionnaires, établir un contact avec les Zulfikar et Sadate et, par la faute de ce maudit Anglais, me retrouvais dans le milieu que je prétendais rejeter !

Je devais retrouver Forester quelques années plus tard, dans des circonstances beaucoup moins agréables alors que ses compatriotes se préparaient à me fusiller. Il appartenait bien entendu à la Navy Intelligence Service, section III du Bureau 39 chargée de la Méditerranée orientale. Il ne m'avait pas rencontré fortuitement sur l'aérodrome du Caire, mais en mission. Alerté par ma rencontre avec Hassan el Banna, le Service secret anglais me tenait maintenant pour un agitateur nationaliste égyptien, comme mon cousin Nabil et allait me surveiller en tant que tel. Travail bien fait, mais incomplet, car l'idée que j'allais lier l'Allemagne avec la révolution égyptienne ne l'effleurait même pas ! Il tombera des nues quand cet amalgame lui sera révélé, comme je serais tombé des nues au Turf Club s'il m'avait confié qu'il se trouvait en service pour élucider la raison de ma présence au Caire. Mais la discipline que je m'imposais ne manquait pas d'efficacité. Plus il me tendait de pièges, avec son habileté professionnelle et mieux je mettais les pieds à côté. Nous nous séparâmes bons amis, comme avant, ignorant toujours nos vérités réciproques.

Une heure plus tard, je me retrouvai au Egyptian Army Officers Club, toujours dans Zamalek, non loin de la place qui porte le nom glorieux de Soliman Pacha, cet ancien sergent de l'armée napoléonienne resté en Égypte où il se fit musulman pour rendre les plus grands services au pays. Nasser ne faisait pas encore partie du Club, mais j'y trouvai Zulfikar, un idéaliste ardent qui cherchait à structurer cette franc-maçonnerie d'officiers destinés, quelques années plus tard, à balayer le roi Farouk. Il venait de succéder à son père avec un préjugé favorable au sein du peuple en raison de sa jeunesse. Il deviendra très vite impopulaire par son laisser-aller, son appétit de jouisseur et pour s'être remis totalement entre les mains de courtisans sans scrupule.

La conversation avec Zulfikar dura jusqu'à la tombée de la nuit, à l'heure où le Nil absorbe le dernier rayon incendiaire du soleil et la ville tire sur elle le manteau mauve du crépuscule, tandis que se renforcent les rumeurs des cafés et des rues. Je fis remarquer à Zulfikar combien son organisation manquait d'ambition, de structure et d'hommes. Aucune vocation de chef ne s'y dessinait, grave lacune dans un pays où la personnalité compte plus que tout. Il en convenait. Je lui dis :

— Vous devriez placer à votre tête le général Azzi el Masri.

— Il est un peu âgé !

— Mais c'est l'idole des jeunes officiers, même de ceux qui n'appartiennent pas à notre organisation… Un peu soudard sur les bords, peut-être, mais je vois en lui le seul homme capable de vous mener vers une révolution nationale.

D'origine arabo-tcherkesse, El Masri s'était déjà posé en rival d'Envers Pacha, le célèbre mainteneur de l'oppression turque. Il avait commandé en chef les troupes d'Abdullah, l'émir de La Mecque, s'était battu contre les Italiens à Tripoli. Livrant la bataille d'Akaba, avec Lawrence, à la tête d'un bataillon de volontaires levé en Syrie et Mésopotamie, El Masri s'était toujours comporté en fervent et courageux champion de la cause arabe. On pouvait lui faire confiance pour libérer l'Égypte.

Du Nil, montait une brise fraîche quand nous sortîmes du Club. En dehors des perspectives de la révolution nationale égyptienne qui, déjà, fermentait, je n'avais pas évoqué la raison majeure de ma visite dans ce milieu d'officiers dont je jugeais certains peu sûrs. Nous franchîmes le pont qui mène aux baraques du Kasr el Nil. Devant elles, quelques Anglais sirotaient de la bière, l'air absent. Pour amorcer un processus de services réciproques, je dis à Zulfikar :

— Si vous éprouvez des difficultés pour toucher le général El Masri, mettez-vous en contact avec mon cousin Nabil et Hassan el Banna. À l'occasion, je pourrais même vous aider directement…

Ainsi se nouaient les fils d'une conspiration qui allait chasser Farouk bien des années plus tard, et donner au Proche-Orient un nouveau visage avec Nasser, puis Sadate, peser sur le monde entier avec les guerres contre l'État juif et le contrôle de mieux en mieux assuré du pétrole, devenu pour un univers industrialisé plus précieux que l'eau du ciel !

Sur la place Soliman Pacha, une table libre à la terrasse d'un café nous offrait deux places. J'éprouve toujours un faible pour ces cafés arabes, l'intense vie qui les anime, hurlements des garçons transmettant les commandes, papotages des clients sur lesquels se greffent les appels des marchands de cacahuètes et de gâteaux, en contraste complet avec le silence des fumeurs de narguilés qui, à la manière des chameaux, dominent orgueilleusement cette vaine agitation, savourant les bouffées de leur mixture au hachisch, bercés par le glouglou de leurs pipes. C'est une ambiance idéale pour parler de choses sérieuses, ouvrir des perspectives qui peuvent mener loin. Cependant, comme le secret que je détenais ne m'appartenait pas en propre, du moins pas encore, je restai circonspect et m'abritai derrière une muraille de circonlocutions. Puis je lui dis :

— Vous savez que je suis à moitié allemand et que, de ce fait, je garde beaucoup de relations là-bas ?

— Hitler est un grand chef, dit-il presque religieusement.

— Et si, par hasard, ce Hitler me demandait un jour de l'aider à libérer le monde arabe de la domination anglaise ?

— Déjà, Guillaume II était notre ami !

— Seriez-vous prêt à effectuer pour moi quelque travail dangereux, souvent difficile, et le mener à bien ?

Il répondit oui sans réfléchir plus de deux secondes. Le corps des jeunes officiers révolutionnaires était avec moi. Désormais, je pouvais partir pour Athènes et me présenter devant Rohde !

Je fêtai mon prochain départ au Doug-Out, la boîte de nuit du Metropolitan hotel. La jeunesse dorée du Caire ne possédait aucun centre spirituel et rien n'exaltait l'ami Schamil qui m'accompagnait à part ces blondes faiseuses d'entrechats dont une troupe nouvelle se présentait chaque mois, venant d'Europe. Après Ilona, la danseuse hongroise, repartie vers son destin, je pouvais y choisir selon mon bon plaisir une partenaire capable de jouer avec moi la comédie de l'amour. Mais la simple apparition d'une blonde allemande ou polonaise sur la piste de danse ne m'empêchait pas de dormir, tel Schamil, car je ne me sentais pas, comme lui, déterminé par la loi des contraires. Presque aussi noir qu'un Nubien, il témoignait sur l'Afrique alors que, de mon hérédité divergente, je conservais le physique d'un Allemand. Ce soir-là, particulièrement, malgré l'abondance de blondes sophistiquées et vénales, je rêvai d'aventures, mais non amoureuses.

La porte décorée à l'orientale par laquelle les clients pénétraient dans la salle du cabaret battit soudain pour livrer passage à un couple. Lui pouvait avoir la cinquantaine, grand, un peu compassé, cheveux déjà blancs assortis au smoking, avançait d'un pas léger, celui d'un conquérant poursuivant des rêves plutôt que la gloire; elle... mon cœur prit soudain un volume redoutable dans ma poitrine et sembla frapper trois coups, comme si j'allais assister à une représentation de moi-même, comme si un acteur ou plus exactement une actrice, me prenait en charge pour donner un sens nouveau à ma vie. Le souffle coupé, je contemplai cette fille avec des yeux arrondis par la stupéfaction. Ce n'était pas une « belle blonde ». Elle exhibait pourtant de longs cheveux clairs qui, à la mode du temps, descendaient jusqu'aux épaules, mais tissés dans un or que le soleil avait recuit pour lui donner les reflets très doux des châtaignes tout juste mûres. Les yeux gris transcendaient, semblait-il, tout le capital de naïveté qui dormait en elle et m'entraînait vers des montagnes de neige sur lesquelles je voyais glisser une petite fille issue d'un conte de Selma Lagerlöf. À travers cette fille, c'était l'Allemagne, plus la Suède, plus le royaume de Thulé qui venaient à moi. À moi seulement. J'en restai persuadé en considérant l'attitude de mes camarades qui, indifférents à la beauté insolite de cette inconnue, n'avaient d'yeux que pour les cuisses battant la mesure d'un french-cancan incertain, aucun de leurs rêves ne dépassant le niveau de la joie animale qu'ils attendaient, toute spéculation limitée au prix de location des corps offerts!

Pour moi tout changeait. J'avais vingt-trois ans. Je venais de recevoir le coup de foudre, terme bien usé mais que j'emploie pour sa vérité; tout grand amour produisant, à sa naissance, une paralysie du cœur comparable à celle qui résulte d'une décharge électrique à voltage élevé.

Après celui de la révélation amoureuse, mon premier sentiment fut celui de la jalousie. De quel droit ce vieux monsieur régnaitil sur cette beauté rare ? La pièce dans laquelle je m'apprêtais à jouer prenait le ton d'un drame shakespearien. Je descendais sur la scène comme Hamlet, prince de Danemark, décidé, lucide en vertu de presciences non contrôlées car le vieux monsieur et la jeune femme arrivaient en effet de Copenhague !

— Qu'est-ce qui t'arrive ? demande Schamil, remarquant enfin mon trouble.

D'un hochement de tête, je désigne l'inconnue. Après examen, il conclut :

— Ce n'est pas une fille qui marche à l'argent mais au mariage !

Le ballet des professionnelles s'achevait. Des couples envahissaient la piste maintenant libre. Je me précipitai pour inviter cette fille surnaturelle. L'orchestre attaquait un tango et elle me dit, en anglais :

— Merci, mais j'ai horreur du tango !

Je coulai à pic à travers des profondeurs bleues, puis mauves, puis noires. Le sourire et la voix me repêchèrent.

— Revenez à la prochaine valse anglaise !

La commande une fois passée à l'orchestre, je regagnai ma table et subis le feu roulant des plaisanteries que mes camarades ouvraient contre moi.

— Je parie une caisse de Champagne que tu n'oses pas la demander en mariage avant la fermeture du cabaret ! risqua Schamil sur le mode ironique.

— Pari tenu !

Je gagnai sur le coup de trois heures du matin ! Le vieux monsieur n'était pas l'amant mais le père de ma bien-aimée. Quand il connut mon intention de l'épouser, il me dit en souriant :

— Vous ne manquez pas de courage !

Il dévaluait sciemment la déesse pour éprouver ma résolution. C'était un compositeur de musique danois, déjà riche et célèbre. Son « Tango de jalousie » avait fait le tour du monde. Wapo, sa fille, arrivait au Caire sous contrat comme première danseuse du « ballet de Kongligue » à l'occasion d'un festival Grieg donné à l'Opéra. Sa famille habitait près de Copenhague.

Quelques jours plus tard, nous étions mariés devant le consul du Danemark. Je nageais dans la félicité. Seuls, deux nuages sombres pointaient au fond de mon ciel. L'amour désormais remplaçait-il pour moi l'aventure ? Une fois bien connue la mentalité de Wapo, je me sentis rassuré. Elle appartenait à un peuple qui, parmi les premiers, manifesta le goût du risque et s'en nourrit. Quelques siècles plus tôt, elle eût épousé sans hésiter un chef viking partant sur son drakkar à la découverte des Amériques ou en expédition de pillage vers l'embouchure de la Seine ! Un futur agent de l'Abwehr pouvait sans réticence, non pas s'embarrasser d'elle – car Wapo demeurait sa propre aventure – mais s'appuyer sur elle. Je n'avais pas besoin de reporter mon départ pour Athènes à une date ultérieure.

Second point sombre. Ma famille égyptienne ne pouvait admettre un mariage conclu avec une fille de Viking danois ! La vie ne possédait pas le même sens à Copenhague et au Caire et cette union en défaisait une autre, soigneusement méditée et préparée par mon beau-père. Il allait de soi que, dans la tradition des grandes familles égyptiennes, je devais épouser, non pas tellement une femme car la femme dans l'univers musulman compte moins qu'un chameau, mais une fortune d'importance équivalente à la mienne. Ce qu'on prenait chez moi pour un coup de tête n'était, en fait, qu'un coup de cœur, s'inscrivant en faux contre une tradition bien établie !

Quand je me présentai à mon beau-père pour toucher le chèque mensuel qu'il m'allouait si généreusement, avec l'intention de lui demander une somme supérieure puisque je me trouvais maintenant dans une situation financière plus contraignante, il me dit :

— Tu n'en fais qu'à ta tête ! Tu nous mets des bâtons dans les roues en épousant une fille que nous n'avons pas choisie ! Tu vas donc te débrouiller avec ta mensualité habituelle. Réduis ton train de vie et elle suffira pour deux !

Puis, avec une pointe d'ironie qui laissait deviner un fond d'amertume :

— Je te conseille de partir pour l'Europe sans retard ! Personne là-bas ne songera à critiquer le mariage d'un fils de Pacha avec une danseuse de corde. Ça fera même rêver les jeunes filles romanesques ! Mais tu recevras toujours ton chèque et il vous empêchera de mourir de faim.

Puis, franchement caustique :

— Je pense que vous aurez beaucoup d'enfants et, quand tu reviendras en Égypte avec ta roulotte, ne dis jamais à personne que tu possèdes de la famille dans le pays !

La réaction de ma mère gagnait en dureté ce qu'elle perdait en humour. Elle me dit simplement :

— La famille Eppler connaît beaucoup d'avocats en Allemagne. N'oublie pas de me demander une bonne adresse quand tu auras l'intention de divorcer !

Le « fils à papa » s'était suicidé.

L'*Esperia*, courrier du Lloyd triestino, cinglait vers le Pirée. Le vent frais du large tenait lieu d'air conditionné, système encore inconnu à bord des navires de ce temps et rafraîchissait le bar où j'avais retrouvé mes amis, Théologos Angheli et Kosta Berginec qui, l'un et l'autre, appartenaient à la société abusive de l'Égypte. Les jeunes privilégiés tenaient pour indispensable d'aller passer chaque année quelques semaines à Athènes où le cocktail Orient-Occident offrait un mélange plus subtilement dosé qu'en Alexandrie. Cependant, Théologos était d'origine grecque et Kosta yougoslave. Ils prétendaient gagner l'Europe non pour s'amuser mais pour rendre visite à leur famille. Cet alibi camouflait la nature des rendez-vous qui les attendaient et ils me dupaient comme je les duperai jusqu'à la fin du voyage !

— Nous avons retrouvé notre ancien roi et, finalement, nous l'aimons bien ! affirmait Théologos le Grec, avec une conviction artificiellement forgée mais bien exprimée. Je répliquai :

— Bah ! Tous les Grecs sont des rêveurs. Ceux que je connaissais à l'école se perdaient toujours dans les nuages de la politique ! L'un en tenait pour Metaxas, l'autre pour le général Kondylis ; certains brûlaient d'ardeur pour Vénizelos bien qu'il fût déjà mort ! Je connais des partisans du roi, comme toi, mais pas un seul partisan de la Grèce elle-même ! C'est pourtant le plus beau pays du monde !

— Hassan, tu ne peux pas comprendre ! Impossible pour qui n'est pas né grec !

— Ou yougoslave ! intervint Kosta. Chez nous, comme en Grèce, la division règne partout ! Nous appartenons à l'Église orthodoxe grecque mais également au catholicisme romain ! Notre civilisation relève de la Turquie mais aussi de l'Europe ! Nous utilisons l'alphabet latin autant que le cyrillique ! Résultat : nous passons notre vie à nous insulter au nom d'une haine tenue bien au chaud. Tout le monde s'entre-tuera à la première alerte un peu sérieuse ! Par rapport à nous, les Grecs sont des petits saints !

Tout en philosophant, Kosta louchait vers les jambes des filles allant et venant d'un bout à l'autre du pont-promenade. Fils unique, doté d'un chèque mensuel comparable au mien, donné par son père gros importateur de la Budweiss-Pils, la meilleure des bières vendues en Égypte, il remportait de grands succès auprès des filles grâce à un physique avantageux qu'il avait l'art de souligner par son élégance. Costumes faits sur mesures chez Savile Row à Londres, cravates Atkinson. Jamais d'autres chaussures que faites par l'Espagnol Jesus Fernando Iribar. La présence d'un tel bottier au Caire donnait une idée assez juste du niveau de raffinement auquel l'Égypte parvenait à travers sa société privilégiée. Jesus Fernando Iribar ne confectionnait de chaussures qu'après avoir jugé le client digne de son art. Depuis des années, empreintes et mesures des pieds de Kosta se trouvaient déposées chez lui. Il pouvait ainsi recevoir et exécuter une commande passée depuis les antipodes et la faire parvenir n'importe où !

Au ciel tremblaient des millions d'étoiles lorsque l'*Esperia* toucha le Pirée. À peine à quai dans le grand bassin de Kantharos, il débarqua quelques passagers, les autres terminant la nuit à bord en raison de l'heure matinale. Théologos se trouvait parmi eux. J'avais l'impression qu'il brûlait de me fausser compagnie.

— Il y a quelque fille là-dessous ! dit Kosta.

Cela me parut suspect. Un jeune homme de vingt-trois ans portant beaucoup d'argent dans la poche intérieure d'un veston bien coupé ne se montre pas nerveux parce qu'une femme l'attend… ou ne l'attend plus… Une de perdue…

Au petit matin, je passai devant la douane en compagnie de Kosta. Il ne se montrait pas plus pressé que moi et, comme moi, se donnait deux jours de bonne vie à Athènes avant de songer aux affaires sérieuses, pour lui, prendre le train afin de rejoindre sa famille qui l'attendait à Belgrade, pour moi obtenir un rendez-vous avec Rohde.

Bien des années plus tard, j'apprendrai que la famille yougoslave de Kosta parlait surtout italien, tout comme la mystérieuse femme vers qui Théologos se hâtait. Au cours de la traversée, ils venaient de cacher leur jeu aussi bien que je cachai le mien et il est dommage qu'ils n'aient pas réussi à défendre leur secret jusqu'au bout ! Nous débutions en effet tous les trois dans l'espionnage, le Grec et le Yougoslave allant se présenter aux services secrets italiens comme moi aux Allemands ! Seul, des trois jeunes chercheurs d'aventures, j'étais appelé à survivre. Kosta et Théologos seront fusillés par les

Anglais à l'aube du 20 septembre 1943, sur les collines de Jérusalem, près de Latroum, dans l'ancien monastère trappiste désaffecté qui servait de camp secret à l'Intelligence service.

Il eût fallu posséder les dons de l'antique pythie grecque pour deviner le triste sort menaçant ce jeune homme qui entreprenait maintenant avec moi la tournée des « bistrots » d'Athènes ouverts dès les premières heures du jour, comme ceux du Caire et d'Alexandrie. Les cafés grecs ressemblent à ceux de l'Égypte. On y boit le même excellent moka mais beaucoup plus d'alcool. L'Égypte, comme la Grèce, porte des ruines éloquentes témoignant sur la jeunesse du monde... Là-bas les pyramides, ici la colline des Muses, l'Acropole, la Stoa et même des êtres vivants à l'image des temps passés : les Evzones... Échappant aux ruines du Sud, nous n'allions pas nous laisser circonvenir par celles du Nord et préférions les « bistrots » ! Pour étaler sans effort l'alternance d'Ouzo avec le vin de Samos, il y faut un estomac grec ! Celui de Kosta n'était pas garanti d'origine, mais le mien possédait déjà une classe internationale et résistait à tous les assauts de quelque pays qu'ils puissent venir ! Encore un peu ému, Kosta prit congé de moi dans le hall de l'hôtel le lendemain, vers dix heures du matin et je le jetai dans un taxi qui le conduisit à la gare. Puis je regagnai ma chambre et appelai Rohde à Beyrouth.

— Je vous enverrai un chauffeur pour vous conduire chez moi, murmura la voix lointaine.

La maison occupée par l'Attaché militaire allemand pour le Proche-Orient s'élevait au fond d'un jardin qui, sur le flanc d'une rue très animée, greffait une oasis de paix. Elle ne présentait aucun caractère particulier et, seules les superstructures de l'Acropole visibles par-dessus les toits voisins, permettaient d'affirmer qu'il s'agissait là d'un bâtiment grec. Rohde m'attendait sur le seuil de la porte et m'observait pendant que je traversais le jardin. Il me tendit la main en disant :

— Je n'espérais plus vous revoir !

Mes yeux répondirent par une interrogation muette.

— Eh oui ! les délices de Capoue ! Votre mariage du 25 juin !

Je comptais avant tout lui révéler mon nouvel état par souci de correction, et voilà qu'il prenait les devants, comme pour confirmer l'omniprésence et l'extralucidité de l'Abwehr ! Mais avec sa finesse habituelle, il ajouta aussitôt :

— Je ne vous fais pas espionner ! C'est le consul du Danemark au Caire qui a bavardé avec un de nos collègues !

— Je suis certain que cet événement vous déplaît ?

— Pas du tout ! Nos agents se marient parfois, moi-même… j'ai seulement pensé qu'un mariage pouvait représenter un obstacle décisif sur la route qui vous conduisait vers nous. Votre présence dément cette crainte. De toute manière, on ne peut rien contre l'amour !

— Vous saviez que je me mariais par amour ?

Il sourit.

— L'Abwehr se préoccupe uniquement de percer les secrets militaires d'éventuels ennemis, pas de psychologie ! Mais la soudaineté d'un événement comme celui-ci témoigne assez sur sa nature profonde !

— Vous me jugez toujours disponible ?

— Bien sûr, car vous n'avez pas choisi votre femme parmi celles qui attendent dix enfants, rêvent d'une paisible vie familiale dans un intérieur bourgeois…

— Comment le savez-vous ?

— Je ne sais rien. Je suppose seulement que la danseuse étoile des ballets de Copenhague ne saurait être une adepte des « Trusk »[1]. Elle ne s'étonnera pas de vos nombreux voyages jus-

1. Rohde évoque ici le slogan résumant la condition féminine souhaitée par le IIIe Reich, les trois « K » : *Kuche, Kirsche, Kinder* (cuisine, église, enfants).

tifiés par des affaires banales mais fructueuses qui vous serviront de couverture !

Rohde me prit par le bras et me conduisit jusqu'à son cabinet de travail. Il m'offrit un fauteuil donnant sur le Sud, près d'une haute fenêtre que des rideaux protégeaient de la chaleur montante. Bien meublée, la pièce témoignait du goût très sûr de qui l'avait aménagée, l'ordre régnant dans l'esprit de qui l'habitait. Rohde s'assit derrière son bureau, désert d'acajou et de cuir d'où rien d'inutile n'émergeait. Le dos calé contre le dossier du fauteuil, mains posées bien à plat devant lui, dans l'attitude d'un président de conseil d'administration, il commença :

— Nous allons rapidement passer en revue l'offre que je vous faisais à Beyrouth. Ensuite, je vous expliquerai comment fonctionne un service secret. Vous verrez tout de suite que les romans d'espionnage n'en donnent pas une image exacte. Ensuite, vous me poserez des questions jusqu'à ce que toute possibilité de malentendu soit éliminée. Je prétends travailler sur des bases solides car le pacte qu'il nous faudra conclure ne souffrira aucun retour en arrière.

J'allumai une cigarette, approuvai du chef et dis :

— Je suis prêt à me cuirasser contre les perspectives les plus rebutantes sachant qu'on n'obtient rien sans efforts.

— Bien. Pour entrer dans notre organisation, vous devez préalablement en posséder une idée juste. Vous aurez à nous rapporter exclusivement des informations d'ordre militaire. Nous sommes des militaires, non des hommes politiques. Ne touchez jamais à la politique car elle relève du ministère des Affaires étrangères et autres instances.

— J'aime mieux ça !

— Cela dit, voici la place que vous tiendrez dans notre organisation. Au début, vous ne connaîtrez personne d'autre que moi. Les ordres que vous recevrez proviendront uniquement de moi, vous ne relèverez que de ma seule responsabilité. Nous serons appelés à nous rencontrer périodiquement, mais les liaisons normales se feront par la voie postale avec, bien entendu, une adresse de couverture. Et cela jusqu'à ce que mes chefs en décident autrement, soit en vous plaçant sous la responsabilité d'un autre, soit en volant de vos propres ailes. Tout dépend de la qualité du renseignement que vous rapporterez. Si vous savez accumuler les informations concrètes, vous deviendrez indépendant, ce que je souhaite pour vous. Je vous juge homme à ne pas se laisser mener en raison de son sale caractère.

J'ébauche un sourire.

— Mieux… caractère épouvantable !

— Comme le mien ! Malgré ce mauvais caractère vous admettrez qu'on ne s'improvise pas plus espion que médecin. Vous partirez donc pour Berlin à la date que je vous indiquerai. Vous rencontrerez là-bas des fonctionnaires et techniciens travaillant dans des bureaux et des laboratoires, très différents de ce que vous êtes appelé à devenir, car aucun d'entre eux n'effectue de mission en terrain ennemi ou neutre. Vous suivrez un stage en retenant ses enseignements mais en oubliant les conseils qu'on ne manquera pas de vous donner sur le plan du camouflage. Votre personnalité arabe et musulmane, ayant en effet suivi un stage de vingt-trois ans, apparaît si parfaite que vous ne pouvez rien y ajouter ou retrancher. Vous êtes déjà intégré à ce Proche-Orient où je vais solidement vous installer. Parlons maintenant des conditions matérielles. Vous recevrez 1 500 Reichmarks par mois et votre femme des indemnités dont Berlin fixera le montant. Frais de missions en sus. Ils dépendront de moi, ce qui vous permet de compter sur une certaine générosité, d'autant plus que je n'exige aucun justificatif comme il est d'usage dans ce métier. Cela suppose bien entendu une confiance absolue et réciproque.

Le moment me paraissait venu de minimiser tout cela en révélant l'importance du capital que je versais dans l'affaire. Je lui parlai des contacts pris au Caire. Rohde alluma une cigarette, sans doute pour se composer une attitude désinvolte et dissimuler sa surprise derrière les volutes de fumée bleue. Il ne parlait plus, comme si son exécrable caractère, travaillant à la manière d'un estomac digérant laborieusement un repas trop copieux, préférait noyer des félicitations dans un silence calculé. Il me répondit à côté de la question.

— Plus encore que le militaire, le service secret exige une discipline de fer et beaucoup d'humilité. Vous ne devrez jamais pavoiser à partir des bons résultats obtenus. Avec un peu de chance, l'un de vos chefs laissera parfois tomber devant vous quelques mots élogieux qui ne sortiront pas de la famille. Il ne sera jamais question de vous nulle part sauf, bien entendu, chez l'adversaire et c'est justement ce que vous devrez éviter.

Le silence retomba. Rohde fumait toujours puis il écrasa sa cigarette dans le cendrier et, avec l'aide d'un détour subtil qui repassait par l'ordre matériel, porta un jugement nuancé sur mon travail.

— Voilà qui va nous coûter des sommes folles. Les Orientaux n'y vont pas de main morte, surtout lorsqu'on fait appel à leur idéalisme ! Je suis réaliste et ne crois plus au Père Noël ! Enfin, c'est un bon début qu'il vous faudra développer !

Je pensai à part moi : il est agréablement surpris mais cette tête de mule se ferait arracher la langue plutôt que de l'avouer ! Mais je dominais maintenant la situation… J'avais bien parlé de mes futurs réseaux égyptiens mais sans donner de noms. Entrer dans l'Abwehr en conservant barre sur lui ne me paraissait pas mal du tout pour un débutant. Il me restait encore plusieurs questions à poser.

— Avant de m'engager, je dois recevoir l'assurance que jamais l'Abwehr ne me contraindra à travailler contre l'Égypte.

— C'est entendu.

— Ni contre le Danemark puisque c'est la patrie de ma femme ?

— Je vous en donne l'assurance ! Avez-vous d'autres objections à formuler ?

Je me doutais que la dernière franchirait difficilement les barrages dressés par cet homme intraitable mais franc. Si elle réussissait à les dominer, l'accord parfait s'établirait entre nous, en raison même de la similitude de nos caractères pointus. Mais il fallait prendre le risque et, pour le minimiser, j'amenai l'affaire de loin.

— Monsieur Rohde, dès notre première rencontre à Beyrouth, je vous prévenais que je ne me présentais pas en solliciteur affamé d'argent. Il ne s'agissait pas d'affirmer un faux désintéressement me permettant par la suite de réclamer des sommes folles ou d'exhiber d'un idéalisme finalement coûteux comme vous venez de l'évoquer. La juste mesure se situe entre un désintéressement impossible et de folles prétentions.

J'hésitai à poursuivre. Ce que je voulais exiger s'inscrivait mal dans la conception du monde d'un Allemand travaillant à la veille d'une guerre inévitable capable d'exiger tout de son patriotisme qui n'était pas le mien. Ma prévoyance puisait sa sagesse dans les profondeurs orientales de ma seconde nature… Allait-il comprendre ? Allait-il bondir ? Je poursuivis :

— Chaque travail mérite rétribution. Je ne vois pas seulement dans la vie d'un agent secret une série d'aventures et pas davantage, en ce qui me concerne, un sacrifice patriotique. Seulement une activité froide et calculée exigeant d'un homme le meilleur de lui-même et comportant de grands risques.

— Où voulez-vous en venir ?

— À ceci… J'exige un contrat !

Rohde tomba des nues, comme je le prévoyais.

— Un contrat ? Quelle drôle d'idée ! Abordez donc le problème quand vous arriverez à Berlin. Vous allez les faire rire aux larmes, car ils n'ont jamais connu pareille exigence.

— Qu'ils rient ou pleurent m'indiffère et je ne leur donnerai pas le choix, refusant de partir pour Berlin sans contrat. Je ne connais personne à Berlin, seulement un attaché militaire à

Athènes. C'est avec lui, et lui seulement que je vais discuter de mon contrat.

Il parut succomber sous l'énorme fatalité dont je l'accablai, inclina la tête et dit :

— Expliquez-vous !

— Monsieur Rohde, je suis comme vous : je ne crois pas au Père Noël ! Je connais les risques courus par un agent secret. Un contrat en bonne et due forme doit les couvrir.

— Mais l'Abwehr n'a jamais signé de tels contrats !

— Il signera s'il tient à ma collaboration ! Si je manque de chance et disparais, ma femme recevra un capital la mettant à l'abri du besoin jusqu'à la fin de sa vie. Si je refais surface, invalide après des interrogatoires trop poussés, dois-je aller mendier au coin des rues ?

— Vous avez pensé à tout ! Vous cherchez à vendre votre vie le plus cher possible et je ne saurais vous le reprocher !

— Il ne s'agit pas de spéculation, sinon je resterais à Alexandrie où toutes les possibilités me sont offertes ! Je ne désire ni vendre ma vie, ni la donner, seulement assurer mes arrières et ceux de ma femme.

Le débat se révéla long et âpre. Mais, vers midi, nous finîmes par tomber d'accord. Je ne pouvais en effet déboucher sur un échec avec Rohde en me montrant aussi exigeant et honnête que lui. Je pouvais lui faire confiance car, têtu comme un mulet, il allait imposer à ses chefs un tel contrat, unique dans l'histoire de l'espionnage allemand.

Il était plus de midi quand nous sortîmes pour aller déjeuner. Je connaissais déjà l'hôtel Alex où Rohde m'invitait. En matière de gastronomie il possédait un éclectisme certain. Après m'avoir traité à la française à Beyrouth, il composa en Athènes un menu grec, comme il se devait. Parmi les plats que supportaient les grandes tables « self-service », nous choisîmes des dolmas, les célèbres feuilles de vigne fourrées au riz, des brochettes, haricots

Plakis, du tarama, ce fromage blanc battu avec du paprika et, pour dessert, des pâtisseries arméniennes.

La chère était excellente et mon optimisme flamboyait quand nous retournâmes à la maison. Les discours que Rohde allait tenir et une constatation faite, non pas avec l'expérience de l'agent secret que je n'étais pas encore, mais une certaine méfiance toute orientale allaient tempérer ma béatitude. En pénétrant dans le bureau de mon futur chef, je notai en effet que les lourds rideaux de velours vert bouteille, ouverts avant le déjeuner, apparaissaient maintenant à demi tirés sur les fenêtres. Le matin, je n'avais décelé aucune présence dans la maison, sans doute par manque d'attention, car les rideaux ne possédaient pas une vie propre leur permettant de changer de position sans aide extérieure. Quelqu'un se trouvait donc là, invisible, en train d'écouter, d'enregistrer peut-être ma conversation avec Rohde. Cela me rappelait que, dans les services secrets, il ne faut jamais dormir sur ses deux oreilles. Lorsque l'une dort, il s'agit d'utiliser l'autre pour écouter. Pendant une bonne partie de l'après-midi, Rohde allait parachever ses leçons, tenant de longs discours.

— Des stages que vous suivrez à Berlin, me dit-il, vous retirerez les connaissances techniques indispensables à tout agent mais pas les finesses du métier. Dans l'action seulement, vous découvrirez ce qui relève de l'art, car l'espion est un artiste qui peut rester médiocre ou atteindre au génie. Il doit s'enfermer dans un monde de pensées très particulier, comme Michel-Ange dans la chapelle Sixtine et les jugements de valeur portés sur lui le laisseront indifférent ! L'adversaire, par exemple, traitera d'illégales vos méthodes d'information. Ne vous troublez pas, ne rougissez pas, nous disons la même chose des siennes ! Pour les uns, vous serez une fripouille, pour les autres un héros !

— Mourir en héros me paraît le sort le plus stupide qui soit, Monsieur Rohde !

— L'Abwehr n'exige pas des héros, mais des agents. Si vous avez la chance de recueillir des informations d'une importance extraordinaire, comportez-vous modestement et n'attendez pas de félicitations, bien au contraire. Livrer de grands secrets renforce la vigilance de l'ennemi et suscite d'effroyables jalousies dans son propre camp. Qui détient un secret possède un pouvoir terrible ! N'oubliez jamais le proverbe chinois : « Quand deux personnes détiennent un secret, l'une des deux doit mourir ». La jalousie représente un fléau pire que la peste, le choléra ou le Secret Intelligence service ! Dans la hiérarchie des périls situez toujours vos collègues de l'Abwehr au niveau le plus élevé.

— Ce n'est pas gai !

— C'est ainsi. Ne vous confiez jamais à des camarades car ils vous décevront tôt ou tard. Vous ne rencontrerez autour de vous que méfiance et antipathie, même de la part de votre chef si vous en avez un.

— Qui s'appelle Rohde ?

— Admettez qu'il s'appelle Rohde pour vous composer dès le départ une certaine attitude et vous y tenir. Le salut d'un agent secret se trouve dans son anonymat par rapport au camp qu'il attaque mais aussi à celui qu'il sert. Vous êtes perdu si l'ennemi vous identifie et menacé si des collègues vous jalousent. Comportez-vous donc par rapport au monde extérieur comme si vous n'existiez plus.

Je fis remarquer à Rohde que ces perspectives n'offraient rien d'exaltant, que le métier d'espion présentait seulement des côtés négatifs et laissait planer un doute sur ma résolution finale, le contrat n'étant pas encore signé. Il ne me répondit pas tout de suite et poursuivit.

— Professionnellement, votre adversaire principal s'appelle Secret Intelligence service. Son organisation, ses ramifications, ses activités vous donneront la migraine comme à nous tous et vous empêcheront bien souvent de dormir, même pendant votre apprentissage ! Vous allez vous heurter par priorité à la Navale Intelligence division en général, à la Geographic Section South III, en particulier. Elle couvre Turquie, Égypte, Syrie, Arabie, Irak, Perse, tous pays dans lesquels vous débuterez. Les hommes du Military Intelligence V vous donneront la chasse. Ces « durs-à-cuire » n'abandonnent pas facilement la partie lorsqu'ils découvrent une piste. Cependant, personne n'est infaillible et, pas plus que nous, ils ne représentent des surhommes. J'ajoute que peu d'Anglais sont capables de s'intégrer au monde physique et moral du Proche-Orient aussi bien que vous. Cette faculté représente votre meilleur outil de travail, votre cuirasse la plus difficile à percer. Aussi, lorsqu' à Berlin les professeurs du stage donneront des cours sur la manière de s'intégrer au monde arabe, vous les écouterez poliment sans leur rappeler que, vivant là-bas depuis vingt-trois ans, vous en savez beaucoup plus long qu'eux. Le reste apparaît important : radio, codes, chimie, micro-photos, même cet embryon de formation militaire qui vous répugne mais vous servira si vous avez un jour à vous effacer sous un tir de fusil-mitrailleur.

Il se tut. Ses yeux paraissaient caresser des perspectives aimables quand il reprit :

— Pour un homme sûr de lui et affamé d'aventures comme vous, ce travail présente un intérêt tout à fait exceptionnel. Un bon agent reste son maître, dirige sa vie en marge du grand troupeau humain. Enfin, c'est mon avis ! Et si je vous le donne, c'est pour répondre maintenant à la remarque désenchantée que vous formuliez tout à l'heure !

J'étais d'accord. Je n'avais étalé mon pessimisme que pour exciper de mon libre arbitre et d'un mauvais caractère que je désirais maintenir au niveau de celui de l'attaché militaire. Je connaissais par avance les servitudes du métier, ses risques, ne me sentais pas suffisamment allemand pour souffrir de la jalousie de mes semi-compatriotes, ni suffisamment cosmopolite pour éprouver un scrupule en attaquant tout pays maintenant l'Égypte en servitude, comme l'Angleterre. Je pouvais partir pour Berlin.

Wapo, ma femme, ayant terminé la série de représentations qu'elle donnait au Caire, arrivait le lendemain. Tôt le matin, Rohde me téléphona. Il nous invitait à déjeuner tous les deux au restaurant de l'Alex pour avoir l'honneur de faire sa connaissance, toujours parfait gentleman. Il parla pendant près d'une demi-heure et je m'étonnai de la liberté qu'il prenait avec des tables d'écoutes éventuelles, en oubliant qu'un attaché militaire reste officiellement un diplomate. Ce qu'il m'annonçait ne mettait en cause que des officiers de la Wehrmacht mais, l'Intelligence service qui n'ignorait pas la vraie personnalité de ces hommes, aurait écouté avec le plus grand profit notre entretien. Sans doute, Rohde se moquait-il peut-être de compromettre Gaafar qui allait disparaître au profit de Eppler d'abord, puis de Worms, Landau, Müller, etc.

On m'attendait à Berlin le 15 août, à dix heures du matin, au 80-81 du quai Tirpitz. C'était le siège central de l'Abwehr. Je devais me présenter au colonel Piekenbrock. Il m'expliqua qu'il s'agissait d'un Rhénan, officier de cavalerie pendant la Première Guerre mondiale… Intelligence remarquable… Interlocuteur pétri d'ironie… Ne pas se troubler car le contact sera très facile… Plus de questions à poser ?

— Plus de questions !

Il avait longuement parlé pour qu'il ne fût plus agité de problèmes concernant l'Abwehr pendant le déjeuner qui s'ordonna entre des entretiens culturels et des jugements de valeur gastronomiques. Ma confiance en Rohde résidait plus dans ses habitudes de bon vivant qu'en ses discours, car l'homme capable d'apprécier la bonne chère ne peut être un méchant bonhomme…

Derrière les fenêtres du wagon défilaient maintenant des palmiers, des maisons crépies de chaux blanche, coiffées de tuiles rouges. Côte d'Azur. Nous venions de traverser l'Italie en pullman depuis Brindisi, et la lumière du Proche-Orient poussait une offensive discrète à travers le sud de la France. De temps à autre, des tunnels escamotaient le train et j'en profitais pour embrasser Wapo avec la vigueur d'un collégien découvrant son premier amour. Je me sentais l'égal des dieux. Je venais d'épouser la plus belle fille du Danemark et d'imposer ma volonté à l'un des chefs du service secret allemand ! La vie dont je rêvais dans mon enfance commençait, en rupture complète avec celle que prétendait m'imposer la tradition musulmane. J'aimais une artiste, issue d'une famille d'artistes, une fille du Nord prestigieux au lieu de dominer une fille de Bédouins issue de la banque cairote. Wapo valait bien tout un harem ! Je régnais sur elle et elle régnait sur moi. Je trouvais dans le mariage cette justice obscure que j'aurais voulu faire peser sur toute l'Égypte. Je lisais encore mal dans mon destin futur qui, logiquement, commençant par un voyage de noces comportant l'Abwehr comme terminus, ne pouvait s'achever dans la gloire puisque le service secret refusait tous lauriers aux meilleurs de ses agents mais plutôt dans la mort, le pourcentage d'espions fusillés en temps de guerre précisant bien les risques du métier. Malgré ma connaissance de Nietzsche, j'accordai peu de crédit aux dirigeants du Reich qui essayaient de vivre selon sa loi, sans me rendre compte que, moi aussi, je construisais ma maison sur le Vésuve ! Mais je suis d'un naturel optimiste et rejetai toutes les perspectives sombres.

Le train roulait à faible vitesse en traversant de petites gares. J'apercevais alors des femmes en robes d'été, légères et fleuries ; des hommes portant de curieux bérets plats, coiffure du pays basque, des filets et cannes à pêche ou d'énormes valises qu'ils charriaient laborieusement. De jeunes soldats côtoyaient des paysans munis de corbeilles où des fruits dorés flambaient comme autant de soleils. Contrastant avec cette agitation d'un monde partant en vacances, de vieux messieurs affalés sur les bancs, plongeaient statiquement la tête dans leur journal. Tout cela représentait la France, le pays dans lequel je me proposais de vivre quand je serais las de l'aventure. Et je ne voulais pas savoir si le destin m'accorderait ou non le sursis nécessaire. Je ne voulais rien savoir non plus de ces gens que la vitesse refoulait derrière moi. Mon destin ne pouvait rien avoir de commun avec le leur. Lequel d'entre eux recevrait-il jamais la permission d'aimer une Wapo et d'affronter un inconnu redoutable ? Je faisais partie des seigneurs du monde, capables de vivre dangereusement. D'un seul coup, j'épuisai mon capital d'orgueil disponible sachant maintenant, après les explications de Rohde, que tout recours à lui me serait bientôt refusé.

Nous devions nous arrêter à Paris pour visiter l'Exposition internationale où la France, pour la dernière fois de son histoire, mettait en scène son empire, puis gagner Copenhague avant Berlin. Brûlé par le soleil d'Arabie et les déserts du Soudan, j'éprouvais une grande attirance pour les cieux pâles du Nord, les terres grises, les mystérieux tumuli recouvrant les dépouilles des Vikings comme les pyramides celles des Pharaons de mon pays natal ; j'avais envie de découvrir la maison dans laquelle Wapo était née et, pour tempérer ma joie, d'entendre son père jouer, au crépuscule, sur son piano de concert la valse triste de Sibelius.

IV

Canaris me baptise aryen

Je ne connaissais pas Berlin et l'arrivée dans la capitale du IIIe Reich m'impressionna beaucoup. En sortant de l'hôtel Eden où je venais de terminer la nuit du 15 août je passai devant la gare du métro aérien « Zoo » et partis à la découverte du Kurfurstendam. L'orage était passé sur la ville qui, maintenant, sortait d'un bain tiède, le soleil revenu épongeant les trottoirs et les toits. Il faisait déjà plus chaud qu'à Paris et le poids du climat continental ajoutait à celui de l'architecture, digne, plutôt cossue, mais privée de la grâce que j'aimais dans la capitale française.

Je flânai le long des vitrines, m'arrêtant parfois pour établir des comparaisons. L'abondance de biens de consommation offerts me stupéfiait, car j'avais lu dans la presse parisienne et danoise que les Allemands possédaient désormais beaucoup de canons mais pas de beurre. Or, les montagnes de beurre côtoyaient les pyramides de saucisses, les boulangeries offraient une étonnante variété de pains et, qui refusait le pumpernikel, ultra-noir, pouvait lui préférer la brioche, selon le conseil que Marie-Antoinette donnait au peuple de Paris avant 1789, boutade trop belle pour être vraie, probablement aussi mensongère que l'information relatant la pénurie de beurre dans le IIIe Reich. Je ne savais pas encore que ce sont les bons slogans qui font l'histoire, même et surtout peut-être lorsqu'ils traduisent un mensonge!

L'activité de la population rappelait celle d'Alexandrie, éclatait dans les rues comme les bulles d'air à la surface de l'eau en train de bouillir, mais l'incohérence qui marquait l'agitation égyptienne ici n'existait pas. Une invisible coordination présidait aux déplacements, les moyens mis en œuvre convergeaient vers une fin inscrite dans le filigrane de la vie quotidienne. Mais je trouvais que les Berlinois manquaient de raideur, car je me faisais encore de l'Allemagne l'idée mûrie en pays souabe, pendant les vacances passées au contact de populations pauvres, rudes, industrieuses, décidées à se réaliser au prix d'un oubli de soi rappelant celui des Spartiates. Détendus, souriants parfois, les gens de Berlin allaient à leurs affaires, grandes ou petites, témoignant sur une Allemagne que je ne connaissais pas encore.

Le cliché de mon expérience fragmentaire fut tout de même sauvé au Kurfurstendam. Le café Joachim Taller n'avait pas encore ouvert ses portes et présentait sur le trottoir quatre-vingt-dix-neuf chaises imbriquées les unes dans les autres. Pas une de plus, pas une de moins ! Pourquoi pas cent ? Je les recomptai. Il en manquait toujours une, sans doute en vertu d'une loi soulignant la hiérarchie des bistrots ! Elles étaient méticuleusement rangées, alignées les unes sur les autres, comme une colonne de soldats soumis au « drill » d'un instructeur prussien. Aucune d'entre elles ne marquait son intention de commettre un refus d'obéissance. Je respirai. Même à Berlin, je retrouvais donc cette rigidité allemande qui m'irritait depuis si longtemps et j'allais pouvoir dresser contre elle la partie la plus combative de mon mauvais caractère !

Le temps passait. L'heure du rendez-vous fixé par Rohde approchait. Je hélai un taxi et me fis déposer devant le 81 du quai Tirpitz. L'immeuble assez ancien qui abritait la direction de l'Abwehr respectait le style berlinois mais la brique n'entrait pas dans sa construction, lui s'offrant une façade en pierres de taille assombries par le temps et percées de hautes fenêtres à chaque étage, le dernier comptant des ouvertures plus modestes. Je pensai qu'elles éclairaient les chambres de quelques ordonnances et me trompai. J'apprendrai plus tard que la fenêtre centrale du dernier étage éclairait le bureau du grand patron, l'amiral Canaris, confirmant ainsi une volonté d'effacement affichée depuis toujours et rehaussée par un climat de mystère dans lequel il baignait volontairement et, selon certains, abusivement, car préfabriqué par lui, nourri de légendes et par la manipulation de personnages possédant des lettres de noblesse dans l'histoire de l'espionnage, tels Mata Hari, le tout représentant une somme de demi-vérités et de demi-mensonges.

Je me glissai dans l'immeuble de l'Abwehr avec la discrétion que j'imaginais de rigueur, n'ayant pas encore balayé mes lectures de romans d'espionnage. Le concierge me fit attendre pendant moins d'une minute à laquelle le sentiment de curiosité fébrile qui m'animait donna l'importance d'une heure puis, après avoir téléphoné, m'indiqua l'étage et le numéro du bureau auquel je devais m'adresser, aussi simplement que si je venais postuler un emploi dans une compagnie d'assurances. Couloirs sans mystère. Ascenseur hydraulique considéré comme fringant sous le règne de Guillaume II. Étage. Porte. Bureau.

L'officier qui m'accueillait, debout, se présenta :

— Piekenbrock !

Il m'offrit une chaise après m'avoir tendu la main. Ce colonel, adjoint direct de Canaris, ne manquait ni de simplicité, ni de chaleur humaine et ne correspondait pas au portrait robot de l'officier de carrière allemand qu'en moi Gaafar opposait à Eppler selon un schéma bien défini. Il me questionna avec bienveillance. Assis derrière son bureau vierge de tout papier, et sur lequel trônait un classeur qui contenait certainement ma fiche, Piekenbrock écoutait à peine mes réponses, comme s'il savait déjà l'essentiel de ce qu'il devait connaître de moi. Il me dit :

— Je vais vous présenter au major Maurer, du Meldedienst I qui se chargera de vous. En gros, votre stage comprend trois étapes.

Demain vous partirez pour Quenz. Quenzgut est un centre d'entraînement où nous formons les commandos, près de Brandenburg. Vous y apprendrez comment on saute en parachute, ce qui peut vous servir, et comment on opère des destructions sur les arrières de l'ennemi. L'Abwehr ne vous demandera probablement jamais de faire sauter des ponts mais tient à vous mettre au courant de la manière dont l'ennemi opère pour que vous soyez techniquement capable de le contrer. Ensuite vous irez à Striegau, près de Breslau, et c'est là que vous apprendrez votre métier : chiffrage, déchiffrage, microphoto, chimie des encres et des papiers, radio, fréquences, etc. En dernier lieu, vous recevrez une petite formation militaire à Sorau, près de la frontière polonaise.

Il sourit et ajouta :

— Je sais que nous ne ferons jamais de vous un soldat allemand mais vous devez connaître certaines règles, acquérir un minimum de style militaire, car vous serez appelé à travailler avec des états-majors.

Ce style fut mis en évidence dans le bureau suivant où se tenait le major Maurer. D'abord il se leva à notre entrée, comme propulsé par un ressort de fabrication prussienne, marque déposée et protégée dans le monde entier ! Très grand, très mince, strictement rasé, col de la veste d'uniforme boutonné jusqu'à la pomme d'Adam, combinant une certaine raideur avec une souplesse sportive, il ne quitta pas son fauteuil mais en jaillit. Un entretien dépouillé de tout préalable mondain s'amorça et se poursuivit, Maurer ne perdant pas une seconde à s'attarder autour de quelque détail inutile, commentaire oiseux et ne m'autorisant pas à en perdre lorsque je lui répondais. Il parlait à la même vitesse qu'un vendeur « à la sauvette » au coin d'une rue, ne cherchant pas comme lui à me convaincre d'acheter sa camelote, exposant simplement un programme de travail cohérent, fouillé dans le détail et minuté. Il ne me donnait pas d'ordres mais, de par son objectivité même, le plan n'était qu'une cascade d'ordres, impossibles à contrer. Il parlait tellement vite que je comprenais peu de chose à ses discours, content tout de même, car j'avais retrouvé l'Allemand tel que je l'aimais pour me moquer de lui. Il conclut en commentant ma période de dressage militaire à Sorau.

— En si peu de temps, impossible de transformer civil en guenilles en soldat... On se contentera d'un minimum...

Je réussis à placer un commentaire.

— À peine une préparation à la mort glorieuse, en somme ?

Mais Maurer se comportait face à l'ironie comme un homme libre devant une porte de prison : il lui tournait le dos. Il ne répondit pas à ma réflexion oiseuse. Pas de temps à perdre. Il se réincorpora à son fauteuil avec la soudaineté qui l'en avait extrait. Il saisit un téléphone, hurla un numéro dans le micro, donna un ordre.

— Le type de Rohde est ici, arrivez immédiatement !

Les ordres de Maurer étaient exécutés « sans hésitation ni murmure », comme autrefois dans l'armée française, car il n'avait pas encore reposé le combiné que, déjà, on frappait à la porte. Un jeune officier se présenta après avoir marqué par une légère inflexion du buste sa déférence envers Piekenbrock et Maurer.

— Mütze... Helmut Mütze !

Ces Messieurs ne pratiquaient pas toujours la politesse nuancée de ce jeune officier, car je devais entendre plus tard deux colonels qui traversaient un couloir, parlant de moi et disant :

— Le chieur de pépins est arrivé de Turquie !

Un rire silencieux s'épanouissait en moi. Tout en serrant la main du nouvel arrivant, je pensai : on ne me la fait pas ! Tu t'appelles Mütze comme moi Mahomet ! Je me trompais. Affable, bien élevé, joli garçon de surcroît, il s'appelait réellement Mütze, nom qui, en allemand signifie casquette. Au bout de quelques semaines, j'apprendrai par recoupements que le haut personnel de l'Abwehr, y compris son chef, n'usait pas de *cover name*. Piekenbrock s'appelait bien Piekenbrock, Maurer était né Maurer, quelque part en Prusse ou en Saxe ! Tous ces gens travaillaient à visage découvert !

Maurer donna au lieutenant Casquette des ordres lancés par rafales.

— Cet après-midi, vous montrez le bureau géographique de l'armée de terre… Perdez pas une minute… Ce soir tournée des boîtes de nuit…

Le lieutenant Casquette ne devait plus me quitter pendant les premières semaines. Il me fit d'abord visiter le Heeresplankammer, le bureau des cartes de l'État-Major qui se trouve Bulowstrasse. On m'y présenta le Proche-Orient en cent cartes au millième, certaines affligées de vastes espaces blancs. Mütze me dit :

— Je pense qu'on vous demandera les éléments permettant de combler ces vides comme première mission. Le moindre buisson planté sur une colline intéresse ces Messieurs… Distances, largeur des routes, accidents de terrains, postes frontières ouverts ou fermés la nuit, axes de circulation… Ils veulent tout savoir. Vous devrez même signaler le nombre et l'emplacement des gros arbres d'une région.

Et pourquoi les gros arbres ?

Parce que les gros arbres constituent des repaires qui résistent plus longtemps que les petits soit au déboisement, soit aux tempêtes !

Je me voyais déjà, parcourant l'Asie mineure un mètre à la main, en train de prendre la dimension des rochers et mesurer la circonférence des troncs d'arbres ! Décidément, ma carrière ne commençait pas comme dans les romans d'espionnage !

Je me doutais bien que, si le lieutenant Casquette m'entraînait maintenant de bars louches tapis autour d'Alexanderplatz en boîtes de nuit accrochées au Kurfurstendam, ce n'était pas pour mener joyeuse vie en ma compagnie, aux frais de l'Abwehr, mais pour observer mon comportement social, mon attitude envers les femmes, ma capacité de résistance à l'alcool. Il est toujours amusant de s'espionner entre espions. Je devinai que Mütze aurait perdu sa lucidité avant moi si je l'avais poussé dans la débauche. S'il me répugnait d'absorber à l'allemande un mélange de schnapps et de Nuit-Saint-Georges sur le coup de trois heures du matin, mon expérience de la vie nocturne devait être à la sienne ce que le char de combat est à la brouette ! Je savais qu'avant de succomber au charme des belles entraîneuses au point de leur confier les secrets de l'Abwehr, ou de rouler sous la table en embrassant un agent de l'Intelligence Service, le Nil coulerait longtemps sous les ponts du Caire et la Sprée sous ceux de Berlin !

Je possédais une grande expérience des boîtes de nuit, mais ce que je découvrais à Berlin m'étonnait. Le IIIe Reich, que la presse internationale présentait comme une caserne où le peuple menait une existence étriquée et morose, débordait d'élan et de gaieté. La caserne existait, certes, les prisons également, mais qui ne se trouvait pas en caserne ou en prison s'amusait si follement que je croyais découvrir chez ces noctambules une pointe d'hystérie, comme si les Allemands, sachant que l'histoire leur mesurait ses délais, se hâtaient de danser sur le volcan hitlérien avant qu'il ne sautât sous leurs pieds.

Excessifs en tout, mes presque-compatriotes ne mangeaient pas mais bâfraient, ne buvaient pas mais éclusaient, ne flirtaient pas mais proposaient directement « la botte » aux filles esseulées qui se tenaient derrière les téléphones posés sur chaque table du Vaterland ou Femina Bar. *Berlin by night* était au Caire nocturne comme la grande usine ultra-moderne à l'atelier de l'artisan. Certains cabarets ne mettaient pas moins de cinquante entraîneuses en piste. Je n'osai supputer les sommes qui changeaient de main entre minuit et six heures du matin, des tonnes d'alcool éclusées, le prix des toilettes, souvent de fort mauvais goût, portées par les femmes. Au Melody Bar, une entraîneuse m'assura qu'elle possédait trois cent treize robes du soir correspondant au nombre de prestations annuellement fournies, son contrat lui interdisant de paraître deux fois dans la même tenue ! Elle était jolie et mince. En 1937, on ne rencontrait plus dans le IIIe Reich ces Allemandes épaissies par la *Schlag Zahn*, la bière et la saucisse dont l'image s'imposait encore à moi, un peu à travers ma mère, plutôt forte elle aussi, mes souvenirs d'enfance fixés sur le pays souabe et les livres que Monsieur Bousson, mon cher professeur des missions laïques françaises du Caire, me donnait à lire. Et, cependant, elles bâfraient autant que leurs mères mais se retrouvaient sur les stades plus souvent qu'elles.

À travers Berlin, je découvrais une nouvelle Allemagne, bien décidé à ne pas me laisser entraîner par elle au-delà des limites que je m'étais fixées. Sa vie nocturne s'était alignée sur le reste et m'apparaissait « kolossale », un mot que je n'aimais pas, car il semblait expliquer les catastrophes passées des Allemagnes et tenir en gestation celles de l'avenir. Il choquait aussi mon amour-propre de citoyen égyptien !

Le lendemain, Maurer nous invitait à déjeuner au Ewest, un restaurant très sélect de la Friedrichstrasse. La raideur du major restait également colossale si la cuisine ne l'était pas, selon mon goût personnel ! Dans la soirée je partis pour Quenz, toujours accompagné de mon mentor le lieutenant Casquette. Lui appartenait à une nouvelle génération d'officiers en train de prendre ses distances avec la Prusse. En dehors du service, il rejetait toute notion de hiérarchie et devenait un bon copain, large d'esprit, spirituel, retrouvant la puérilité de son jeune âge contrairement à la caste des hobereaux qui donnaient l'impression d'être sortis du ventre de leur mère déjà vieux.

Voyage bref. Quenz se trouve seulement à soixante kilomètres de Berlin. Le centre d'entraînement, Quenzgut, occupait un domaine de douze hectares défendu par des murs et que rien, à première vue, ne semblait différencier d'une exploitation agricole, même le petit manoir frédéricien qui témoignait sur la noble origine et la richesse des anciens propriétaires. Ultérieurement, le célèbre 800e Régiment S.S. plus connu comme « légion Brandenburg » après les exploits de Skorzeny, viendra s'installer non loin de là, car dépendant lui aussi de Canaris.

Le paysage qui cernait Quenzgut semblait brossé par un Dufy plus soucieux de coucher sur une toile un décor pour amoureux du dimanche qu'une nature consacrée aux ébats de guerriers un peu spéciaux. Sur tout un côté des terres réservées s'allongeait un lac qui les rendait inaccessibles, tantôt gris, tantôt bleu selon les caprices du ciel. Des bouleaux argentés, des hêtres, des saules et des peupliers frémissants sous la transe perpétuelle du vent ourlaient la rive. Plus loin, faisant le gros dos sur les premières pentes clôturant la vallée, s'allongeaient des bois de sapins noirs rappelant la grande Germanie forestière d'où sortirent les Francs, les Goths et autres tribus. Des prairies moelleuses s'étalaient jusqu'au Havel qui traversait la propriété. Une nature idyllique abritait donc une activité humaine qui ne l'était pas.

Dès le premier jour, les instructeurs me rappelèrent que mes lointains ancêtres avaient abordé l'histoire en position couchée. Il me fallait l'adopter et la maintenir sous peine de périr (en héros, bien sûr!) le jour où j'aborderai la guerre en grandeur nature, éventualité que je n'appelais pas de mes vœux. Deux mots restent inoubliables pour qui a servi dans l'armée allemande… Hinlegen! ce qui signifie « à terre » et… Auf! qui le complète en permettant de se relever après avoir rampé sur quelques mètres ou kilomètres, dans la poussière ou la fange.

On m'enseigna l'art de faire sauter un pont, ce qui n'est pas tellement facile. Il me fallait approcher la maquette en grandeur nature lancée sur le Havel pour échapper aux vues de l'ennemi.

Donc, *Hinlegen!* Si un commando me repérait, je devais fuir en courant très vite. Donc : *Auf!* Mais comme les instructeurs allemands ne se contentent jamais d'un à peu près, ils me contraignaient à répéter vingt fois la manœuvre, et je succombais sous les rafales de *Hinlegen! Auf!* s'enchaînant les uns aux autres. Ensuite, je fis sauter une voie ferrée. Approche rampante, bien entendu ! Même manœuvre pour neutraliser une sentinelle ! En fin de journée, l'invincible Bédouin d'Ismaël Abd el Kader, mon oncle, se sentait rompu. Inutilement. J'étais en effet décidé à ne pratiquer aucun sabotage en pays musulman. Par contre, en Angleterre… mais devait-on me parachuter sur l'Angleterre ?

Mon instructeur de saut s'appelait Schaeffer. Type du sous-officier populaire (ou impopulaire !) de la Wehrmacht exerçant la fonction de *spies*. Un homme d'une trentaine d'années, gros mangeur de Wurst et de pommes de terre si j'en jugeais d'après son ventre confortablement épanoui. Comme un chat se pourléchant les babines en apercevant la souris qu'il va croquer, il me fit grimper sur une planche fixée à quelque cinq mètres du sol et à l'aplomb d'un parterre de sciure de bois. Il me poussa discrètement pour m'obliger à prendre mon essor. Je le pris.

— Pas comme ça ! cria Schaeffer. On va vous entraîner à faire des roulés-boulés.

On m'entraîna. Entre deux séances de saut, je devais tirer au fusil, à la mitraillette et au pistolet ; obtenir de bons groupements pour démontrer mon aptitude à concilier les exercices violents avec les exercices de précision, les uns ne devant pas réagir sur les autres. Je me comportais honorablement et prenais un plaisir réel à manier des armes qui, pour l'instant, ne servaient à tuer ni hommes ni bêtes. Puis vint le grand jour du saut depuis le Junker 52. J'étais en train de me dépêtrer des sustentes du parachute quand Schaeffer arriva au pas de course, essoufflé comme un phoque.

— Vous tombez du ciel comme un sac de patates, mein Herr! cria-t-il… Si vous remettez ça en mission vous ne trouverez personne en bas pour rassembler vos os cassés! Il faut arriver au sol souple comme un chat!

Je pensai: je voudrais bien t'y voir, gros tas de viande! D'ailleurs, je m'en fous, je ne sauterai jamais en mission!

Il me tapa familièrement sur l'épaule car lui n'avait pas avalé son épée comme le major Maurer. Dépendant à la fois de l'Abwehr et de l'aviation, il affichait un style détendu avec ce brin de coquetterie exhibé par les pilotes de chasse et les héros des romans d'espionnage. Il se réclamait ainsi d'un savant mélange: patriote à 51 %, gangster à 20 %, tombeur de filles à 20 % et « Monsieur-comme-tout-le-monde-à-qui-on-ne-la-fait-pas ». Il me demanda:

— Connaissez-vous l'histoire du bègue qui voulait sauter en parachute avec ouverture commandée?

— Non. Je connais beaucoup de blagues en arabe mais pas en allemand.

— Ce n'est pas une blague! C'est arrivé à un type que j'avais à l'instruction. On lui avait dit de sauter, puis de compter jusqu'à trois avant de déclencher son pépin.

— Et alors?

— Eh bien, il a compté un-un-un… d.d.d.d.deux… tr. tr. tr. tr. trrrrrrrois…

— Et alors?

— Il était déjà au sol! Ah! Ah! Ah!

Se jugeant désormais assuré de ma considération par son humour, Schaeffer entreprit de m'écraser par sa technique. Il prit l'air, sauta et se posa près de moi avec une précision stupéfiante, souple comme le chat qu'il me donnait en exemple, ce qui ne laissa pas de m'étonner vu son poids, son ventre qui, probablement, au lieu de représenter une infirmité, lui venait en aide pour réussir des roulés-boulés impeccables.

— Et voilà ! dit-il, cramoisi de satisfaction, à vous de jouer !

Je jouai assez peu, et assez mal, peut-être persuadé que j'étais de l'inutilité du parachutisme pour ma future carrière d'agent secret. Mon hérédité orientale pressentait que j'en appellerais plus souvent à l'astuce qu'à la force !

Dans le train qui nous ramenait à Berlin, je dis à Mütze :

— Parlons franchement ! l'Abwehr ne m'a pas donné une gouvernante en votre personne par crainte que je ne me perde à travers l'Allemagne, ou pour me procurer des filles, ce que je réussis assez bien tout seul ! Vous devez faire un rapport sur moi, n'est-ce pas ?

— C'est exact !

— Et tout à fait normal ! Je ne sais pas ce que vous allez dire de moi.

— Rien qui puisse infirmer le jugement de Rohde, et ses jugements ont un grand poids dans la maison. Il ne tient pas à vous perdre et je pense que vous resterez sous ses ordres pendant un certain temps.

— Je le pense également. Mais je voudrais que personne à Berlin ne se méprenne quant à mes intentions. Voulez-vous avoir l'amabilité de les confirmer dans votre rapport… Missions au Proche-Orient, à l'exclusion de tout autre pays. Sabotages : rien à faire, Quenzgut m'a suffi. Parachutage ? D'accord si on ne peut faire autrement. Pour le reste, je m'en rapporte à Piekenbrock qui dit « l'essentiel c'est d'être au courant ». Étant au courant de ce que je refuse, vous pouvez m'ordonner ce que j'accepte.

— Nous y voici, souligna Mütze, nous partons demain pour Breslau. Ça c'est important ! On peut à la rigueur balancer un agent en parachute, même s'il manque d'entraînement, mais impossible de compter sur lui s'il manipule mal sa radio, se trompe de longueur d'onde et cale sur un décryptage. À Strilgau nos meilleurs spécialistes vous apprendront ces techniques. Mais, dans un genre différent, ce stage vous apparaîtra aussi rebutant que celui d'où vous sortez. Consolez-vous d'avance car il vous apparaîtra plus utile!

S'il est difficile de tenir secrète une école de parachutisme comme celle de Quenzgut, en raison de l'espace exigé, celle du chiffre et radio à Strilgau s'entourait d'un mystère difficilement pénétrable. Les deux maisons d'officiers réservées aux stagiaires – jamais plus de quatre agents instruits dans le même temps – ne différaient en rien des autres villas alignées sur les abords de la caserne qu'occupait un classique régiment de la Wehrmacht. Le Stabfeldwebel Sitterlin nous conduisit à celle que je devais occuper avec Mütze en s'excusant de n'avoir pu nous envoyer une voiture à Breslau, toutes celles du régiment se trouvant en service. En chemin nous croisâmes un chef d'escadron que Sitterlin salua dans les formes réglementaires. Je demandai à Mütze.

— C'est le grand manitou?

— Rittmeister von Hoesch... Dynastie d'officiers remontant aux Teutoniques... Ne parle pas à tout le monde. Se dégèle un peu après quelques verres, sinon reste « coincé ».

— Il se décoince uniquement lorsqu'il est saoul?

— Exactement!

J'avais noté le jeu de la discipline tonitruante entre le major « coincé » et le Stabfeldwebel et m'étonnai une fois de plus.

— Mütze, cette discipline ne laisse aucune place à des rapports humains! Même avec Allah, nous ne manifestons jamais pareil excès de soumission. Ils sont un peu dingues?

— Rassurez-vous! La discipline frédéricienne ne vous concerne pas. Jamais, chez nous, on ne vous demandera de saluer l'amiral comme Sitterlin vient de saluer Hoesch.

— Mais pourquoi gueulent-ils comme ça?

— C'est un procédé, mon cher, et beaucoup moins stupide qu'il n'y paraît. Une armée est faite pour se battre un jour ou l'autre. Une bataille fait beaucoup de bruit et annule les ordres donnés sur un ton de voix naturel. Qui n'entend pas un ordre peut compromettre une situation ! Les ordres doivent donc être gueulés pour que l'exécutant les comprenne du premier coup et ce ton qui vous choque n'a qu'une valeur d'entraînement à la guerre, comme le reste.

— Eh bien, dis-je si le major parle à sa femme sur un ton pareil quand il couche avec elle, il doit gagner toutes les batailles !

Il nous reçut dans l'après-midi et se comporta comme Maurer. Salut raide. Entretien haché. Ordres donnés au sous-officier chargé de mon instruction. Invitation à dîner pour le soir à Breslau. Vers minuit, il se « décoinça » à l'issue de respectables libations et ressuscita en homme charmant, cultivé, riche d'idées originales. En rentrant, je dis à Mütze :

— Ah, s'il voulait bien « décoincer » ses bottes à mon profit !

Il portait en effet de fantastiques bottes de cheval, mieux coupées que n'importe quel chef-d'œuvre sortant des mains de Jesus Iribar, le célèbre bottier du Caire.

L'instruction commença immédiatement et dura plusieurs semaines. Je la trouvai très ardue mais passionnante. Je devais dominer rapidement la technique du codage et décodage, relativement simple. À cette époque, l'Abwehr donnait la préférence au système de code représenté par un livre de grande diffusion. Les chiffres reçus par radio désignaient les pages, lignes, lettres. La réponse s'appuyait sur le même système de référence, simplement inversé. Le manipulateur repartait du livre. Étant donné l'importance de la littérature mondiale, des siècles de recherches pouvaient s'écouler avant que l'ennemi ne découvrît le livre-référence ! Mais il fallait prévoir les situations difficiles, les cas d'urgence, alors que l'agent ne dispose plus de son bouquin. Il possède donc un code de secours connu de mémoire et muni d'un numéro d'appel. Le mien sera DONAUSCHIFFAHRTSKAPITAEN et portera le numéro référence 152. Cela veut dire qu'en situation difficile je donnerai le chiffre à mon correspondant qui se référera au mot-code de secours pour traduire mon message chiffré. C'est ce que nous appelions une « Schablone » ou un « Raster », c'est-à-dire un alphabet. L'Abwehr possédait aussi une machine à chiffrer qui manquait à l'Angleterre. On l'utilisait peu, parce que très secrète et on ne me la montrera jamais durant ce premier stage.

Chiffrage et radio vont de pair. Sur le thème radio, peu connu de moi, je passai des semaines terribles, mélangeant tout pendant les premiers jours et… les premières nuits : émetteurs, récepteurs, fréquences, kilohertz, quartz et condensateurs, goniomètres et postes d'écoute. Mais je m'entendais bien avec mon sous-officier instructeur. Je devais le retrouver plus tard en Irak. L'Abwehr avait envoyé en plein putsch ce pauvre diable qui ne parlait pas un mot d'arabe et c'est par miracle que je réussis à le hisser dans le dernier avion quittant le pays après l'échec du soulèvement, le sauvant d'une mort certaine. Il m'apprit à manipuler, ce qui n'était pas une petite affaire pour un Égyptien ignorant tout du scoutisme qui, dans ce domaine, dégrossit les jeunes gens. Par la suite, si je réussis à manipuler correctement, ce fut toujours avec le gras du pouce et jamais du bout des doigts.

On enregistra donc sur disques ce que nous appelons notre « écriture », c'est-à-dire le rythme particulier de la manipulation afin de personnaliser une émission. Car si l'agent est capturé, et sous la torture, révèle son *cover name* à l'ennemi, celui-ci peut tenter de transmettre de fausses informations en manipulant à sa place. Un contrôle, par l'écoute du disque enregistré une fois pour toutes, évitait à l'Abwehr de tomber dans ce piège. Pendant les derniers jours, à titre d'entraînement, je parlai souvent avec mes collègues des réseaux spéciaux implantés à Koenigsberg, Hanovre, Münich et Berlin.

Microphoto, chimie des encres et des papiers furent assimilées plus facilement pour plusieurs raisons. D'abord parce que la microphoto se trouvait encore dans l'enfance. Les clichés obtenus possédaient, à cette époque, les dimensions d'un timbre-poste, ce qui manquait vraiment de discrétion ! Je n'utiliserai ce procédé de transmission-réception que plus tard, quand le cliché aura pris la dimension d'un caractère, puis d'un point de machine à écrire, et en userai rarement en raison de sa complexité et de ses dangers. Seul, en effet, un laboratoire de l'Abwehr établi à Berlin-Tegel se trouvait en mesure de révéler les clichés et l'agent devait en outre posséder un appareil spécial pour les lire, ce qui représentait un matériel de plus à , détruire en cas de péril. D'emblée, j'accordai donc peu de confiance à ces techniques. De même pour les encres et papiers spéciaux. Je pensai que les Anglais, nos adversaires les plus sérieux, se trouvaient au même stade que nous dans la recherche et que Imperial Chimical valait I.G. Fahrben pour créer de nouveaux composants à l'iode ou la glycérine. Je retins surtout un détail, parce qu'il m'amusait, les encres à composante aspirine ne valaient rien si on utilisait un autre produit que Bayer !

Parallèlement à ces techniques, j'appris beaucoup sur le métier d'espion en général, souvent de petits détails mais qui me permirent par la suite de lire les romans d'espionnage avec un certain sourire ! L'agent n'est jamais désigné par les lettres X et Y suivies d'un numéro. Le numéro existe, mais seulement pour la comptabilité du service. Il n'est jamais opérationnel. Un espion personnalisé par un numéro sur la couverture d'un livre, OSS-121 par exemple, ne peut avoir d'autre existence que littéraire. Le véritable agent travaille sous la protection d'un *cover name*, nom fantaisiste qui change souvent. Si un officier manipule l'agent, c'est lui qui change le *cover name*. Si l'agent travaille seul, comme moi plus tard, c'est lui qui procédera au changement lorsqu'il le jugera nécessaire.

Fort de ces premiers acquis dans la connaissance du métier, je quittai Strilgau avec les bénédictions du Rittmeister Hoesch qui, grâce à mon entregent, mes moyens financiers qui me permettaient de multiplier les invitations à Breslau, s'était « décoincé » à plusieurs reprises, reprenant à mes yeux le visage d'un homme normal.

— On va tout de même vous apprendre le *Helden Deutsch*[1], m'annonça le lieutenant Casquette, une fois revenus au siège de l'Abwehr. Je ne vous accompagnerai pas, car je redoute plus que jamais votre mauvaise humeur et, là-bas, de par le contact étroit que vous aurez avec la Wehrmacht, j'ai grand peur qu'elle n'explose. Cependant ce stage peut être utile. L'Abwehr dépend de la Wehrmacht et vous devez vous assimiler un peu de son style particulier, devant travailler en liaison avec elle et à son profit. N'oubliez pas que nous sommes avant tout des soldats!

Ce discours ne me disait rien qui vaille, mais je ne pouvais contrer les Allemands qui tenaient à me libérer de mes complexes et de ma qualité présente de civil « en guenilles », bien que je fusse encore habillé par l'un des meilleurs, sinon le meilleur, tailleur de Londres!

Je partis pour Sagan, au Niederlausitz, actuellement incorporé à la Pologne. Pendant deux semaines, j'allais servir là, dans le Panzer Régiment Sagan, unité encore intégralement soumise à l'esprit de la garde impériale prussienne. Il participera au putsch du 20 juillet contre Hitler.

Il occupait l'une de ces casernes-palaces qui témoignent sur la considération que l'ancienne Allemagne portait à son armée. J'étais, bien entendu, en tenue civile et balançais une légère valise quand je franchis la porte ouverte dans la grille monumentale qui défendait la cour cernée par des bâtiments remarquables de netteté. Une unité de chars de combat la franchissait aussi, mais en sens inverse de moi. Je lui jetai un coup d'œil avec un vif senti-

1. Littéralement, langue des héros.

ment de curiosité lorsque je m'entendis interpeller. D'après l'intensité du hurlement, je compris qu'il s'agissait d'un sous-officier mais ne me retournai pas et poursuivis délibérément ma route. L'homme courait derrière moi et me rattrapa, criant toujours :

— Mais qu'est-ce que c'est que ce ramoneur[1] ?

Il me barra le chemin, rouge d'indignation et hurla :

— Ramoneur, où avez-vous volé cette valise ?

Stupide, je contemplai ma valise qui s'était petit à petit couverte d'étiquettes multicolores que chaque portier d'hôtel y collait depuis des années, de Beyrouth à Katmandou, de Munich à Kampala, selon la mode de ce temps, lui donnant ainsi le caractère insolite qui venait de soulever la méfiance du Stabfeldwebel, aussitôt jailli comme un diable du poste de garde qu'il commandait. Soulevé par la colère, je répliquai :

— Monsieur (et comme je lui refusai son grade en l'appelant « Monsieur », il frisait l'apoplexie), Monsieur, je ne suis pas ramoneur et je ne vole pas les valises !!!

Nous fîmes demi-tour. Il me poussa dans le poste de garde où flânaient une demi-douzaine de soldats, trop heureux d'assister à un incident relevant la monotonie de leur existence, Le Stabfeldwebel s'était emparé de ma valise et la brandissait sous leurs yeux, furieux, comme s'il s'agissait d'une pièce à conviction utilisée par le président d'un conseil de guerre et justifiant la peine de mort qu'il allait demander à ses assesseurs. Je déclinai mon nom et le sous-officier décrocha son téléphone. Je l'observais pendant qu'il parlait et un grand rire intérieur s'allumait au fur et à mesure que j'enregistrais son changement d'attitude. Il venait d'alerter son capitaine sur ma présence insolite et avait tout de suite parlé d'espion, sans savoir qu'il mettait dans le mille, mais du mauvais côté de la cible ! Je l'entendais répéter :

1. En argot militaire allemand, équivaut à « bleu » dans l'armée française.

— *Ja wohl Herr Hauptmann! Ja wohl Herr Hauptmann!*

Chaque fois, il claquait les talons avec une énergie fracassante et réglementaire car, dans l'armée allemande, on doit se mettre au garde-à-vous, même devant un chef physiquement absent, lorsqu'on s'entretient par téléphone avec lui. Mais la description qu'il faisait de mon irruption dans sa caserne, les qualificatifs dont il m'affublait perdaient leur rigueur. Je n'étais plus un voleur, mais probablement un visiteur étranger attendu par le glorieux Panzer Regiment Sorau. Car en entendant prononcer mon nom, le capitaine déjà prévenu par l'Abwehr avait dû jaillir de son fauteuil à la manière de Maurer, et il engueulait maintenant son subordonné qui répétait inlassablement, en claquant les talons :

— *Ja wohl, herr Hauptmann!*

Dans l'armée allemande, en effet, lorsqu'un capitaine vous dit : Soldat Fritz, vous êtes un con ! il faut toujours répondre : oui, mon capitaine, quitte à protester et à porter plainte auprès de l'échelon supérieur, mais seulement à la fin du discours ! Cette règle comporte deux avantages : la discipline est sauve dans les rapports d'inférieur à supérieur et la justice peut être rétablie par un mouvement également hiérarchisé, allant du haut vers le bas. Tout le monde est content, le capitaine parce que l'adjudant approuve le jugement peu flatteur qu'il porte sur lui, l'adjudant qui sait que le capitaine prendra huit jours d'arrêts s'il se plaint de sa grossièreté au commandant, le commandant parce qu'il a le dernier mot.

Le Stabfeldwebel reposa le combiné du téléphone, se tourna vers moi et dit avec aménité :

— Monsieur, puis-je porter votre valise ?

Je lui tendis l'objet en disant :

— Prenez. J'ai l'habitude !

Converti en larbin d'hôtel, le terrible guerrier me précéda dans la traversée de la cour abordée selon sa plus grande dimension et me remit aux mains de son chef :

— L'Abwehr nous a prévenu de votre arrivée, me dit-il et si vous aviez décliné votre identité en entrant le Stabfeldwebel vous eût accueilli moins brutalement. Nous allons mettre tout en œuvre pour rendre votre séjour parmi nous le plus agréable possible et, surtout, protéger votre incognito.

En fait de discrétion, le glorieux régiment de chars Sorau rendait des points au « téléphone arabe ». On me logea dans une chambrée de dix hommes qui, au bout de vingt-quatre heures, m'appelaient « Eppler, *Kleinswürstchen* » (Eppler, petite saucisse) sobriquet réservé aux « bleus », les ramoneurs ! Ils savaient tous d'où je venais et pourquoi je me trouvais parmi eux. Hommes et sous-officiers tenteront de m'inculquer en quinze jours une philosophie de la Wehrmacht qu'on n'absorbe pas ordinairement en moins d'une année ou deux.

Nous reprîmes d'abord le petit jeu : *Hinlegen ! Auf !* Couché, debout ! De nouveau couché ! De nouveau debout ! Il pleuvait. En fin d'exercice, s'adressant aux hommes englués de boue, le sergent instructeur cria :

— Rassemblement dans dix minutes ! Et je ne veux pas voir une tache sur les uniformes, même grosse comme une tête d'épingle !

De retour à la chambrée, je demandai à mon voisin de lit :

— Je vais dans la salle de douches, tu décroches une manche à incendie et tu m'arroses bien à fond.

— Comme ça ? En uniforme ?

— Parfaitement !

Dix minutes plus tard, je me présentai, impeccable mais ruisselant de la tête aux pieds. Le sergent comprit que je voulais jouer au plus fin, attitude qui ne saurait avoir cours dans l'armée allemande et commanda :

— Levez le pied droit !

Je présentai fatalement une semelle boueuse, n'ayant pas songé à cette partie de ma tenue. Personne d'ailleurs n'était en mesure de faire mieux que moi puisqu'il avait fallu marcher dans la fange pour atteindre le terrain d'exercices.

— Demi-tour ! ordonna le sergent. Dans cinq minutes, présentation de bottes impeccables !

Je fis demi-tour en grommelant : à malin, malin et demi ! Cinq minutes plus tard, je reprenais le chemin du terrain de manœuvres, mais pieds nus cette fois, portant mes bottes sous le bras, impeccablement lavées. Je pris ma place dans le rang, enfilai posément les objets du litige et attendis. Le sergent m'ignora. Devant la troupe il ne pouvait m'interpeller sans m'infliger une sanction et il possédait certainement des ordres supérieurs pour n'en rien faire.

J'étais résolu à contrer tout ce qui ressemblait à une brimade mais ne pouvais me soustraire aux exercices qui justifiaient ma présence à Sorau. Pour suivre le train, il me fallait déjà entendre l'argot du métier. J'y parvins en plusieurs étapes. Au réveil, mes camarades de chambrée annonçaient :

— Ce matin, festival Wagner !

Ils désignaient ainsi les répétitions de chant. L'armée allemande chantait beaucoup, et fort bien, mais il s'agissait de travailler dur pour atteindre ce niveau de perfection. Je chantai donc en paraphrasant le proverbe consolateur : mieux vaut chanter que d'être obligé d'en pleurer ! Chaque jour, un camarade soulignait mon étourderie, qui n'était en réalité qu'indifférence, et me faisait remarquer :

— Tu as oublié ton Hurrah tutee !

Surnom du casque d'acier, qui signifie : « engin ou instrument pour saluer une victoire ». Car il est réglementaire, ou presque, dans la Wehrmacht, d'agiter son casque à bout de bras après un combat heureux. Mais on me disait aussi, parfois :

— Tu te démerdes pas mal avec le violon de Hitler !

Ils baptisaient ainsi la mitrailleuse M.G. 34 que je manipulais correctement. Le fusil Mauser K.14 s'appelait « la fiancée » et les séances de plat-ventre dans la boue, *Hinlegen-Auf Masken-Ball* (le bal masqué) dans la « langue des héros ».

Ce Helden-Deutsch possédait un étonnant particularisme. Revenir d'une séance de tir, après n'avoir mis aucune balle dans la cible, se disait : *Fahrt karten* et quand le tourmenteur de service pénétrait dans la chambrée sur le coup de une heure du matin, criant : « Hanovre, changement de train ! » il fallait s'éveiller instantanément, jaillir de ses draps, plonger sous son lit, émerger de l'autre côté, reprendre la position initiale et retrouver le sommeil interrompu !

Il existe un mot que nul n'oublie après avoir servi dans l'armée allemande : *Donnerbalken*. Par « planche du tonnerre », il désigne une partie des latrines connaissant des fréquentations retentissantes. On me pria de procéder à sa toilette avec l'aide d'une brosse à dents, exercice normal pour qui prétend acquérir une bonne dose de patience et beaucoup d'humilité. Je pris la chose comme une provocation, décidé à relever le défi et présentai une *Donnerbalken* qui pouvait être prise comme table de réfectoire. De même pour la pelouse qui cernait la villa du commandant. La bien tailler avec une paire de ciseaux à ongles pour tout instrument représente un travail cyclopéen que je menai à bonne fin avec des lueurs homicides au fond des yeux.

Tout cela contribuait à « faire les pieds » des « petites saucisses » et autres ramoneurs de mon acabit abordant le métier des armes et, bien que résolu à ne jamais devenir un vrai soldat allemand, je surmontai toutes les difficultés sans croire à leur vertu, marches de nuit, parcours du combattant accompli pieds nus, réveils intempestifs, traversée de fleuve à la nage avec tout le barda sur le dos, corvées nauséabondes, comme si je relevais un défi stupide, répondais à ces deux colonels entendus dans un couloir de l'Abwehr me traiter de « chieur de pépins », en montrant qu'un « chieur de pépins » pouvait lui aussi, à l'occasion, s'inscrire au Berlitz hitlérien et parler la « langue des héros » !

Je n'avais pas eu grand mérite à mener mon jeu comme je l'entendais pendant ce stage dans le célèbre Panzer Regiment Sorau, acceptant le pire ou refusant ce qui me déplaisait, car je savais qu'on ne me punirait jamais comme un « ramoneur » ordinaire. J'étais « le type de l'Abwehr ». Tout le monde me connaissait ès qualité et, pour la première mais non la dernière fois, je m'étonnais de cette absence de discrétion qui marquait les services d'espionnage et contre-espionnage du IIIe Reich, son caractère « petit bourgeois », presque démocratique, en contraste évident avec la rigoureuse discipline pesant sur le reste de la Wehrmacht à laquelle cependant il appartenait. S'il prenait ses distances avec elle, il se tenait plus loin encore du gouvernement hitlérien. On n'y rêvait pas de muter un homme en surhomme. On s'y contentait d'hommes, en tenant compte de leur faiblesse naturelle, les traitant avec bienveillance et générosité. C'est ainsi que l'Abwehr m'avait acheté un appartement à Berlin. Je le payais par mensualités grâce à d'insignifiantes retenues sur ma solde. On ne pouvait être plus « social » ! Piekenbrock m'avait en outre autorisé à quitter l'Allemagne deux fois par mois pour aller retrouver Wapo à Copenhague. C'est ainsi qu'après avoir nettoyé la « planche du tonnerre » avec une brosse à dents, je me faisais conduire à Francfort-sur-Oder en voiture le vendredi soir, prenais le rapide de Berlin, couchais dans mon appartement, gagnais Tempelhof en taxi, tôt le matin, m'installais dans le Junker 52 de la Lufthansa qui me déposait avant midi auprès de ma femme bien-aimée. Je n'étais donc pas une « petite saucisse » bien malheureuse !

Wapo ne me rejoignit à Berlin qu'une seule fois car elle n'aimait pas les Allemands, épousant les querelles nationalistes qui reprochaient à Guillaume Ier d'avoir grignoté le Schlesvig Holstein aux dépens de la terre des anciens Vikings. Avec beaucoup de psychologie, Rohde et Piekenbrock avaient compris qu'on ne pouvait m'attacher à l'Abwehr que si l'Abwehr payait à Wapo le tribut régulier de ma présence, car mon futur chef opérationnel savait que j'avais réalisé un mariage d'amour. J'avais une si parfaite confiance en elle et en l'avenir que, déjà, je faisais construire une maison à Gedser, au bord de la mer Baltique, à vingt kilomètres de Copenhague. Wapo ne savait pas, et ne devait jamais savoir jusqu'à la fin, car c'était la règle du jeu, quelle place j'occupais exactement dans la Wehrmacht. Je m'étais contenté de lui préciser que je travaillais à l'O.K.W., dans un service de recherches qui réclamait la plus grande discrétion et jamais elle ne tentera d'en savoir davantage, jamais l'hypothèse espionnage ne se présentera dans l'éventail de questions qu'elle pouvait se poser quant à mon activité. De mon côté, je gardais ainsi l'esprit libre et la conscience tranquille, ayant formulé la demi-vérité capable d'expliquer et justifier ma conduite vis-à-vis d'elle, tout en préservant les engagements pris par devant Rohde.

Le lundi, je regagnais l'Abwehr mais n'y pénétrais jamais par la porte du quai Tirpitz. J'empruntais une entrée de l'O.K.W. donnant sur la Bendelstrasse qui absorbait chaque jour des centaines d'officiers de tous rangs et toutes spécialités et, par un dédale de couloirs, atteignait le bureau de Piekenbrock. Je me sentais des affinités profondes avec ce colonel, bras droit de Canaris et ne cherchais pas à étendre mes relations dans les milieux de l'espionnage, me souvenant des mises en garde de Rohde quant à la fatale rivalité qui ne manque jamais d'opposer les agents les uns aux autres. Mis à part Maurer et le lieutenant Casquette, je ne connaissais personne d'autre que Tirpitz.

Un jour je devais cependant rencontrer l'amiral Canaris lui-même qui, selon Piekenbrock, disait de moi : « L'Égyptien a du poil sur les dents ». Allusion probable à mon caractère difficile, ma prudence, l'impossibilité de m'en faire accroire.

Je le voyais pour la première fois. Il me donna l'impression d'un géant assis dans un fauteuil et, cependant, debout, il ne devait pas mesurer plus d'un mètre soixante. Il avait l'air triste et fatigué. Ses yeux, bleus comme les miens, révélaient une forte personnalité. Les traits réguliers mais ridés attiraient une certaine sympathie que compromettait quelque chose de mal défini en lui, l'émergence d'un caractère aussi invérifiable que les aventures de sa vie dont il s'entourait pour étendre sur l'Abwehr le mystère de sa propre personne. On le disait né à l'étranger.

Dans quelle mesure représentait-il un véritable Allemand selon les normes fixées par les nationaux-socialistes ? C'est peut-être de ce mystère, de cette incertitude qu'il mourut, condamné comme personnalité peu sûre plus que pour sa participation, non prouvée, au complot du 20 juillet 1944. D'emblée, je me méfiai de lui comme un plongeur des eaux troubles, car je le soupçonnais capable de haïr, aptitude qui me resta toujours refusée. Il me posa une foule de questions et spécialement sur Rohde. C'était son droit et son rôle. En vrai soldat allemand, j'aurais dû répondre invariablement à ses remarques : *« Ja wohl, Herr Admiral ! »* mais je me retrouvais volontairement le civil en guenilles du début et me contentais de répliquer, à l'orientale, c'est-à-dire en ne disant rien !

Tout changea lorsqu'il aborda mes problèmes personnels. Il me dit :

— Vous avez donc terminé votre stage avec de bonnes notes. C'est fort bien. Et maintenant, vous désirez un contrat ?

Il se mit à rire.

— Quelle drôle d'idée ! On signe des contrats entre gens d'affaires ! Qu'espérez-vous vendre ?

— Herr Admiral, je marche au fixe, pas à la commission !

Il se résigna, se tourna vers Piekenbrock qui assistait à l'entretien et lui dit, en le tutoyant, ce qui révélait une étroite solidarité entre les deux officiers :

— Piki, tu lui prépares un contrat, et veille à mettre en ordre son arianisation. On le garde sous le nom d'Eppler et on oublie

Gaafar. Bien qu'ayant reçu un coup de pinceau sémite il signera le papier, et tout sera dit!

Les termes dans lesquels il évoquait la direction nationale-socialiste de l'Allemagne me donnèrent à penser. Une confiance excessive ne semblait pas régner entre le quai Tirpitz et la chancellerie du Führer. Le fait que Canaris trahissait délibérément à mon profit les lois de Nuremberg, pièces maîtresses du régime, prouvait que, déjà, l'Abwehr prenait du champ. Devait-il aller jusqu'à la trahison en service commandé? Impossible de répondre par oui ou par non car, partageant l'attitude de Canaris sur le N.S.D.A.P., j'allais toutefois rester fidèle jusqu'au bout à la cause allemande, sans tenir compte de mes répugnances politiques et humaines. Et le comportement d'un simple agent de l'Abwehr pouvait ou ne pouvait pas valoir pour son chef.

Il se leva, me serra la main en disant:

— Saluez Rohde de ma part. C'est un homme capable et j'apprécie les services qu'il nous rend.

— Je transmettrai, Herr Admiral. Monsieur Rohde sera heureux de recevoir vos compliments!

Je me retrouvai dans le bureau de Maurer et nous préparâmes le contrat. Établi pour un an, renouvelable ou résiliable. Je recevrai de l'Abwehr mille cinq cents Reichmarks par mois, frais de déplacements et de représentation illimités en sus[1]. En cas de décès, Wapo toucherait une indemnité de trente mille marks. Tous ces engagements devaient être scrupuleusement tenus et, en ce qui concerne Wapo dépassés car, après l'annonce de ma mort, à la fin de l'occupation du Danemark, le caissier de l'Abwehr à Copenhague devait lui laisser une vraie fortune.

Restait l'arianisation. Je signai un papier où je confirmais en mon âme et conscience que j'étais d'origine aryenne. Date et

1. Le Reichmark valait officiellement 12 francs en 1938, de 3 à 5 francs au « noir » et sera fixé à 20 francs pendant l'occupation.

signature suivaient. Cela ne me gênait nullement et, si cela pouvait leur faire plaisir « là-haut »...

— Parfait, murmura Piekenbrock qui couvrait Maurer... Maintenant, tout est en ordre.

Ce que l'arianisation de ma personne pouvait avoir avec l'ordre ne m'a jamais paru très clair ! Il était midi. Nous sortîmes pour aller déjeuner ensemble et, comme je me dirigeais vers le dédale des couloirs et cours intérieurs dépendant de l'O.K.W., Piekenbrock me demanda :

— Où allez-vous ?

— Je sors par la Bendelstrasse, comme d'habitude !

— Pourquoi ?

— Par discrétion.

— Que craignez-vous ?

— Eh bien, qu'un agent anglais ne me prenne en photo sur le seuil de l'Abwehr !

Piekenbrock haussa les épaules et dit :

— Sortez donc normalement par le 81 du quai Tirpitz, comme tout le monde ! Il est improbable que nos amis de l'Intelligence Service viennent jamais brandir leurs appareils sous notre nez, à Berlin même ! Pas plus que nous ils n'aiment fourrer leurs doigts dans le feu !

Piekenbrock se trompait. Les Anglais devaient un jour me présenter les photographies du haut personnel de l'Abwehr sortant sur le quai Tirpitz, mais jamais la mienne prise en ce lieu ! En matière de méfiance, l'oriental qui veillait en moi rendait des points à ses chefs et les champions de la microphoto britannique ne le surprirent qu'une seule fois pendant toute sa carrière, à la sortie d'un palace-hôtel portugais, près de Lisbonne.

V

Marchand de tapis cousu d'or

Ma première mission n'impliquait aucun engagement politique de ma part, sinon je l'eusse refusée, mais elle débouchait sur un approfondissement de la situation au Moyen-Orient et, avec le recul du temps, je me rends compte qu'il ne pouvait en être autrement, la guerre qui se préparait à l'échelle la plus élevée, celle de l'idéologie n'étant que la poursuite d'une politique par d'autres moyens. Antisémite, Hitler jugeait le Foyer National Juif autorisé par la déclaration Balfour comme menaçant, tôt ou tard, la paix mondiale. La Wilhelmstrasse cherchait à soupeser la valeur de l'opposition arabe afin de l'utiliser quand viendrait l'heure de la grande explication. Elle paraissait se cristalliser autour de deux hommes, Husseini, ancien mufti de Jérusalem et Antoun Sadeh, moins connu que lui parce que plus discret et, pourtant, peut-être plus efficace. Il me fallait prendre contact avec ces deux hommes, sonder leurs intentions, juger de leurs possibilités dans le cadre d'un conflit. Seul un oriental comme moi pouvait mener à bien une mission aussi délicate.

Comment aborder ces hommes sans éveiller l'attention de Londres et de Tel Aviv ? Débarquer directement à Beyrouth, même sous ma couverture égyptienne, manquait de discrétion. Je pris donc l'Orient-Express et me retrouvai à Istanbul le 15 décembre 1937. Pour atteindre l'ancien mufti de Jérusalem, exilé au Liban sous protectorat français, il me fallait passer par Antoun Sadeh, fondateur du parti « socialiste populaire » en utilisant un « contact », un étudiant turc découvert au cours d'un voyage précédent, à la terrasse d'un café de Nalikapi qui est à Istanbul ce que Saint-Cloud est à Paris. C'était lui qui devait me donner le feu vert.

Je l'attendais sur le lieu de notre première rencontre en buvant un arak pour m'intégrer le mieux possible à la Turquie, ne pas éveiller l'inlassable curiosité des Orientaux et leur clairvoyance qui n'allaient pas tarder à montrer le bout de leur nez ! La nuit tombait. La mer de Marmara engloutissait les derniers reflets des nuages pourpre et or ; je savourais ces minutes de détente qui succèdent à la disparition du soleil quand je vis s'approcher de moi un policier en uniforme qui me dit :

— Toi tu es allemand et tu travailles pour l'Allemagne !

Je sursautai en examinant l'hypothèse qui se présentait à mon esprit, fulgurante ! Me trouvais-je brûlé avant même d'entrer en activité ? Brûlé par qui ? Directement par les Turcs ? Peu probable ! Par l'Intelligence Service qui me dénonçait à eux pour ne pas opérer de son propre chef mon arrestation sur leur territoire ? Possible, mais pas certain, car jamais les services secrets d'un pays ne font arrêter des adversaires en un lieu public et par une police en uniforme. Il s'agissait probablement d'autre chose. Le flic prit place à ma table et me dit en matière de présentation :

— Les Turcs et les Allemands sont les meilleurs soldats du monde !

Puis, exploitant cet éloge courant dans le pays, il ajouta, très détendu :

— Tu me prêtes dix livres, car ma femme vient d'accoucher d'un sixième enfant, j'ai perdu au jeu et ma maison a brûlé !

Je respirai. Ce flic représentait simplement l'archétype du fonctionnaire turc que son administration paye rarement, et toujours de façon dérisoire. Il doit, pour survive, élever la mendicité, la concussion et le chantage à la hauteur d'une institution. J'étais au courant de ces mœurs depuis mon enfance et je lui tendis un billet de dix livres sans sourciller car je portais sur moi une petite fortune.

— Je t'invite à dîner, annonça-t-il avec superbe.

— Tu m'invites avec mon argent ?

Il rejeta ma remarque du haut de sa grandeur et répliqua :

— Maintenant, je suis ton hôte !

Juste à cet instant, j'aperçus l'étudiant qui s'approchait de la terrasse et me recherchait. Il fit demi-tour à la vue du policier en uniforme, mais je compris qu'il se représenterait plus tard. Le temps ne compte pas en Orient et je connaissais la ténacité du garçon. Il me fallut subir le bavardage du policier pique-assiette jusqu'à minuit ! Il vantait l'ancienne alliance de la Turquie avec l'Allemagne impériale, les mérites de Guillaume II qui, grâce à son casque à pointe et ses moustaches hautement viriles, avait laissé un souvenir inoubliable au Proche-Orient. Le policier turc ne parlait pas le *Helden Deutsch* – la langue des héros – mais lui trouvait des équivalences dans sa propre langue. Il me fatiguait. Enfin il se retira et, après cette fausse alerte, je repris contact avec l'étudiant.

— Antoun se trouve à Beyrouth et vous attend, me dit-il.

Il ne savait pas que le chef du parti socialiste populaire ne représentait qu'un maillon de la filière me conduisant vers le mufti de Jérusalem, établie pour déjouer la surveillance anglaise pesant sur le protectorat français du Liban. Ce système d'initiation progressive et limitée des agents représente l'abc de l'espionnage, et je l'aurais appliqué d'instinct, même sans être passé par l'école de l'Abwehr.

L'étudiant me conduisit à Aksaray, le vieux quartier européen de Constantinople où j'achevai la nuit dans un hôtel assez sordide, mais fort discret. Un espion doit savoir opter entre le palace et le bouge, selon les circonstances, car l'un et l'autre représentent tantôt un piège, tantôt un abri. Mais c'était la première fois que, passant par Istanbul, je ne descendais pas au Pera Palace Hotel ! Eppler soupirait après ce qu'aimait Gaafar, mais il lui fallait jouer le jeu !

Dès le lendemain, je pris un taxi pour gagner Smyrne. On ne saurait voyager à travers la Turquie autrement qu'en taxi. Les trains, incroyablement peu coûteux, sont aussi incroyablement lents. La Chrysler « Air flow » qui me balançait sur la route de fondrières en nids de poules, avait dépassé l'âge de la retraite. À défaut d'amortisseurs, depuis longtemps dégonflés, possédait-elle encore des ressorts ? Rien n'apparaissait moins certain. Geignant, tressautant, fumant, brinquebalant deçà delà sur toute la largeur du chemin, elle progressait cependant et finit par me déposer en ville. Mais j'étais rompu, nauséeux, comme si je venais d'affronter une tempête au large du cap Horn. Cependant, je me retrouvais d'accord avec le Proche-Orient, sa fine lumière hivernale, ses bruits, son agitation lourde d'une certaine philosophie de la vie que l'Allemand veillant en moi hésitait à partager. Je descendis vers le port. J'espérais y découvrir l'un de ces bateaux de fortune qui briquent les côtes de l'Asie Mineure dans des conditions de discrétion parfaites, naviguant aux ordres de capitaines sachant élever l'illégalité à la hauteur d'une institution inviolable. À cet instant, je ne pouvais savoir que ma première mission s'accommoderait agréablement d'un premier contact avec l'ennemi !

Les Turcs possèdent une amabilité foncière qui dément leur aspect farouche. Les fonctionnaires locaux appliquent les lois rigoureuses héritées de l'ancien empire ottoman mais, comme je venais d'en avoir la preuve vingt-quatre heures plus tôt, ils les tournent avec une énergie équivalente, le tout est de savoir comment, avec eux, se manipulent les vents contraires. Si un policier turc vous arrête – et je pense que les méthodes n'ont guère évolué en un demi-siècle – après avoir raflé l'argent qui se trouve dans votre portefeuille, il vous conduit au Karakoul où il s'approprie votre montre, afin d'arrondir sa fin de mois. Puis on vous emmène en prison. La prison turque procure le clos et le couvert, mais pas l'alimentation ! C'est ainsi ! Si vous possédiez encore de l'argent vous seriez autorisé à commander vos repas chez le meilleur traiteur de la ville mais comme il ne vous en reste plus, il vous faut jeûner en attendant l'intervention de votre consul. Ne croyez pas cependant que les Turcs vous laisseront mourir de faim. Ils vous autorisent à mendier sur la voie publique, accompagné par un garde qui contemple le soleil ou les nuages pendant que vous tendez la main aux passants dont la charité ne reste généralement pas sourde à votre appel.

Absorbé par l'intense gymnastique mentale exigée par la mise au point de mes plans, je n'aperçus pas le prisonnier qui, sur le trottoir opposé, mendiait avec la bénédiction du « shawish » qui le gardait, mais lui me découvrit et cria : *« Hello Honey ! come here ! »*

Je m'arrêtai net et dévisageai cet Anglais tombé aux mains de la police turque. Par son accent, sa tenue, son comportement dans la détresse, il offrait toute garantie d'authenticité britannique. Je traversai la rue, l'abordai et lui demandai :

— Alors, qu'est-ce qui vous arrive ?

Il se présenta.

— Maxwel... Une bagarre dans un bistrot, cette nuit, avec des Grecs et des Turcs. Bien entendu, ils ont foutu le camp à l'arrivée des flics. Moi je paye les pots cassés, façon de parler car je n'ai plus de fric ! Ces salauds m'ont tout piqué !

Je réfléchis rapidement et lui dis :

— Il faut sortir de là.

— Oui, mais comment ?

Connaissant à fond les méthodes policières du pays, j'entrevoyais déjà l'issue de l'affaire. Je me tournai vers le Shawish et demandai :

— Pourquoi a-t-on arrêté cet homme, et pourquoi le laissez-vous mendier dans la rue ?

— Il n'avait pas d'argent ! Il n'a jamais d'argent, et c'est pour ça qu'on l'a arrêté !

— Ouais ! À d'autres, je vous connais ! Vous lui avez pris son fric ! Allons voir le commissaire.

Nous partons tous les trois vers le Karakoul tout proche, et je dis au best Shawish :

— Voyons, Commissaire, il faut arranger cette affaire !

— On l'a signalée au consul anglais.

— Ouais ! Le type, il a le temps de mourir de faim. Enfin, dites-moi, combien coûte ce bonhomme ?

Un grand rire intérieur m'éclairait, car je me disais : si tu savais, commissaire, que c'est un agent de l'Abwehr qui connaît ainsi sur le bout du doigt les coutumes de ton pays ! S'il m'avait deviné, j'aurais sans doute pris la place de l'Anglais, comme cela devait se produire ultérieurement devant, comme lui, mendier mon pain jusqu'à ce qu'intervienne le consul d'Allemagne, dix jours plus tard. Le commissaire posa la question que j'attendais :

— Qu'est-ce que tu me payes ?

— Je te donne cinq livres.

Sur un ton qui convenait à la prière au pied du mur des lamentations, il répliqua :

— Tu sais, j'ai douze enfants et ma femme vient encore d'accoucher ! Misère ! Misère ! Fais un geste ! Entre musulmans il faut se soutenir ! Donne-moi dix livres et on n'en parle plus !

Je donnai dix livres. La liberté de cet Anglais contre dix misérables livres turques, pour un homme riche comme moi, vraiment c'était donné !

Nous quittâmes le commissariat, descendîmes vers le port pour atterrir directement dans un café, suivis par tous les agents de police à qui j'offris une sorte d'anis très prisé dans le pays. Tout le monde se sépara enchanté les uns des autres. Avec Maxwel, j'émigrai dans un autre café. Chacun commanda un double whisky. Je demandai à l'Anglais :

— Et qu'est-ce que vous faites dans cette ville ?

Il répondit de manière évasive.

— Eh bien… Eh bien… je suis venu en Turquie pour acheter des…

Visiblement, il cherchait la nature des marchandises qu'il serait venu acquérir à Smyrne et conclut avec un accent de triomphe :

— Des machines !

Je haussai les épaules.

— Vous n'avez pas l'air d'un commerçant et il n'existe aucune machine à vendre en Turquie ! Avouez tout de suite que vous faites du tourisme !

Nous passons l'après-midi ensemble et fraternisons. Je suis content de moi car j'ai peut-être sauvé cet homme. Nous flânons sur le port et je bavarde avec les gens de mer, toujours dans l'espoir de tomber sur le capitaine qui m'embarquera sans formalités pour Beyrouth. De café en café, de whisky en whisky, nous progressons sur le chemin d'une solide amitié. Au dîner, il me renvoie la question que je lui posais le matin :

— Et toi, qu'est-ce que tu fous ici ?

— Moi ? Je suis venu voir des amis.

C'est une demi-vérité car j'ai rendez-vous le lendemain avec Rohde. L'Anglais réfléchit longuement et risque une proposition inattendue car, jusqu'ici, je n'ai rien échafaudé, rien deviné sur sa vraie personnalité. Il dit brusquement :

— Mais, dis-moi, tu te débrouilles comme un chef dans ce pays ! Avec les flics ce matin, les marins cet après-midi ! Tu as beau parler l'Anglais aussi bien que moi, j'ai l'impression que tu es né dans le coin ? Tu ne voudrais pas travailler pour nous ?

Je réplique :

— Travailler pour qui ? Qu'est-ce que tu fous au juste ?

Brusquement, il semble avancer sur la pointe des pieds.

— Eh bien… murmure-t-il, je fais partie d'une société un peu… un peu louche…

— Casseur ? Opium ? Faux fafs ?

Il se récrie et, finalement, brûle ses vaisseaux.

— Non ! Je viens d'un bureau qui s'appelle… Thirtynine Office…

Je sursaute.

— Seulement ça ?

— Pourquoi ? Tu connais ?

— Tu parles, si je connais !

Il me dévisage avec intensité et demande :

— Et toi ?

— Moi aussi !

— Merde ! Et pour qui ?

— Les Allemands !

Nous planons aux altitudes du sixième scotch enrobées de brumes vertes et bleues, floues à souhait.

— Ça c'est formidable, affirme mon frère ennemi. Moi, je travaille pour les Anglais, toi les Allemands ! Ce matin, tu m'as tiré d'un sacré merdier. Maintenant nous voilà copains. Alors je te propose ceci... Tu fais ton boulot, moi je fais le mien. Tu n'entres pas dans le mien, je n'entre pas dans le tien. Si je reçois un bon tuyau, je te le passe. Même chose de ton côté. Mais on ne se demande jamais ce qu'on fait, ce qu'on cherche. Tu es d'accord ?

— D'accord !

Vers deux heures du matin, deux hommes à la démarche incertaine remontaient vers le centre de Smyrne, l'Intelligence Service et l'Abwehr se donnant le bras, réconciliés sur le dos de la Russie. Car Maxwel fréquentait depuis longtemps une émigrée russe réfugiée à Istanbul et, plus spécialement, sa nièce, dont il était l'amant. Il recevait ainsi des informations de premier ordre sur l'URSS et il me les transmettra avec la plus grande fidélité jusqu'à la guerre. Je les répercuterai sur Berlin par l'intermédiaire de Leverkuehn, chef de l'Abwehr à Istanbul, de telle manière que le quai Tirpitz finira par se demander comment Eppler, agent pour le Moyen-Orient, pouvait se trouver dans le même temps en URSS, condition indispensable pour obtenir les renseignements de première main qu'il recevait. Je n'étais pour autant pas devenu agent double,

Maxwel tenant sa parole de ne pas chasser sur mes terres, et moi la mienne. Une telle situation illustrait l'attitude de deux ennemis qui, avant de s'affronter en combat singulier, échangent le salut rituel avec leurs épées. Les épées restaient bien affûtées, l'ennemi restait l'ennemi et cette première rencontre avec l'Intelligence Service, organisée par le hasard, ne devait pas transmettre son caractère bienveillant à celles qui se préparaient !

Le bateau s'appelait le *Deib* et son capitaine Domazos. C'était un petit cargo de sept cents tonnes. Je passai un doigt sur la tôle de la passerelle et demandai :

— Ce bateau était peint en noir ou en blanc ?

— Blanc, mais c'était à la fin du siècle dernier ! précisa le vieux forban qui le commandait.

Nous avions appareillé quelques heures plus tard pour Rohde, première escale. Le *Deib* se glissait à travers l'archipel des Cyclades avec une sûreté parfaite et je devinais que, poursuivi par une vedette de douane, il se fût réfugié dans des eaux où n'importe quelle embarcation de plus faible tonnage que lui n'eût osé le suivre. Après Rohde, il toucha Famagouste, puis Latakié. Dans chaque port, il débarquait ou embarquait des caisses, couffins, sacs, dont les autorités se désintéressaient superbement. Confrère en illégalité, le vieux Domazos me tutoyait. Nous touchâmes Beyrouth le 10 janvier 1938 et, avant de me lâcher sur le port que je devais gagner librement sans exhiber mon passeport égyptien, il me demanda :

— Sais-tu comment on cherche les truffes ?

— Oui, en lâchant un cochon sur le terrain.

— Exact ! Eh bien, moi je possède un cochon dans chaque port et il cherche les truffes qui m'intéressent… Tu comprends ?

— Je comprends.

— Tu aimes les truffes ?

— Beaucoup.
— Les truffes coûtent cher !
— Je paye chacune pour ce qu'elle vaut !
— Bien ! Alors on en reparlera…

Le vieux Domazos devait, par la suite, représenter pour moi une source d'informations très utile. Il connaissait à fond tout ce qui nourrit « l'underground » du Proche-Orient et je lui dois une partie des services que je rendis à Berlin. Un « as » de l'espionnage n'existe en soi que dans les romans. Nous ne valons que par nos sources. Pour se maintenir dans l'Abwehr, l'Intelligence Service ou la C.I.A., un agent doit ressembler à un astronome qui posséderait un angle d'observation sur la face cachée de la lune. Il n'y parvient jamais sans disposer d'informateurs installés sur cette face cachée de l'activité humaine. Un bon espion n'a pas besoin de génie pour les découvrir et se les attacher, mais de flair, de chance et d'argent. Domazos appartenait à ma chance sinon à mon flair !

Je me dirigeai directement vers la villa qu'habitait Antoun Sadeh, en haut de Beyrouth, presque à sa périphérie, sur la route de Damas. Je parcourus le chemin à pied, pour ne laisser aucune trace de mon passage. Je trouvai Sadeh en compagnie de sa femme, Elissar, une Libanaise charmante qui vit toujours, et d'un Français appelé à jouer plus tard un rôle dans le clan de la collaboration franco-allemande : Colombani. Le Libanais était jeune, cultivé et parlait le français. Il avait fondé quelques années plus tôt le Parti Socialiste Populaire qui se réclamait un peu du national-socialisme et beaucoup du fascisme italien. Il ne galvanisait pas les foules, comme Hitler, mais un petit nombre de partisans très sûrs, très actifs, jeunes comme lui. Discrets et habiles dans leur art de gérer le Liban, les Français ne mettaient aucun obstacle à son activité et, sans le protéger ouvertement comme le mufti de Jérusalem, voyaient en lui un ennemi de l'influence anglaise, c'est-à-dire, à cette époque, un allié naturel !

Après la capitulation du général Dentz, le Liban devait être fatal à Sadeh. Réfugié en Amérique du Sud à la fin de la guerre, il revint en 1946 pour rassembler les forces nationalistes. Il fut condamné à mort et pendu. Sa fille Elissar épousera un jeune Libanais Fouad Shamadi, ancien membre du Parti Socialiste Populaire de son beau-père Sadeh. Appartenant à l'aile droite de la résistance palestinienne, il sera contraint de déborder l'aile gauche du docteur Habache pour se montrer aussi combatif que lui. Fondateur de « Septembre Noir », il organisera l'attentat contre les athlètes juifs aux Jeux Olympiques de Munich, mais sans y participer, car il va mourir de leucémie trois jours avant, à Genève.

Je devais, bien entendu, faire à l'Abwehr un rapport sur le parti socialiste populaire, non point parce que l'Allemagne désirait étendre au Proche-Orient sa révolution politique – Hitler affirmant au contraire que le NSDAP n'était pas un article d'exportation – mais pour savoir si le mouvement de Sadeh constituait ou non un point d'appui possible en cas de conflit étendu au Proche-Orient. Je devais me montrer circonspect dans mon jugement et ne m'attardai pas. Sadeh me conduisit chez le mufti, comme prévu.

Mohamed Husseini, ancien mufti de Jérusalem, représentait parfaitement l'un de ces politiciens arabes qui ont entretenu l'anarchie propre au Moyen-Orient tout en proclamant leur intention de l'en affranchir, mélangeant étroitement affaires publiques et privées au profit exclusif de celles-ci. Par son attitude hiératique, sa personne particulièrement soignée, ses tenues éblouissantes, il campait un seigneur de la grande tradition musulmane tout à fait capable d'entraîner le monde arabe, relancer l'épopée première s'il en avait épousé l'esprit. Mais il se perdait en intrigues effroyablement compliquées et passait plus que de raison à la caisse auprès de qui voulait bien l'appuyer dans sa lutte contre les Juifs. Ses conflits avec la Haganah ou le Stern se traduisaient régulièrement par des échecs, car son fanatisme de surface ne faisait pas le poids devant celui des Israéliens de la première heure. Husseini n'existait pas devant Ben Gourion.

Ce personnage qui proclamait la guerre sainte aussi souvent qu'il fumait sa pipe à eau avait fini par attirer l'attention de l'Europe et Ribbentrop commençait à s'intéresser à lui, désireux de savoir si un Hitler musulman, prêt à régler lui aussi une fois pour toutes la question juive, montait comme une étoile dans le ciel du Proche-Orient. Mohamed Husseini pouvait faire allusion devant la Wilhelmstrasse, mais pas devant Gaafar, qui récitait les Sourates aussi bien que lui, palabrait à l'occasion aussi longtemps que lui et pouvait lui rendre des points dans les manipulations financières car il n'eût peut-être pas été capable d'arriver à signer un contrat avec l'Abwehr, opération sans précédent dans l'histoire de l'Allemagne ! Je perçai donc immédiatement la vraie nature du personnage et ne devais jamais réviser mon jugement par la suite, chaque événement l'appuyant de manière irréfutable. Je me demandais d'ailleurs pourquoi il ne se faisait pas financer en sous-main par les Anglais pour aider à la consolidation du Foyer National Juif, au lieu de proclamer la guerre sainte contre lui. Mais, sur ce plan seulement, il paraissait d'une sincérité à toute épreuve, sans doute parce qu'il pressentait qu'un jour les Juifs allaient mettre sous séquestre les biens « wakf », cette énorme richesse de la communauté musulmane dont il assurait la gérance, ou parce qu'un authentique antisémitisme de peau le tourmentait comme un eczéma ?

Il habitait une très belle villa entourée d'un parc à Carnelh, petite localité nichée dans une vallée sur le versant Est de l'Anti-Liban et qu'on atteignait en quittant la route de Damas. Les Français le logeaient et le protégeaient, toujours pour les mêmes raisons que Sadeh, les ennemis de leurs ennemis Anglais méritant aide et assistance. Les services de Sa Majesté avaient essayé d'arrêter le mufti de Jérusalem, probablement pour le pendre, mais il possédait un service secret encore plus efficace que l'Intelligence Service en pays arabe[1]. Prévenu à temps, il s'était embarqué sur un petit canot, près d'Haïfa, en pleine nuit et, au jour, se trouvait insaisissable dans les eaux territoriales du Liban.

Nous eûmes un long entretien, assez froid car il avait compris, d'emblée, que je ne le prenais pas au sérieux ! Je ne lui donnais jamais du « Grand mufti de Jérusalem » puisqu'il s'agissait là d'un titre n'existant pas. On ne peut être que « mufti de Jérusalem » et il devait la surenchère à son sens aigu de la publicité. Mais il parla beaucoup, très désireux de nouer de bonnes relations avec le IIIe Reich, les jugeant a priori rentables, qualité qu'elles devaient effectivement acquérir pendant la guerre ! Je fus donc l'artisan involontaire de ce rapprochement que, personnellement, je voyais d'un mauvais œil. Il devait défrayer les chroniques de la petite et la grande histoire.

À la tombée de la nuit je partis pour Tripoli et m'en allai loger chez un militant du parti socialiste populaire dont Antoun Sadeh se portait garant. Mission terminée je devais maintenant quitter le Liban aussi discrètement que je l'avais abordé. L'un de nos « contacts », Moujaïm, allait me prendre en charge. Il me fallut l'attendre vingt-quatre heures, puis il me conduisit jusqu'au capitaine d'un caïque qui servait de courrier à Rohde, travaillait régulièrement pour l'Abwehr mais sans doute aussi pour d'autres organisations plus ou moins suspectes car Moujaïm me dit de lui :

— Pour de l'argent, celui-ci vendrait même sa belle-mère !

Rohde le savait et répétait souvent :

— Rien ne coûte plus cher que des Orientaux travaillant pour un idéal !

Prix élevé, travail bien fait ! Effilé, bas sur l'eau, coque musclée par de solides bordés de chêne, bien défendu contre la mer par sa

1. Contrairement à ce qu'on imagine en Europe, un mufti n'est rien d'autre qu'un expert officiel en jurisprudence islamique. Il tranche dans les questions litigieuses de droit et ses expertises *(fatwa)* s'appuient sur la littérature théologique.

proue agressive, le caïque du Grec Mitri Pétrakis ne se contentait pas de cabotage et affrontait volontiers les grandes traversées. Sous sa voile latine tendue sur les perspectives de la côte libanaise qu'elle effaçait maintenant derrière nous, il filait normalement huit à dix nœuds comme tout honnête caïque par bonne brise. Mais, équipé d'un puissant moteur diesel que Mitri Pétrakis mettait en marche dès la tombée de la nuit, il prenait jusqu'à l'aube la vitesse de croisière d'un destroyer pour se réinstaller dans le seul vent dès que pointait sur l'horizon un navire susceptible de s'étonner qu'un vulgaire caïque se montrât capable de tailler de la route à vingt nœuds !

C'est ainsi qu'ayant débordé de Tripoli dans la soirée, nous reconnaissions Limassol au lever du jour ! La paisible navigation reprit et fut maintenue tant que d'autres bâtiments se trouvaient en vue puis, la voile ferlée, moteur lancé à pleine puissance, le caïque reprenait sa vitesse insolite, déjaugeant presque à la manière d'un racer dès que la mer se vidait de témoins. Mitri Pétrakis calculait sa route pour franchir le Capadoce au clair de lune, plongée historique pleine de charme, et toucher Syrha au début du jour suivant. Il était né dans cette île et l'habitait. Il me reçut à terre avec cette parfaite hospitalité des Grecs que les besognes les plus louches ne dénaturent pas quant au fond. Enfin, la nuit pesait encore sur la mer quand nous mouillâmes au large du cap Sunnion. Un canot pneumatique me déposa sur un bout de plage. Je marchai vers le temple dont les ruines semblent élever jusqu'au ciel la gloire de la plus haute civilisation que le monde ait jamais connue, celle de la Grèce antique, la plus complète parce que rassemblant dans une unité sans fissure les guerriers et les artistes les mieux doués de l'histoire. Je savais que Rohde m'attendait là et, avant de l'aborder, de rendre compte de ma mission, je m'attardai loin de l'espionnage et autour de quelques vers :

« Le temple est en ruine au haut du promontoire… »

Je devais très vite repartir. L'Abwehr en voulait pour son argent ! En réalité, mon stage se poursuivait, Rohde sachant que l'agent le mieux instruit ne vaut rien s'il reste un théoricien. On n'apprend son métier que sur le terrain, au contact des hommes et, si possible, en présence de l'ennemi. Je savais que le service géographique de l'armée sollicitait Rohde depuis mon installation au Proche-Orient et le pressait de combler les lacunes de nos cartes. J'avais jusqu'ici réussi à éluder ce genre de corvée, mais comprenais qu'à la longue, ma position de refus s'avérerait intenable. J'acceptai et partis pour la Perse.

On me demandait d'étudier les confins de la Turquie avec la Perse et l'URSS, non point fort heureusement dans le détail topographique, l'œil rivé au théodolite, éventualité qu'on me laissait entrevoir à Berlin, mais pour détecter les obstacles majeurs dressés sur un axe nord-sud et susceptibles de freiner ou interdire la progression d'une armée motorisée. Je ne pouvais savoir que ce travail s'inscrivait dans l'étude stratégique d'une future opération Barbarossa pour le cas où, ayant dominé la chaîne du Caucase, traversé la Géorgie puis l'Azerbaïdjan, les armées du Reich descendraient vers la vallée de l'Euphrate, opérant leur jonction avec d'autres armées venant d'Égypte et du Sinaï. Ce plan de campagne, qui devait presque se réaliser cinq ans plus tard, visait à priver l'Angleterre des pétroles irakiens et iraniens au profit de l'Allemagne. En cas de succès, désormais placé à la tête d'un État riche, Hitler serait devenu le maître du monde. Ces perspectives patriotiques ne me galvanisaient nullement, d'abord parce qu'elles me demeuraient cachées, ensuite parce que rien ne me rattachait aux ambitions du IIIe Reich.

Flâner sur les confins de l'Iran et de la Russie, puis descendre vers Tabriz et Kermanshah, le long de la frontière avec l'Irak, remonter ensuite jusqu'à Trébizonde tout en restant vêtu à l'européenne apparaissait, non pas impossible mais fort dangereux, en raison du brigandage sévissant dans ces zones à peine contrôlées et, surtout, de l'activité des agents travaillant pour la G.E.P.E.U. Les précautions employées pour aborder le mufti de Jérusalem au Liban ne représentaient que des ruses grossières comparées à celles qu'il me fallait prendre maintenant. Pour la première fois, Eppler l'Allemand fit donc appel à Gaafar l'Égyptien, élève de son oncle Ismaël Abd el Kader, le roi du désert, mais sous une forme qui l'eût rempli de rage s'il l'avait connue. Le fils du ministre de la Justice égyptienne se fit marchand de tapis !

Au bazar d'Erzurum, en Turquie, j'achetai les défroques nécessaires pour me déguiser, puis un bourricot et la marchandise qu'il devait porter, des tapis bien sûr, mais aussi ces mille riens qui, proposés dans un village perdu de la montagne, excitent les convoitises des pauvres gens. Une nuit, au large de la ville, Eppler disparut pour ressusciter Gaafar sous un déguisement de colporteur besogneux soigneusement étudié. Qui pouvait désormais prendre ce musulman poussant son âne le long des pistes, couchant dans les caravansérails les plus ignobles, vantant lorsqu'il ne pouvait faire autrement, ou quand il avait le temps, à titre d'entraînement, la marchandise qu'il exhibait, pour un agent de l'Abwehr ? Portant barbe et moustache, comme il convenait, sale comme il se devait, empestant l'ail et l'oignon, récitant les Sourates dès que des oreilles amies ou ennemies pouvaient m'entendre, étalant mon tapis de prière dans la boue ou la poussière quand il me fallait ostensiblement proclamer que seul Allah était grand et Mahomet son prophète, je m'enfonçai vers le sud.

J'avais longtemps hésité sur un point délicat d'orthodoxie musulmane. Le second Calife, Omar, avait conquis la Perse. C'était le beau-frère de Mahomet. En 656, neveu du Prophète, le Calife Osman fut assassiné. On lui donna pour successeur Ali, fils adoptif, cousin et gendre du fondateur de la religion musulmane. Assassiné lui aussi dans la mosquée de Koufa, il laisse trois enfants dont Hussein qui se voit frustré de la succession au profit d'un de ses parents Moawyia. Or, Hussein ayant épousé une fille du dernier roi Sassanide dénommé « Yezdedjerd », se trouve allié à la fois au Prophète et à la dernière famille ayant régné sur la Perse indépendante, il prétend posséder des droits supérieurs à la direction des affaires. Il finit par quitter Médine et se rend à Koufa pour organiser la résistance contre les Califes de Damas. En 1680, cerné dans son camp, mourant de soif avec ses compagnons, Hussein et toute sa famille sont assassinés, les femmes emmenées en esclavage. À partir de ce crime naîtra le « chiisme » qui tient les Califes, et Omar en particulier, pour des usurpateurs, ne reconnaît pas leur rôle de commandeur des croyants. Depuis cette époque, l'opposition entre sunnites orthodoxes et les chiites persans n'avait pas diminué, ces derniers occupant une place considérable dans le pays. Après mûres réflexions, Gaafar le marchand de tapis, décida de rester orthodoxe car, élevé au Caire dans l'orthodoxie, il ne risquait pas de commettre des fautes en suivant un rituel chiite qu'il ne connaissait pas à fond, comme l'autre.

Frappant son bourricot pour l'obliger à marcher plus vite, avec la cruauté de ses frères sunnites, Gaafar vérifiait l'état des pistes se dirigeant du Nord vers le Sud, dans la région tourmentée du lac Urmia. Conducteur audacieux dans le désert égyptien, pilote de course à l'occasion, je portais des jugements optimistes en supposant que là où devait passer ma Lancia passeraient les blindés du IIIe Reich.

Je fis une rencontre intéressante au sud-est du lac, sur la piste de Kermanshaa. L'Iran s'est toujours assez bien entendu avec la Russie et ne changea guère d'attitude quand l'URSS protesta contre le retrait des concessions pétrolifères accordées en 1916 au Géorgien Akakius Méfodiévitch Khochtarian parce que, devenu citoyen soviétique en 1917 ! L'Iran possédait toujours de nombreux contrats avec les Soviétiques pour le développement du pays.

L'un de ces techniciens était en train de lever son camp après l'achèvement d'un pont, lorsque je passai. Ce pont mérite un commentaire. Pendant des années les gens du pays l'évitèrent soigneusement, à moins qu'ils n'en aient pas deviné l'usage, continuant à franchir la rivière par un gué connu depuis des millénaires et ce, avec une telle persévérance, que l'herbe finira par pousser sur son tablier !

L'ingénieur russe me héla et me pria d'exhiber ma pacotille. J'avais grand peur qu'il ne me contraigne à vider jusqu'au fond les deux couffins portés par mon bourricot, car je me doutais qu'il appartenait à la Guépéou, comme presque tous les techniciens travaillant à l'étranger et, dans le fond des couffins, se trouvait un lot de mouchoirs spéciaux, les mêmes qu'il employait probablement, et sur lesquels je dessinai mes plans avant de les envoyer à Leverkuehn, chef du NEST (Nebenstelle) branche de l'Abwehr à Istanbul. Mais aucun soupçon ne le poussait vers moi, et comment eût-il pu en être autrement ? Beaucoup d'agents, en effet, se camouflent parfois en prenant un mal inouï, mais jamais ou presque ils n'acceptent un état révoltant de la condition humaine comme celui auquel je me soumettais. Le Russe désirait seulement examiner mes tapis. Parmi eux, j'essayais de conserver pour le ramener à Copenhague un fort beau Shiraz artisanal qui, tout de suite, réveilla ses instincts de capitaliste. Je l'estimai d'emblée à cent fois sa valeur, comme tout marchand de tapis qui se respecte et, ma dialectique se révélant très supérieure à la sienne, il ne réussit pas à l'emporter !

Après avoir jugé des possibilités de passages sur Mossoul pour du matériel lourd motorisé, je fis demi-tour et remontai vers le Nord, toujours poussant mon bourricot, toujours reportant mes croquis sur les mouchoirs chimiques qui me restaient. Longeant la zone frontière russo-turque sans rien découvrir de bien intéressant, je finis par atteindre Trébizonde, sur la mer Noire. Après avoir vendu l'âne, acheté des vêtements décents mais usagés, posté mes derniers mouchoirs, je m'embarquai pour Istanbul. Je venais de parcourir plus de sept cents kilomètres en un mois, perdant cinq kilos, et je dois dire que la vie ne devait plus jamais me permettre d'accomplir une randonnée pédestre de cette envergure ni, malgré l'odeur, me dégoûter de l'ail !

VI

Chez les guerriers de l'an mil

Rohde me pria de repartir presque aussitôt pour la Perse, après un bref séjour à Copenhague, avec Wapo. Il n'était pas facile d'ajuster l'une à l'autre nos existences de nomades, elle dansant à travers le monde comme la cigale de la fable, moi soucieux d'amasser pour l'Abwehr, telle la fourmi, un solide capital de renseignements qui permettrait peut-être à l'Allemagne de traverser les guerres futures.

Je partis pour Bagdad, non par le train mais la route, à bord d'un Nairn qui quitte Damas le matin et, en deux jours, franchit le désert séparant les monts du Liban du Tigre et de l'Euphrate. En 1938, cet engin n'avait pas d'équivalent en Europe et en Asie. C'était un *truck* de style américain, longue cabine tirée par un avant-train propulseur, comparable aux semi-remorques qui hantent nos routes modernes. Une inégalité toute orientale régnait à bord. La première classe que j'occupais offrait tout le confort avec ses couchettes, son ambiance réfrigérée et dans le compartiment des pauvres s'entassait une humanité pouilleuse que calcinaient les tôles nues flamboyant sous le soleil.

Je campais maintenant un riche commerçant égyptien se rendant pour achats en Perse. Je n'avais pas à me déguiser en colporteur mais à maintenir un certain style et il me faudrait voyager sur des chameaux dignes de ma fortune. L'important c'était de ne pas me faire détrousser sur les pistes que j'allais suivre !

L'Abwehr me chargeait cette fois de prendre contact avec le chef des Kashgaï, redoutable et puissante tribu établie dans les massifs montagneux à cheval sur l'axe Ispahan-Shiraz où les Américains aménageront une route pour acheminer vers l'URSS les fournitures prêt-bail pendant la guerre 1939-1945. Les Kashgaï nomadisaient jusqu'au Dasht e Lout, le grand désert salé qui jouxte l'Afghanistan et jusqu'au golfe Persique.

L'unité politique de l'Iran représente une situation récente et fragile. En 1938, on ne pouvait la dire réalisée. Le pouvoir des Shahs, qu'ils appartiennent à la dynastie des Kadjars qui régna de 1787 à 1925, ou à son liquidateur Reza Pahlavi, ne s'étendait guère au-delà de la province de Téhéran. De puissantes tribus comme celle des Kashgaï, qui comptait plus de dix mille hommes armés, tenaient le reste du pays.

Dès la Première Guerre mondiale, la diplomatie et l'espionnage de l'Allemagne impériale avaient tenté de mettre à profit la faiblesse de Téhéran. La Turquie n'avait pas encore déclaré la guerre aux Anglais que, déjà, Envers Pacha voulait proclamer la guerre sainte et soulever le monde musulman au profit de l'Allemagne… La Perse et l'Afghanistan laisseraient passer un corps d'armée germano-turc qui, reprenant le projet de Napoléon, frapperait l'Angleterre aux Indes pour la détourner des champs de bataille européens. Berlin envoya une mission diplomatique et militaire en Turquie. Elle dépendait de Wassmuss, consul à Bouchir et de Niedermayer qui, préfigurant les hommes du 800e régiment S.S., voulait saboter le port d'Abadan, siège des grandes raffineries de l'Anglo-Persian Oil et terminus des pipes-lines venant des champs pétrolifères, projet discuté par Berlin qui rêvait de capturer les installations intactes. Ni les Allemands, ni les Turcs, ne réussirent à se mettre d'accord avec les Persans peu soucieux de se battre pour les uns ou les autres !

Je reprenais donc dans l'Iran moderne la place que Wassmuss et Niedermayer avaient tenté d'occuper en octobre 1914, mais sur des bases différentes. Il m'est difficile d'affirmer que la nouvelle stratégie relevait de Canaris, de l'OKW seul, ou de la chancellerie du Führer, car je me suis toujours gardé de fourrer mon nez dans les hautes sphères du régime. Quoi qu'il en soit, le plan de Berlin ne manquait pas de sens politique. Au lieu d'attendre un appui de Téhéran, bien que le shah Reza Pahlavi fût un ancien officier de cosaques persans aussi partisan de la manière forte que Hitler, ayant détrôné le dernier Kadjar en mettant tous ses ministres en prison, Berlin jouait la carte de ses ennemis, les tribus encore indépendantes, considérant avec beaucoup de bon sens que le shah avait tout à perdre en nous aidant, les Kashgaï insoumis eux, tout à gagner !

De Bagdad, je remontai vers le Nord jusqu'au lac Rezâ-Yeh que j'avais atteint lors de mon dernier voyage, car je devais y rencontrer l'un des deux fils de Nas'r Kahn Kashgaï qui me servirait de guide et d'introducteur auprès de son père. C'était un garçon charmant, très évolué, étudiant à Istanbul et qui s'appelait Azurnuch. Une fois achetés et équipés les chameaux, nous partîmes vers le Sud-Est. Cette fois, mon déguisement n'avait pas coûté de gros efforts d'imagination, car je courais relativement peu de risques, malgré le caractère insolite du voyage. Ni les Anglais, ni les Français ne se trouvaient sur l'affaire. Je les ignorai donc, mais il me fallait rester strictement neutre par rapport aux clans iraniens qui se déchiraient férocement entre eux. Le danger, c'était qu'a priori personne ne pouvait savoir qui se trouvait en lutte contre qui. Je ne risquais rien comme étranger musulman, mais j'aurais disparu sans laisser de trace si les hommes de Reza Pahlavi m'avaient soupçonné d'aller faire des ouvertures à Nas'r Kahn Kashgaï pour le compte des Allemands ou de n'importe quelle autre puissance.

Nous contournâmes donc la province de Téhéran par Kermanshah et Ispahan. Je portais le petit bonnet de fourrure classique de l'Iranien chiite pour ne pas me singulariser dans ce pays qui révérait Ali par priorité, contrairement à l'attitude adoptée pendant mon précédent voyage qui, bordant au Nord les frontières de l'Irak et de la Russie, me conduisait parmi les populations à majorité sunnites. Un bon espion doit savoir changer de religion aussi facilement que de chemise.

Plus ou moins isolés sur les pistes pendant deux semaines, au long d'un millier de kilomètres, nous courions un risque qui, pour n'être pas de nature politique, n'en restait pas moins pressant, celui de nous voir attaqués puis détroussés par quelque bande qu'attirerait le riche musulman que je campais, proie facile et présumée cousue d'or ! À partir d'Ispahan un tel risque s'effaçait car la présence d'Azurnuch m'assurait la protection de tout le clan Kashgaï régnant sur ces montagnes pelées, riches plaines irriguées, déserts dont le sel représentait d'insoutenables miroirs irradiés par le soleil.

Terre de contraste, l'Iran nous avait imposé le franchissement de montagnes encore couvertes de neige, puis de ces étendues brûlantes et salées. Il nous avait fallu résister à la solitude du grand plateau iranien que le comte de Gobineau appelle « aryen » et d'où, selon lui, seraient partis les grands peuples conquérants de race blanche, hypothèse hasardeuse sur un plan général, plausible peut-être sur un plan restreint en tant que berceau des Achéménides. L'air qu'on respirait là, sous un ciel dont l'extrême limpidité laissait sourdre un bleu léger de la qualité la plus rare, témoignait d'une pureté qui n'était plus de ce monde. En le dégustant, j'avais l'impression de rajeunir, retrouver une existence dont j'avais joui quelques millions d'années plus tôt. Cette prise de conscience d'un monde pur se voyait confirmée par l'étendue de l'espace qu'on découvrait. On apercevait longtemps à l'avance, aux limites du grand plateau aryen, de nouvelles montagnes tantôt violettes, tantôt roses selon l'heure ; dressées à plus de cent kilomètres de nous et si proches de nous, cependant, qu'il me semblait possible de les caresser de la main.

Puis, à la solitude du plateau succédaient des zones vivantes. La terre se peuplait d'arbres, noyers, châtaigniers, bouleaux, pommiers près des huttes de paysans, tous aussi frais que ceux qui ourlent les rives de la Caspienne. Herbages épais. Eaux abondantes. Cascades jaillissant d'un dépliant touristique suisse. Quand l'altitude déclinait, naissait la vigne ou l'oranger. La piste se peuplait parfois d'ânes ou de chameaux. Femmes voilées érigées comme de gros tas d'algues sombres sur les selles. Hommes sculptés dans la roche des montagnes. Leurs yeux fulgurants posaient aux nôtres des questions muettes après que des mains nerveuses eurent tiré les carabines des fourreaux. Elles les y replongeaient après qu'une longue observation eût rassuré ces voyageurs barbares de notre caractère pacifique. Puis le terrain de nouveau s'élevait. Les villages de nouveau respiraient la pauvreté, se fortifiaient, se fermaient à notre approche. Les hommes repliaient femmes et enfants derrière les murailles de pierre sèche, éléments de défense datant de la préhistoire et que rien, depuis, n'avait amélioré. Rien non plus n'avait modifié le visage de ces hommes qui offraient encore des profils datant des Achéménides, faciles à comparer avec ceux qui restent sculptés dans les bas-reliefs de Persépolis.

Parfois nous avions bivouaqué, parfois donné la préférence aux villages sur la solitude quand le soir tombait. Les Omdas, sorte de maires choisis par la population, nous recevaient avec la considération due à des musulmans venant de l'étranger. Nous couchions aussi dans ces caravansérails où la misère semble ne plus avoir d'âge ni de bornes. Je me souviens de l'un d'entre eux, établi à deux mille mètres d'altitude et dont les pièces voûtées ressemblaient à des casemates de fort européen. Là, des générations de voyageurs s'étaient défendues contre le froid par des feux allumés à même le sol dallé de pierres sèches et, la fumée ne pouvant s'échapper que par de minuscules fenêtres, avaient enduit les parois au point de laisser sur elles une couche de suie tellement épaisse et lustrée qu'un bout de cigarette incandescent s'y reflétait et qu'une lampe en tirait des milliers d'escarboucles comme si nous habitions une mine de houille enchantée. Nous allumions un brasier quand il nous fallait coucher à la belle étoile, afin d'éloigner les bêtes, serpents en particulier. Mais jamais le lion de Shiraz, félin sans crinière existant paraît-il encore à cette époque, n'osa troubler nos nuits par sa présence réelle ou sa légende.

Nous arrivâmes enfin à Yazd, mince localité placée à mi-chemin entre Ispahan et Kermân. Descendu de ses montagnes, Nas'r Kahn Kashgaï nous attendait là. À cette époque, il suffisait qu'un rebelle occupât n'importe quelle ville iranienne d'importance moyenne pour en devenir le maître, à titre provisoire ou définitif! Yazd ne devait compter qu'un millier d'habitants sédentaires et le Kashgaï se présentait à la tête de mille guerriers, cavaliers sauvages et bien armés dont chacun avait tué au moins un homme au cours de son existence. Nas'r Kahn pouvait donc se rendre maître de Yazd par la force mais aussi l'acheter si fantaisie l'en prenait, car alimenté par d'innombrables pillages, impôts levés dans la vieille tradition des Satrapies sassanides, le trésor des Kashgaï devait peser plus lourd que celui de la banque Melli de Téhéran! Le Kahn me reçut avec superbe en me disant :

— Chez moi, tu resteras dans l'ombre de mon épaule et rien ne pourra t'arriver.

Voyageant dans l'ombre d'Azurnuch, son fils, j'avais déjà vérifié la valeur pratique de cette politesse très orientale. Le Kahn ne se distinguait pas spécialement de ses brigands, sinon par quelques bijoux fabuleux, un rubis de nature à faire pâlir le soleil et une émeraude limpide comme la nuit sur le grand plateau aryen. Pour le reste, il portait comme les autres guerriers de courtes bottes probablement volées aux unités de cosaques iraniens, les larges pantalons de la tradition turque, une haute ceinture d'où émergeait un poignard courbe à manche d'or, une veste coupée à la taille et maintenue par un assortiment de cartouchières croisées sur la poitrine.

Le Kahn ne daignait pas occuper une maison de la ville et il avait fait dresser sa tente en poil de chèvre noir hors les murs, choisissant d'instinct une position stratégique. Je me tenais sur son seuil, face à lui, et devais rituellement accomplir le dernier geste dans cet assaut de politesse qui durait depuis une demi-heure. Je retirai donc d'un sac de voyage la bourse prévue et la lui remis en m'inclinant jusqu'à terre. Si mes souvenirs sont exacts, je crois qu'elle contenait cent cinquante pièces d'or. J'avais présidé au choix de Rohde parmi les différentes monnaies, lui évitant les erreurs qu'un espion ignorant les mœurs du monde musulman aurait commises. Il ne s'agissait pas, en effet, d'offrir à Nas'r Kahn Kashgaï n'importe quelles pièces d'or, mais uniquement des souverains, et pas n'importe quels souverains mais seulement ceux que la Monnaie de Londres avait frappés à l'effigie de saint Georges. Je savais que pour un musulman de la montagne persane, l'or portant une tête de femme n'était pas de l'or. Si je lui avais offert des napoléons à l'effigie de Marianne ou des souverains déshonorés par la tête de la reine Victoria, il me les eût rejetés au visage avant de me chasser de cette zone d'ombre protectrice qu'il faisait peser sur moi ! Le mépris de la femme reste si total dans les sociétés musulmanes primitives qu'il interdit même à l'or d'exister en tant qu'échelle de valeur. Cette connaissance préalable de la question faisait partie du capital que je mettais à la disposition de l'Allemagne.

Contents l'un de l'autre, accroupis devant le thé rituel sur un tapis ancien qui, en Europe, valait sans doute autant que l'or offert au Kahn, nous ouvrîmes la palabre qui devait durer deux jours. Mes instructions ne m'autorisaient pas à dresser des plans, conclure des accords. Je devais seulement juger avec toute l'objectivité désirable de la force des Kashgaï considérés comme troupe supplétive.

Dix mille hommes bien armés, habitués à tenir la montagne quels que soient le temps et la précarité du ravitaillement cela représente un fameux « maquis »! D'autre part, je devais fournir de l'Allemagne une image de marque si flatteuse que Nas'r Kahn Kashgaï ne pouvait ensuite hésiter entre l'appui de Londres et celui de Berlin. Sur ce plan, ma tâche apparaissait facile. Guillaume II s'était déjà campé en protecteur des croyants sans jamais trahir cette prise de position. L'Allemagne ne possédait plus de colonies depuis 1919, mais dans celles qu'elle avait acquises autrefois le souvenir de sa présence restait inoubliable. Aux yeux de ces guerriers primitifs, Hitler prenait la dimension d'un Alexandre-le-Grand capable de venir les délivrer d'une influence anglaise qui avait fait son temps, s'était usée par trop de confrontations avec la réalité.

Je n'avais pas besoin de poser l'Allemagne en adversaire des Pahlavi. Du moment que je visitais les Kashgaï, la chose allait de soi. Le siège du Kahn était fait. Il regrettait le dernier représentant de l'ancienne dynastie qu'il considérait comme légitime. Jusqu'en 1925, Soltan Ahmed Shah avait maintenu la Perse dans un état d'anarchie et de pauvreté qui laissait aux Kashgaï toute leur liberté d'action et n'ébranlait pas leur puissance. Mais l'aventurier Reza Pahlavi nommé ministre de la Guerre par le dernier des Kadjar, son bienfaiteur, puis président du Conseil en 1923, l'avait déposé tout en lui laissant la vie, mansuétude exceptionnelle dans l'histoire de ce pays! Désormais, il régnait en dictateur sur l'Iran et tentait d'écraser les pouvoirs locaux. L'idée de Canaris… ou de Ribbentrop… ou de Hitler… de jouer le « maquis » persan contre le pouvoir centralisateur ne manquait pas d'habileté. Mais, pour créer une situation de force pendant la Seconde Guerre mondiale, il n'eût pas fallu la laisser mûrir dans un cerveau allemand incapable de s'adapter aux manœuvres subtiles qui s'opposeront à son développement.

De toute manière je venais de jeter les bases d'une alliance qui permettra par la suite à Scorzeny et Franz Mayer de trouver des points d'appui pour une offensive contre la route américaine du « prêt et bail » cinq ans plus tard. Le 18 avril 1943, nommé capitaine de réserve et détaché à la section VI de l'Abwehr, Scorzeny se verra proposer par Schellenberg la direction du bataillon « z.b.V. » (à disposition spéciale) « Oranienburg » qu'on était en train d'instruire et de renforcer comme unité d'intervention au service du contre-espionnage. L'une de ses premières tâches tiendra dans la mise en œuvre de la révolte des tribus iraniennes préparée par moi.

Avec l'aide d'un Junker 290 à grand rayon d'action, un premier groupe de six S.S. spécialisés sera parachuté au sud-est de Téhéran, d'autres suivront. Par la faute de l'invraisemblable bureaucratie hitlérienne, le manque d'avions spéciaux – car il fallait décoller d'un terrain du sud de la Crimée, atteindre l'Iran, larguer hommes et matériel et revenir sans escale – à cause également du rapport des forces écrasant en faveur des USA, les sabotages contre la route golfe Persique-mer Caspienne ne produiront que des effets limités. Avec leur décision habituelle, les Anglais donnèrent à leur « Secret Intelligence service » tous les moyens pour écraser nos réseaux qui animaient les opérations. Notre agent de Téhéran, un juif nommé Weissrock qui travaillait sous une couverture de libraire, sera dévoilé, arrêté, déporté en Égypte. Nos Waffen-SS à destination spéciale du bataillon Oranienburg, parachutés chez les Kashgaï se maintiendront avec eux dans les montagnes du centre puis tenteront de regagner l'Allemagne par la Turquie, mais presque toujours sans succès. Les Anglais les maintiendront dans leurs camps de concentration du Proche-Orient et finiront par les libérer en 1948 seulement.

En 1938, ma mission ne comportait encore aucun développement politique. Elle prit fin sur une grande soirée d'adieu dont je n'oublierai jamais la magnificence. Nas'r Kahn Kashgaï avait rassemblé un millier de guerriers autour de Yadz et, sous forme de fantasia, il les lança contre la ville. Une fantasia chez les Kashgaï était à celles que le Maghreb offre de nos jours aux touristes passant par Marrakech ce que les bombardements américains sur Berlin furent à ceux de la Luftwaffe sur Coventry ! Ces guerriers, qui ne connaissaient pas encore le café, mangeaient presque uniquement du fromage de chèvre dur comme la pierre, buvaient du « dong » (petit lait), passaient des nuits à se raconter d'étonnantes histoires pleines de violence et de poésie, étaient en somme des purs ! Ils croyaient encore à leur propre légende et n'hésitaient pas à les revivre. Quand un de leurs conteurs annonçait en chantant :

« Cet Iskender, ce Roustem, coupait les lions en deux d'un seul coup d'épée... Sommes-nous moins courageux que ces gens-là ? »

Le chœur répondait :

« Nous sommes aussi courageux que ces gens-là ! »

Le lendemain, ils partaient chasser le lion de Shiraz, mais à l'arme blanche !

Quand le récitant contait l'attaque d'une caravane par deux Bactyars, deux Kashgaï fonçaient le lendemain sur le premier convoi venu pour faire aussi bien que leurs rivaux et ne survivaient pas toujours à ce genre d'expédition basé sur une stratégie toute orientale ! Ils associaient la poésie à la violence et fignolaient leur propre légende. Ils avaient une fois pillé un convoi d'indigo qui remontait de Bender-Abbas. Le chef des agresseurs, un parent de Nas'r Kahn Kashgaï, délégua une estafette jusqu'au village situé en aval du cours d'eau sur les bords duquel ils avaient aligné les morts et les balles de colorant dont ils ne pouvaient rien tirer. Le messager dit aux paysans :

— Nous avons tué tellement d'ennemis que l'eau va couler rouge de sang du lever au coucher du soleil !

L'eau coula rouge comme il l'avait annoncé. Ils repartirent, laissant les balles d'indigo vides et toute une contrée à jamais soumise à leur puissance !

En contemplant les cavaliers de mon hôte qui se ruaient sur Yadz, par jeu et sur ordre, mais un jeu qui ne demandait qu'à déboucher sur un grand massacre, j'imaginais ce que pouvaient être les chevauchées d'un Mahomet suivi de guerriers encore plus sauvages que ceux du Kahn Kashgaï. On sait aujourd'hui que la fortune du prophète se trouva toujours à la merci d'une bataille perdue. Vaincu, même une seule fois, il n'eût jamais gagné quatre cents millions de fidèles à la religion musulmane ! Cela m'amenait à penser que l'homme pour qui je travaillais lui ressemblait. L'avenir de *Mein Kampf* (que je n'avais pas lu ainsi que la majorité des Allemands !) se déciderait sur les champs de bataille comme jadis celui du Koran.

Les guerriers de Nas'r Kahn Kashgaï ressemblaient à leur chef. De haute taille, maigres et musclés, basanés presque jusqu'à la négritude, ils portaient ces nez allongés et droits que l'art assyrien nous a transmis. Leurs yeux brûlaient comme des braises, leurs cris dominaient le galop des chevaux. Brandissant des torches, ils passaient sous nos yeux en files de démons qu'un vent surnaturel aurait animés. La lumière échevelée des torches pleuvait. Les coups de carabines claquaient. Les cris de la population sédentaire traduisaient l'angoisse liée aux anciens massacres jamais complètement oubliés. C'était un spectacle fantastique et je pensais aux privilèges d'un modeste agent secret comme moi, bénéficiant de cette manifestation organisée par les derniers barbares. Elle dut probablement se solder par quelques morts et blessés étant donné la violence de l'assaut, mais je me trouvais trop loin de Yadz pour voir confirmer cette hypothèse.

Toujours accompagné de Azurnuch, je repartis le lendemain. Nos chameaux avaient réapprovisionné leurs bosses en graisse fraîche et donnaient toute leur puissance qu'il me fallait freiner au rythme de croisière, soit quatre-vingts kilomètres par jour. Nous passâmes par Shiraz plus chargée de ruines provenant des anciennes civilisations que de maisons neuves. Le fils de Nas'r Kahn Kashgaï me quitta à Bender Bouchir et fit demi-tour avec les bêtes. Je traversai le golfe à bord d'une felouque de contrebande du hachisch, regagnai Bagdad puis Damas, Beyrouth et Le Caire en riche commerçant égyptien, toujours prêt à gémir devant ses interlocuteurs de rencontre sur la difficulté des affaires, la dureté des temps pour conclure avec fatalisme qu'Allah était Allah et Mahomet son prophète.

VII

Le « pigeon assis » s'envole

Pour le clan des Gaafar et ses amis de la « haute société », je dépendais maintenant d'un bureau des Affaires arabes que l'armée allemande entretenait à Berlin. Toutes les grandes nations impériales possédaient le leur à Paris, Londres, Rome ou Moscou. L'idée qu'un citoyen égyptien se trouvait au service d'une puissance étrangère ne choquait personne, l'Égypte n'existant plus, ou n'existant pas encore en tant que nation. Qui travaillait pour l'Allemagne bénéficiait au contraire d'un préjugé favorable puisque Hitler conservait une partie des moustaches de Guillaume II, le protecteur des croyants ! Pas plus que Wapo, mon père, ma mère ou le seigneur du désert Ismaël Abd el Kader, ne savaient que ces « bureaux arabes » appartenaient au service d'espionnage. Et même s'ils avaient deviné que je travaillais directement pour Canaris, ils ne m'auraient pas retiré leur estime pour autant ; l'idée de tenir pour traître un espion ne pouvant germer dans un mental cosmopolite comme celui des Gaafar issus à la fois de l'Arabie saoudienne, du Liban, de l'Égypte et de l'Allemagne.

La fidélité des Gaafar existait, certes, mais à une autre échelle plus directement perceptible : au niveau de l'argent et du sang. Comme je dépensais toujours de fortes sommes sans plus rien demander à mon beau-père, j'apparaissais digne du clan au niveau de la fortune et mon nouvel état ne faisait l'objet d'aucun commentaire péjoratif. Mais, par mon mariage, j'avais trahi le sang et le péché apparaissait irréversible, irrémissible. En introduisant une fille du Nord dans le clan sémite, je touchais aux lois inexorables de l'hérédité ! Ismaël Abd el Kader se montrait bien plus rigoureux que les Hitlériens, car si l'amiral Canaris, m'avait autorisé à biffer d'un trait de plume mes cinquante pour cent de sémitisme, montrant ainsi qu'il ne croyait pas au racisme politique, le seigneur du désert lui, y croyait, comme ses frères ennemis d'Israël, et ne me pardonnait pas l'entrée dans le clan de Wapo, héritière d'un sang complètement étranger au sien ! Jamais il ne me parlait d'elle, mon père et ma mère non plus. Seuls quelques cousins de mon âge, qui n'avaient pas oublié sa beauté rayonnante, me demandaient de ses nouvelles. Bonnes nouvelles. Wapo dansait et aimait Eppler en oubliant qu'il s'appelait aussi Gaafar. Elle ne devait jamais reparaître au Caire. Mais l'ostracisme dont on l'accablait ne nuisait en rien à sa légèreté sur les scènes internationales et j'aurais dû oublier les Gaafar avec un détachement comparable au sien. Impossible. Qui a traversé tout jeune le désert du Sinaï dans une caravane commandée par Ismaël Abd el Kader restera toujours prisonnier d'un certain univers, qui a vu son beau-père rendre la justice avec le détachement du Pharaon ne saurait renier l'Égypte au profit de Berlin et de Copenhague. En Égypte, cependant, mon mariage devait rester planté comme une épine dans ma chair.

En 1938, on s'intéressait plus que de raison au grand désert occidental égyptien. La course aérienne qui, chaque année, le prenait comme plate-forme, connaissait un grand succès. Les avions s'affrontaient sur le parcours Le Caire, Farafra, Charga, Assouan. Beaucoup d'avions, surtout anglais et italiens, survolaient ces étendues désolées. Les Américains firent bientôt leur apparition, puis les Allemands en 1937 avec un Heinkel appelé à devenir fameux pendant la guerre sous le numéro 111. Tous ces pilotes, officiellement affamés de lauriers sportifs, prenaient surtout beaucoup de photographies, travaillant bien entendu pour les services secrets de leur pays respectif. C'était un officier de la Luftwaffe en civil qui pilotait le Heinkel. Mais, avant 1938, de simples photographies aériennes ne permettaient pas d'établir la carte détaillée d'une région et il fallait disposer d'un appui topographique au sol. Une fois de plus, le théodolite me menaçait. Une fois de plus, la chance projeta la corvée sur d'autres épaules que les miennes.

Il se faisait appeler Eckert, se disait géologue et dépendait du bureau central des cartes de l'état-major par lequel j'étais passé au début de mon stage à Berlin. Je devais le prendre en charge et le conduire à travers le désert en raison de la connaissance approfondie que j'en avais acquise avec Clayton, Penderell et Almazy. D'emblée l'homme me déplut. Il me rappelait Haller par sa raideur, son assurance abusive, sa maladresse à nouer des contacts humains. Je mis en marche une Ford à refroidissement spécial et partis pour Wadi Natroun, relais routier qui s'élève entre Alexandrie et Le Caire. Il voulait rayonner à partir de là pour lever ses plans. Il croyait connaître l'Égypte mieux que moi et, au bout de quinze jours, je l'abandonnai à ses illusions sans lui révéler le passage à travers la grande Katara, dépression salée, infranchissable en dehors d'une étroite bande que j'étais seul capable de suivre avec quelques Anglais, amis d'enfance, passés depuis aux ordres du Secret Service. À ma prévention naturelle contre les travaux topographiques, ce Eckert venait d'ajouter le poids de tout ce qui m'irritait dans le caractère allemand et que je n'avais pas l'intention de supporter. Je lui laissai la Ford et lui rendis sa liberté. On me reprochera plus tard, à l'Abwehr, de ne pas lui avoir révélé le passage à travers la grande Katara. Je me tirerai de cette situation difficile par une pirouette en prétendant l'ignorer moi-même. Je n'étais pas un espion « inconditionnel » et, solitaire par vocation, je refusais de travailler avec qui ne me plaisait pas.

Au mois d'août, je me trouvais en vacances à Copenhague lorsque je fus rappelé au Proche-Orient. Il s'agissait de surveiller discrètement, le long du canal de Suez, le passage de quelques chargements d'armes de guerre que l'Allemagne envoyait à l'Arabie saoudienne. Ils faisaient l'objet d'un marché purement commercial, mais je devinais que les quantités officiellement fournies représentaient peu de chose par rapport à l'ensemble de la livraison. Si les Anglais prétendaient s'opposer à ce renforcement du potentiel arabe, j'imaginais qu'ils n'opéreraient pas eux-mêmes mais qu'avec leur astuce habituelle ils agiraient par autorité interposée en soudoyant la douane, la police égyptienne ou les autorités du canal. Il me fallait donc veiller dans cette direction, travail facile pour moi en raison de mes liaisons avec la classe dirigeante du pays. Il ne devait rien se passer, soit que les Anglais ne fussent pas au courant du transit, soit, plus vraisemblablement, que l'aide fournie par l'Allemagne à l'Arabie ne les intéressait point.

Le 30 septembre, une fois le dernier convoi passé, je partis pour Istanbul, appelé par Leverkuehn qui représentait l'Abwehr après avoir débuté comme consul à Tabriz. Bien que parfaitement repéré par nos concurrents de l'Intelligence Service en Turquie, il tenait encore une place assez modeste, opérant à partir d'un petit bureau dans lequel on ne me vit jamais, pour la simple raison que, parfait inconnu de mes adversaires, je n'avais pas l'intention de m'en faire connaître par quelque imprudence ou bravade.

La conception du travail qu'il me priait maintenant d'accomplir avait-elle germé dans sa propre imagination ou provenait-elle de quelque fonctionnaire du quai Tirpitz, je ne l'ai jamais su de manière précise. Dans nos milieux on affirmait que c'était une trouvaille de Canaris lui-même. Elle illustrait assez bien les légendes dont se parent les services d'espionnage, témoignait sur l'existence de ces « gros cerveaux » que la littérature spécialisée propose à l'admiration inconditionnelle de ses lecteurs, alors que ce genre d'initiative ne vaut souvent rien au plan pratique, les grandes réussites des services secrets devant presque tout à la chance. Il s'agissait cette fois de former au Proche-Orient des agents de renseignements sourds-muets ! On sait que les sourds arrivent à enregistrer une conversation rien qu'en observant le jeu des lèvres de leurs voisins. L'habitué d'un café connu comme sourd-muet par les autres consommateurs peut certes devenir un bon agent, car nul ne se méfie de lui et chacun parle librement sans tenir compte de sa présence. L'Abwehr me priait de rallier à notre cause un certain nombre de sourds-muets et de les mettre en circuit dans les établissements d'Istanbul par lesquels passent tous les secrets du Proche-Orient.

Après l'affaire du géologue Eckert, la surveillance du transit d'armes par le canal de Suez, la formation des agents sourds-muets ne m'enchantait guère et si je ne venais pas de mener à bien deux grandes missions aventureuses en Iran, je me serais senti trahi et décidé à ne pas renouveler mon contrat avec l'Abwehr. Je réclamais des épopées et on ne me proposait plus que de petites besognes artisanales ! Néanmoins, je décidai de faire preuve de bonne volonté en me jurant que c'était bien la dernière fois.

Trouver des sourds-muets à Istanbul ne présentait pas de difficultés, mais habiles à suivre une conversation sur les lèvres de leurs voisins, il s'en fallait de beaucoup qu'ils fussent capables de la comprendre, la plupart étant restés analphabètes et leur infirmité relevant de quelque tare héréditaire ! Finalement, j'en pris en charge deux capables d'écrire, de différencier une automobile d'un chameau et sachant que, sauf exception, un Anglais n'appartient pas à la religion musulmane ! Il me fallut les prendre en main sans rien leur révéler de ce que j'attendais d'eux, sinon des comptes rendus de conversations et j'y parvins en en faisant, à nos frais, les piliers de bistrots qu'ils avaient toute leur vie rêvé de devenir !

Après les avoir habillés en gentlemen, il me fallut les introduire dans les milieux riches en informations de première main et les y maintenir le temps qu'il fallait pour que leur état de sourds-muets inoffensifs soit bien connu de la clientèle. Je plaçai l'un au bar du Pera Palace Hotel et l'autre au Taksim, club assez fermé, ce qui valait encore mieux. Tous les représentants des services secrets accrochés au Proche-Orient se retrouvaient au Taksim, évoluant presque à visage découvert. Quand un agent de l'Intelligence Service entrait, l'orchestre attaquait le *God save the King*. Si Leverkuehn y pénétrait sur ces entrefaites, il lui suffisait de lever la main pour rappeler qu'il payait mieux que la concurrence, convaincre l'orchestre de ne plus « sauver le roi » et d'attaquer le *Deutschland über alles* !

L'orchestre ne me connaissait pas plus que mon compagnon sourd-muet et cela me permit de l'installer efficacement. Un soir, alors que je surveillais de loin l'autre agent au bar du Pera Palace Hotel, j'aperçus Maxwell, l'ennemi fraternel que j'avais « racheté » quinze livres turques à la police de Smyrne. Il m'adressa le signe convenu et nous sortîmes chacun de notre côté pour nous retrouver dans un square où nos échanges d'informations ne frappaient d'autres oreilles que celles des bancs. Il me donna quelques nouvelles de la Russie et je lui ristournais celles de l'Égypte qui pouvaient nuire à Farouk selon la convention établie entre nous. C'était un exercice dangereux car, même en réservant nos terrains de chasse réciproques nos informations pouvaient réagir sur celles d'un camarade, compromettre des opérations en cours de développement. Ce soir-là, le hasard devait me démontrer par l'absurde qu'il est à la longue impossible de concilier les exigences d'une saine camaraderie avec les impératifs des services secrets et je devais me le tenir pour dit. Nous bavardâmes durant plus d'une heure sur des thèmes d'actualité, inquiets l'un et l'autre de la tension qui montait entre l'Angleterre et l'Allemagne, préfigurant une guerre que ni l'un ni l'autre n'appelaient de leurs vœux. Puis, toujours sur le ton du bavardage, Maxwell me dit :

— Alors, maintenant, vous tirez par le moyeu d'hélice avec un canon sans recul sur le Messerschmidt 109 ?

L'ombre épaisse escamota l'effet de surprise qui devait marquer mon visage. Maxwell se rendait-il compte de l'énormité de la question qu'il semblait poser tout en y répondant par l'affirmative dans le même temps ? Il ne semblait pas, d'après le ton adopté, le même sur lequel il eût annoncé l'ouverture d'une boîte de nuit… Mais s'il s'agissait d'un faux détachement ? Si, trahissant pour la première fois nos conventions, il me révélait un demi-secret, une bribe d'information avec l'espoir que j'apporterai un complément ? J'avançai désormais avec précaution sur un terrain devenu instable en répondant :

— Qu'est-ce qui t'a raconté ça ?

— Bof ! Personne… Mais j'ai vu passer les plans chez nous, dans le service. C'est un canon sans recul, très astucieux !

Je pris du large.

— Les canons, moi je n'y connais rien et ça ne m'intéresse pas !

L'humidité de la nuit d'automne vernissait la végétation autour de nous, les nuages bas attiraient à eux les lumières de la ville et, en faisaient une sorte de coupole martelée dans l'or rouge qui coiffait les mosquées d'Ispahan et de Damas. Le froid n'est pas encore tombé sur les bords de la mer au mois de novembre et, cependant je frissonnais, bouleversé par les propos de Maxwell. Lui ne semblait pas leur attacher d'importance car il parlait maintenant filles et les charmes de celle qu'il fréquentait, dans la nouvelle boîte de nuit où il se proposait de terminer la nuit en ma compagnie. Je refusai. Je n'avais qu'un souci, prendre contact avec Rohde, Leverkuehn ou Aladin, pour les mettre au courant de ce que je venais d'apprendre par le plus grand des hasards. Contrairement à ce que j'avais volontairement affirmé devant Maxwell, je connaissais l'existence du canon sans recul équipant le Messerschmidt 109. Pendant mon stage à Berlin, en 1937, en compagnie d'une demi-douzaine de futurs espions en voie d'initiation comme moi, j'avais visité le camp de Meseritz, près de la frontière polonaise, dans lequel deux baraquements Zeppelin occupés par la section III de l'Abwehr, abritaient des armes nouvelles dont le fameux canon sans recul protégé par un secret qui se voulait absolu et ne l'était point, les « bleus » s'en promenant sur les bords de la mer de Marmara !

Rohde ne se trouvait pas à Istanbul. Très agité, j'appelais Leverkuehn à son domicile et lui donnai rendez-vous pour le lendemain. Certes, il ne m'appartenait pas d'enquêter sur l'origine des fuites qui mettaient les plans du canon à la disposition de l'Intelligence Service, mais je me prenais au jeu et me passionnais pour un aspect des services secrets encore inconnu de moi. Une question principale me harcelait : pourquoi ces plans d'une importance extrême traînaient-ils dans les bureaux du « Service 39 » d'Istanbul au lieu d'être enfermés dans les coffres de l'I.S. à Londres. Je sentais que toute paix me serait refusée tant que je n'aurais pas répondu à la question.

Leverkuehn n'était pas au courant, Aladin non plus. Eux couvraient le Proche-Orient et non le service central de l'armement. Ils se contentèrent de transmettre l'information au quai Tirpitz et, en revenant, Rohde me rappela qu'un agent n'avait rien à gagner et tout à perdre en se signalant par une action d'éclat. Je partageai son avis sans réussir à me débarrasser de la question insidieusement posée par le hasard.

Le mois de novembre s'achevait et je partageais mon temps entre les bibliothèques d'Istanbul et Ankara où j'étudiais l'histoire du Proche-Orient et, plus particulièrement celle de l'Afghanistan pour lequel un projet de mission se dessinait. L'Angleterre n'avait jamais réussi à dominer convenablement les territoires situés au nord de la passe de Kyber et le maintien de la passe elle-même lui avait coûté des pertes en troupes supplétives. La fidélité des différents Khans qui se succédaient au pouvoir à cadence accélérée coûtait fort cher au vice-roi des Indes et nous savions que le Foreign Office jugeait sévèrement les investissements aussi peu rentables. Peut-être fallait-il situer là le point de rupture idéal sur la route impériale vers les Indes plutôt qu'en Iran ou en Irak où régnait uns situation politique moins radicale ainsi que j'en avais jugé lors des deux grandes missions précédentes. Je ne voulais repartir que parfaitement documenté sur l'histoire de ces régions, d'Alexandre le Grand à nos jours, si l'Abwehr décidait de poursuivre sa recherche offensive.

Un matin, toute la lumière sur le cheminement des plans du canon sans recul se fit dans mon esprit par une simple association d'idées provoquée par mes lectures... Alexandre le Grand... Politique grecque... Cheval de Troie... Brusquement, je démasquai non point le cheval de Troie mais le cavalier qui l'avait utilisé pour s'introduire parmi nous! J'avais visité les baraques Zeppelin de Meseritz en compagnie d'un stagiaire qui répondait maintenant au *cover name* de Cheese, et se trouvait dans nos services en Turquie. Le passage illogique des plans à travers le Proche-Orient me semblait lié au propre chemin de cet agent, Yougoslave d'origine, sur lequel Rohde faisait parfois des réserves. C'est donc à Rohde que je confiai mes soupçons. Il les partagea immédiatement car ils expliquaient ce qui, en lui, s'était accumulé avec le temps; cette retenue qu'il observait sans motif valable lorsqu'il confiait à Cheese une mission, l'image même qu'il gardait de lui après chaque entretien, comme si, protégé par un filigrane de brouillard, le Yougoslave défiait toute mise au point. Rien de net ne permettait de l'accuser de trahison, rien de net non plus garantissait sa fidélité. Rohde gronda:

— C'est un Chinois, je m'en doutais depuis longtemps!

Dans l'argot de notre métier, un chinois désigne un agent double car les porteurs d'eau du Céleste Empire utilisaient deux seaux pendus aux extrémités du balancier jeté en travers de leurs épaules, puisant alternativement dans l'un ou l'autre des récipients selon les besoins ou les circonstances.

— Croyez-vous, demanda Rohde, que votre Maxwell se trouve dans le *double cross system* ?

— Impossible, car il me donne de très bonnes informations sur l'URSS sans contrepartie.

— Alors, nous allons l'utiliser pour faire tomber Cheese.

Le *double cross system* représente une spécialité anglaise, au même titre que le scotch ou le pudding. On arrive à l'imiter sans jamais l'égaler. Il s'agit, pour un service de renseignement, de placer un ou plusieurs de ses agents chez l'ennemi. Ils s'y maintiennent en donnant de petits gages, les informations d'importance secondaire qu'on les autorise à communiquer avec l'espoir qu'un jour ou l'autre, ils ramèneront un gros poisson. L'homme ainsi positionné s'appelle un « Chinois », un « Linker », c'est-à-dire un gaucher ou un « Stool pidgeon », expression qu'on peut traduire par un « pigeon assis », définition mystérieuse dont je n'ai jamais trouvé la clé. Le comble de l'art consiste à infiltrer le plus grand nombre possible de « Chinois » jusqu'à noyer tout le système de l'adversaire dans une épouvantable confusion où plus aucune information ne reste crédible, le noir devient blanc, et d'atteindre un point de rupture qui permet de changer brusquement tout le personnel et repartir avec des équipes non contaminées. Pendant la guerre, les agents implantés par nous sur le territoire anglais entreront dans le *double cross system* au point d'arriver à subvenir aux besoins de l'Intelligence Service avec notre argent ! Dès 1938, un certain Ritter, capitaine de l'Abwehr pas spécialement doué – mais un proverbe arabe n'affirme-t-il pas que même un poulet aveugle arrive parfois à trouver un grain – avait réussi, comme Cheese avec le canon sans recul, à capturer les plans du remarquable système de visée Norden inventé aux USA et qui révolutionnait le bombardement aérien. Devenu célèbre, tombant par conséquent dans les périls que Rohde soulignait, le capitaine Ritter reçut une mission qui le dépassait : installer un « orchestre » aux États-Unis. Nous disons « orchestre », « orchestre rouge » pour l'URSS, « orchestre noir » pour l'Italie fasciste, comme d'autres disent un filet ou un réseau. L'orchestre du capitaine Ritter disposait de moyens énormes et, cependant, au bout de deux ans, Berlin s'aperçut qu'il jouait faux. Tous les agents de Ritter étaient entrés dans le *double cross system* et ne donnaient plus à Berlin que des images falsifiées de la mobilisation industrielle américaine qui allaient fausser les estimations de Hitler quant à la puissance de son intervention et le dégoûter de l'espionnage auquel, dès le début, et avec beaucoup de bon sens, il ne croyait pas !

Rohde me dit :

— Vous allez partir en mission avec Cheese et vous aurez ainsi l'occasion de lui donner du « Hühnerfutter ».

On appelle aussi cette « nourriture à poulets » « Spiel material », matériel de jeu qui pouvait coûter la vie ! La mission que je devais remplir auprès de Cheese portait aussi le sobriquet de « soumettre un cochon ». Il s'agissait de lui transmettre une information piégée. Elle devait sortir de ma seule imagination et parvenir sans fuite possible au suspect qu'il s'agissait de faire tomber. Si elle revenait de chez l'ennemi, par n'importe quel canal, Cheese était perdu puisqu'elle révélait son état de « pigeon assis ».

Rohde me confia donc cette mission qui ne devait pas me détourner de mon vrai travail plus de quelques jours, tout en m'offrant de longs tête-à-tête propices aux confidences entre Cheese et moi. Je décidai de rester sur le thème des armes secrètes et, un soir à Ankara, au cours d'un dîner, je lui déclarai sur un ton parfaitement naturel :

— Je suis retourné à Meseritz le mois dernier. Les types de la IIIe section ont trouvé mieux que ce canon sans recul qu'ils nous avaient présenté pendant le stage. Ils m'ont montré des fusées d'assaut à tête chercheuse. Il paraît que tu les lances depuis le sol et qu'elles s'en vont toutes seules chercher l'ennemi et frapper jusqu'à huit mille mètres d'altitude !

Je bluffais à peine car, dès avant la guerre, les laboratoires militaires travaillaient sur les projectiles à réaction et la fusée sol-air, opérationnelle en 1945 sous le nom de « fille du Rhin », se trouvait déjà dans son berceau.

— C'est intéressant, murmure Cheese en bâillant.

Pour le convaincre, je dessinai la fusée à tête chercheuse sur un morceau de papier préparé d'avance sur lequel j'inscrivis quelques cotes, peut-être un peu trop fantaisistes. Une joie incendiaire me consumait lorsque je le vis, à la fin du dîner, rafler et empocher d'un seul mouvement le croquis coté en même temps que l'addition. Durant toute ma carrière d'agent secret j'ai réussi à terminer mes missions sans être amené à tuer directement un adversaire et je m'en réjouis encore aujourd'hui, car j'ai horreur de voir le sang répandu quand on peut faire autrement, option presque toujours possible pour qui donne la priorité à l'esprit de finesse sur le recours élémentaire à la violence. Mais la trahison de Cheese m'horrifiait et je voulais avoir sa peau !

Maintenant, je n'avais plus qu'à attendre de voir mon « cochon » répercuté par le *double cross system* pour détenir une preuve de la trahison. J'avais convenu avec Rohde que je me chargerais de l'exécution du « pigeon assis ». Il serait discrètement agressé et poignardé par un trio de bandits turcs connu de l'Abwehr aussi bien que de l'Intelligence Service. Le corps serait jeté, lesté, dans les Dardanelles. L'affaire ainsi réglée entre services d'espionnage ne me laisserait pas de sang sur les mains, et coûterait peu d'argent à l'Abwehr puisqu'en Orient le prix de la vie humaine se situait très au-dessous de l'entretien des idéalistes !

Au début du mois de janvier 1939, je rencontrai Maxwell au Taksim. Non loin de lui se tenait mon agent sourd-muet qui commençait à nous rendre quelques services sauf, bien entendu, celui de rapporter une conversation tenue en anglais près de lui. Je demandai à Maxwell s'il avait glané quelques informations sur l'URSS. Il me répondit non. Il ne disposait que de peu de temps et se retira très vite. Tellement vite qu'il en oublia une feuille de papier sur la table. J'essayai de le rappeler mais il avait déjà disparu. Je ramassai donc la feuille qui se trouvait simplement pliée en me promettant de la lui rendre lors de notre prochaine rencontre et, par simple curiosité professionnelle, l'ouvris. J'eus l'impression que le whisky déjà ingurgité me sortait brusquement par les yeux! Je les frottai. Ils ne me trahissaient pas. Ils reconnaissaient parfaitement le dessin de la fusée à tête chercheuse que j'avais imaginée et laissé emporter par Cheese quelques semaines plus tôt. Pour des raisons qui m'échappaient et que je ne devais jamais connaître, peut-être pour des motifs personnels, peut-être par amitié pour moi, Maxwell venait de brûler le « pigeon assis ». Jusqu'à notre dernière rencontre il éludera toutes mes questions ou répondra en affirmant qu'il n'était pas au courant d'une affaire de cet ordre. Cheese était démasqué mais ne courait plus aucun risque. Extrêmement vicieux, les Anglais avaient compris que je leur « soumettais un cochon » beaucoup trop gras avec ma fusée à tête chercheuse. Quelques jours seulement après notre dîner au restaurant, ils avaient garé Cheese en lieu sûr et il ne devait jamais reparaître au Proche-Orient. L'Abwehr retrouvera bien sa trace en Europe durant la guerre, sur différents fronts de l'espionnage, mais jamais dans le cadre d'un *double cross system*. Il est toujours de ce monde, comme d'autres « Chinois » devenus célèbres, tels Eddye Chapman, et c'est pour cela que je ne révèle pas son vrai nom. Je le laisse à l'abri de son *cover name*, service qu'on se rend entre espions vieillis, bien que regrettant toujours de n'avoir pas réussi à manger ce « pigeon assis » aux petits pois!

VIII

Maquis dans l'Himalaya

Jusqu'à la fin de l'hiver, je partageai mon temps entre Berlin et Copenhague. La construction de ma maison sur les rives de la Baltique progressait, mon expérience dans le métier d'espion également. Je prenais de plus en plus souvent contact avec le bataillon Zbv 800 « à destination spéciale ». Bien que virtuellement engagée, la guerre n'avait pas encore d'existence officielle. Je me tenais aussi loin que possible de la politique sans pour autant ignorer ses grandes implications. L'importance croissante de ce bataillon 800, qui allait devenir plus tard la division S.S. Brandenbourg, témoignait sur une évolution militaire.

Venant de Brandenbourg, je rentrai à Berlin le 12 mars 1939 et déjeunai dans mon appartement, en compagnie de Rohde qui repartait pour Athènes. Nous discutâmes de la nouvelle mission que je préparais depuis plus de six mois. Pour la première fois, un autre chef que lui me prenait en charge et je me pliai mal à cette mutation.

— En fait, dit Rohde, étant donné l'inconnu presque total que vous affronterez, vous allez travailler en solitaire. Considérez Aladin comme une simple boîte aux lettres et un indispensable bailleur de fonds !

Aladin vit toujours et je ne puis le désigner plus explicitement que par son *cover name*. Il jouait alors au Proche-Orient un rôle comparable à celui de Rohde. Il deviendra chef K.O.[1] durant la

1. *Kriegsorganisation Leiter.*

guerre, avec des pouvoirs étendus exercés à partir d'Ankara. C'était un très beau garçon originaire de Münich, blond aux yeux verts, mieux bâti pour entrer dans la « Leibstandarte S.S. Adolf Hitler » que servir en bureaucrate dans l'Abwehr. Toujours gai, plaisantant avec beaucoup de légèreté, farouchement attaché au célibat, Aladin portait son *cover name* de prince oriental sans complexe et entrait dans l'intelligence des populations que l'Abwehr le chargeait de surveiller avec une finesse très supérieure à celle de l'Allemand moyen. Lui aussi m'appelait « le chieur de pépins », mais toujours en riant, sans inclure dans l'expression une nuance de mépris racial comme les deux colonels qui m'accueillaient à mon arrivée au quai Tirpitz, en octobre 37.

— Pauvre chieur de pépins ! cria-t-il en m'accueillant dans son petit bureau d'Ankara après ma dernière entrevue avec Rohde à Berlin. Je crois que cette fois, vous allez en baver ! Un scotch pour effacer les misères qui vous attendent ?

Aladin possédait un petit bar bien garni. Il emplit généreusement mon verre et affirma :

— Quant au scotch, il vous faudra laisser toute espérance en entrant chez les Afghans ! Profitez de la situation avant de partir !

— Je sais ! La prohibition figure en seconde position sur la charte royale de 1932, la première affirmant que le gouvernement repose sur les principes de la Sainte Religion ! Quelle rigolade !

— C'est pas gai tout ça, mon vieux ! Vous allez là-bas comme sunnite ou chiite ?

— Sunnite, bien entendu ! Les chiites sont à peine tolérés[1].

1. Chiite vient de *ski'a* et signifie séparation. Environ cinquante millions de musulmans sont chiites : ismaïlitins, quaramats, fatamides, musairiers, druzes, etc. C'est l'Imam Gaafar as Sàdig qui donna la structure du chiisme à son fils Musa al Karim Gaafar. Quant aux sunnites (de *suna*, chemin étroit), dont il a été question au chapitre 6, ils forment la majorité des musulmans.

Nous levâmes nos verres à nos santés réciproques, puis Aladin me contempla longuement avec bienveillance et dit :

— Si jamais les Afghans vous soupçonnent de vouloir ramener Amman Ullah Kahn dans les bagages de l'Abwehr, je ne donne pas cher de votre peau !

Je ne pouvais lui répondre que je n'avais pas l'intention de suivre exactement le plan de l'Abwehr en préparant le retour de ce roi, chassé en 1929 par le brigand Betshe Saq'au, mais plutôt de préparer la prise du pouvoir par un autre brigand restant à découvrir, solution plus historiquement fondée que l'appel à la légitimité quand on prétend faire gouverner l'Afghanistan à son profit. Je me contentai de répondre en souriant :

— Au moins, chez les Afghans, on a le droit de choisir sa mort !

— Vous avez choisi ?

— Oui, dans la vraie tradition : attaché à la gueule d'un canon et soufflé !

Depuis que j'étudiais l'histoire de ce pays, je commençais à connaître ses mœurs. Le pouvoir s'y prenait et se conservait exclusivement par la violence. En mourant, le 26 décembre 1530, le roi Babour conseillait à son fils : « Si Dieu te donne le trône, ne mets pas tes frères à mort, mais surveille-les de très près ». Son propre fils Houmayoun fera crever les yeux de son frère Karam. À la mort de son père, Shah Djân fera également aveugler son frère cadet, tuer tous les prétendants connus pour se faire introniser à Agra en 1628. Bahadur Shah laissa quatre fils dont l'aîné réussit à régner seulement onze mois avant d'être assassiné. Iman Kouli Nadir mourut assassiné par ses propres soldats en 1747. Dans l'Afghanistan moderne Timour Kahn fit crever les yeux de son frère aîné Suleiman. Mahmoud Kahn s'empare de Zaman Shah et lui fait également crever les yeux. Dans ces régions, tout marche au doigt… et à l'œil !

— J'espère que vous aurez moins d'ennuis que vos prédécesseurs, me dit Aladin. Vous connaissez la fin du groupe que nous avions envoyé là-bas, pendant la guerre de 1914, pour reprendre le projet de Napoléon contre l'Inde?

— Je sais. Revenir d'Afghanistan paraît plus difficile que d'y aller. En 1915, nos agents en surent quelque chose. Paschen regagna bien la Perse mais il y fut arrêté et livré aux Russes. Voigt fut capturé avant d'atteindre Kirman. Heutig et Rohr se tirèrent d'affaire en accomplissant une performance prodigieuse.

— Je sais. À pied, ils traversèrent le Pamir puis la Chine, pour atteindre Shangaï, mais en 1918 seulement! Il fallait le faire!

— Ils le firent! Quant à Niedermeyer il se teignit la barbe au henné, arracha la dent en or qui le dénonçait comme européen et, déguisé en mendiant, parvint à Méched. Il devait rendre compte personnellement au Kaiser de son odyssée.

— Ça vous plairait de raconter la vôtre au Führer?

Je souris.

— Oh, vous savez, pour ce qui est de me déguiser en mendiant, ça ne me gêne pas du tout, et si c'est un moyen de revenir intact, je l'utiliserai volontiers, mais je n'ai aucune envie de rencontrer le Führer!

Je pris congé d'Aladin sur cette profession de foi et quittai Ankara pour Erzeroum. Je ne me faisais aucune illusion sur les obstacles à surmonter mais les mésaventures de la première mission allemande ne m'impressionnaient pas outre mesure. Elle les devait à sa méconnaissance du monde musulman et, musulman moi-même, élevé dans le sérail, je ne risquais pas de tomber dans les mêmes pièges. Les seules pensées qui m'affligeaient tournaient autour de Wapo. J'avais quitté ma femme le 3 avril et savais qu'il me serait impossible de revenir auprès d'elle, à Copenhague, avant l'automne. J'étais toujours amoureux et il fallait que l'attrait d'une nouvelle aventure soit bien puissant pour m'arracher à ses bras, effacer par ses couleurs violentes la douceur de vivre auprès d'elle.

Pour revenir d'Afghanistan avec ma tête sur les épaules, ou mes yeux intacts dans leurs orbites, je ne devais à aucun prix me découvrir comme envoyé secret d'une puissance occidentale chargé de prendre des contacts dans le pays. Traverser l'Iran une fois de plus, déguisé en marchand, ne présentait pas de difficultés particulières. Non loin de la frontière turco-persane j'accomplis ma première mutation, mais il me fallut cette fois acheter une demi-douzaine de bourricots en raison de l'importance de mon matériel. Pour mener à bien cette mission qui portait le nom de code « Kérim » j'emportais deux postes émetteurs-récepteurs de radio et leurs générateurs à pédale, pièces encombrantes et lourdes, l'un devant assurer mes propres émissions et l'autre rester aux mains de l'agent sédentaire que Berlin dépêcherait ultérieurement à Kaboul. Je devais être armé pour traverser un pays où les tribus restaient pratiquement souveraines pillardes et belliqueuses. J'emportais donc un pistolet Mauser à crosse 08, un superbe Sauer 7/65, un fusil Holland 9 mm., une carabine K.98 et les munitions correspondantes. Les postes de radio et cet arsenal devaient être répartis dans les couffins selon des lois de camouflage parfaitement étudiées et qui, cependant, en cas de malchance, ne résisteraient pas longtemps à la curiosité d'une autorité quelconque.

Je franchis la frontière iranienne, déguisé en marchand ambulant, comme la première fois, mais à un niveau de misère moins élevé, l'importance de mon convoi ne respirant plus l'extrême pauvreté du début. Il s'agissait d'opposer une subtilité parfaite à la finesse musulmane, habile à noter les rapports de cause à effet, à imaginer ce qui prétend rester caché, naturellement soupçonneuse de surcroît dans ces régions où la survie représente un problème quotidien.

Je parvins quelques jours plus tard sur les bords de la mer Caspienne, ourlée de montagnes qu'il me fallut aborder pour atteindre le terme de ma première étape, Moselé. Dans ce village perché en nid d'aigle résidait le second fils de Nas'r Kahn Kashgaï.

Comme son père et son frère Azurnuch, il venait d'épouser plus ou moins la cause allemande. Il attendait l'arrivée de deux Afghans qui, me prenant en charge, m'introduiraient auprès des rebelles de leur pays. Rien ne s'improvise en Orient. La politique y suit des cheminements complexes. Il s'agit de créer des chaînes de fidélité qui demandent peu au génie, tout à la patience.

Une fois quittées les grandes forêts humides du littoral où prospèrent les essences européennes, noyers, chênes, châtaigniers, pins immenses, j'entrai dans un monde minéral assez rebutant. Les ânes gris, lourdement chargés, trébuchaient sur les cailloux. Ils tremblaient de toutes leurs pattes et transpiraient de peur en abordant les passages vertigineux qui se multipliaient au fur et à mesure que ma caravane prenait de l'altitude.

J'avais quitté le rivage, effacé les traces de mon bivouac au lever du jour. Je me sentais, comme on dit, « mal dans ma peau », sale, pas rasé, empestant l'ail et l'oignon au point de ne plus pouvoir supporter ma propre odeur. Dès la première heure de marche, trois grands vautours s'étaient mis à planer à la verticale de mon convoi, décrivant de larges orbes qui matérialisaient leur attente. Forts d'une puissance qui permet à cette espèce d'enlever un agneau, les rapaces se faisaient tout de même quelque illusion s'ils s'imaginaient s'emparer de l'un de mes ânes, même vaincu par la fatigue ou la peur. Moins ambitieux, peut-être attendaient-ils simplement que je laisse derrière moi quelque relief de repas. Mais leur présence, leur vol circulaire, devenaient à la longue, aussi insupportables qu'une séance d'envoûtement. Il me fallait résister à la tentation de dégager une arme et de les abattre. Car je n'aime pas tuer une bête sans nécessité. Je me conduisais déjà en barbare avec mes bourricots, comme mes frères musulmans, les frappant sans relâche pour qu'ils avancent entre deux précipices.

La végétation se faisait plus rare. Dans les vallées, je rencontrais encore quelques ormes de montagne, quelques érables et, plus haut, les acacias des sables, gris et verts comme du bronze terni. Au sommet des cols, mes ânes trouvaient leur récompense, cette plante appelée la laîche, gorgée d'eau, dont ils se montrent friands, sans doute parce qu'elle les abreuve et les nourrit dans le même temps. Ils repartaient à regret, sous les coups de bâton, transpirant toute l'eau qu'ils venaient d'absorber en dégustant la laiche. C'était assez pitoyable mais je n'avais pas le droit de prendre du retard.

Je ne rencontrais plus de caravanes comme sur les bords de la mer Caspienne. La solitude ne m'offrait aucune assistance en cas de besoin, mais effaçait aussi les périls d'une rencontre avec quelque parti de brigands. Mon escorte se composait seulement des trois vautours affamés. Je bivouaquai en pleine solitude, non loin d'eux sans doute car, dès l'aube, ils reprirent leur vol au-dessus de moi. Enfin, dans le courant de la journée, j'aperçus le village de Mosélé, étage sur une pente et comme accroché à la falaise qui le dominait. C'était une position forte dans laquelle les tribus avaient dû se défendre souvent au cours de leur histoire mouvementée !

Le second fils de Nas'r Kahn Kashgaï m'accueillit dans le même style que son père. Il me garantissait lui aussi la sécurité tant que je resterais dans l'ombre de son épaule ! Mais elle ne devait pas s'exercer plus de vingt-quatre heures. Je ne restais à Mosélé que le temps de prendre contact avec les envoyés Afghans. Ils offraient un contraste saisissant avec le Kashgaï. Le frère d'Azurnuch n'habitait pas l'Iran. Étudiant dans une école technique d'Istanbul, il passait seulement ses vacances dans ce village perdu. Cultivé, parlant plusieurs langues européennes, il n'appartenait plus à l'univers ancestral nourri de la violente pureté du monde primitif d'où mes futurs guides sortaient, avec le vif désir de s'y replonger sans retard.

Le premier s'appelait Barakathullah Ghulam, ce qui veut dire « le protégé d'Allah ». Il appartenait à la tribu (rebelle, bien entendu !) des Tadjiks qui vivent sur les confins de l'Afghanistan et du Karakoram. Il pouvait avoir une trentaine d'années, possédait deux têtes de plus que moi et une paire de moustaches stupéfiantes. Il portait une chemise de grosse toile enfoncée dans la haute ceinture noire que des poignards hérissaient, le large pantalon à la turque et les cinq mètres de turban drapés autour de la tête. Il devait dormir avec son fusil, de fabrication locale, à canon extra-long, qui, bien entendu, ne le quittait pas non plus de jour. Pour un homme comme moi, devenu plus européen qu'égyptien, il représentait un véritable personnage de légende orientale. Par son extrême noblesse, son regard clair et direct qui témoignait sur une aptitude aux fidélités surhumaines, en même temps qu'une cruauté sans fissure, il fit d'emblée ma conquête. Son lieutenant, un Afridi dénommé Medji, se situait à une échelle humaine un peu inférieure mais ne manquait pas, lui non plus, d'allure. C'étaient des hommes que, selon la forte expression populaire, on n'aurait pas aimé rencontrer au coin d'un bois à la tombée de la nuit sans qu'ils fussent prévenus de votre arrivée. Ils l'étaient ! Ils m'accueillaient comme un membre de leur clan à part entière et cela signifiait qu'ils donneraient leur vie pour sauver la mienne si l'occasion s'en présentait.

Ils arrivaient du Karakoram avec leurs chameaux de selle et de bât, bêtes magnifiquement harnachées de cuir, peaux de moutons, cordelettes de laine multicolores pendant du front sur les joues, véritables croiseurs du désert que, par coquetterie, on aurait parés comme des yachts. Je pris tout de suite en main les deux bêtes qui m'étaient destinées et Barakathullah afficha un large sourire en constatant que je savais mener correctement les dromadaires. J'avais suffisamment souffert pour y parvenir quand je parcourais le Sinaï, l'Arabie et l'Égypte dans la mouvance de mon oncle Ismaël Abd el Kader.

Nous vérifiâmes ensemble le ravitaillement prévu pour la caravane. Il fallut décharger mes ânes gris que j'abandonnai à Mosélé, ces bêtes ne pouvant atteindre l'Afghanistan, sinon par la route directe de Méched, et il n'en était pas question. Pour toucher aux frontières afghanes dans les conditions de secret requises, il me fallait couper plus au sud, donc traverser le grand désert du Dasht el Kavir, l'une des étendues salées les plus hostiles du monde, tâche réservée aux grands dromadaires. Chacun d'entre eux emportait dix kilos de millet et plusieurs sacs d'un foin qui leur convenait. Ravitaillement en eau largement prévu à raison d'une outre par bête, soit six fois quarante litres. Chaque chamelier disposerait d'un sac de dattes, ces dattes dures comme des cailloux qu'on ne mange pas mais laisse fondre dans la bouche pendant les heures de course, un sac d'ail et d'oignons, des fromages de chèvre aussi durs que les dattes. Les galettes de millet simplement cuit à l'eau et au sel, tiendraient lieu de pain. C'était la dure loi du désert. Il fallait conserver le plus de place possible et utiliser la capacité porteuse des dromadaires pour loger l'armement et la radio.

À la tombée de la nuit, je vérifiai l'un des postes émetteurs, mis en place le générateur à pédale sur lequel s'exerça Medji en riant et passai un bref message qui ne comportait pas de réponse, à destination d'Aladin. Sur la fréquence de nuit, 11 258, la mission Kérim signalait simplement sa bonne arrivée à Mosélé et son départ pour le lendemain en direction de la frontière afghane. Il était vingt heures et le code employé se basait sur un livre anglais *History of the Mongols*, le décryptage s'opérant à partir du troisième mot, page 25… Gengis Has…

Le lendemain, au lever du jour, noyés dans la lumière bleue qui coulait sur le plateau iranien, six grands dromadaires prenaient le départ en direction de l'Est, celui de Barakatullah éclairant la route, puis avançant à trente mètres d'intervalle, l'équipage de Eppler précédant celui de Medji qui fermait la marche. L'une des plus belles aventures de ma vie d'agent secret venait de commencer.

On ne dirige pas un dromadaire comme un cheval, mais à l'aide du pied posé sur le cou, là où le poil ne pousse plus, et de la corde qu'il porte au nez. La bête aime le trot et soutient longtemps cette allure qui permet de couvrir jusqu'à cent vingt kilomètres par vingt-quatre heures. Le mouvement des pattes ne rappelle pas celui du cheval et leur déplacement unilatéral produit un mouvement de tangage comparable à celui d'une embarcation, capable lui aussi de donner le mal de mer. J'avais depuis longtemps dominé la nausée mais restais sensible à la monotonie de la progression et il me fallait toujours lutter contre la somnolence qui menaçait de me jeter bas. Nous partions tôt, avant l'apparition du soleil et c'était l'instant où Barakathullah montrait son aptitude à diriger les grandes transhumances.

Il mettait d'abord la caravane au pas durant un quart d'heure à une demi-heure, selon la nature du terrain et le froid de la nuit qui venait d'ankyloser les bêtes. Puis il commençait à fredonner une sorte de plainte qui, très douce et lente d'abord, prenait progressivement du ton et de la vitesse.

— Alaa… Alaa… Laa… Alaa…

Alaa… laa…

Les dromadaires passaient tout naturellement du pas au trot, mais sans hâte, et je comprenais que Barakathullah procédait comme un bon conducteur d'automobile qui, en hiver, prend le temps de laisser chauffer son moteur avant de lui demander un effort sérieux. Quand il jugeait atteinte la bonne vitesse de croisière, il se taisait, ou bien enchaînait sur quelque chant oriental, comme Medji. C'est qu'après avoir lancé les bêtes, il leur fallait eux-mêmes se tenir éveillés et ils y parvenaient beaucoup mieux que moi. Nous soutenions cette vitesse de croisière jusqu'aux environs de midi, marquions une longue pause pour repartir à la fraîche et terminer l'étape quotidienne à la nuit close. Nous avions ainsi couvert de quatre-vingts à quatre-vingt-dix kilomètres depuis l'aube, cette distance restant très inférieure aux capacités des dromadaires. Mais Barakathullah savait que l'Afghanistan se trouvait encore loin et ne fatiguait pas ses bêtes.

Sur le grand plateau Nord de l'Iran, nous traversions des zones cultivées, rassemblées autour des villages primitifs. J'ai vu là des paysans peser sur les mancherons de charrues datant de l'an mille, munies d'un soc en bois durci au feu et qui doivent exister encore, de même que leur mode de traction, tantôt assuré par des ânes, tantôt par des femmes. Ces lieux habités témoignaient sur une misère profonde, jamais sur la mélancolie ou la révolte, traduisant au contraire la joie de gens simples, vivant comme ils avaient toujours vécu, sans aucun désir de vivre autrement. Des chants, des cris, des souhaits de bienvenue et de bon voyage pleuvaient sur notre passage comme manne tombant du ciel. Nous croisions des caravanes lourdes et lentes et laissions les plus rapides nous remonter, pour les voir disparaître sans complexe à l'horizon car nous avions infiniment plus de route qu'elles à parcourir.

Le 14 juin, je devais appeler l'Abwehr pour rendre compte et recevoir des instructions. Nous n'étions pas loin du Dasht el Kavir et la solitude tissait petit à petit, autour de nous, un vide bouleversant où rien ne bougeait dans le périmètre dessiné par l'horizon bleu que rehaussaient, au nord, des chaînes de montagnes sombres. Nous avions en effet quitté la route directe des caravanes qui rallient Méched ou en reviennent.

À l'étape du soir, je dégageai de leurs grands sacs de cuir appareil de radio et générateur d'électricité en priant Medji de pédaler. Ça l'amusait toujours beaucoup. Mais il ne comprenait pas comment, grâce à ce mouvement de noria qu'il imprimait à la machine, j'allais attirer jusqu'à moi, à travers le ciel, la voix de mon chef dont il avait aperçu l'image à Kaboul, une fois, avec vingt ans de retard sur l'actualité, car pour lui, il ne s'agissait pas de Hitler mais toujours de Guillaume II !

J'attaquai Vienne sur la fréquence nocturne de 11 258... Kérim appelle... Kérim appelle... Une fois le contact établi, je rendis compte de la bonne marche de ma progression. Terminé. Mais je devais recevoir une série d'instructions. Je me plaçai sur la réception et attendis. Le bleu glacé du ciel pesait sur nous. Les premières étendues salées du Dasht el Kavir égrenaient des plaques d'argent éparses sous la lumière morte de la lune... Le Ti-ti-ta-ta de mon émission avait pris une place énorme dans ce silence qu'aucune présence humaine ne risquait plus de troubler et, très impressionné, Medji m'avait demandé :

— Et moi, est-ce que je pourrais parler avec ton chef ?

C'était là une attitude justifiée par les mœurs de la tribu à laquelle il appartenait. Elle vivait sous les lois d'une société rigoureusement aristocratique avec les libertés d'une démocratie à l'anglaise, le chef n'étant que le numéro un d'une hiérarchie d'hommes libres dont chacun se sentait l'égal d'un souverain étranger.

— Tu ne peux pas lui parler ni le comprendre, car il parle une langue spéciale !

— Et toi, tu connais ?

— Moi je connais.

L'émission me parvenait maintenant d'Ankara, assurée par la radio d'Aladin. Barakathullah et Medji, hautes silhouettes bleuies par le clair de lune, attentifs au monde de mes gestes, prenaient une attitude respectueuse. La lumière verte des cadrans de l'appareil luisait faiblement. Assis à la turque sur le sable, je cassais des morceaux de galette de la main gauche, pour les grignoter en même temps qu'un oignon cru et, de la droite, je déchiffrais le message à partir du code éclairé par une lampe électrique. L'antenne était tendue entre les selles de deux chameaux immobiles à une dizaine de mètres l'un de l'autre. Les autres se déplaçaient lentement autour de nous, sans nous poser de problèmes.

Des chameaux qui vont parfaitement d'accord avec leur maître ne s'éloignent jamais d'un bivouac, danger permanent avec des bêtes qui ont été brutalisées cinq jours ou cinq ans plus tôt.

Il était vingt-deux heures. Rapidement, je transcrivis les consignes de l'Abwehr... En aucun cas ne se mêler des affaires intérieures de l'Afghanistan... prendre seulement des contacts en vue d'une action ultérieure... Ne pas aller à Kaboul... Agent permanent partira pour Kaboul... Assurera renfort argent si nécessaire... Votre point de pénétration frontière Nord-Ouest de la frontière indo-afghane : secret... Contacts avec les amis de Subana à Chitraz...

Subana était le pseudonyme donné par l'Abwehr au Kahn déposé en 1929 par Betshe Saq'au. Mes chefs maintenaient donc le projet enfantin de rétablir sur son trône ce prince impopulaire au premier chef. Il me fallait aussi découvrir et relever avec précision une zone favorable pour les parachutages... Ne rien tenter contre les agents secrets russes mais réunir le plus d'informations possible sur eux. Une fois l'émission terminée, nous libérâmes les deux chameaux qui maintenaient l'antenne et, à petits pas, ils s'en allèrent brouter avec les autres dans le voisinage.

Nous étions entrés maintenant dans le Dasht el Kavir. Complètement enveloppés dans le tshapan que les Français appellent le burnous, le emmà enroulé autour de la tête, très bas pour dissimuler le visage qui participe à l'effet de déshydratation, nous n'exposions à l'intense lumière, au vent brûlant qui soufflait parfois vers midi, à la réverbération hallucinante des grandes plaques de sel affleurant le sol, que nos yeux, les miens cillant et larmoyant en permanence. Pas une oasis. Pas de piste tracée. Pas de puits. Pas un homme. Le Dasht el Kavir n'offrait rien de plus que la fiction grammaticale lorsqu'il s'agit de manger ! Mais il présentait un certain nombre de périls. La terre tremblait en moyenne trois fois par jour. Ces secousses telluriques manquaient heureusement d'ampleur, elles ne pouvaient rien précipiter sur nos têtes en raison du manque de relief ou de constructions, mais elles affolaient les dromadaires. Pendant les bivouacs la terre reproduisait sous nos reins ce balancement du chameau provocateur de nausées. En raison de l'absence de piste tracée, je devais m'en remettre à l'expérience de Barakathullah. Les plaques de sel affleurantes possédaient en effet des caractères contradictoires. Les unes se révélaient fermes comme des étendues de glaise calcinée par la chaleur, les autres constituaient autant de zones mouvantes, capables comme les sables, d'absorber un chameau en quelques minutes. Enfin, la solitude constituait en elle-même un péril car, à tout moment, un parti de brigands iraniens ou afghans pouvait la combler, des bandes plus ou moins pourchassées traversant parfois ce désert. Toujours à la recherche d'armes et de munitions pour mener leurs combats, elles pouvaient difficilement épargner une caravane aussi faible que la nôtre.

Ce vide recelait un potentiel de plus en plus angoissant au fur et à mesure que nous progressions vers son épicentre. Je me sentais menacé de partout, sans raison objective pourtant et finissais par regretter d'avoir choisi le désert et non la piste directe par Méched pour renforcer le secret de mon déplacement. Peut-être avais-je pris la mauvaise option et, dans ce cas, je pouvais me le pardonner difficilement, sachant depuis mon enfance que le désert représente l'étendue indiscrète par excellence car il existe un potentiel de présence humaine derrière chaque dune comme derrière chaque rocher en montagne. Il n'existait heureusement pas de dunes dans le Dasht el Kavir. Le péril ne pouvait sortir que des fondrières de sel, mouvantes ou non.

Il sortit tout bonnement de l'horizon. Le quatrième jour de notre progression, vers onze heures du matin, la caravane trottait vers l'Est dans l'ordre habituel, Barakathullah ouvrant la marche sur son chameau, une bête mâle âgée de quatre ans, infatigable, Eppler suivant, l'Afridi fermant la marche. Il lança tout à coup un appel qui, je n'en doutais pas un instant, traduisait la montée des périls que je pressentais depuis vingt-quatre heures. Je fis demi-tour avec Barakathullah. Arrêté, Medji de son bras tendu, désignait une silhouette qui progressait rapidement sur nos traces. Au lieu de la bande de brigands que redoutait mon imagination, j'aperçus un homme seul avec deux dromadaires. L'image de ce cavalier dansait curieusement, déformée par l'air surchauffé qui montait en colonnes turbulentes, lui donnant l'apparence d'un pantin suspendu à ses ficelles et qu'une main invisible manipulait. Il progressait cependant très vite vers nous et le mouvement de ses jambes brinquebalant de part et d'autre de la selle ajoutait au caractère un peu ridicule de l'apparition. Je poussai un soupir, sachant qu'un homme seul ne pouvait rien contre une caravane aussi bien armée que la nôtre, mais le soupir s'acheva en cri de surprise.

Le cavalier inconnu ne se trouvait plus qu'à une centaine de mètres de nous lorsque Medji fit basculer la carabine qu'il portait en travers des épaules et, par-dessus la tête de son dromadaire, pointa le canon extra-long sur l'inconnu. Presque aussitôt le coup de feu retentit, à peine perceptible à travers le vide sidéral du Dasht el Kavir, mais matérialisé par la fumée projetée hors du canon grâce à l'énorme charge de poudre noire utilisée par notre compagnon. J'aperçus l'homme se détacher de la selle, prendre son vol, atterrir en roulé-boulé sur l'étendue salée. Puis il ne bougea plus, petite tache noire posée non loin des chameaux qui, d'eux-mêmes, s'étaient arrêtés. Barakathullah se mit en marche et parvint avant moi auprès du corps. Je l'aperçus qui mettait pied à terre, poignard en main, et avançait avec la souplesse d'une bête fauve.

— Il est mort ! me dit-il quand je le rejoignis.

Je restai muet de surprise, tant par le résultat de ce coup de feu tiré à près de cent mètres avec une arme primitive, que par le caractère gratuit d'une agression contre un homme qui ne nous demandait rien, sinon peut-être un peu d'eau, ou de millet, pour survivre. Quand j'eus retrouvé l'usage de la parole, je demandai à Medji :

— Mais pourquoi as-tu descendu ce type ?

Il haussa les épaules.

— C'est un Hidshari. Eux parlent beaucoup !

— Mais celui-là ne savait rien sur nous ?

— Tu te trompes. Les Hidshari en savent toujours trop !

J'étais horrifié. Medji venait de tuer un homme simplement parce qu'il appartenait à une tribu de gens réputés bavards ! Je demandai à Barakathullah :

— On le fouille ?

— Inutile. Il ne porte rien sur lui !

— Comment sais-tu ?

Par un geste vague il confirma ses presciences, et il ne désirait pas trouver de preuves écrites qui confirmeraient la sentence de Medji, forcément juste puisque exécutée ! Je n'arrivais pas à me détourner de l'homme étendu sur un linceul d'argent matérialisé par le sel affleurant. Il avait été foudroyé par la balle qui, frappant à la base du front, entre les deux yeux, sans laisser l'auréole noire qui cerne les blessures provoquées par les projectiles tirés à courte distance, n'était pas ressortie du crâne, ayant déjà perdu une bonne partie de sa vitesse initiale.

Pendant ce temps, Medji procédait à l'inventaire des charges réparties sur les deux chameaux. Les sacs de cuir ne contenaient que des vivres, de l'eau, des munitions pour la carabine que le Hidshari n'avait pas tenté d'extraire de son fourreau, démontrant ainsi qu'il ne s'approchait pas de nous avec des intentions offensives, du moins dans l'immédiat. Je restais aussi désolé que le bon public en train de lire le compte rendu d'une erreur judiciaire mais, dans le même temps, plein d'admiration pour la méfiance de mes compagnons. Puis je me fis une raison. Je connaissais le monde arabe et ses lois. À vrai dire, je ne possédais jusqu'ici sur elles que des données théoriques ; pour y croire vraiment il m'avait fallu participer à ce « jugement de Dieu » !

Je demandai à Barakathullah :

— Qu'est-ce qu'on fait des chameaux ?

— Nous les emmenons avec nous.

— Et du corps ?

— Je m'en occupe.

Il lia les pieds du mort au câble de chanvre qu'il sortit de son bagage et en fixa l'extrémité libre à la selle de son dromadaire. Puis il se mit en route vers une zone de rochers qui s'allongeait dans le Nord, tirant le corps derrière lui sur le sol. Il revint en disant :

— En deux jours les chacals, les vautours et les rats l'auront nettoyé si telle est la volonté d'Allah[1].

Car Allah, bien entendu, avait son mot à dire dans cette affaire ! Je le devinais à travers les silences de Barakathullah, habituellement avare de paroles mais plus fermé que les jours précédents, lourd de soucis et peut-être contrit. La marche se poursuivit à travers cette solitude totale que, pour son malheur, le Hidshari venait de violer. Le lendemain, consultant ma boussole, je m'aperçus que notre guide infléchissait la course vers le Nord-Est, ce qui allait nous faire passer plus près de Méched que prévu. Barakathullah n'en fit pas mystère le soir au bivouac et me dit :

— Je te demande vingt-quatre heures pour aller à Méched et en revenir...

J'accordai la permission sollicitée sans poser de questions. Je savais qu'il n'allait pas dénoncer le crime perpétré par son lieutenant en territoire iranien car il ne se sentait pas coupable selon les hommes. J'étais presque certain qu'il partait en pèlerinage, allait s'enfermer dans la vénérable mosquée de Méched, une des

1. Curieusement, le Dasht et Kavir est infesté de rats !

plus vastes et des plus saintes du Proche-Orient, pour se justifier du meurtre devant la juridiction suprême d'Allah. C'était le genre de solution pratique qu'offrent seulement les religions de salut ! On efface tout et on recommence !

Nous étions maintenant sortis du Dasht el Kavir et, si la végétation restait pauvre, les villages rares, les hommes craintifs et fuyants, le désert absolu ne nous serrait plus à la gorge. Méched apparut au fond d'une plaine qui descendait légèrement et, une fois le bivouac préparé, Barakathullah disparut en direction de la ville sainte.

J'avais perdu plusieurs kilos depuis mon départ de Tabriz et mes yeux, brûlés par le vent du désert, la réverbération des étendues de sel, me faisaient souffrir. Mais je pouvais maintenant utiliser plus librement nos réserves d'eau pour les soigner.

Barakathullah reparut le surlendemain à l'aube et la marche vers l'Est reprit.

Au Nord comme au Sud de la route précaire unissant Méched à Hérat, rien ne matérialisait la frontière théoriquement posée entre l'Iran et l'Afghanistan. Le paysage changeait progressivement de caractère mais sans hâte, comme pour ménager l'effet de surprise préparé par la vallée du Hari Rud. C'était la voie de pénétration naturelle que suivaient tous les conquérants depuis Alexandre le Grand, alors que la route dessinée par les chefs de l'Afghanistan moderne accomplissait une longue volte vers le Nord pour border étroitement la frontière avec l'URSS avant de descendre sur Kaboul.

Nous suivions maintenant le Hari Rud dont les eaux blanches bondissaient de seuils rocheux en petits lacs figés sur les replats, témoignant sur un univers de montagnes qui, lentement, nous enveloppait. Au troisième jour de marche, déjà, les chaînes qui fermaient la vallée au Nord et au Sud n'étaient franchissables que par des cols ouverts à plus de 3000 mètres d'altitude. Pelées, arides, minéralisées dans des tons bleus ou mauves, elles paraissaient postées là pour défendre la splendeur lumineuse et fraîche des fonds de vallées, jaunes, verts, hérissés d'arbres, occupés par des prairies luxuriantes.

Il nous fallait toujours bivouaquer pour donner la plus grande discrétion à notre passage vers le Karakoram. Barakathullah connaissait très bien la route et aucun problème d'itinéraire ne se posait à moi. Non plus que de sécurité. Malgré l'incident du Dasht el Kavir, à cause de lui peut-être, je me sentais efficacement protégé et de plus en plus proche du grand rebelle. Malgré sa retenue, ses silences, entre lui et moi se forgeaient les liens d'une authentique amitié. Quel spectacle exaltant de le voir mener la caravane sur un terrain dont les difficultés croissaient chaque jour. Comment imaginer que nous allions passer de la longue vallée du Hari Rud dans celle du Kunar par des cols aussi élevés ? Le moment allait venir où il nous faudrait troquer nos chameaux contre des chevaux, mais, en attendant, ils paraissaient moins souffrir que dans le Dasht el Kavir, peut-être parce qu'au lieu de vivre sur eux-mêmes, à partir de leur réserve de graisse, trouvaient-ils eau en abondance et verts pâturages ? Mais il me suffisait de jeter un coup d'œil sur la carte pour comprendre qu'ils ne pouvaient surmonter les étapes de montagne. Sur les confins du Karakoram en effet, des sommets de six à sept mille mètres, des passes ouvertes à cinq mille mètres et plus, défendraient la partie de territoire afghan qui, par la grâce de l'Angleterre, s'appelait le Vachan, s'insérait entre l'URSS et l'Inde, en une étroite bande, géographiquement ridicule, qui touchait au Pamir, à la frontière chinoise, avec pour seule justification, de tendre un écran neutre entre l'Inde et la Russie. Mais la politique qui avait justifié cette création insolite n'allait pas tarder à tomber en désuétude puisque l'Angleterre devait perdre les Indes.

C'est à Zobak, le 5 juillet, que nous troquâmes les grands dromadaires contre les petits chevaux afghans, nerveux et eux aussi infatigables, mais sur un terrain et à des altitudes qui ne convenaient plus aux premiers. C'était le pays natal de Barakathullah qui m'offrit l'hospitalité chez lui. Medji devait rester là, auprès des chameaux, pour les soigner et les défendre contre les voleurs. Il fut convenu que, si nous n'étions pas de retour après une semaine, nous serions en difficulté, du fait de la nature ou des hommes, et qu'il se porterait à notre rencontre sur la route de Chitral.

La chevauchée en direction de l'Est commençait à travers des vallées prodigieuses, peuplées de noyers, chênes, mélèzes, sapins, ormes, semblables à ceux d'Europe, sauf les peupliers dont les feuilles ressemblaient à celles des lauriers, et tous beaucoup plus développés, chênes ou noyers atteignant trente mètres de hauteur et les sapins plus encore. Au cours de cette progression, il nous fallait presque toujours bivouaquer, comme devant. Mais les fins d'étapes ne manquaient pas de charme. Souvent nous dressions la tente au bord de petits lacs dont l'eau dépassait en pureté celle d'un ciel qu'ici la mousson n'étouffait pas de ses nuages noirs et tempétueux. Je prenais un bain rapide, le souffle coupé par la température très basse de ces eaux que le gel allait bientôt, de nouveau, saisir. Puis, je revenais nourri par la bienheureuse chaleur de la réaction pour observer Barakathullah en train d'allumer le feu. Je ne me lassais jamais d'observer la manière dont il y parvenait. Il ne possédait pas plus d'allumettes que de briquet moderne. Il déposait sur une surface sèche une poudre obtenue en faisant sécher au soleil la moelle d'une branche de sureau noir. D'un morceau de silex qu'il attaquait avec un bout d'acier, il faisait tomber quelques étincelles sur cette poudre et se mettait à souffler sur elle à petits coups. Lorsque le rouge apparaissait, il appuyait sur la poudre une mèche imprégnée de graisse de mouton et emportait le feu vers les brindilles de résineux préparées d'avance. C'était l'an mille ! Je vivais l'an mille !

Nous passâmes chez les Kafiris, une tribu que semblait avoir oublié l'évolution de l'espèce humaine et qu'on retrouverait peut-être en 1974 telle que je la vis en 1939. Dans chaque village, nous étions accueillis par le Jirja, le conseil des anciens, et son chef le

Yaguir car, ici, le pouvoir portait des cheveux Blancs. C'étaient les anciens qui désignaient l'homme le plus capable et le plus honnête chargé de garder les bêtes en montagne durant tout l'été. Ils rendaient aussi la justice… Quand on leur présentait un voleur ou un assassin ils fixaient le prix du rachat, car il n'existait d'autre propriété que collective. Un voleur pouvait se libérer en payant sept fois la valeur de l'objet dérobé. Un assassin se tirait parfois d'affaire avec de l'argent, mais le prix du rachat n'était jamais fixé d'avance. Le conseil des anciens pouvait estimer que, seul, sang versé contre sang versé effaçait le crime. Il surveillait aussi la « maison de solitude ». Dans chaque village on y enfermait les femmes enceintes qui, pendant les premiers mois, portaient un gilet garni de clochettes, comme autrefois les lépreux une cloche, pour éviter le risque d'un contact impur. Elles ne pouvaient ensuite sortir de la maison qu'après l'accouchement. Elles mettaient leurs enfants au monde sans assistance, mesure rigoureuse qui préservait le principe de la sélection naturelle mais, lorsqu'ils étaient nés, le village entier venait les chercher pour les introduire dans la communauté avec beaucoup de louanges et de musique.

Les Kafiris vivaient probablement sur ces bases depuis des millénaires et survivaient, malgré ou peut-être grâce à elles, aux hivers rigoureux à ces altitudes, à l'insécurité permanente dans une zone menacée par les brigands qui descendaient du Pamir ou remontaient du Sud. Nous nous heurtions là, parfois, à des coutumes répugnantes à première vue et qui, acceptées, ne semblaient pas plus mauvaises que d'autres. Ainsi du pain. Je l'avais vu préparer et, le premier jour, ne me décidais pas à le goûter. La pâte était enfermée dans une sorte d'amphore faite d'argile et de bouse de vache, puis posée sur le feu. Le pain cuisait ainsi jusqu'à ce que l'amphore se désagrège d'elle-même pour livrer son contenu qui, finalement, était délicieux et bien plus nourrissant que le pain industriellement préparé dans l'Europe d'aujourd'hui.

Nos chevaux se comportaient superbement. Au cours des véritables escalades déjà surmontées, ils avaient progressé avec une sûreté tout à fait extraordinaire. Ils ne tremblaient pas de peur comme mes bourricots laissés à Mosélé en évoluant sur d'étroites corniches, rattrapant les dérapages sur les cônes d'éboulis, gravissant ou descendant parfois les véritables escaliers qu'offrait la piste. Jusqu'à un certain degré de verticalité, interdit à qui ne possédait pas une solide paire de bras, ils passaient là où les hommes de la montagne se risquaient ! Je n'avais jamais deviné l'existence de l'alpinisme équestre et cette découverte, après m'avoir assez effrayé, m'enchantait, au même titre que la contemplation du Karakoram qui nous portait dans sa zone basse, entre trois et quatre mille mètres cependant.

Le ciel restait pur, les rares villages dressés en nids d'aigle, accueillants, leurs habitants hospitaliers. Nous progressions et nous arrivâmes finalement à Chitral, à la frontière de l'Inde.

J'occupais maintenant une situation symboliquement élevée, car je touchais presque au « toit du monde ». Je me trouvais tout près du Nangat Parbat, bloc de neige avalancheux culminant à 8 126 mètres, et légèrement plus loin, du K.2 dont les 8 611 mètres rivalisaient avec l'Everest. En sortant, le matin, j'apercevais les géants du Karakoram posés sur l'horizon comme autant de fabuleux diadèmes, vision exaltante qui, dans le même temps, écrasait l'homme du désert, le fils du delta du Nil que je restais, implacablement soumis à l'altitude des pyramides !

Dans ce pays insoumis je devais prendre contact avec les tribus. En cas de guerre, elles étaient admirablement placées pour fermer ou bien ouvrir à qui leur plaisait, les passes de Kiber, voie d'accès naturelle vers l'Inde, situées à cent kilomètres au Sud de Chitral. Ce point restait stratégiquement fort important.

Autant l'air qu'on respirait ici gardait la pureté des mondes primitifs, autant l'atmosphère politique régnant autour des hommes restait oppressante. Il apparaissait difficile pour un Occidental d'y voir clair dans ce jeu d'influences mouvantes, capable d'évoluer en quelques jours sinon en quelques heures. Une seule chose apparaissait sûre et confirmait la conclusion préétablie par moi : impossible de recruter parmi les rebelles Afghans des partisans d'Amman Ullah Kahn, déposé en 1929. Seconde constatation : la puissance de la religion, donc celle des Moullahs ses dépositaires, restait infinie. Impossible de jeter les bases de futures révoltes sans leur appui.

Pour comprendre à quel point ces peuples que nous jugeons barbares vivaient en fonction de leur propre morale, il faut savoir que c'est la photographie de Madame Amman Ullah (qui s'appelait aussi Sorayah) parue en toilette du soir, donc les épaules nues, dans la presse afghane, qui provoqua la chute de son mari ! Elle avait montré une parcelle de sa chair devant les Infidèles, donc péché contre la religion ! Ils disparurent et Betshe Saq'au prit leur place.

Le brigand appartenait à la tribu des Tadjiks, comme Barakathullah qui l'avait aidé en convoyant les armes fournies par la Guépéou, depuis Kuska. Il me fallait aujourd'hui travailler en toute confiance, comme agent de l'Allemagne hitlérienne, avec un Barakathullah qui manipulait à l'occasion des armes fournies par l'URSS ! C'était une situation délicate, mais le plan humain triomphait du plan politique et jamais Barakathullah ne devait commettre d'erreur ou me trahir. Il n'existait pas, quant au mental, de différence entre lui et Betshe Saq'au. Encore soumis aux lois d'une nature primitive, l'un et l'autre ne connaissaient que des valeurs simples : la force qui disait le droit, le courage qui donnait la force, la fidélité qui créait un embryon de vie sociale et la loi du talion pour assurer la justice !

Betshe Saq'au – patronyme qui signifie « le fils du porteur d'eau » – soldat d'élite passé par l'école militaire de Kaboul, fut attaqué une nuit par trois brigands. Il les tua tous et confisqua leurs armes. Son colonel voulait qu'il les rendit et il refusa. On le mit en prison, il s'en échappa. Ne pouvant plus servir dans l'armée il devint tout naturellement chef de bande dans le Kahistan, non loin de Kaboul. Les villageois l'adoraient car, s'il pillait les caravanes et les caisses du gouvernement, c'était pour leur offrir de grandes fêtes et s'ériger protecteur des pauvres. Il s'empara de Kaboul au plus fort d'une tempête de neige, le 17 janvier 1929, contraignit Amman Ullah qui se trouvait en Europe à l'abdication et, par la grâce du grand Moullah Hazera, chef religieux vénéré, devint l'émir Habib Ullah « serviteur de la religion et envoyé de Dieu ». Il régna pendant huit mois, après avoir détruit l'opposition intérieure en faisant « souffler » ses représentants, attachés à la bouche d'un canon, selon l'usage. Cerné dans Kaboul en octobre 1929 par le maréchal Shah Vali Kahn qui avait réussi à lever une petite armée, il s'écria :

— Roi de hasard, je ne finirai pas comme un vrai roi en fuyant le danger, mais sur place, le fusil à la main !!!

Il tira ses dernières cartouches, quitta le pouvoir fusillé et pendu ensuite dans les ruines du palais royal. Telles étaient l'instabilité et la classe des hommes auxquels j'avais à faire. Je comprenais qu'un Barakathullah pouvait, à l'occasion, prendre en main l'Afghanistan aussi aisément qu'un Betshe Saq'au. Donc, au lieu de faire de lui un « contact » permanent, comme prévu, je résolus de le tenir à l'écart du réseau pour ne pas le compromettre, le garder en réserve en tant que futur chef de la révolte.

Nous pouvions compter aussi sur Mirza Ali, important chef de tribu qui, maintenant, me recevait à Chitral. On l'appelait, je ne sais pourquoi, « fakir D'Ippi » car jamais je ne le vis allongé sur une planche cloutée. Ce n'était déjà plus un homme des temps barbares, contrairement à Betshe Saq'au, car il avait achevé ses études à Oxford. Mais il détestait les Anglais et cela seul nous importait. Je n'avais pas l'intention de lui offrir son pesant d'or, comme pour Nas'r Kahn Kashgaï, pensant que notre futur agent permanent à Kaboul s'en chargerait si nécessaire mais lui fis cadeau du pistolet Mauser 08 à crosse. Rien ne pouvait mieux combler un chef de tribu afghan et nous devînmes bons amis. À l'issue de la réception, Barakathullah, d'ordinaire enfermé dans un silence qu'il semblait tirer du Dasht el Kavir, se montrait bavard et joyeux. Il se réjouissait du service qu'il venait de me rendre car il considérait l'amitié plus importante que la mort. Je n'avais jusqu'ici découvert en Orient que bien peu d'hommes justifiant une totale confiance, mais celui-ci la méritait.

Je mis au point tous les détails pratiques, liaisons, transferts de fonds éventuels, zones de parachutage, avec le secrétaire du fakir d'Ippi, un jeune homme appelé Saïdar Afizullah. Évolué, cultivé, il avait fait ses études en Angleterre et je lui confiai l'émetteur radio après lui avoir enseigné la manière de l'utiliser. Lui appartenait à notre temps et ne croyait pas, comme Barakathullah, au mythe Lawrence ! Pour ces hommes du haut Lauristan, le fameux colonel anglais était entré dans leurs légendes. Il se tenait toujours sur la frontière, omniprésent. Il disparaissait comme il était venu, sans laisser de trace, réapparaissait au Nord, resurgissait au Sud. C'était lui qui, en novembre 1928, était apparu à Kandahar pour donner à Betshe Saq'au les mitrailleuses et l'argent qui lui permirent de s'emparer de Kaboul…

Aucun européen ne tenait une place aussi prestigieuse que la sienne dans les veillées de ces tribus qui le tenaient pour immortel. Mais je savais qu'il était mort maintenant depuis quatre ans, n'était jamais venu à Kandahar ; quant aux armes, Betshe Saq'au les avait reçues de Moscou ! C'est Lawrence lui-même qui, aidé par ses petits camarades de la presse indienne, avait travaillé à sa propre légende, gênant finalement plus qu'il ne la servait l'administration impériale jusqu'au jour où, lassée, l'Intelligence Service l'avait embarqué sur un avion à destination de l'Angleterre.

Je faisais toutes les réserves mentales quand on me parlait de Lawrence sur ce ton et, par une attitude réaliste, montrais que l'Allemagne ne m'avait pas envoyé au Vachan pour, comme lui, ajouter un chapitre aux *Mille et une nuits*. Mais je pense que, même aujourd'hui, Lawrence survit à l'accident de moto qui l'effaça du monde et, grâce à la puissance de rêve des tribus, revient la nuit, pour leur apporter des armes, toujours plus d'armes… toujours plus de rêve…

Nous reprîmes bientôt la route du Nord, mission terminée. Nous suivions la même piste qu'à l'aller. Le temps restait beau, l'air conservait son extrême pureté au pied de ces montagnes formidables. Au cours du deuxième jour de marche, nous franchîmes un col élevé vers le milieu de l'après-midi, en nous hâtant autant que faire se pouvait car nous avions vingt-quatre heures de retard sur l'horaire convenu avec Medji, à Zobak.

Nous descendions maintenant une longue pente sur laquelle l'étroit chemin dessinait des voltes. Plus bas, il côtoyait une falaise abrupte dans laquelle il avait été taillé de main d'homme. L'abîme ouvert à notre gauche perdait progressivement de sa profondeur puis, au détour d'un pilier, je découvris le fond de la vallée où bondissait un torrent dont le grondement couvrait toutes les autres rumeurs. Barakathullah me précédait d'une cinquantaine de mètres. Parvenu sur le bord du cours d'eau il mit pied à terre et je l'imitai presque aussitôt. Je pensais qu'il désirait franchir le pont constitué par des troncs de sapins couverts de branchages, à pied pour épargner des risques à ses chevaux. Ces ponts afghans, instables, réclamaient des précautions. Soudain, il abandonna ses bêtes, prit sa course et plongea sous le tablier du pont en m'adressant de grands signes et en lançant des appels que le grondement de l'eau effaçait. En amont du pont, une puissante cascade tombait en effet de la falaise rocheuse et le bruit de la chute dans son bassin de réception constituait une nouvelle nature de silence à travers lequel tout sombrait.

La main de mon compagnon restait toujours visible, dépassant le tablier du pont pour me désigner une corniche coupant la cascade cinquante mètres plus haut et sur laquelle il me sembla distinguer une tache blanche qui pouvait être un homme. Je compris qu'on nous observait de là-haut et que l'insistance de Barakathullah à me prévenir témoignait sur l'existence d'un péril. Je lâchai aussitôt la bride de mon cheval qui s'éloigna avec son compagnon pour rejoindre les bêtes de mon guide en train de brouter cinquante mètres plus loin sur une prairie courant le long du rivage. Il me fallait rejoindre Barakathullah sous le tablier du pont. D'un coup d'œil j'appréciai la distance qui m'en séparait, n'osai pas la franchir même en courant, et m'effaçai derrière un grand rocher qui se dressait près de moi. Bien m'en prit car, à peine réfugié derrière ce bouclier naturel, j'en vis sauter un angle, près de ma tête et sentis une odeur comparable à celle de l'ozone suivant la chute de la foudre. Je n'avais pas entendu le bruit du coup de feu, ni celui produit par l'impact de la balle, l'un et l'autre couverts par le grondement de la cascade, mais je comprenais que quelqu'un était en train de me prendre pour objectif sans que Barakathullah ait besoin de me faire un petit dessin.

— Imbécile !

C'est le compliment que je m'adresse pour avoir, par dilettantisme et paresse, laissé ma carabine dans son étui de selle depuis le départ de Chitral, au lieu de la porter en travers des épaules comme mon compagnon. Elle pend maintenant au flanc de mon cheval en train de brouter plus bas et je me trouve désarmé, alors que le fusil de mon camarade apparaît posé sur le tablier du pont, prêt pour la riposte. Je n'entends pas sa détonation mais distingue le panache de fumée qu'il lâche. Risquant un œil au ras de mon rocher protecteur j'aperçois une masse blanche en train de quitter la corniche qui coupe le haut de la cascade. Elle prend son vol et tombe, tombe, dans un tourbillon d'étoffe et de turban en train de se dénouer. Un fusil cabriole gracieusement puis reste accroché à des branches tandis que le corps vient s'écraser sur les rochers et ne bouge plus…

Je comprends que, jusqu'ici, l'Afghanistan m'a présenté un côté seulement de son visage, patriarcal et bienveillant, mais qu'il ne veut pas me lâcher en me laissant ignorer l'autre ! Toujours cette philosophie de la mission allemande de 1915 ! Le pays laisse entrer l'étranger et se refuse à le laisser sortir ! Les plus noires pensées m'assaillent, mais je dispose de peu de temps pour les approfondir ! Un second corps prend son vol et, cependant, j'en suis certain, Barakathullah n'a pas tiré, L'homme qui se déplaçait debout sur la corniche, sans doute pour trouver un angle de tir lui permettant d'atteindre mon compagnon à coup sûr, a dû glisser…

La chute d'un homme sur cinquante mètres de dénivellation ne dure pas le temps nécessaire pour écrire son épitaphe mais permet de bien l'observer. La beauté du spectacle me saisit ! Deux images se superposent sur ma rétine, celle d'un parachutiste tombant du ciel, traînant derrière lui son parachute qui s'est mis en torche, et celle d'un ange vu par quelque peintre primitif flamand, descendant aux enfers, frappé par la droite de Dieu ! Celui-ci ne reste pas accroché au rocher, plonge dans le torrent, passe près de Barakathullah à toute vitesse, emporté par le flot, traînant derrière lui son parachute céleste non déployé.

Mon compagnon m'adresse de nouveau des signes impérieux et crie quelque chose que je n'entends toujours pas. J'ai l'impression de revenir au temps du cinéma muet. Tout bouge devant moi, mais dans le silence le plus complet. La mimique de Barakathullah se fait de plus en plus impérieuse. Je comprends fort bien qu'il m'invite à traverser l'espace non protégé pour le rejoindre. Voilà qui demande réflexion ! Si j'obtempère à l'invite, je sais que la peur et moi vont courir ensemble ! Combien sont-ils là-haut ? Peut-être toute une bande ? Bien armés ? Certainement et ce sont des types qui savent viser juste, mon rocher écorché en témoigne ! Je décide par conséquent d'attendre.

Il ne se passe maintenant plus rien. L'ennemi dissimulé là-haut dans la brume d'eau volatilisée, ne bouge plus, sans doute rendu circonspect par les deux chutes précédentes. Une heure s'écoule. Puis deux. Les premières ombres mauves du crépuscule montent de la basse vallée. Les glaciers lointains, dressés à des altitudes ésotériques, prennent cette teinte rose qui, chaque fois que se lève ou tombe le jour, rappelle celle de la fleur du pêcher au printemps. Tout va donc bien pour nous mais que se passera-t-il quand la nuit sera close ? L'ennemi descendra sans doute de son observatoire et se glissera jusqu'au pont afin de nous liquider au poignard ! Ma conclusion tient en peu de mots : attendre la nuit c'est la mort ! Donc, il me faut rejoindre Barakathullah, non point les mains vides comme maintenant, mais armé de mon K.98 bien pourvu en munitions.

Je me mets à siffler avec l'espoir que mon cheval voudra bien se rapprocher de moi. Peine perdue. La sale bête dresse la tête, me regarde en me présentant son flanc qui porte la carabine bien lovée dans son fourreau, ne se déplace pas d'un centimètre et se remet à brouter paisiblement. Impossible par conséquent de récupérer mon arme sans prendre un risque certain. De mon rocher au cheval, puis au pont, il me faut couvrir une cinquantaine de mètres en terrain découvert. Voici venu l'instant solennel de parler la « langue des héros » qu'on m'apprenait à Sorau, bien contre mon gré : *« Hinlegen ! Auf ! »* à terre ! debout ! un bond en avant ! Je ne m'attarde pas à réhabiliter silencieusement l'enseignement de la Wehrmacht et me lance... Je saute sur la carabine, retire avec beaucoup de difficulté et perte de temps les cartouchières stupidement enfilées au cou du cheval ! Je plonge ! Je rampe ! Je bondis ! Je perds l'une des deux cartouchières en cours de route mais termine intact mon « parcours du combattant ». Je m'affale auprès de Barakathullah, bien protégé maintenant comme lui par le tablier du pont. Le grand rebelle me dit :

— Pourquoi n'es-tu pas venu plus tôt ?

— Eh ! Si on pouvait mourir seulement pour la journée et continuer ensuite, je serais venu plus tôt, mais ?

Barakathullah n'insiste pas sur mon attitude peu afghane. Il se remet à guetter le haut de la cascade où plus rien ne bouge, hormis l'eau. En peu de mots nous sommes convenus de partir pour Zobak dès que la nuit sera close, prêts à tirer sur la plus légère des ombres. Le temps passe de nouveau. Soudain, un troisième homme prend son vol en lâchant son fusil, se tenant la tête à deux mains et plonge dans le bassin de réception avec un grand plouff qu'on n'entend pas. Nous nous regardons avec surprise. Personne n'a tiré… sauf Medji qui nous fait signe, tout à coup, émergeant de derrière les peupliers bordant la prairie, brandissant sa carabine dont le canon fume encore, suivi d'une petite troupe bien armée… Voilà un homme auquel on peut se fier pour les rendez-vous de la dernière chance ! Nous avions vingt-quatre heures de retard sur l'horaire convenu, alors ne nous voyant pas apparaître, il avait quitté Zobak et s'était mis en marche vers Chitral avec une escorte capable de nous tirer de n'importe quelle situation fâcheuse ! Mais tout n'était pas encore terminé. Un quatrième homme apparut mais, pour se rapprocher de nous, il prit un chemin différent de celui que suivirent ses camarades. Parvenu au pied de la chute d'eau par une série de vires rocheuses, il se mit en marche sur la prairie, dans notre direction, portant son fusil en travers des épaules pour manifester son intention de se rendre. Medji le laissa venir à moins de dix mètres, puis de cinq et, sans épauler son arme, ouvrit le feu. Avec la puissance d'un obus l'énorme balle rejeta l'homme d'au moins deux mètres en arrière et lui déchira le ventre. Il s'abattit raide mort. Je sursautai et criai, comme au Dasht el Kavir :

— Mais tu es fou Medji ! Tu n'avais pas à tirer ! On ne descend pas un type qui vient se rendre !

J'étais horrifié, une fois de plus. Medji haussa les épaules puis, élevant la voix pour dominer le grondement de la cascade, affirma avec une sérénité stupéfiante :

— Ça ? C'étaient des bandits qui venaient de Chine ! Si j'avais laissé celui-là repartir pour le Pamir, quinze jours plus tard il serait revenu avec vingt ou trente salopards de son genre. Et ils auraient violé toutes les femmes, brûlé tous les villages, tué toutes les bêtes !

Barakathullah confirma :

— Ici, c'est seulement le fusil qui a raison !

Le mort ne portait rien sur lui et ils le jetèrent dans le torrent pour qu'il rejoigne ses camarades. Nous restions maîtres du champ de bataille mais le passage de la mission Kérim venait de coûter quatre vies humaines. Je ne me sentais pas responsable, bien au contraire !

Barakathullah devait nous quitter à Zobak. Je me séparai de lui avec l'émotion profonde qu'on éprouve en perdant un ami. Je ne devais jamais le revoir car, plus tard, le ministère des Affaires étrangères abandonna ses projets sur une ouverture de la route des Indes au profit de la Wehrmacht. Je venais d'éprouver bien des fatigues, courir bien des risques pour rien. Une consolation me restait, celle d'avoir dépensé fort peu d'argent ! Avec vingt souverains or à l'effigie de saint Georges, remis à Barakathullah comme gratification, dix à Medji, quatre pistolets, une radio laissée à Saïdar Afizullah, l'achat des chameaux à cinq livres la pièce, les bourricots coûtant moins encore, et cent francs de tapis abandonnés à Mozélé, la mission Kérim s'avérait la moins coûteuse de toutes celles que j'avais menées à bien et détenait une manière de record dans l'histoire (coûteuse !) de l'Abwehr !

Medji m'accompagna jusqu'à Bamhian où je contemplai le fameux Bouddha géant sculpté à même la montagne. Puis je poursuivis seul, avec deux chameaux, mêlé de temps à autre aux caravanes jusqu'à Kerman puis Bender Abbas où je m'embarquai sur une felouque de contrebandiers, comme d'habitude. Bien des années plus tard, je devais apprendre la mort de Barakathullah. Paradoxalement, ce rebelle qui sortait de la préhistoire s'était éteint paisiblement, chez lui, dans son lit, à Zobak! Pour enjoliver et parachever sa légende d'aventurier de grande classe par une mort violente, lui ne disposait pas, comme le colonel Lawrence, d'une moto!

IX

Guerre du pétrole sur le Danube

Le 23 novembre 1939 je me trouvais chez moi, à Copenhague, en compagnie de Wapo. L'automne, gris et pluvieux, donnait aux plages de la côte l'aspect de déserts engloutis par la brume dégouttante d'eau. Depuis le début de la guerre, la population danoise vivait comme devant mais se posait des questions, la réponse à la plus importante d'entre elles paraissant déjà connue : si les hostilités se portent vers l'Ouest, les Allemands occuperont le Danemark ! Confortablement installés dans une paix qui, chaque année, leur assurait un porc gras par personne, les compatriotes de ma femme redoutaient une invasion à laquelle ils ne pouvaient militairement rien opposer.

Coureur de déserts, marchand de tapis à l'occasion, espion chez les brigands du Proche-Orient, j'observais les événements sous un angle tout à fait différent. La guerre me troublait un peu. Je n'étais engagé dans aucune croisade idéologique et si je savais, dès le début, que l'Allemagne ne pouvait pas gagner la sienne, je pensais que l'Égypte obtiendrait son indépendance complète à la faveur des événements. Patriote très modéré, je regagnais sur un tableau ce que je perdais sur l'autre. Ma vraie patrie, toutefois, s'appelait l'aventure et les hostilités lui donnaient une dimension nouvelle. Je tenais jusqu'ici l'Abwehr pour une très bonne agence de voyages chargée de promener à ses frais les jeunes gens de mon espèce et j'avais l'impression qu'il prenait enfin sa propre aventure au sérieux. Son ambition ne pouvait que réagir favorablement sur la mienne.

J'allais me donner à moi-même la représentation d'un homme « engagé » possibilité jusqu'ici refusée par la vie d'un « fils à papa » revendiqué par deux familles, deux pays, deux religions, donc personne, ces appels se neutralisant les uns les autres. C'est donc avec le plus grand calme que je décrochai le combiné du téléphone qui sonnait. Le chef de l'Abwehr pour le Danemark me prévenait qu'on m'attendait à Berlin le 24 novembre. Il me restait seulement quelques heures pour me préparer.

Bras dessus, bras dessous avec Wapo, nous partîmes pour Tivoli. C'était rituel. Chaque fois que je m'en allais en mission, nous déjeunions ou dînions au Wivex, le restaurant ultra-chic du parc d'attractions. Tivoli, l'usine à flirt, se trouvait ce soir-là en état d'hibernation car l'hiver déjà menaçait et le maître d'hôtel nous confina dans la salle. Après un excellent dîner, toujours bras dessus bras dessous, comme de petits bourgeois en voyage de noce, nous traversâmes Copenhague en direction de la gare. Mais, non moins rituellement, nous devions stopper sur la Grande Place, au pied de l'immeuble moderne qui abritait le grand quotidien danois « Berlineske Tidende » pour connaître les informations transmises par son journal lumineux. À l'Ouest, il n'y avait rien de nouveau! Pas même la pluie. Au Danemark, selon la forte expression populaire, il pleut une fois par jour, c'est-à-dire toute la journée. Wapo me quitta sans émotion. Mon départ ne l'empêcherait pas d'aller ce soir à l'Opéra, comme prévu quelques jours plus tôt. Nous étions jeunes. Il ne pouvait rien nous arriver! Le malheur, comme l'enfer, c'était les autres!

J'atteignis Berlin par le Nord-Express. Au Quai Tirpitz, on me remit l'enveloppe contenant mes instructions. À n'ouvrir qu'en présence de l'officier-chef de secteur à Vienne. Je saluai tout le monde:

— *Drei liter!*[1]

1. Trois litres !

Je paraphrasai ainsi le Heil Hitler rituel, sans attirer d'autres foudres que des sourires. On ne me tenait pas rigueur de mon insolence car les chefs de l'Abwehr me considéraient comme un peu fou ! Puis je gagnai mon appartement, au quatrième étage d'un bel immeuble de la rue Kleist. Là, je préparai mon bagage et il me fallut procéder en fonction d'une mission dont j'ignorais encore tout ! Je me contentai d'observer les précautions habituelles mais de manière minutieuse, toujours calculées par rapport aux curiosités des autres services secrets qui, maintenant, devenaient des ennemis, autorisés par la loi de guerre à traiter les espions en criminels, justiciables de la potence ou du peloton d'exécution !

J'estimais que la précaution élémentaire, pour un espion, c'était de ne pas révéler ses origines ou son lieu de résidence habituel par ses vêtements. Voyageant officiellement avec un passeport égyptien, parlant couramment l'arabe, tenant de l'oriental par certains aspects physiques de ma personne, je ne devais porter que des costumes coupés au Caire, Istanbul ou Beyrouth ; du linge et des chaussures provenant des chemisiers et bottiers de ces villes. Même privée de griffe, une chemise allemande se reconnaît du premier coup d'œil ; plus longue que les autres, elle ne s'ouvre pas sur le devant et doit s'enfiler par la tête. Une cravate d'origine allemande se distingue entre mille par sa coupe et sa couleur. Une paire de chaussures également, même et surtout quand elle est ressemelée par un cordonnier du pays. Le raccordement de la semelle neuve avec le reste est particulier, le protège-talon aussi. Ce n'est pas un fer à l'anglaise, mais un caoutchouc, contrairement aux demi-bottes de la Wehrmacht. Se prétendre Égyptien en portant une chemise longue pousse les enquêteurs d'un service secret à poser toutes sortes de questions... Où avez-vous acheté ça ? Pourquoi l'Allemagne ? Quand étiez-vous en Allemagne ? Que faisiez-vous en Allemagne ? Rétablir sa couverture après ce genre d'interrogatoire exige de gros efforts d'imagination et n'est jamais assuré du succès[1] !

Je pris l'avion pour Vienne et l'officier chargé du secteur, venu me chercher sur l'aérodrome d'Aspern, me dit :

— Un certain Isidore Klatt désirerait vous rencontrer.

— Je le connais.

— En principe, il vous attendra dans la soirée au Fenstergruckerl.

C'était l'un des grands cafés de l'ancienne capitale de l'Autriche. Il ajouta :

— Mais avant, nous allons boire un cognac chez moi !

Une fois dans mon cabinet de travail, j'ouvris l'enveloppe contenant mon ordre de mission et en pris connaissance. Il sentait le pétrole et m'envoyait donc en Roumanie. Mission à la fois précise et confuse. L'Abwehr venait d'apprendre qu'un ingénieur français, Léon Wenger, qui avait organisé la destruction des puits de Ploesti, en Roumanie, pendant la Première Guerre mondiale, était en route pour Bucarest en compagnie d'un officier du 2e Bureau, le capitaine Pierre Angot. Selon mes chefs, il allait essayer de renouveler au cours de la Seconde Guerre mondiale l'opération qu'il avait réussie pendant la Première. L'Abwehr ne savait rien de plus, me chargeait d'en apprendre davantage et de faire échec à tout sabotage destiné à priver le IIIe Reich du pétrole roumain. Je devais ensuite, par ordre d'urgence, clarifier la situation régnant à la frontière orientale de la Roumanie, savoir si oui ou non l'URSS se préparait à sauter sur la Bessarabie pour l'annexer. Enfin, passant par la Turquie, j'étudierai les moyens d'implanter le plus près possible du Caucase un contingent de spécialistes provenant du 800e Bataillon à destination spéciale capable en cas de guerre, d'empêcher les Russes de détruire leurs instal-

1. Considérations vestimentaires aujourd'hui dépassées dans l'Europe du marché commun.

lations pétrolières de Bakou, Tuapsée, etc… Pour faciliter ces missions, l'Abwehr m'interdisait de prendre des contacts en dehors de son réseau déjà existant. Autant demander à un aveugle d'étudier une colonie de virus au microscope !

On me laissait cependant le choix des moyens et me donnait pleins pouvoirs, ainsi qu'un appui des contre-saboteurs du 800e Bataillon, trois Allemands de l'extérieur qui se trouvaient déjà sur place comme civils employés d'un dépôt de charbon installé au bord du Danube. J'évitai de me laisser griser par cette promotion, cette confiance que, brusquement, l'Abwehr me témoignait et qui devait provenir de l'amiral Canaris lui-même, en raison de l'importance de la mission.

Canaris venait d'accomplir un voyage à Bucarest pour prendre contact avec Morozov, chef de la police secrète roumaine. Il avait aussi rencontré le major Ourliziano, chef du service secret militaire, mais je devais tirer de cet officier beaucoup plus que le chef de l'Abwehr n'en obtînt !

Pendant que je lisais, le capitaine Paschöll gardait le silence en dégustant son verre de cognac à petits coups. Il représentait l'archétype de l'Autrichien aimable, fin, peu violent et très sceptique. Il était venu me chercher à l'aérodrome avec une grosse Mercedes et l'avait désignée d'un clin d'œil en précisant :

— Quand on fait une guerre, il faut la vivre confortablement !

Je lui tendis mon ordre de mission en disant :

— Il doit être détruit en votre présence. Allez-y.

Il y mit le feu avec son briquet et le laissa se consumer dans un cendrier. Il me dit ensuite :

— Je vous rappelle qu'Isidore Klatt vous attend.

Isidore Klatt était un Juif ashkénaze, un très beau garçon élégant, distingué, doué d'une intelligence tout à fait exceptionnelle, le meilleur de nos agents implantés dans les Balkans. Par la manière dont il s'habillait, la façon dont il discutait, il aurait dû se singulariser dans une société naturellement curieuse, attirer l'attention des foules et, bien au contraire, il réussissait toujours à passer inaperçu, à n'être qu'un homme parmi les autres. Je ne l'avais rencontré qu'une seule fois à Berlin mais connaissais sa réputation.

Il m'attendait au Fensterguckerl, attablé devant un énorme gâteau coiffé de crème et me dit en le désignant :

— Je ne devrais jamais manger de gâteaux à Vienne. Ils sont tellement formidables qu'ils me feront manquer le train et je prends l'Orient-Express à 21 h 10.

— Moi je pars pour Bucarest.

— On part ensemble ?

— Je veux bien mais je n'ai pas de couchette.

— J'en ai loué deux, comme d'habitude, pour être seul, donc pas de problème !

Je pensai brusquement qu'en associant Isidore Klatt à ma mission je respectais et dépassais dans le même temps les consignes de l'Abwehr. Lui restait libre de prendre les contacts extérieurs qu'on m'interdisait ! En peu de mots je lui expliquai ma situation par une image.

— L'Abwehr me fait jouer dans un vieux film qui s'appelle *L'homme invisible* ! Tu te souviens ? L'homme invisible se promenait à vélo à travers une ville. Les gens apercevaient seulement la bicyclette et pas le cycliste. Quand elle passait près d'eux, ils recevaient une gifle. Alors, tu vas aider l'homme invisible à Bucarest.

— Je veux bien aller avec toi jusqu'à Bucarest, mais on s'arrête d'abord à Sofia. Tu dois connaître Jowan Elmas. Il coûte très cher mais je te dis qu'il vaut son prix.

— D'accord. Mais je ferai un petit arrêt de vingt-quatre heures à Budapest.

— Pourquoi ?

— Pour rigoler ! L'Abwehr ne me paye pas à l'heure mais à l'année. Et je partage l'opinion de Paschöll : quand on fait une guerre il faut la vivre confortablement !

À cette époque, la vie nocturne dans l'île de Margareth, à Budapest, restait sans rivale au monde. Il y avait là des night-clubs prodigieux qu'on ne pouvait quitter autrement qu'à l'aube pour aller prendre le café à l'hôtel Bristol. Des filles merveilleuses, qui n'étaient pas des petites bourgeoises ni des putains, vous accueillaient sur les frontières d'un plaisir aristocratique que nulle part ailleurs on ne trouvait. Bien avant l'aube, le vin de Tokay ressuscitait le soleil. Dans le train qui, maintenant roulait vers l'Orient, je ne pensais plus qu'aux plaisirs qui m'attendaient pendant qu'Isidore Klatt parlait de Jowan Elmas.

C'était l'homme de confiance du roi d'Albanie Ahmed Zoghou, une sorte de secrétaire et de factotum chargé des missions secrètes. Ahmed Zoghou avait largement collaboré avec Mussolini dont il tirait beaucoup d'argent qu'il ne remboursait jamais, de quelque manière que ce fût, attitude expliquant bien des choses et, d'abord, la guerre que le chef de l'Italie engagea contre lui ! Ahmed Zoghou avait pris la fuite et s'était réfugié en Égypte. Jowan Elmas assurait la liaison entre lui et le continent. Isidore Klatt confirma ce qu'il m'avait déjà annoncé.

— Il est cher. As-tu beaucoup d'argent ?

— Qu'est-ce que ça veut dire ? Oui, j'ai beaucoup d'argent.

— Parce qu'il appartient au plus offrant. Il ne faut pas laisser l'Abwehr l'acheter. En Égypte, il te rendrait des services exceptionnels.

L'insistance de Klatt m'intriguait. Il devait avoir une idée derrière la tête en me proposant ses méthodes de travail. Lui possédait en effet un petit réseau ne devant rien à l'Abwehr, mais ce qui comptait beaucoup de son point de vue – garder secrètes ses sources d'information – ne m'intéressait pas. Moi je n'étais pas juif, ne m'appuyais pas sur l'espionnage allemand pour survivre à la tempête politique, comme lui… Ahmed Zoghou, roi d'Albanie exilé en Égypte… Jowan Elmas son âme damnée… intéressant pour un Gaafar nationaliste égyptien, non ? Finalement, je décidai de me rendre aux raisons de Klatt en brûlant l'étape de mes plaisirs hongrois… Une fille perdue à Budapest, dix de retrouvées à Sofia.

Ceux qui n'ont jamais travaillé dans les services secrets s'imaginent toujours que l'espion avance dans une direction précise, progresse à vitesse constante, guidé par son génie. En fait, remonter une filière se décompose en une suite d'étapes plus ou moins banales qui, souvent, paraissent n'avoir aucun lien entre elles ; en prises de contact avec des gens non directement intéressés dans votre affaire, presque toujours marginaux par rapport au monde que vous explorez. La fille éblouissante que vous jetez dans les bras de l'adversaire rapporte moins que la femme de ménage sachant vider les corbeilles d'un chef d'état-major un peu distrait. Chaque mission possède un caractère propre, avance à coups de petites chances qui, réagissant les unes sur les autres, finissent par coiffer l'objectif après des cheminements qui ne doivent rien à la volonté de l'espion. Mon intervention sur le Danube va le démontrer.

L'Orient-Express nous dépose donc à Sofia. Je m'installe à l'hôtel Bulgaria avec Isidore Klatt. C'est le meilleur établissement de la capitale. Du balcon de ma chambre j'aperçois le bulbe doré de l'église russe Saint-Nicolas. Elle est fort belle. Les coupoles dorées me rappellent la proximité de la puissante Russie et que je dois savoir si elle a décidé ou non d'annexer la Bessarabie ! Comme cela simplifierait tout si je pouvais téléphoner directement à Staline !

Je m'accorde une nuit de bon temps et reviens avec Klatt au problème qui m'est posé. En m'interdisant toute prise de contact, mes instructions le rendent presque insoluble.

— Je sais, affirme Klatt, mais tes instructions ne me concernent pas. Je vais arranger tout ça. As-tu beaucoup d'argent ?

— Je t'ai déjà répondu oui !

— Maintenant, il faut que je t'explique, car tu ne connais pas les Balkans aussi bien que moi. En allemand, beaucoup de mots commencent par une majuscule, ici il en existe un seul : Bakchich ! Il est plus puissant que le roi Carol ou Madame Lupescu, ce qui est la même chose. Ton enquête peut coûter très cher ! Nous allons donc commencer par un petit voyage fructueux, mais n'en parle jamais à personne.

— Affaire louche pour financer notre bazar ?

— Oui et non. Mais après je pourrai t'aider.

Isidore Klatt ne faisait couvrir par l'Abwehr qu'une partie de ses fais généraux et bouclait son budget grâce à des trafics de devises, des affaires de « marché noir ».

— Je sais, me dit-il, c'est dangereux. Je donne de telles informations sur la Russie qu'à l'Abwehr on me croit engagé avec Moscou dans un *double cross system*. Mais je te donne ma parole qu'il n'en est rien ! Je joue correctement le jeu avec Berlin, uniquement d'ailleurs pour me couvrir en tant que juif. Pour le reste, je me débrouille. Je vais donc partir pour Bucarest et je t'emmène… En bateau !

— En bateau ? Quelle drôle d'idée !

— Laisse-moi faire ! Mais avant, je dois te présenter le beau Jowan.

Jowan Elmas était né à Potcorika, petite ville du Monténégro, patrie de brigands et de fonctionnaires. Il avait quarante ans, des yeux verts, ces magnifiques cheveux tirant sur le gris qui, à un certain stade, plaisent tellement aux femmes, le teint mat d'un sportif vivant au grand air, une peau rappelant la couleur de l'olive pas tout à fait mûre, l'ensemble lui conférant ce caractère de beau ténébreux qui se trouvait alors à la mode. Homme de confiance d'Ahmed

Zoghou (*zoghou* = oiseau !), il revenait du Caire où le drôle d'oiseau s'était réfugié ! Chargé d'une mission spéciale, et difficile, il devait rentrer en possession du trésor royal (et italien quant à l'origine des fonds !) caché dans la montagne ; il lui fallait de faux documents pour pénétrer en Albanie. Isidore Klatt les lui procurera en vingt-quatre heures et je m'entretiendrai longuement avec lui de l'Égypte et du roi Farouk. Le père de Farouk était originaire d'Albanie et s'appelait Ahmed Fouad. Il n'avait jamais rien compris aux Égyptiens, ni réussi à parler l'arabe, mais ces filiations parallèles conduisaient tout naturellement Farouk et Zoghou l'un vers l'autre.

Le lendemain du départ de Jowan Elmas, je pris le train pour Varna en compagnie de Klatt. En fin d'après-midi, nous arrivons dans ce pittoresque port de la mer Noire. La mer apparaît bien entendu bleue, au nom de l'esprit de contradiction qui règne sur les Balkans. Bleue et calme. Propice à une paisible navigation nocturne. Une foule de pêcheurs et de paysans grouille sur les quais. Femmes vêtues de jupes noires, serrées dans de hautes ceintures tissées de fils d'or. Transylvaniens coiffés de bonnets à fond rouge, portant de longs manteaux en peau de mouton brodés d'ornements de cuir multicolore, chaussés de bottes souples. Les couleurs dansent et chantent sous le soleil déclinant ; des fruits érigent leurs pyramides dorées, vertes ou brunes. De grands poissons mauves grouillent sur les quais de pierre blonde, encore vivants pour quelques minutes. Tout ici respire en surface la paix et, en profondeur, des rapports humains infiniment compliqués témoignant sur des lois non écrites qui régissent tout.

Isidore Klatt possède, bien entendu, la sienne. À peine arrivé, il se dirige vers un bateau de pêche mixte, voile et moteur, aborde les deux soldats de garde qui bavardent avec le patron et, sans discussion préalable, leur remet le bakchich réglementaire. Nous montons à bord et, dès que la nuit tombe, le bateau quitte Varna confondu avec les autres embarcations de pêche qui prennent le large.

Nous doublons le cap Galata et, en l'absence de vent, marchons au moteur toute la nuit, cap sur le delta du Danube. Il est bon de pénétrer dans ses eaux avant le lever du soleil car, en mer Noire, un vent assez violent souffle de terre juste avant son apparition. La mer reste belle. Je ne me laisse pas impressionner par le caractère clandestin de cette navigation. J'ai l'habitude de prendre passage sur les felouques de contrebande pour traverser le golfe Persique. Mais ici, il fait moins chaud, les matelots roumains ne chantent pas comme les arabes et les enjeux risqués par les espions sont plus importants depuis que la guerre a commencé.

— Nous allons rencontrer des Russes… Des agents à moi, me confie Isidore Klatt.

L'aube naît, tendant des draperies bleues soutachées de rouge au bas du ciel, posant sur la mer un suaire d'argent à reflets noirs. Le vent se lève. La mer se creuse, mais derrière nous, car nous entrons dans le canal Sfintu Gheorgh qui nous fera déboucher sur le lac Radzel. Le froid mord. Nous ne sommes pas vêtus pour affronter l'automne en mer et nous frissonnons quand les rafales de vent tombent sur nos épaules. Nous cherchons un refuge entre les marchandises qui encombrent le pont et Klatt m'explique la destination de ce chargement :

— Je vais rencontrer mon agent ukrainien Oulean Stanka. Professionnellement il pêche l'esturgeon mais fait surtout du renseignement à mon profit !

— Pourquoi de tels rendez-vous si dangereux sur le Danube ? La radio n'est pas faite pour les chiens !

— Le quadrillage du G.E.P.U. est tellement parfait, l'écoute si bien assurée, qu'à partir du territoire russe tu ne passerais pas un message, même codé, sans te faire piquer vingt-quatre heures plus tard ! Je dois financer Oulean Stanka et son équipe… leur passer des roubles ? Inefficace, car on ne peut rien acheter là-bas avec des roubles ! Des dollars ? Possible sur Moscou, dangereux dans le Sud car des dollars circulant dans un milieu de pêcheurs pauvres mènent droit en Sibérie ! J'ai trouvé la seule solution : apporter des marchandises. Le troc marche à plein en Russie… Marchandises contre renseignements. Aujourd'hui, par exemple je livre à Stanka un moteur neuf et beaucoup plus puissant pour son bateau. Il naviguera plus vite et nous y gagnerons tous !

— Et tu estimes que ses renseignements valent un moteur ?

— Presque toujours. Mais il me livre aussi des esturgeons ! Nous allons en rapporter plus d'une tonne.

Le moteur du bateau tourne maintenant au ralenti pour faire le moins de bruit possible. Nous progressons entre des champs de roseaux, dépassons des îles flottantes, doublons des caps couverts de saules. Notre passage éveille les oiseaux aquatiques, particulièrement les pélicans qui vivent nombreux dans le delta du Danube. Une légère brume, qui traîne autour de nous comme une maladie de langueur, confère un certain flou à ces canaux, puis ce lac qui nous accueille de la manière la plus hargneuse qu'il soit possible d'imaginer. Car, brusquement, éclate une brève rafale d'armes automatiques et j'entends les balles siffler à mes oreilles. Je plonge entre les marchandises posées sur le pont et ne bouge plus. Pas un instant je n'imagine qu'Isidore Klatt m'a conduit dans un piège qui se referme sur moi. Comme Juif travaillant pour l'Abwehr, il dépend trop d'un pays furieusement antisémite pour ne pas savoir que sa mort suivrait presque immédiatement ma disparition. Une seconde rafale pose ses triples croches sur le silence qu'elles déchirent et qui se referme aussitôt sur nous, autour de nous. Conclusion rapidement échafaudée par mon esprit : Oulean Stanka l'Ukrainien s'est fait intercepter par la G.E.P.U. qui nous a ménagé une embuscade. L'air que je respire prend un goût de soufre que je n'aime pas !

Puis je perçois des cris venus du rivage et auxquels répondent nos marins. J'aperçois Isidore Klatt qui gesticule sur le pont, brandit un poing vengeur à l'adresse du patron pêcheur et me crie :

— Cet abruti a oublié de hisser le fanal bleu de reconnaissance en tête du mât ! Les Russes nous ont tiré dessus car ils ont la mitraillette susceptible !

L'équipage de l'embarcation russe qui reste invisible, masquée par les roseaux, apparaît sur le bord de l'île, brandissant maintenant en signe de bienvenue, une grosse mitraillette à tambour qui tire soixante-dix cartouches montées sur bande. Je sors de ma cachette maintenant que je possède tous les éléments de la situation redevenue simple et claire. Oulean Stanka vient à bord tandis que le transbordement des marchandises commence entre bateau roumain et bateau russe, maintenant amarrés l'un à l'autre. L'espion qui venait de l'Est et semblait posséder une fameuse mémoire, se mit à dicter, en ukrainien, des noms et des chiffres qu'Isidore Klatt notait soigneusement au fur et à mesure qu'ils tombaient à travers le silence dégouttant d'eau et de brouillard. Puis mon ami juif remit son carnet en poche et me dit :

— Tu as de la chance ! La question Bessarabie pour toi est réglée. Mission terminée ! J'ai maintenant tous les détails sur les préparatifs d'invasion de Biljajewka à Tiraspol et jusqu'à Kamenka, numéro des régiments, armement et même le nom des commandants d'unité ! Je vais te passer l'essentiel pour l'Abwehr et vendrai le solde à Ourliziano dès que je le rencontrerai.

Le major Ourliziano dirige la section Balkans du service d'espionnage roumain –la Siguranza, mais travaille aussi pour l'Abwehr, sans compter probablement le Deuxième Bureau français, l'Intelligence Service et les Italiens. Parvenu à ce stade de ma mission, je puis aisément en démonter la progression, établir les rapports de cause à effet, déterminant ce premier succès qui m'a coûté si peu d'efforts… Un Juif ashkénaze, Isidore Klatt, travaille pour l'Abwehr afin de se couvrir en tant que Juif pendant la guerre que le IIIe Reich mène contre sa race… Spécialiste des Balkans, il s'associe à l'aventurier Eppler chargé de détecter les préparatifs russes contre la Bessarabie roumaine. Klatt fournit des marchandises à l'Ukrainien Oulean Stanka contre des renseignements militaires. Une fois obtenus, il en répercute la partie la plus importante sur l'Abwehr, par le canal d'Eppler et revend le solde aux services secrets roumains qui cèdent le solde du solde à d'autres services d'espionnage… Grâce à l'argent roumain provenant de la vente des esturgeons au marché noir, Klatt rachètera de nouvelles marchandises, payant leur passage jusqu'au rendez-vous sur le Danube, donnant les bakchichs prévus aux gardes des différents services, et les livrera à son espion ukrainien, pour payer de futures informations et d'autres esturgeons. La boucle est bouclée ! Je commençais à comprendre que l'espionnage relevait beaucoup plus du commerce que de l'épopée ! Un certain humour également ne lui restait pas étranger.

Une fois le transbordement des marchandises achevé, notre pont encombré d'esturgeons, nous remettons le moteur en route, traversons le lac Radzel pour entrer dans le Danube que nous remontons vers Galatz. Le brouillard épaissit de plus en plus et cache bientôt les rives, assurant à notre navigation une discrétion exemplaire. Je dis à Klatt :

— Tu as une sacrée chance de juif, toi !

Une sacrée philosophie de la combine aussi, car au port de Galatz il remit une belle somme au douanier, bakchich qui couvrait l'introduction frauduleuse des esturgeons dans le pays. Il l'invite même à déjeuner ! C'est un pauvre type famélique qui se met au garde-à-vous quand nous le quittons. Nous prenons le train pour Bucarest tandis que le pêcheur de Varna redescend le Danube avec son bateau vide.

Nous avions retenu des chambres à l'hôtel Athénée Palace, le meilleur de la capitale, bien entendu. Il s'élevait sur une place ressemblant à Piccadilly et possédait en sous-sol un night-club où rien ne manquait, pas plus les filles que le whisky. Vingt-quatre heures après notre installation, Isidore Klatt m'annonce :

— Nous avons rendez-vous avec le major Ourliziano, à onze heures. As-tu beaucoup d'argent sur toi ?

— Je pense.

— À Bucarest le renseignement coûte cher, mais le payer son prix représente le seul moyen de progresser dans l'affaire du sabotage sur le Danube. Note bien, cependant, qu'Ourliziano a dû vendre quelque chose à Canaris lorsqu'il est venu le voir, mais du moment qu'on t'envoie à Bucarest c'est que l'Abwehr n'a rien obtenu d'important !

— Je ne comprends pas, Canaris, tout de même…

— C'est très simple. Ourliziano connaît la totalité du plan anglo-français de sabotage puisqu'il est en train de se développer sur son territoire. Quand son ami Canaris se présente il lui fournit quelques précisions, suffisamment pour l'accrocher mais pas assez pour lui permettre d'agir. Il lui prend peu d'argent pour l'engager à suivre. L'amiral suit en déléguant Eppler. Ourliziano attend maintenant Eppler qui saura tout s'il paye la somme qu'il n'osait pas demander à l'amiral son ami !

— Vu ! Il va m'étrangler ?

— N'exagérons pas ! Et si c'était trop cher pour l'Abwehr, eh bien je ferais la différence !

Je quitte l'hôtel pour me rendre chez Ourliziano. Il habite au numéro 3 de l'allée Vulpache dans un quartier résidentiel qu'il devra fuir, plus tard, pour accompagner en Suisse le roi Carol et la Lupescu, chassés par le fasciste Codreanu qui laissera sortir la fortune royale en dix wagons de marchandises bourrés jusqu'au toit. Villas cossues. Arbres. Jardins méticuleusement entretenus. On accède à la villa du major par un escalier de marbre rose. Vaste hall. Un lustre en cristal de Venise plane sur nos têtes. Tableaux aux murs. Un magnifique chien dalmatien m'accueille, un domestique me salue très bas et disparaît pour m'annoncer. Le major Ourliziano vient à moi. À première vue, il arrive directement de Buckingham Palace. Il porte pantalon de flanelle discret, veste admirablement coupée, sa chemise sort dos mains d'un blanchisseur chinois, col ouvert sur une écharpe de soie finement nouée, mais il porte une paire de souliers couleur sang de bœuf qui trahit son origine balkanique. Il parle et se montre tout de suite remarquablement cultivé.

Je plaide la cause d'un des agents de Klatt arrêté par la police de Morozov. C'est un clown de cirque qu'il employait avec quelques Ukrainiens au sabotage de la voie ferrée Czernoti-Kolomea pour le compte de l'Abwehr pendant la campagne contre la Pologne, les trains circulant sur cet axe apportant du pétrole roumain aux Polonais. L'agent sera libéré le soir même. Je demande à Ourliziano de compléter les informations qu'il a déjà données à Canaris. Je reçois presque aussitôt la réponse que l'amiral n'a pas obtenue :

— Voyez-vous, me dit le major sur un ton qu'élève une fausse indifférence, les bateaux venant d'Angleterre et qui se présentent sur le Danube dépassent rarement le lac Radzel. Dans les péniches que les Anglais ont affrétées et postées sur le Sfintu Gheorgh, ces bateaux déchargent toutes sortes de choses, mais surtout des explosifs et du ciment, beaucoup de ciment, énormément de ciment…

Je sursaute. J'ai compris. On ne parle plus de l'affaire. On parle chiffres.

— C'est six mille lei[1].

Je sors une liasse de billets de ma poche. Rassuré. Je n'aurai pas besoin de faire appel à la caisse secrète de Klatt. Le major empoche l'argent avec sérénité. Je prends congé car le temps presse. Au

1. Environ 6 000 francs à l'époque.

Danube ! Sus au Danube avant que ne le ferment ces péniches coulées par mes adversaires de l'Intelligence Service ! Mais le major me retient, disparaît pour quelques minutes, revient porteur d'un dossier qu'il nous remet en disant :

— De cet amas de rapports qui proviennent de mes services et aussi de Morozov, vous pourrez sans doute tirer quelque chose !

Je fronce le sourcil en me demandant combien il va exiger de cette livraison supplémentaire. Il ne me reste que deux mille lei sans compter, bien sûr et heureusement, les dollars, l'or et les diamants que je porte dans une ceinture de cuir serrée sur la peau à la hauteur des reins. Mais il ne tend pas la main et j'emporte les dossiers en prime ! L'affaire se termine à la satisfaction des deux parties. Sur le champ de foire des services secrets, j'ai payé à son juste prix le cheval exempt de tares dont j'avais besoin.

En arrivant à l'hôtel, je raconte à Klatt mon entrevue avec le major et lui pose aussitôt la question qui me brûlait les lèvres.

— C'est tout de même curieux, en traversant le lac Radzel et en remontant le canal, nous n'avons pas aperçu ces péniches affrétées par les Anglais et sur lesquelles ils embarquent des tonnes de ciment ?

Un doute vient de m'effleurer quant à la valeur des informations reçues. Klatt réplique :

— Te casses pas la tête ! Du moment que tu as payé la forte somme, l'information est exacte. En Roumanie, Dieu n'aime pas les pauvres, mais seulement les riches. Nous n'avons pas repéré les péniches sans doute à cause du brouillard.

Je reste cependant inquiet.

Vingt-quatre heures plus tard, Kleiwitz, chef du commando de saboteurs du Bataillon Brandebourgeois « 800 » envoyé en Roumanie, me contacte à Bucarest, confirme l'existence des péniches et précise leur point d'amarrage devant un petit port de pêche non loin de Gheorgh. Elles sont pleines jusqu'aux barrots de sacs de ciment. Je sais, après étude du dossier confié par Ourliziano – qui, à lui seul, valait bien six mille lei et j'ai donc fait une excellente affaire – qu'elles doivent être immergées à un coude du fleuve pour interdire sa remontée aux pétroliers. Il faudra des mois, des années peut-être pour les relever une fois que le ciment sera solidifié dans leurs cales. Elles ne sont actuellement gardées que par les mariniers, fort distraitement, ces Roumains ignorant le rôle qu'elles doivent jouer, l'Intelligence Service n'ayant pas l'habitude d'affranchir les petites gens qu'il utilise. Je donne aussitôt mes instructions au chef des Brandebourgeois et fixe l'opération au surlendemain, deux heures du matin.

Je me procure une automobile, quitte Bucarest en fin de journée, passe par Galatz puis stoppe à cinq cents mètres du Deutsch Kohlen dépôt. Deux des Brandebourgeois apparaissent au signal convenu, le troisième ayant déjà pris contact avec les mariniers roumains. Il se trouve depuis cinq heures de l'après-midi en train de boire avec eux dans un misérable estaminet de Gheorgh. Mes deux assistants transportent leurs explosifs dans une barque qui dépend du dépôt. Au fil de l'eau, nous mettons le cap sur l'objectif arborant tous les trois un certain sourire en pensant que, dans deux heures au plus, le plan de sabotage anglo-français sera déjoué. La barque danse un peu sur les remous qui ourlent le rivage. Les Brandebourgeois vraiment silencieusement, laissant la barque courir sur son erre quand ils aperçoivent les silhouettes massives des péniches enfoncées dans l'eau noire jusqu'à la ligne de flottaison. J'ai décidé de les couler sur place. Même si elles gênent le trafic du petit port de pêche une fois immergées, elles ne risqueront pas, irrécupérables, de faire un jour obstacle au passage des pétroliers sur le Danube ! Les Roumains, d'ailleurs, on s'en fout ! L'Allemagne veut leur pétrole, en attendant celui des Russes, les Russes veulent la Bessarabie des Roumains, les Anglais prétendent étouffer ces prétentions et le minuscule Eppler se trouve comme un grain de sable dans l'énorme rouage qui s'apprête à tourner…

Nous abordons la première des péniches et, aussitôt, les Brandebourgeois commencent à coller leurs mines magnétiques contre les coques, au-dessous de la ligne de flottaison. Personne à bord. Les marins boivent, roulent sous les tables de l'auberge de Gheorgh. À deux heures du matin, comme prévu, je donne l'ordre de mise à feu que l'un de mes Brandebourgeois, spécialisé dans les explosifs par l'Abwehr III, commande depuis la barque qui a pris ses distances. Je perçois seulement le bruit des gerbes d'eau soulevées par les explosions sous-marines au moment où elles retombent en surface. D'un mouvement à peu près synchronisé, les péniches s'enfoncent très lentement. Les Brandebourgeois regagnent le Deutsch Kohlen dépôt en barque et moi la voiture. Tout en conduisant je refais mes comptes. Les rapports remis par le major avançaient le chiffre de six péniches affrétées par une société anglaise, donc piégées au ciment et je viens d'en couler huit. À qui diable pouvaient bien appartenir les deux innocentes ? Mais cela ne devait pas normalement troubler mon sommeil. Il était cinq heures du matin quand je regagnai l'Athénée Palace où je m'enfermai dans ma chambre pour m'en dormir aussitôt.

Je me sentais frais et dispos en m'éveillant douze heures plus tard. Tout en faisant ma toilette je fredonnais une ritournelle. Le roi d'Angleterre n'était pas mon cousin. Mes aventures, pour la première fois, me portant au-delà du plan spéculatif, esthétique ou politique. Je venais enfin de détruire quelque chose ! Pour un « gosse de riche » détruire, c'est exister ! Une manière de rendre hommage à la simplicité perdue ! Si la mort des cinq brigands balayés par Barakathullah et Medji pesait encore un peu sur ma conscience d'espion, le naufrage des huit péniches roumaines l'éclairait. Tuer un homme en temps de guerre, et à condition qu'on le voie tomber sous sa propre balle, situation bien plus rare qu'on ne l'imagine, ne procure sans doute aucun plaisir autre que celui de sauver sa propre peau. Cela relève de la légitime défense. Mais prendre la décision de faire couler huit péniches sous ses yeux et les voir disparaître (au fait, je ne les avais pas vu disparaître et il me faudrait retourner à Gheorgh pour vérification), tout comme sans doute incendier une ville, ça c'était payant ! Pour y parvenir, j'avais dû me montrer aussi vicieux que mes adversaires anglais et me sentais désormais espion à part entière !

Je m'habillai en séducteur avec l'intention bien arrêtée de ne pas commencer, ni terminer seul la nuit, garnis un portefeuille sur lequel l'expérience m'enseignait qu'il me fallait compter plus que sur mon charme, et quittai l'hôtel. Je dînai dans le meilleur restaurant de Bucarest, réputé pour sa cuisine nationale. Vers onze heures du soir je regagnai l'Athénée Palace et descendis directement au sous-sol où le night-club berçait ses perspectives confidentielles sur des flots de musique tzigane… Toujours les flots… le Danube… Beau Danube bleu ! Beau Danube plus souvent noir que bleu ! Péniches ! Je naviguais dans la joie. Entre deux eaux. Frôlant les membrures des huit barges en poisson curieux, en assassin qui revient toujours sur le lieu de son crime pour, dans mon cas, en vérifier la perfection. Ce succès ne me gonflait pas d'orgueil. Je savais trop bien qu'Isidore Klatt venait de m'en faire cadeau. Je n'attendais ni la croix de fer, ni un avancement dans l'Abwehr. Je me trouvais dans l'état d'esprit d'un Néron qui, s'il avait incendié Rome, légende aujourd'hui reconnue comme telle, aurait éprouvé la même joie raffinée qu'Eppler coulant huit bateaux utiles à la société, au profit d'une guerre qui ne l'était point ! Et je devais reconnaître qu'à l'arrière-plan de cette joie se tenait, pour l'expliquer, le Gaafar d'une jeunesse dorée réclamant de l'espion Eppler la négation des richesses dont on l'avait accablé. Eppler le vengeur !

Je m'attablai loin de l'orchestre et examinai l'assemblée. En habitué des boîtes de nuit de l'Orient, je savais qu'en cette période de l'histoire on y rencontrait fatalement vingt pour cent d'espions, vingt pour cent de trafiquants, autant d'entraîneuses chargées de ramener leurs bénéfices à un niveau raisonnable, le reste provenant de la grande ou moyenne bourgeoisie avide de s'encanailler pour, entre deux spectres menaçants, celui de la débauche et de la guerre, épouser le premier qui lui masquait le second. Les filles étaient réglementairement belles. Toutes blondes, toutes dotées de poitrines agressives mais suffisamment miniaturisées pour être portées sans soutien-gorge, exhibant des jambes suffocantes, fumant des cigarettes très chères, buvant du whisky, comme dans tous les romans d'espionnage américains. L'une de ces héroïnes ne succombait pas sous le poids de cette littérature tendancieuse. Blonde bien sûr, fort bien faite naturellement, habillée avec une discrétion qui suggérait l'authentique aristocratie, elle émergeait du lot des entraîneuses agressives dont j'étais capable, par avance, d'estimer le prix des regards langoureux dont elles m'accablaient. Elles ne savaient pas, toutes ces filles, que je venais de payer six mille lei pour une phrase tombant de la bouche d'un major roumain ; sinon elles m'eussent violé sur place après m'avoir fait mon portefeuille, bien entendu ! La discrète inconnue me regardait aussi, mais d'une manière extra-professionnelle. Je sentais qu'elle n'appartenait pas à l'établissement et, comme aucun homme ne l'accompagnait, je me levai et l'invitai à danser.

Nous valsâmes d'abord en silence puis elle me dit en souriant :

— Je m'appelle Uschi.

— Moi Georg.

J'aurais pu aussi bien annoncer Abd el Kader sans qu'elle puisse localiser mon mensonge car il est impossible, *a priori*, de me prendre pour un Allemand plutôt qu'un Arabe, mon physique relevant de l'un et de l'autre, ce qui m'a toujours beaucoup servi dans les milieux de l'espionnage… et dans les autres !

Maintenant, elle n'ouvrait plus la bouche et dansait avec une distinction merveilleuse, un raffinement qui rappelait la règle des bals aristocratiques des siècles passés et posait ainsi un point d'interrogation quant à ses origines. L'orchestre attaque « le beau Danube bleu » ! Je valse sur le Danube, créant autour de moi des remous si puissants qu'ils finissent par engloutir huit péniches en même temps qu'ils écrasent quelques pieds. Elle suit. Légère. Accord parfait. Je manifeste mon enthousiasme comme seul un homme peut le faire. Je la serre de plus en plus près et, au bout d'un moment, elle ne peut plus ignorer les prétentions de ma virilité ! Avec un sourire faussement innocent elle me demande :

— À quoi pensez-vous ?

Je réponds.

— À ça ! Et vous ?

— À ça également !

— Alors, nous allons dans votre chambre ?

L'empressement qu'elle met à gagner la porte me surprend un peu, mais je me dis : « voilà un pigeon que je vais m'offrir ». Par association de mots je pense « pigeon couché », puis « pigeon assis ». À consommer sans retard ! Aux petits pois. Plutôt sur canapé. Association de mots, association d'idées… Le « pigeon assis », c'était Cheese… Cheese… *double cross system* ! Je fronce le sourcil en entrant dans l'ascenseur. Bah ! les espionnes n'existent que dans les romans d'espionnage !

L'ascenseur stoppe au troisième étage. La chambre d'Uschi ne se trouve pas trop éloignée de la mienne. À peine entrée, la fille laisse couler sa robe le long des hanches et se couche. Pas de préalable. Cela m'étonne un peu. Elle me paraît plus résolue que sensuelle. Mais non, elle tient ce que promettent hypocritement pour l'escamoter ensuite les romans américains ! Uschi est magnifique. Je l'honore plusieurs fois avec le respect presque religieux que tout Arabe de bonne extraction porte aux femmes de son harem. Les

Européens ne savent pas qu'au Proche-Orient, malgré sa position effacée en apparence, la femme se comporte en reine beaucoup plus et beaucoup mieux que chez eux.

Je n'ai pas l'intention de faire un enfant à cette Uschi qui traduit son plaisir en langue polonaise ! Après tout, pourquoi pas ? Je traduis bien le mien en arabe ! Vers quatre heures du matin, je me noie dans le Danube. Anéanti, je repose auprès de mes péniches coulées. Des poissons verts et bleus tournent autour de moi, veillent sur mon sommeil puis me frôlent et finissent par me réveiller. C'est la main d'Uschi qui me caresse. À travers un sourire, je lui rends la joie qu'elle m'a donnée, en vrai chef arabe soumis à la favorite de son harem. Elle parle. L'entendre parler en allemand m'étonne et ce qu'elle dit m'assomme.

— Est-ce que tu connais Isidore Klatt depuis longtemps ?

Pigeon couché ! Pigeon assis ! *Double cross system*… Toutes les images évoquées la veille flambent ! Je bondis du lit comme si je fuyais le voisinage dune bombe amorcée. Mine magnétique ! Péniches ! Danube ! Intelligence Service et Deuxième Bureau français ! Alliance Pologne-France-Angleterre ! Péril ! Je crie :

— Quel est le con qui t'envoie et t'a choisie aussi conne que lui pour me poser cette question ?

Je m'habille à toute allure. Hier, exceptionnellement, je portais un pistolet dans la poche de mon veston. Je l'y retrouve et l'en retire. Je l'arme et le braque sur la fille nue, allongée sur le drap, superbe. J'ordonne :

— Tu vas vider ton sac, petite conne, et en vitesse !!!

Elle ne vide rien du tout mais, visiblement affolée, bondit du lit à son tour et fonce vers l'armoire. Je démarre et la coiffe sur l'objectif. D'un revers de bras je la rejette sur le lit et ouvre l'armoire… Des robes… des chaussures… Du linge… Entre les chemises, ma main découvre un petit pistolet Sawer. Je le jette dans la salle de bains, referme la porte derrière moi et, parvenu au comble de la fureur, saisis la fille et lui administre une bonne raclée. Elle ne crie pas mais pleure à petits coups. J'ai remis mon pistolet dans la poche arrière de mon pantalon. Jamais, au cours de mes missions précédentes, je n'ai utilisé une arme et je n'aurai plus l'occasion de manipuler mon Luger au cours des missions futures. Je préfère braquer l'ennemi avec ma petite tête de germano-arabe ! Elle travaille maintenant à toute vitesse… Qui est cette Uschi ? Uschi est un *cover name* bien sûr… C'est peut-être un agent que l'amiral Canaris me jette dans les jambes pour me faire tomber… Il me croit passé à l'ennemi ou en train de faire la bringue à ses frais, car je n'ai plus donné de nouvelles à l'Abwehr depuis mon passage quai Tirpitz. Mais c'est peut-être aussi une nouvelle Marthe Richard que le Deuxième Bureau français me dépêche ? Ou quelque descendante de Cromwell travaillant pour Churchill ? Non, car sa mâchoire n'est pas chevaline ! Mais que vient faire Isidore Klatt dans cette affaire ?

Je décroche le téléphone, appelle le numéro de sa chambre et lui dis :

— Viens tout de suite… Oui, tout de suite ! Urgent !

Je raccroche. Une minute plus tard il apparaît en pyjama, pas rasé, un peu effaré. Je lui demande :

— Connais-tu cette fille ?

Il la regarde pendant qu'elle se réajuste, l'air un peu égaré, quelques larmes coulant encore sur ses joues.

— Non, répond-il, je ne l'ai jamais vue.

J'insiste.

— Regarde-la bien, car elle a envie de te connaître ! C'est une conne mais elle baise admirablement !

Isidore Klatt prend l'affaire très au sérieux, et je le comprends, car sa situation dépend de beaucoup de facteurs, tous des dangereux, qui ne pèsent pas sur la mienne. Il dit à la fille :

— Tu vas parler ! Tu vas tout nous raconter bien gentiment. Sinon, tes patrons n'entendront plus jamais parler de toi ! Nous avons les moyens de t'effacer sans laisser de trace, comprends-tu ? Comment t'appelles-tu ?

— Uschi.

— C'est pas vrai. Je te demande ton vrai nom, pas ton *cover name*.

Elle ne répond pas.

— Pourquoi as-tu embarqué mon copain dans ton lit ?

— Je voulais vous rencontrer.

— Me voilà. Que veux-tu savoir ?

— Moi ? Rien. C'est Nikzinski.

— Qui est-ce ?

— Un ami qui arrive d'Istanbul.

— Où perche ce type ?

— Près de Bucarest.

Isidore Klatt se tourne vers moi et, avec sa faculté de décision habituelle affirme :

— Allons voir ce bonhomme. Je fais ma toilette en vitesse. Dans trente minutes je vous prends tous les deux avec ma voiture et nous fonçons pour dénouer ce sac de nœuds ! Je n'ai pas l'impression que ta conquête soit aussi dangereuse que belle !

Moi non plus. Surtout sotte, comme établi par mon premier diagnostic grossièrement formulé sous l'empire de la colère. Il faut l'être en effet pour, à l'aube d'une nuit de rêve où l'on s'est donné à fond révéler tout à trac la mission confiée par qui vous manipule ! Ce n'est pas de l'espionnage mais… oui de la C… L'aventure ne démentira pas, je l'espère, le jugement que j'ai porté depuis longtemps sur le rôle des femmes dans l'espionnage. Du roman ! Mauvais roman ! J'espère qu'il me restera seulement le souvenir d'une nuit, une de ces nuits si rares dans l'existence, où la sensualité des partenaires s'était accordée pour les élever jusqu'à ce qu'on appelle fort justement le « septième ciel » ! Je me souviendrai toujours de la nuit du 13 au 14 décembre 1939 ! Pourvu que cette mission originale ne m'offre pas, maintenant, quelque petit enfer portatif !

Nous roulons vers Herastrau où s'allonge un grand lac dans le nord-ouest de Bucarest. Ce n'est pas loin. Des prairies. Des bois. Des villas. Une belle villa que n'afflige pas trop le mauvais goût. Le mystérieux Nikzinski nous reçoit en toute simplicité, sans l'aide d'aucun domestique. Il ordonne à ma belle voluptueuse :

— Anna, va donc préparer du café pour ces messieurs !

Je râle.

— Alors, quoi, elle s'appelle Uschi la nuit et Anna le jour ?

— Elle s'appelle réellement Anna.

— Et moi Isidore Klatt ! crie mon ami. Pourquoi vouliez-vous me rencontrer ?

Nikzinski s'explique. Il est polonais, d'origine juive. Au lendemain de la Première Guerre mondiale il s'est battu contre les Rouges dans l'armée Wrangel, en compagnie d'un officier de souche balte qui devint son ami. Il devait le retrouver plus tard en poste dans l'Abwehr à Berlin. Nikzinski travailla par la suite en Bourse, à Paris, puis à Varsovie et devint le factotum d'un diplomate sud-américain qui spéculait. Il lui procura un passeport diplomatique permettant de transporter sans contrôle une valise contenant plus de devises que de secrets d'État. Après la défaite de la Pologne, en 1939, il devint le courrier du gouvernement polonais en exil à Paris, ralliant toujours Varsovie, mais *via* Istanbul et Sofia, Berlin lui restant interdit, aucun passeport diplomatique ne pouvant y couvrir un Juif. Ce nouvel itinéraire n'était ouvert que grâce à la protection de son vieil ami de l'armée Wrangel, maintenant responsable de l'Abwehr à Sofia sous le *cover name* de Delius. Que Delius saute et la liaison se brisait. Il lui fallait donc un point d'appui supplémentaire. Il connaissait la puissance occulte de Klatt et c'est pour cela qu'il avait recherché le contact à travers Anna…

J'avais gagné mon pari. Anna n'avait rien à voir avec les services d'espionnage, comme elle venait de le démontrer par sa maladresse. C'était réellement une belle fille, issue de l'aristocratie polonaise ainsi que je l'avais presque deviné dès l'abord. L'affaire ne m'intéressait donc pas directement, sinon par le souvenir d'une nuit sublime et à titre de curiosité.

Nikzinski ne voyageait pas seulement pour le compte du gouvernement polonais en exil, maintenant installé à Londres, mais aussi pour celui de l'Agence juive. Dès le début de ses passages à Istanbul, l'Agence l'avait contacté en lui disant : « tu es juif, donc tu dois marcher avec nous ! » Il marchait courageusement depuis car, assurer la liaison entre Londres, Istanbul et le ghetto de Varsovie équivalait à prendre un risque grave en 1939, mortel par la suite. Il dit à Klatt :

— Je vous paierai une large mensualité !

Klatt hocha la tête négativement.

— Non ! Je suis juif et ne prends pas d'argent pour assister l'un de mes frères !

Je commençais seulement à comprendre que les services d'espionnage n'existent qu'à partir des plus étonnantes compromissions. Après tout, je n'avais pas à m'en plaindre puisque grâce à mon ami Klatt, je venais de gagner une partie serrée contre l'Intelligence Service et le Deuxième Bureau français associés, avec en prime, une nuit d'amour que je ne pourrais plus oublier.

Que devint Anna après la disparition de Nikzinski ? Je l'ignore. Lui devait mal finir. À terme, les jeux très compliqués coûtent cher. Un an plus tard, environ, le gouvernement polonais en exil soupçonnera son courrier d'appartenir à quelque *double cross system* allemand en raison de ses multiples contacts avec l'Abwehr. Avec l'appui de l'Agence juive, pour des raisons que j'ignore, on l'attirera en Palestine d'où jamais il ne reviendra. Tout cela ne me concernait pas, ou ne me concernait plus !

Je repassai par Gheorgh dans l'après-midi, pressé de vérifier la position des péniches. Elles gisaient toutes au fond de l'eau, comme je l'espérais. Je contactai Kleinwitz, le chef de mes Brandebourgeois, pour étudier avec lui jusqu'à une heure avancée de la nuit la parade prévue par l'Abwehr si l'offensive visait un jour les raffineries de pétrole elles-mêmes. Kleinwitz était né près de Ploesti et connaissait bien le grand complexe roumain dont l'Allemagne dépendait malgré l'activité de ses usines d'essence synthétique dont l'Europe tirerait aujourd'hui son énergie si elles n'avaient pas disparu pendant la guerre. Je jetai les bases d'une véritable invasion de Brandebourgeois à Ploesti. Elle se réalisera plus tard. Elle coiffera les commandos anglais qui, installés dans les raffineries avec la complicité de certains Roumains, s'apprêtaient à passer à l'action. Ils essaieront de se défendre, non par les armes comme il convenait, mais par des protestations, appels à la neutralité roumaine, menaces d'intervention diplomatique dont nos hommes se moquaient comme de leur première chemise ! Les Anglais seront, je crois, promis au même sort que leurs péniches. Mais le pétrole continuera de couler vers l'Allemagne ! Les guerres du pétrole roulent toujours avec un indice d'octane élevé !

Les Brandebourgeois devaient, selon les plans de l'Abwehr, prendre ensuite position en Turquie pour, dès la mise en œuvre d'un plan Barbarossa, dont j'ignorais encore tout, sauter sur Bakou et Touapse, non pour détruire mais protéger les raffineries russes ! Préparer l'implantation du commando en Turquie faisait partie de ma mission.

Je regagnai Bucarest et retrouvai à l'hôtel Isidore Klatt qui portait un bras dans le plâtre.

— Qu'est-ce qui t'arrive ? Tu es tombé ? Accident de voiture ?

Il souriait en m'attirant dans sa chambre dont il referma soigneusement la porte.

— Non, j'emporte seulement copie des documents de Morozov et du Bureau militaire roumain. Du moins ceux qui m'intéressent parmi le lot qu'Ourliziano t'a donné en prime... Comment ? T'as jamais fait ça ?

Je n'avais jamais utilisé cette astuce. Il avait noyé les documents dans un plâtre posé par un médecin ami de l'Abwehr, maculé ensuite pour témoigner sur une fracture vieille de plusieurs semaines.

— Si le cœur t'en dit...

Le cœur ne m'en disait pas, mais je devais cependant utiliser le procédé pour quitter la Roumanie quelques jours plus tard.

Je retrouvai Isidore Klatt à Sofia. Il avait déjà recueilli une masse d'informations toutes fraîches, certaines me concernant. Il me dit :

— Qu'est-ce que tu vas te faire sonner les cloches par Berlin ! Voilà plusieurs fois qu'ils écrivent de là-haut à tes adresses de couverture et les lettres reviennent. Ils ne savent rien de toi depuis ton départ. Méfie-toi ! D'ici qu'ils te soupçonnent d'être passé aux Anglais ou de claquer leur fric en faisant la bringue, il n'y a pas loin !

— Mais j'ai mené toute l'affaire avec toi, pas avec l'Abwehr !

— Méfie-toi Georg, à Istanbul n'oublie pas de retirer la lettre qu'ils vont t'adresser.

Je le mis en garde à mon tour en lui disant :

— Pourquoi restes-tu dans les Balkans ? Un jour l'Abwehr te laissera tomber et les Russes s'occuperont de toi. Passe en Égypte, là je peux t'aider efficacement.

Il haussa les épaules.

— Bah ! Je ne demanderais pas mieux, mais je dois rester pour protéger mon vieux père qui, lui, refuse de bouger d'ici[1] !

1. Isidore Klatt réussira à passer en Suisse avant la fin de la guerre et il y mourra de sa belle mort.

Quelques jours plus tard, je partais pour Istanbul en compagnie de Jowan Elmas qui rentrait de sa dangereuse incursion en Albanie. Il rapportait le trésor du roi Ahmed Zoghou. Isidore Klatt nous avait accompagnés jusqu'à la gare pour régler la question du transport. Il plaça le trésor dans la chasse d'eau du wagon, donna des ordres à l'employé chargé du pullman, un agent bulgare de son réseau et, bien entendu, lui remit le bakchich d'usage qui l'encouragerait à surveiller chaque voyageur entrant et sortant des toilettes.

Nous passâmes la frontière turque à Unzunkepre. Police et douane sévères. Je tendis mon passeport.

— Merci Monsieur !

Jowan Elmas tendit le sien.

— Merci Monsieur !

Puis les douaniers fouillèrent minutieusement le compartiment, mais pas la chasse d'eau des toilettes. Le train repartit. Il traversait une petite forêt quand Jowan se leva, ouvrit la fenêtre.

— Tu as trop chaud ?

Il ne me répond pas, sort de sa poche le passeport qu'il vient de présenter et le jette à l'extérieur. Je sursaute.

— Tu es fou ? Tu balances ton pass ?

— J'en ai un autre. Le vrai. Yougoslave.

— Et celui-ci ?

— Un faux. Bulgare. Fourni par Klatt.

Je reste stupéfait. Jowan Elmas a franchi la frontière turque portant deux passeports sur lui, à un moment où les contrôles prennent un style inquisitorial. Je lui dis :

— Tu sais que les Turcs déshabillent les gens pour un oui, pour un non ?

L'homme qui convoie la fortune du roi d'Albanie n'a pas l'air de se rendre compte du risque stupide qu'il vient de prendre. C'est évidemment un aventurier de grande classe, mais pas un espion professionnel.

Le voyage se poursuit sans incidents jusqu'à Istanbul. Nous parlons de l'Égypte et je le sonde pour savoir s'il peut me rendre des services au Caire. Il promet beaucoup et parle chiffres. Il est très cher. Isidore Klatt m'avait prévenu. C'était évidemment un idéaliste !

À Istanbul, je tombe inévitablement sur des gens connus, dont Maxwell. Je ne désire pas qu'il me situe en compagnie de Jowan Elmas. Mais c'est trop tard. Il me téléphone depuis le hall de l'hôtel.

— Tu es avec un copain ?

— Non.

— Pourtant j'étais au bar et il m'a semblé te voir entrer avec un vrai gentleman ?

— Sans doute un type qui arrivait en même temps que moi.

— Alors, je peux monter ?

— Monte.

J'évacue Jowan Elmas et reçoit Maxwell. Nous convenons d'un dîner pour le lendemain. Tenace, j'ai bien envie de reparler du « pigeon assis » Cheese, mais je tiens ma langue. Maxwell s'éclipse, Jowan reparaît et me dit :

— Je ne comprends plus, tantôt je dois être près de toi, tantôt tu me chasses. Il faut mettre au point un signal d'alarme !

Je ris.

— Eh bien, tu me passes une des grenades que tu portes dans la poche et je la dégoupille quand tu dois filer !

Il rit à son tour. Il sait que les Monténégrins, comme les Croates, ont la réputation souvent justifiée de toujours porter quelque explosif sur eux. Je le quitte. Je me précipite vers la poste restante, retire la lettre de l'Abwehr. J'y suis traité en termes sévères. J'en ai le souffle coupé, le cœur ulcéré. Jamais je n'aurais imaginé que, venant de réussir une mission aussi complexe, je puisse être traité en salopard ! Voilées, toutes les accusations y figurent…

Agent double peut-être… Bringueur invétéré, certainement… Chieur de pépins ne méritant aucune confiance…

Je réponds aussitôt en fournissant l'explication la plus importante, véritable critique à l'adresse de mes patrons… Puisqu'on m'avait interdit de prendre le moindre contact, il m'a bien fallu mener l'affaire avec quelqu'un qui en possédait déjà ! C'est à Klatt, non au quai Tirpitz, qu'il me faudrait rendre des comptes ! Mais c'est déjà fait. Je ne digère pas facilement le flot d'amertume absorbé. Puis je me console en pensant qu'il valait mieux atterrir à Istanbul sur une lettre que directement à Berlin devant un peloton d'exécution ! Même encore aujourd'hui, je demeure persuadé que, vu la colère de mes chefs, je risquais la mort si je m'étais présenté devant eux ! Par la suite, j'arrangerai toute l'affaire avec Aladin et il n'en sera plus question.

J'explore ensuite les possibilités d'implantation en Turquie pour le commando du Brandebourg chargé d'occuper les raffineries russes. Je les juge faibles, voire inexistantes. Je connais bien les Turcs. En cas de guerre prometteuse de victoire sur l'URSS, ils voleront dans les bras de l'Allemagne et les Brandebourgeois n'auront pas besoin de passer par les filières de la clandestinité. En cas de guerre au succès douteux, pas un Allemand ne restera libre de ses mouvements sur leur territoire. De toute manière l'option sera longue à lever car, si nous sautons sur la Russie, des mois passeront avant que la Wehrmacht n'arrive au Caucase ! Les événements devaient corroborer mes prévisions. Utilisés dans d'autres secteurs, les Brandebourgeois ne partirent ni pour la Turquie, ni pour Bakou et, au Caucase, nous ne trouvâmes pas un puits, une raffinerie, un pipe-line intacts.

Toujours accompagné par Jowan Elmas, je pris le train, puis l'avion qui nous déposa à Jérusalem. Nous gagnâmes l'Égypte par le chemin de fer, *via* Cantara. Au Caire, avant même de prendre contact avec mes amis politiques dont j'attendais beaucoup et qui, finalement, sur le plan de l'espionnage ne devaient pas m'apporter beaucoup d'appui, Jowan me présenta Pulli Bey. C'était le maquereau officiel du roi Farouk, un Italien chargé de lui procurer cinq filles par jour. Pour y parvenir, il avait développé son propre réseau qui, pour n'être point voué à l'espionnage n'en restait pas moins comparable à celui de l'Abwehr pour ce qui est des « agents dix piastres », c'est-à-dire une nuée de petits informateurs. En signe de reconnaissance, Farouk lui avait conféré la nationalité égyptienne et, au grand scandale de l'aristocratie du pays, le titre de Bey. Il coûtait bien entendu très cher au roi. Mais, à sa manière, c'était aussi un idéaliste !

X

Le grand mufti de la sainte farce

Le 19 janvier 1940 je me trouve au Caire. Le 25 février à Damiette. Le 3 mars à Jérusalem et deux jours plus tard à Damas. J'arrive à Dohouk chez les Kurdes le 7. Première prise de contact avec ce peuple fier, toujours prêt à se battre contre les Turcs, les Syriens ou les Irakiens dès que les uns ou les autres prétendent rogner les libertés dont ils jouissent dans leurs montagnes. Mais rien ne bouge encore à Bagdad. Je repars pour l'Occident, passant par Athènes le 17 mars, atterrissant à Rome le 20. Prise de contact avec le S.I.M., service de renseignement de l'armée italienne qui travaille en liaison plus ou moins étroite avec nous. Je trouve ses officiers aussi tièdes que les nôtres quant aux perspectives d'une guerre subversive au Proche-Orient. Faute d'intelligences profondes avec le monde arabe, ils n'en sentent pas, aussi bien que moi, les possibilités.

Je repars pour Berlin le 25 mars. De nouveau, l'Abwehr me soumet à sa volonté didactique. J'accomplis un stage dans ses laboratoires de Berlin Tegel. Je me perfectionne dans la microphoto. De grands progrès ont été réalisés. Nous obtenons maintenant des épreuves d'un millimètre carré, faciles à dissimuler sous un timbre-poste d'une enveloppe postée n'importe où. Plus tard, les services secrets parviendront à les miniaturiser mieux encore.

Le 20 mai je rentre à Copenhague où je retrouve Wapo et… la hargne des Danois que la guerre vient de jeter dans les bras de l'Allemagne onze jours plus tôt. Mes amis danois, et j'en possède beaucoup, me dévisagent froidement et disent :

— Alors, qu'est-ce que tu attends pour quitter ces salauds ?

Pas plus que Wapo, ils ne savent que je travaille pour l'Abwehr, mais le rôle de conseiller technique de l'OKW pour les affaires arabes que je suis censé tenir, leur paraît incompatible avec mon mariage. Ils répètent :

— Les Boches ont envahi le pays de ta femme, tu ne peux pas rester avec eux.

Comment leur faire comprendre qu'un simple mortel ne peut, à la longue, et au fur et à mesure que durcit la guerre, assumer le Liban à travers son père, l'Allemagne sa mère, le Danemark sa femme et, de nouveau, le IIIe Reich son employeur : intérioriser à la fois la religion musulmane et le calvinisme, aimer en même temps les oignons crus et le thé, éprouver de la passion pour les automobiles de course et les chameaux ? À partir du moment où l'événement me commande d'étreindre un monde contradictoire, je me défile devant ses contradictions, me raccroche au bon sens et ne connais plus qu'une seule fidélité : celle que je dois à qui me paye ! Donc, vive l'Abwehr, malgré l'occupation du Danemark et les larmes de Wapo qui, à dire le vrai, en verse peu, une femme d'espion recevant des mensualités très confortables en attendant de toucher, pour solde de tout compte, au moment de ma mort et de la débâcle allemande, une vraie fortune !

Je repars pour le Proche-Orient après le dîner rituel à Tivoli. Les directives que le quai Tirpitz me donne maintenant s'inspirent moins du ministère des Affaires étrangères que par le passé. Je dois certes raffermir les liens établis avec le monde musulman au cours des missions précédentes mais il me faut aussi travailler plus directement pour l'OKW. La vocation première de l'Abwehr concerne l'armée. Elle fait partie de la Wehrmacht. À moi d'enrichir sa documentation. Je relèverai et signalerai les mouvements de troupes du Commonwealth qui transitent par le canal de Suez, les implantations militaires des Anglais en Égypte, les intrigues de l'Intelligence

Service en Palestine ou Transjordanie, les emplacements de D.C.A. qui protègent les ports, évaluerai l'importance des effectifs mis en jeu par l'ennemi, la nature du matériel utilisé. Pendant une période, je dors plus souvent dans les trains ou les avions qu'à l'hôtel. Je m'agite comme une mouche enfermée sous une cloche de verre.

Le 6 août 1940, je me trouve à Istanbul avec Aladin. Il apprécie l'importance des liens que je viens de nouer à travers les pays instables du Proche-Orient, avec les tribus rebelles de l'Iran et de l'Afghanistan. Maintenant, c'est l'Irak qui, politiquement, intéresse l'Allemagne et l'Italie. L'Irak tout entier désire se soulever contre l'Angleterre qui, depuis 1930, fait peser sur lui une oppression qu'on appellerait aujourd'hui « impérialiste et capitaliste ». En fait, l'Angleterre ne veut aucun mal à ces populations mais uniquement protéger la route des Indes et faire couler le pétrole irakien dans la bonne direction : la sienne. Cela ne va pas sans pleurs et grincements de dents qu'elle n'entend point ou, les entendant, elle fait la sourde oreille !

Le mal dont souffre l'Irak vient de loin. Le 10 octobre 1922, la diplomatie anglaise faisait accepter un traité extrêmement astucieux qui proclamait la souveraineté de l'Irak sans en reconnaître, pratiquement, un iota. Internationalement indépendant, Bagdad ne possédait à l'étranger qu'un seul représentant : son ambassadeur à Londres ! L'Angleterre représentait l'Irak partout ailleurs ! À l'intérieur, régnait un roi au côté de son alter ego, le haut Commissaire britannique. Le pétrole coulait déjà entre Tigre et Euphrate mais, en 1927, il jaillit en force sur deux cent soixante-dix kilomètres carrés. Les Irakiens se trouvaient surveillés par un certain Nouri Saïd pour le compte de l'Angleterre. C'est lui qui, à travers le roi, puis le régent, gouverna avec des fortunes diverses, quelques éclipses suivies de retours en force et ce jusqu'à la révolution de 1958 où, finalement, le peuple aura sa peau.

Son règne, tantôt officiel, tantôt officieux, sera illustré par une révolte permanente de ce peuple très particulier de l'Irak. L'homme irakien n'a pas de contours. En Irak, il n'existait pas alors d'état civil. Pas de cadastre en raison de l'incertitude des cartes. Les impôts ne touchaient pas les individus mais seulement les collectivités, elles-mêmes mal définies. Peuple plongé dans une effroyable misère allant s'approfondissant au fur et à mesure que le pétrole coulait de plus en plus. Analphabétisme presque absolu. Une population vivant dans un anonymat total. Ingouvernable autrement qu'à coups de bâton. La loi martiale régnait en permanence pour répondre à des révoltes tournantes ensanglantant tantôt le Nord, tantôt le Sud.

La construction politique de l'Angleterre permettait cependant de lâcher du lest chaque fois que trop de sang coulait, que le déni de justice apparaissait trop clairement aux yeux du monde. Le 30 juin 1930, Nouri Saïd signait un accord avec Londres qui mettait fin à l'état de mandat. Le haut Commissaire britannique se voyait remplacé par un ambassadeur. Mais, en contrepartie de cette concession toute dialectique, les Anglais prenaient le contrôle de l'appareil stratégique, voies ferrées, routes, ports, aérodromes et obtenaient des bases permanentes. Politique à longue vue qui va se révéler payante en 1941. Elle permettra de suffoquer la révolte militaire qui aurait fait basculer l'Irak sur l'axe Rome-Berlin, donc menacé l'Inde.

En Irak, comme dans tous les pays peu évolués, une réaction d'indépendance nationale ne pouvait être concrétisée que par une prise de conscience, puis l'action de l'armée. En 1940, lors de mes premières visites, les officiers s'agitaient, mais seuls les Kurdes possédaient déjà un potentiel guerrier et révolutionnaire appréciable. Cet état justifiait les contacts que je devais prendre. L'un datait du 7 mars 1940. J'avais rencontré un important chef de tribu, Dshaffar, et son homme de confiance Ramsès. Musulmans sunnites, les Kurdes ne sont pas des arabes, mais des hommes du Nord venus, comme les Turcs, des steppes de l'Asie centrale. Dshaffar en possédait la force, la rusticité et le courage. Taille élevée. Tête carrée. Œil de geai. Sourcils énormes. À travers lui, on imaginait ce que furent les guerriers de Gengis Khan. Il représentait, mieux que le célèbre général Barazani, le rebelle kurde tout entier préoccupé par l'indépendance de son peuple car, instruit dans les écoles militaires russes, communiste et colonel honoraire de l'armée rouge, Barsani pouvait difficilement incarner un peuple en lutte pour maintenir sa liberté. Ramsès se situait sur la même échelle de valeur que Dshaffar avec, en plus, une sorte de génie pour l'espionnage. Ils allaient l'un et l'autre me rendre les plus grands services.

Ma seconde mission en pays kurde devait commencer de manière originale. Le samedi 6 août 1940, je me trouvais à Istanbul, sur la terrasse du Pera Palace, en compagnie d'une beauté célèbre dans toute la Turquie, une certaine Aziza, dont j'appréciais des charmes. Soudain elle me dit :

— Attention ! Le type installé à la troisième table me fait de l'œil !

Elle se trompait. Superbement consciente de son influence sur les hommes, elle revendiquait une invite qui ne s'adressait qu'à moi. Je reconnus l'un de nos agents, me levai et pris la direction des toilettes tandis qu'il me suivait. Il me dit :

— Aladin te convoque de toute urgence.

Je n'hésitai pas. Au lieu de revenir près d'Aziza qui me croyait sans doute en train de régler son compte à l'insolent qui lui faisait de l'œil, je sortis du Pera Palace par une autre porte et fonçai vers le ferry-boat d'Uskudar pour prendre le train à Haidar Pasha. L'express[1] d'Anatolie me déposa très tôt le matin à Ankara. Je montai à Aleman Koï où résidait Aladin qui, un peu étonné de me voir à pareille heure, me dit en souriant :

1. De vingt à trente kilomètres à l'heure !

— Tiens, Aziza vous a laissé partir comme ça… sans tendres adieux ?

Je pensai à l'agent qui m'avait mobilisé par son clin d'œil et grondai :

— Quel sale mouchard !

— Je n'ai pas besoin de mouchard pour avoir des nouvelles de la belle Aziza ! Maintenant, parlons de choses sérieuses. Le secrétaire du mufti de Jérusalem vient de débarquer à l'ambassade…

Al Hadji Amin al Hussein, mon vieil ennemi le mufti, que les Français devaient trouver bien gênant près de Beyrouth, s'était réfugié à Bagdad en octobre 1939. Je pensais que, s'il envoyait maintenant son secrétaire privé Kemal Osman Hedat, c'était pour nouer quelque intrigue. Je dis carrément à Aladin :

— Ce farceur de mufti touche déjà une pension mensuelle de dix mille dinars à Bagdad, combien va-t-il demander à l'Allemagne ?

— Ce n'est pas notre affaire, répliqua Aladin. Mais il va partir pour Berlin et savez-vous sous quel nom ?

— Aucune idée.

— Max Müller.

— Non ? Pas possible !

— Mais si ! Le passeport est déjà établi !

Faire voyager un musulman aussi typiquement arabe que cet Kemal Osman Hedat sous le nom de Max Müller relevait de la provocation ! Mais rien ne m'étonna plus quand j'appris que c'était l'ambassadeur lui-même qui venait de produire ce chef-d'œuvre de clandestinité. Je tenais von Papen pour le dernier des imbéciles. Pendant la Première Guerre mondiale, revenant des États-Unis avec toutes les fiches de nos agents secrets dans sa valise, il s'en était laissé dépouiller par les Anglais au cours d'une visite d'escale à Falmouth, provoquant ainsi l'arrestation de Rintelen von Kleist avec tout son réseau. Une seconde aventure du même tonneau lui arriva ultérieurement. Je haussai les épaules et dis :

— Si le mufti s'agite à Bagdad, nous aurons bientôt quelque sac de nœuds à dénouer !

— J'en suis persuadé ! Donc, vous allez là-bas. Vous qui connaissez chaque chien de la rue au Proche-Orient, irez mettre votre nez partout. Tout nous intéresse : situation politique, mufti, forces anglaises, Carré d'or.

Le Carré d'or ! On ne le désignait jamais en français, que nous parlions peu, et pour cause ! Pour nous, comme il le restera pour l'histoire, c'était le « Golden square ». Depuis 1937, l'armée irakienne s'était péniblement politisée pour constituer une troisième force. Elle préfigurait celle qui naîtra ultérieurement en Égypte, puis en Grèce, l'une culbutant le roi Farouk, l'autre Constantin. Nationaliste, mais pénétrée de ses devoirs envers les voisins arabes, partisane d'une alliance avec le IIIe Reich, obscurément associée aux vœux du peuple mais hostile aux chefs civils de la démocratie, l'armée irakienne rassemblait ses forces dans un groupe de quatre officiers dont le rôle ira grandissant jusqu'à la révolte armée contre l'Angleterre en 1941. Les quatre colonels qui formaient ce Carré d'or s'appelaient Salah Eddin al Sabbagh, Mahmoud Salmän, Fahmi Saïd et Kamil Shabib. De ce Carré d'or naîtra le mythe moderne des « colonels-qui-menacent-la-démocratie » ! La force des quatre colonels irakiens tenait dans un fanatisme presque mystique, une sorte d'union sacrée, de leur alliance avec des civils comme Rachid Ali et Naji Chawket, d'appuis extérieurs qu'on n'a jamais réussi à localiser parfaitement mais qui pouvaient relever de la S.S. et de l'Amt VI.

— Donc, reprit Aladin, vous nous enverrez des micromessages par notre canal de Beyrouth. Un radio se trouve déjà en pays kurde et vous le connaissez : c'est Ramsès. Vous choisirez votre fréquence. Code « Muslim Creed », édition Cambridge 1933. Décryptage : on saute une page supplémentaire chaque jour.

Il se leva, ouvrit un dossier, en retira un message et reprit :

— Notre agent Gulaï me retransmet d'Adana une communication de Helou. Helou signale qu'un agent allemand se balade actuellement en pays kurde ! Il serait à votre recherche mais n'appartient pas à l'Abwehr ! Ou bien il s'agit de quelque SD envoyé par Schellenberg ou bien d'un « pigeon assis ». Prenez contact si possible. Méfiez-vous. S'il travaille pour les Anglais, faites-le liquider immédiatement par vos amis kurdes. Mais essayez d'obtenir plus de précisions auprès de Gulaï et Heloud. Vous aurez l'argent cet après-midi et quelques diamants en plus. Partez. Ne vous mêlez pas de la politique irakienne. Bonne chance !

Le soir même je prends le train pour Adana et arrive le lendemain. Je prends contact avec Mohammed Gulaï, l'une de mes meilleures couvertures au Proche-Orient. En association avec Heloud, il dirige une grande maison de commerce qui achète et vend céréales, fèves, agrumes, depuis l'Égypte jusqu'aux Indes. Je n'existe pour lui que sous le nom de code « Orge ». Les Anglais peuvent bien surveiller son courrier autant qu'il leur plaira, lorsqu'il commande cent tonnes d'orge à son correspondant d'Alexandrie, ça veut dire qu'on attend Eppler à Beyrouth ! Cinquante tonnes lui donnent la voie libre vers Damas. Dix tonnes, feu vert sur Bagdad et ainsi de suite, selon un code simple, difficile à percer car il se confond avec une activité commerciale normale. C'est une discipline propre à l'espionnage. On ne prend jamais le nom d'un être humain pour *cover name*. L'emploi d'un nom propre peut tirer de l'ombre un homme dangereux en soi, ou rendu dangereux par l'actualisation d'affaires passées, le jeter sur votre route où il causera du dégât.

Gulaï m'invite à dîner chez lui où il m'offre un repas étonnant. Spécialité turque, le Dunair-Kebab qu'on me présente ressemble à un énorme cigare qui aurait cinquante centimètres de long sur vingt-cinq d'épaisseur. Il est constitué de lamelles de viande larges comme des tranches d'ananas, truffées d'épices et de tomates. Un délice qui n'est pas tout à fait de ce monde ! Au milieu de ces agapes, Gulaï me dit :

— Ce type qui traîne chez les Kurdes affirme qu'il veut parler à un Égyptien. Donc il te connaît. Méfie-toi quand même car il cite un *cover name* tombé en désuétude. Dshaffar l'a bloqué chez lui à Dohouk en faisant demander s'il fallait le descendre. Mais il ne fera rien avant ton arrivée.

Je passe la nuit chez Gulaï. Le lendemain je prends le train pour Damas où Helou m'attend. Nous allons dans un petit faubourg de la ville, Havy al Krad. Là je retrouve Antoun Sadeh qui me présente le guide qu'on l'a chargé de me fournir. On n'entre pas en effet chez les Kurdes comme dans un moulin. Qui n'est pas bien connu, annoncé ou escorté déclenche un étonnant système d'alarme dès qu'il met le pied dans la montagne. Impossible de distinguer le guetteur qui surveille le chemin. Il est généralement collé contre une paroi qu'il escalade dès qu'il vous aperçoit pour aller prévenir un autre guetteur posté en surélévation, et ainsi de suite jusqu'au contact avec le chef de tribu régnant sur le secteur. Il expulsera le visiteur s'il s'agit d'un européen ou le fera immédiatement exécuter par ses tueurs comme irakien de la plaine, trop curieux.

Le guide me salue cérémonieusement mais n'ouvre pas la bouche. Je n'entendrai que rarement le son de sa voix et ne le désignerai jamais par un autre nom que le sobriquet *Inch'Allah*.

Antoun Sadeh me dit :

— Le type qui, là-haut, cherche un Égyptien est accompagné par le plus mauvais guide qu'il soit possible de trouver dans tout l'Irak. C'est un Assyrien et je me demande comment il a réussi à contacter Dshaffar dans ces conditions.

Au Proche-Orient, ceux qu'on appelle des Assyriens sont des chrétiens nestoriens, méprisés de tous, traqués dans tous les pays musulmans. Ils portent sur le gras du pouce quatre points tatoués disposés en croix. On les chasse mais ils reviennent. On les exécute mais ils semblent ressusciter. En 1918, on les poussa hors d'Irak. Sous la conduite d'un chef appelé Locco, ils revinrent en force dans le pays, engagèrent même des combats contre l'armée. Il y eut des morts et des blessés des deux côtés à Dohouk et, plus tard, nombre d'Assyriens seront fusillés en représailles. Je dis à Antoun Sadeh :

— En effet, si ce type se promène avec un Assyrien chez les Kurdes, c'est qu'il ne connaît rien au pays ou bien qu'il est candidat au martyre !

Le lendemain, je reprends ma voiture que j'avais laissée à Sadeh lors d'un précédent passage, j'embarque *Inch'Allah* et fonce à travers le désert, le long du pipe-line Banhias-Kirkouk. Rien de plus insolite que ce gros tube allongé d'un horizon à l'autre, à travers une étendue grise, privée de toute végétation, drainant vers l'Europe la richesse de l'Irak qui s'évade. fluide, sans espoir de retour. Une piste précaire permettant de le surveiller et l'entretenir l'accompagne de bout en bout. Bientôt, il faut abandonner la voiture et chevaucher les bourricots envoyés par Ramsès. Il reste à parcourir quarante kilomètres sur des chemins de montagne tout à fait hargneux. Les ânes des Kurdes sont curieusement harnachés. Ils offrent au voyageur quelque chose qui tient à la fois de la selle et du bât, assemblage de planchettes montées en demi-voûte, vaguement renforcé par des sacs de toile et j'arrive à Dohouk fesses écorchées, jambes flageolantes à force d'avoir rythmé la marche des bêtes.

Dohouk, modeste village, occupe une position stratégique en pleine montagne kurde. Je dis à Ramsès qui m'accueille avec sa prévenance habituelle :

— Cette nuit, tu passes un message à Ankara en signalant mon arrivée, mais ne parle pas du type qui me cherche. Où est-il ?

— Attaché à un arbre depuis trois jours.

Je feins de m'indigner :

— Attaché à un arbre ?

— Oui, avec son chien d'Assyrien !

— C'est tout ce que vous avez fait pour eux ?

— Non, on leur a permis de manger, boire et pisser en attendant ton arrivée ! Veux-tu le voir avant qu'on ne le descende ou bien faut-il le descendre tout de suite ?

Je proteste. Servir dans l'Abwehr est une chose, disposer d'une vie humaine en la jouant à pile ou face n'entre pas dans mes intentions. Je dis à Ramsès :

— Tu libères le type. Laisse-le aller et venir dans le village, que je puisse d'abord l'observer.

Depuis Damas, je voyage dans la tenue d'un homme d'affaires libanais, enveloppé dans son e'ma qui, pour n'être pas digne d'un vrai pacha, révèle le commerçant aisé ; et je porte la barbe bien soignée d'un musulman sunnite qui se respecte. Le mystérieux voyageur n'a aucune chance de me reconnaître, si tant est qu'il m'ait déjà vu. Il passe à mes côtés sans m'accorder la moindre attention et je l'observe. Un mètre quatre-vingts, blond, relativement bien vêtu, il marche avec l'assurance un peu emphatique des nationaux-socialistes. Allemand ou anglais ?.. L'un manquerait de morgue et l'autre de flegme… Alors ? Pour en avoir le cœur net, j'imagine et exécute une prise de contact qui a la valeur d'un test. Je l'aborde en projetant mon bras dans sa figure par un salut de stricte obédience hitlérienne.

— *Heil Hitler !*

Un réflexe conditionné lui permet de me renvoyer la politesse, malgré la surprise qui fige son visage.

— *Heil Hitler !*

Même un agent britannique spécialisé dans le double jeu serait incapable d'atteindre à cet accent de sincérité authentifiant l'Allemand devant lequel je me trouve. Je lui dis :

— Il paraît que vous désirez faire ma connaissance ?

— Eppler ?

— *Ja !*

Il se présente en me serrant vigoureusement la main.

— Mertens !

— *Cover name ?*

Il sourit.

— Sans doute !..

Je lui donne une leçon de discrétion en rappelant que, moi aussi, je possède un *cover name* et que celui sous lequel il me cherchait est périmé depuis un an ! Il ne s'excuse pas, donc c'est un S.S. !

Nous allons et venons, côte à côte, entre les maisons du village. Elles tiennent plus de la cabane que de la villa, par leurs murs de pierre sèche montés sans mortier, toits de bardeaux, minuscules fenêtres, maigres basses-cours sur les abords. C'est un habitat montagnard et une position de défense contre les Irakiens. Ou les Turcs ! Ou les Iraniens ! Chaque expédition punitive montant de la plaine est reçue à coups de fusils ou de grenades. Ce que les Kurdes défendent ce ne sont pas des frontières. Ils n'en ont point, leur peuple restant campé sur ces trois pays par suite des incohérences de l'histoire et du mensonge des organisations internationales qui défendent le droit des peuples à disposer d'eux-mêmes. Sauf quand il faudrait leur restituer le pétrole qui se trouve sous leurs pieds en même temps que la liberté ! Mais ce que les Kurdes défendent surtout, c'est leur langue, le droit de la parler à Bagdad comme à Dohouk, l'utiliser pour plaider, acheter et vendre, tester, prier Allah ! Les gouvernements périphériques leur refusent ce droit, bien que leur propre langue soit aussi privée de lettres de noblesse que la leur. Je fais visiter le village à Mertens et lui dis :

— C'est misérable, n'est-ce pas ? Si vous avez décidé d'affronter ces misères et bien des dangers, uniquement pour me rencontrer, alors vous avez certainement des choses importantes à me dire ?

— À Berlin, mes chefs savent que l'Abwehr ne fiche rien en Irak ! Il compromet donc la carrière de ceux qui le servent. Je suis venu vous tendre la perche.

— Vos chefs ? Quels chefs ?

— Je suis de l'Amt VI, section C 13.

La section C 13 de l'Amt VI est une sorte de bureau arabe qui se trouve plus ou moins en concurrence avec le nôtre.

— Et alors ?

— Un jour, nous collerons au mur les gens de l'Abwehr ! Je veux vous épargner un sort aussi triste !

— Bon ! Et que voulez-vous ?

— Vous devez changer de train pendant qu'il ne roule pas encore trop vite ! Passez chez nous !

— En somme, vous arrivez en Irak pour me débaucher ?

— Oui. Entre autres choses. C'est dans votre intérêt.

— Je ne suis qu'un contractuel au service de l'Abwehr, mais savez-vous combien je gagne ?

— À Berlin, nous savons tout sur vous.

— Alors, combien m'offrez-vous ?

— Trois fois plus ! Nous connaissons ce que vous valez au Proche-Orient.

Je comprends maintenant que cet officier du Amt VI est un S.D. au service de Schellenberg. Personnellement, je tiens Schellenberg pour un sinistre personnage et le juge très dangereux. Je réplique :

— Et vous croyez que l'argent fait des miracles ?

— L'argent, non, mais la puissance ! Après la guerre, c'est nous qui distribuerons les postes vraiment importants !

Je pensai *in petto* : « je t'emmerde parce que vous ne gagnerez pas la guerre ! » Je change de conversation et lui dis :

— Vous ne pouvez pas rester en Irak! Ici, vous n'arriverez à rien. Vous ne parlez pas les langues du Proche-Orient. Vous n'êtes pas musulman. Le moindre de vos gestes révèle l'Obersturmführer qui est en vous. Et les Irakiens sont des primitifs féroces qui finiront par vous couper en morceaux, surtout si vous persistez à traîner avec vous l'Assyrien dont la présence vous condamne! Demain, je vous ferai passer en Iran.

Le soir, dans la maison primitive que j'occupais, je pensai à cette rencontre insolite. Je ne savais pas jusqu'ici à quel point les grands services du IIIe Reich s'opposaient les uns aux autres. L'arrivée de Mertens et ses offres me prouvaient que la guerre entre l'Abwehr et le S.D. était déclarée. Pour lâcher l'un au profit de l'autre, il eût fallu prendre une option politique. La seule image que je me faisais de Schellenberg l'interdisait. Ce Mertens ne manquait pas de bon sens en déclarant que l'Abwehr ne faisait rien au Proche-Orient, mais selon son point de vue de national-socialiste, hanté par le combat idéologique. Il oubliait que l'Abwehr travaillait de son mieux sur le plan de l'information militaire et se maintenait dans un secteur attribué par le haut commandement lui-même. Il refusait d'en sortir, d'imiter les nationaux-socialistes qui prétendaient s'occuper de tout, et maintenant de l'Irak où les camarades de Mertens justifiaient les dénonciations de la presse ennemie nous accusant de préparer la révolution dans chaque ville, chaque village. Divisée contre elle-même, l'Allemagne n'arrivera pas à coordonner les puissances politiques et militaires existant en elle et, moins d'un an plus tard, elle ne saura exploiter la révolte en partie fomentée par la S.S..

Je n'arrive pas à m'endormir. Ce Mertens se présente comme la statue du Commandeur, en témoin des haines en train de mûrir à Berlin. Qui l'emportera du S.D. ou de l'Abwehr? Je ne spécule pas. L'idée de passer au service de Schellenberg ne m'effleure pas. Gagner trois fois plus que je ne gagne chez Canaris? À quoi bon! Et il me semble que j'engagerais plus que mon activité, mon âme elle-même, en passant au service des nationaux-socialistes. Je ne trouve pas le sommeil pour échapper à toutes ces perspectives inquiétantes. Je me lève donc, et vais retrouver Ramsès qui veille devant sa maison. Le vent souffle dans les forêts. Ce n'est pas du tout un massif montagneux âpre et désolé comme on l'imagine en Europe, point très fertile non plus. Par l'altitude, l'articulation des vallées, il rappelle les Cévennes. Il existe certes des maquis, mais qui cèdent très vite devant les forêts de chênes, saules, noyers, grâce aux mille ruisseaux qui chantent en descendant vers le Tigre pour l'alimenter. Le paysage s'avère plutôt aimable, en contraste abrupt avec les hommes qui l'animent, autant de hors-la-loi attachés à de très vieilles notions chères aux premiers hommes. Malgré ses voyages, sa culture, suffisante pour exploiter un émetteur-radio, Ramsès ne représente qu'un Kurde parmi les autres, mais sans défaut ni faiblesse en tant que tel. Je lui dis :

— Demain, tu feras passer l'Allemand en Iran par Kelashin.

C'est un petit col bien pratique pour faciliter les trafics des Kurdes sur ces confins que nulle frontière précise ne définit.

— Tu as parlé avec lui ?

— Oui. C'est bien un Allemand.

Ramsès allume une cigarette et je distingue son visage qui me paraît amer et soucieux. Il dit lentement :

— Je ne comprends pas comment les choses se passent chez toi. Pourquoi on envoie un espion espionner un autre espion ? Au lieu de travailler chacun de son côté !

Je souris.

Mes chefs n'ont peut-être plus confiance en moi et cherchent à me remplacer par un autre ?

Impossible ! Jamais ils ne trouveront un aussi bon musulman que toi !

Pauvre Ramsès ! S'il savait combien je répugne à prendre des hommes pour des dieux, fils de Dieu, envoyé de Dieu, qu'il s'agisse de Mahomet ou de Jésus ! Il revient à Mertens.

— Alors, tu le laisses partir ? Tu ne veux pas qu'on le balance de la falaise pour économiser une balle ?

Le village est collé à la montagne, ses maisons étagées sur la pente, les plus basses reposant au sommet d'une falaise rocheuse qui, au-delà, tombe à pic sur une cinquantaine de mètres.

— Mais non, voyons. Il n'a rien fait contre vous et, pour le reste, ça me regarde !

— Et le chien d'Assyrien ?

— C'est une autre question ! Moi, je n'interviens pas dans vos affaires !

Le lendemain matin, très tôt, Dshaffar arrive de Bagdad où il possède une splendide maison, au centre d'un parc qui s'épanouit dans le quartier rive-gauche de la capitale : Al Azamiya. Lui est un seigneur. Il connaît et fréquente toutes les personnalités politiques de l'Irak et me dit :

Nous allons avoir une importante réunion chez moi et je te prie de bien vouloir y assister. Comme Libanais, bien entendu, car à part le mufti de Jérusalem, personne ne te connaît.

— Bien entendu.

Elle devait se tenir le 17 août 1940. Quand je partis pour Bagdad, avec Dshaffar, mon collègue et ennemi Mertens, se trouvait déjà sain et sauf en Iran, à Rezajeh. L'Assyrien était resté à Dohouk et je crois que les Kurdes attendirent que je sois parti pour le balancer du haut de la falaise, comme prévu !

À Bagdad, je descends comme d'habitude à l'hôtel Zia et quand je me présente chez Dshaffar, le mufti est déjà arrivé. Le Kurde l'a placé sur un fauteuil surélevé assez banal, mais dont la charpente entièrement dorée à la feuille essaye de lui donner le prestige d'un trône. Je dois me hisser sur la pointe des pieds pour lui souffler à l'oreille :

— Je vous préviens que les Anglais savent tout ce qui se passe en Irak depuis qu'ils ont décodé les messages de la S.I.M.

Le service d'informations militaires de Mussolini est très habile, mais les Anglais, plus habiles encore, déchiffrent maintenant toutes les communications radiophoniques échangées entre Bagdad et Rhodes ! Le mufti l'ignorait mais l'apprendre ne le trouble pas. Il a déjà brûlé ses vaisseaux et s'intéresse principalement aux caisses noires de Rome et Berlin qui lui permettront de financer de nouvelles intrigues.

Autour de lui, se rassemblent huit conspirateurs. Le plus important de tous, Mahmoud Salmän, colonel du « Carré d'or », se trouve assis à côté de moi. C'est l'officier révolutionnaire typique, qui préfigure le style d'un Nasser et, de beaucoup, le plus sérieux des agitateurs irakiens, À ma droite, se tient son frère Mohammed, retour d'un stage accompli à l'école d'officiers anglais de Sandhurst. C'est un garçon jeune et beau qui remporte un vif succès auprès des Anglaises. C'est par lui que je connais l'affaire des fuites que je viens, inutilement, de révéler au mufti de Jérusalem, Mohammed l'ayant reçue d'une Wakf avec laquelle il couche à Londres.

La séance se déroule dans une atmosphère de grande audience papale. Al Hadji Amin al Hussein ne manque pas d'allure et semble parler en successeur de Mahomet. Seulement, il n'avance que des mensonges. Selon lui, des comités révolutionnaires à sa dévotion se forment dans tout l'Islam pour appuyer le putsch irakien en gestation. Je suis bien placé pour savoir que de tels comités existent seulement dans l'imagination du mufti… L'armée égyptienne se trouverait, selon lui, sur pied de guerre, et se disposerait à prendre les Anglais à revers pour couper en Irak la route des Indes ! Je suis également bien placé pour savoir que, loin de se trouver sur pied de guerre, l'armée égyptienne n'existe pas. Hassan el Bana, le chef des frères musulmans, apportera peut-être son appui aux Irakiens, mais jamais s'il découvre parmi les conjurés le mufti de Jérusalem qu'il déteste !

Le mufti annonce :

— Des tonnes d'armes et de munitions arrivent en transit par Alexandrette !

Je sais qu'à part les Anglais, les Français et les Turcs, personne au Proche-Orient ne détient des tonnes d'armes !

— La révolte préparée par le « Carré d'or » mûrit dans le secret le plus absolu.

Je sais que les Anglais en suivent le développement jour par jour. Enfin le mufti de Jérusalem coiffe sa harangue pieusement guerrière par une déclaration non moins mensongère :

— Et si toutes ces forces ne suffisent pas, je proclamerai la guerre sainte !

J'ai bien envie de rire puisque sans raison de m'indigner comme musulman sceptique, car seuls les Européens s'imaginent que la guerre sainte peut être proclamée contre des Infidèles ! Ils doivent savoir que toutes les soi-disant guerres saintes annoncées par les uns ou les autres furent seulement des thèmes d'autosatisfaction pour orateurs excités ! D'abord, une guerre sainte ne peut être proclamée que par un Calife. Or, depuis la disparition de Abdul Hamid, il n'existe plus de Califes en pays musulman. Ensuite, la guerre sainte ne peut être déclarée que contre l'usurpateur d'une position religieuse, donc sacrée, et à la condition que le Calife et ses hommes puissent s'y consacrer intégralement. Ce n'est pas le cas du mufti, toujours préoccupé de remplir sa caisse ! Déclarer la guerre sainte contre les Anglais ne se pourrait concevoir que si, par exemple, le colonel Lawrence avait décidé d'usurper les prérogatives religieuses d'Abdul Hamid !

Mais l'annonce ravive le rêve éternel des musulmans et l'assemblée réagit de manière différente. Les uns gonflent leur poitrine, Dshaffar, le colonel Mahmoud Salmän et son frère donnent des signes d'incrédulité et d'ennui, quant à moi, je médite le message que j'adresserai ce soir à Aladin : « Saladin vient de monter sur son grand cheval et brandit son épée bien aiguisée. Rien d'important à signaler ».

D'ailleurs, la guerre sainte du mufti de Jérusalem ne représente qu'une étape sur le chemin de sa vérité, la seule que jamais il ne trahira. Il dit :

— Et l'argent ?

Je murmure un proverbe allemand : « Rossignol je t'entends marcher »... et constate que tous les regards convergent dans ma direction. Dshaffar a dû me présenter comme un richissime commerçant libanais décidé à mettre sa fortune au pied de la révolution irakienne. L'ennui pèse maintenant sur l'assemblée et je me prépare à battre en retraite le plus discrètement possible, comme le colonel Mahmoud Salmän et son frère, pendant que Al Hadji Amin al Hussein poursuit ce que les Français appellent un « appel au peuple ». Je l'entends gémir :

— Moi je n'ai plus d'argent ! C'est pour cela que je viens d'envoyer ma main droite à Berlin...

Je sais. Ta main droite s'appelle maintenant Max Müller. Elle voyage avec un passeport établi par ce stupide Von Papen. Quelle soit crochue, cette main droite, ne fait aucun doute mais je n'ai pas à donner mon sentiment sur elle à Berlin :

En sortant, nous percevons les dernières paroles du mufti :

— Merci Allah, de m'avoir fait venir en Irak !

Le frère de Mahmoud Salmän me dit :

— Si c'est Al Hadji Amin al Hussein qui doit diriger l'affaire, moi je retourne en Angleterre pour un nouveau stage à Sandhurst !

Je lui fais écho :

— Quel farceur ce mufti !

Puis je me tais. Je n'ai pas à prendre de position politique. Je suis un homme de l'Abwehr, organisation purement militaire, pas un S.D. Je confirme le lendemain pour la centrale d'Ankara : « Rien à signaler à Bagdad ! »

Par Damas, Jérusalem et Kantara, je regagnai l'Égypte sans perdre un jour de plus. Les Italiens venaient de lancer leur première offensive contre les troupes d'occupation anglaises. L'effet de surprise jouant, elles progressaient très rapidement vers El Alamein. Brusquement, je me trouvais porté au niveau d'efficacité le plus élevé pour un agent de l'Abwehr, allemand par la mère, égyptien de naissance, lié à toutes les grandes familles du pays, les sectes religieuses, les clubs révolutionnaires, mais aussi les vieux résidents britanniques. Je possédais une connaissance presque unique du grand désert occidental qui allait devenir théâtre d'opérations. Nulle part ailleurs dans le monde autant qu'ici le « fils à papa » Gaafar ne pouvait mieux servir l'espion Eppler. Dès mon retour, notre centrale d'Ankara m'accabla de messages secrets… Informer urgence sur origine des forces britanniques… Matériel de guerre déchargé sur port d'Alexandrie… Mise en état de défense de ce port… Implantation des états-majors… Noms des chefs… Stocks d'essence disponibles… Contrairement aux affirmations du S.S. Mertens, l'Abwehr faisait son travail.

Le réseau que j'avais préparé pour me donner du poids dans les discussions avec Rohde en 1937 ne possédait pas l'efficacité que j'en attendais. Hassan el Banna planait toujours aux altitudes ésotériques d'une révolution purement musulmane et n'aurait su distinguer un canon de 90 d'un lance-flammes ! Les jeunes officiers des clubs nationalistes pensaient à l'Égypte seule et comprenaient mal qu'espionner pour le compte de l'axe Rome-Berlin c'était travailler à la libération du pays. Benito Mussolini ayant déjà montré, en Abyssinie, qu'il désirait se tailler un empire africain, l'aider revenait à remplacer un impérialisme par un autre.

Vingt ans plus tard, la presse européenne m'accusera d'avoir collaboré avec Nasser et Sadate, mes « collègues » de l'Abwehr. Comme la plupart des informations rédigées et imprimées, celle-ci est totalement fausse. Ni l'un ni l'autre des deux futurs présidents égyptiens ne se trouvait en rapport avec nos services, et si je connaissais très bien Sadate depuis mon enfance, jamais je n'avais rencontré le lieutenant Nasser qui, à l'époque, se trouvait en service commandé au Soudan et tuait le temps en écrivant des poèmes ! Seul de mon ancien réseau, le führer égyptien pouvait m'aider, mais il disposait de peu de monde. Une fois de plus, je devais compter sur le hasard, les rencontres qui, formant boule de neige, finissent par apporter les informations sur un plateau d'argent. Je venais déjà l'année précédente de bénéficier de ce processus en Roumanie.

Espion pacifique, je n'avais jusqu'ici jamais entendu éclater un obus, une bombe, une mine, depuis le début de la guerre. Je vivais la guerre à travers une sorte de fiction grammaticale, bien à l'abri de ses réalités sanglantes. Cette période paisible s'achevait.

Un soir, je sors de la gare d'Alexandrie, et entreprends une marche hygiénique en direction du port dans lequel je n'ai pas réussi à pénétrer depuis mon retour, car l'amirauté anglaise en bloque toutes les issues. Je ne me trouve pas très loin des fils barbelés et réfléchis une fois de plus sur le meilleur moyen de les franchir, car Aladin me réclame avec insistance un plan détaillé de ses défenses, lorsque la nuit absolue brusquement se déchire. De merveilleuses fleurs tropicales s'allument au fond du ciel. Suspendues à leur parachute, les fusées éclairantes de l'escadre qui gronde là-haut posent sur les installations portuaires, les navires à l'ancre ou à quai, une sorte de vernis blême qui en révèle les formes. Presque aussitôt pleuvent les bombes. D'éphémères volcans naissent et disparaissent. Pour la première fois, l'aviation italienne bombarde Alexandrie. En 1940, bien entendu, il ne peut s'agir que d'une caricature des futurs bombardements de Hambourg, Berlin, Dresde, Hiroshima ! Les bombes de cinquante kilos en pèseront plus tard deux mille, au trinitrotoluène qu'elles contiennent succédera l'uranium enrichi ! Tout de même, je n'aimerais pas en recevoir une sur la tête !

Je me replie vers les quartiers d'habitations en courant et m'engouffre dans une cave, salué par les pom-pom de la DCA anglaise qui ouvre le feu. Aladin m'a justement demandé de situer ces emplacements de DCA. Travail facile pour un docker passant ses journées sur le port. M'engager parmi eux serait fort dangereux, risquerait de me brûler en Égypte pour la durée de la guerre car je suis connu de tout le monde à Alexandrie. Brusquement, je sursaute et quitte la cave au pas de course, comme je l'avais abordée… Puisque les batteries tirent, elles révèlent leur position, et me mâchent la besogne ! Et j'allais manquer une pareille occasion ! Elle est manquée ! Les batteries ne tirent plus. L'escadre italienne a fait demi-tour. Seuls, quelques petits incendies témoignent encore sur la guerre, bien timidement conduite de part et d'autre.

Et d'abord par Eppler ! Il vient de se laisser snober par un simple feu d'artifice ! Il a eu la frousse et l'avoue ! Il a perdu la minute de vérité qui simplifiait son travail. Quel crétin ! Gaafar se console en pensant : Eppler fera mieux la prochaine fois !

Je suis devenu l'ami et le confident du maquereau de Farouk, l'Italien naturalisé égyptien, Pully Bey, que Jowan Elmas, le secrétaire du roi d'Albanie, m'avait présenté au retour de Sofia. S'il se trouve lui aussi agent d'un service secret, à vrai dire tout à fait particulier, il n'en est pas moins un homme droit, serviable et fort intelligent. Je l'aime bien. Depuis mon retour en Égypte il m'a fait connaître une fille magnifique à laquelle je m'interdis de toucher, parce qu'elle est la maîtresse de Jowan Elmas et si pareil renoncement me coûte beaucoup, je le maintiens et le maintiendrai jusqu'au bout, précisément parce que je traite l'amitié en religion exigeante.

Roberta est issue d'une misérable famille de pêcheurs fixés en Italie, à Reggio de Calabria. À quinze ans, elle avait décidé que plus jamais elle ne revivrait des jours aussi sombres que ceux de sa prime enfance. Une nuit, alors que le père se trouvait en mer, elle mit la clé sous la porte de la maison et, sans espoir de retour, partit pour Naples. Elle tomba, bien entendu, sur le maquereau de service en gare qui tenta de la placer dans une de ces rues chaudes du port, disparues pendant la guerre sous les coups des bombardiers américains. Revêtir la tenue historique des putains de Naples, la minijupe extra-courte et les bottes rouges gainant le mollet jusqu'au-dessus des genoux ne la tentait pas, même si, trente ans plus tard, les jeunes bourgeoises de Paris devaient l'adopter en toute innocence ! Un maquereau plus ambitieux la libéra du premier et l'accompagna sur un bateau qui touchait Alexandrie. Elle rompit, ce qui n'est pas toujours facile, et tomba sur un troisième maquereau de service en Égypte, c'est-à-dire sur Pulli Bey qui reçut un choc. Roberta possédait un corps parfait, une chair brune et à la fois lumineuse, comme éclairée par un soleil calabrais qui l'aurait caressée de l'intérieur pour en ménager les reflets, un visage allongé, un nez grec, des yeux noirs semés de paillettes d'or, une crinière de pouliche anglo-arabe qui lui coiffait les épaules. Elle avait alors seize ans, selon l'état civil fasciste et vingt ans pour tout mâle en quête de voluptés supérieures. Pulli Bey lui dit :

— Je vais te présenter au roi Farouk. Il est très gentil. Il te demandera de coucher avec lui. Une seule fois. Il exigera peut-être des trucs extraordinaires. Mais une seule fois. Tu recevras un bon paquet. Tu ne peux pas refuser !

Roberta ne refusa pas, bien au contraire. Elle était extrêmement intelligente. Elle avait utilisé deux maquereaux pour se diriger vers la puissance et la gloire. Le troisième était le bon, car Pulli Bey lui en ouvrait les portes.

Elle possédait maintenant un bel appartement. Les grands propriétaires terriens, les vrais Beys, les riches américains installés à Alexandrie, déposaient leurs hommages à ses pieds. Elle ne les acceptait déjà plus, attendant l'apparition d'un vrai roi selon les temps modernes, un roi qui ne serait pas celui d'un jour et qui détiendrait le sceptre révéré de tous : l'argent.

Un soir, Pulli Bey qui lui, n'ignorait rien de mes activités, me dit :

— Je crois que tu te casses la tête pour trouver les positions de la défense anglaise dans le port.

Je répliquai :

— Moi, je ne crois pas, j'en suis sûr !

Je poussai un soupir en évoquant le bombardement qui m'avait offert une chance sans me permettre de la saisir. Pulli Bey me tendit un fichier relié sous couverture souple et me dit :

— Tiens, je crois que tout est là-dedans !

J'ouvris le dossier. Par l'effet de surprise devant un incroyable devenant vrai, ma tête devait rappeler, non pas celle des gens heureux, mais plutôt le visage d'un condamné qui s'agite sur la chaise électrique dans un État nord-américain. J'avais tout en main : position des batteries de DCA, effectifs pour les servir, nature des pièces, du 90 en général, emplacement des P.C. de tir, implantation des barrages de ballons et leur altitude, situation des filets anti-sous-marins à l'entrée du port avec les heures d'ouverture possible et le code permettant de l'obtenir, indications sur les mines émergées et les mines noyées dans les soubassements des constructions à faire sauter… Tout ! Ma main tremblait tellement que je n'arrivais pas à lire les dernières pages. D'une voix étranglée, je demandai à Pulli :

— C'est pas vrai ? Comment as-tu obtenu ça ?

Lui restait très détendu.

— En conduisant Roberta chez le roi, j'ai aperçu ce dossier qui traînait sur une table ! Je ne savais pas où je l'avais fourré chez moi, et c'est pour ça que je ne t'en parlais pas. Je l'ai récupéré seulement hier, caché derrière les bouquins de ma bibliothèque !

La découverte de Pulli Bey ne relevait pas de l'espionnage mais du hasard et de la pagaille que Farouk entretenait dans son palais, pour ne pas dire de son je-m'en-foutisme demeuré célèbre. Mais comment lui, qui ne s'intéressait à rien d'autre qu'aux filles et aux boîtes de nuit, avait-il dérobé ça aux Anglais ? Il n'avait rien dérobé, les Anglais lui ayant apporté le document à domicile ! Ils ne pouvaient en effet passer outre à la situation légale du pays. Bien que soumise aux volontés de Londres, l'Égypte restait un État indépendant, reconnu comme tel par les puissances. Les Anglais ne pouvaient mener éventuellement la guerre sur son territoire, occuper militairement Alexandrie en ignorant l'existence de Farouk. Ils lui communiquaient donc leurs plans, la mort dans l'âme peut-être, mais tenus d'observer ce minimum de courtoisie. Si l'Intelligence Service avait fait son métier, connu ce qui se passait au palais royal, jamais le haut commandement militaire n'aurait communiqué des renseignements de cette valeur au roi ! Je possédais maintenant une certitude bien agréable : tant que Pulli Bey serait tenu d'introduire cinq filles par jour dans le palais, Eppler pouvait dormir sur ses deux oreilles et tendre simplement de temps à autre la main vers son ami pour connaître les plans de ses ennemis ! Une chance unique dans une vie d'espion !

Je pensai tout à coup qu'il ne me restait peut-être pas assez d'argent pour rémunérer un tel service, car il n'avait pas de prix. D'une voix mal assurée, je demandai :

— Combien je te dois ?

Pulli Bey haussa les épaules :

— Rien du tout. Je ne me suis pas donné de mal, ni pris le moindre risque, donc ça ne mérite rien. Le mérite s'appelle Roberta. Fais-lui un cadeau, et on n'en parle plus.

Je commence à trouver que les femmes jouent un certain rôle dans l'espionnage ! Je consulte ma montre. Il est quatre heures de l'après-midi. J'ai le temps de m'exécuter avant la fermeture des magasins. Je saute dans un taxi, passe chez moi pour récupérer la forte somme qui se trouve dans un coffre secret. Puis je cueille Roberta chez elle. Dans le taxi qui nous emporte vers la rue de France, elle me serre la main avec tendresse. Je pourrais coucher avec elle et ce n'est pas l'envie qui m'en manque. Mais nous avons établi entre nous un style dont je ne saurais déroger. Pourtant… Après le cadeau que je vais lui faire…

Dans la vitrine du plus grand joaillier de la rue de France brille un collier composé d'un triple rang de perles naturelles provenant de Moscate. Les plus riches femmes d'Alexandrie passent et repassent devant lui avec des visages extatiques ou des yeux chargés de sombre fureur. Il est exposé depuis plusieurs semaines et cela prouve que son prix dépasse les moyens des familles les plus riches… ou rebute les plus avaricieuses… Pourvu qu'il soit encore là!

Il est là. Je pousse Roberta dans le magasin, vers le patron que je connais, un petit vieux dégoûtant. Il bave en parlant le français, seule langue digne de sa clientèle habituelle. Je pointe le doigt vers le collier des mille et une nuits en disant:

— Je veux cette petite bricole!

Il me regarde et je lis un rapide calcul qui aligne les chiffres au fond de ses yeux. Il connaît les Gaafar et leur fortune. Donc il extrait précautionneusement le collier de la vitrine. Il s'apprête à le passer au cou de Roberta, mais je le lui enlève des mains.

— Pas toi! Moi seul!

De Roberta éblouie, ébahie, je fais une princesse. Je paye comptant, en livres sterling, une somme énorme et pousse la fille dans la rue pendant que le joaillier multiplie les génuflexions dans mon dos, répétant en bavant:

— Merci mon Pacha! Grand merci mon Pacha!

Roberta marche maintenant très vite et mes jambes, assez courtes, n'arrivent pas à la rattraper. La foule s'ouvre et se referme sur son passage, cent et mille têtes étonnées suivent son sillage comme pour empêcher de s'évanouir l'apparition qui vient du ciel et y retourne. J'ai compris. Roberta est en train d'extérioriser la volonté de puissance qui l'anime. La fille du pauvre pêcheur de Reggio de Calabria prend sa revanche. Elle se dirige vers le Cecil Hotel car c'est l'heure du thé qui rassemble là tout ce qu'Alexandrie compte de gens riches ou politiquement importants. Quand je me présente à sa suite, il est trop tard ; la porte à tambour vient de l'absorber, poussée avec une telle énergie qu'elle tourne encore sur son erre et me repousse à l'extérieur. Roberta ne veut pas de moi, c'est clair ! Elle se présente seule responsable du collier de reine qu'elle porte. La fille du pauvre pêcheur ne veut pas faire comparaître à ses côtés l'homme à qui elle le doit !

Elle confirme une telle interprétation de son attitude le lendemain, chez Pulli Bey. Elle m'embrasse et s'excuse. Quand elle est partie, je demande à mon ami :

— Pour le document, elle est au courant ?

— Bien sûr, c'est elle qui l'a ramassé sur la table de Farouk !

Je dois rencontrer ce soir, au Caire, Hassan el Banna. Je prends congé de Pulli, saute dans un taxi, me fais conduire à la gare où je prends le train. L'idole des Frères musulmans habite rue Fouad. Les Anglais, autant que le roi Farouk, le craignent beaucoup, en raison de la puissance qu'il détient en profondeur dans la conscience musulmane. Ils l'arrêtent donc de temps à autre, puis le relâchent quelques jours plus tard, incertains de la conduite à tenir avec cet homme qui les combat au moyen d'armes insolites. Les Frères musulmans ont donc pris des mesures de sécurité que je connais. Quand une serviette de table est posée sur la main courante du balcon, au premier étage de la maison, c'est que le visiteur peut entrer. Serviette absente égale danger. La serviette ne se trouve pas en place ce soir. Quelqu'un sort de l'ombre et me dit :

— Ne monte pas, ils sont venus cet après-midi pour l'embarquer !

Je fais demi-tour, brusquement inquiet, non point à propos de Hassan el Banna car je tiens son emprisonnement à éclipse pour une opérette typiquement orientale, mais pour moi-même. L'ambiance policière créée par cette arrestation me ramène à mes propres problèmes dont le principal s'appelle Intelligence Service et l'initiative de Roberta l'actualise. Je reprends donc tout de suite le train pour Alexandrie, retourne chez Pulli Bey el lui demande :

— Est-ce que Roberta rencontre souvent des Anglais ?

— Non, mais des Américains. Je devrais dire un Américain, qui lui a promis le mariage. Un type bourré de dollars. Quelque chose comme un roi de l'amiante, ou de la crème glacée, je ne sais plus.

Je fronce le sourcil.

— Qu'est-ce qu'il fait au Caire ?

— Il dépend d'une mission commerciale et je crois qu'il possède un bureau à l'Ambassade.

Je me sens de plus en plus inquiet.

— Américain ou Anglais, pour moi c'est la même chose ! Les services secrets des deux pays marchent la main dans la main. Si jamais Roberta lui parle du plan de défense que j'ai reçu, les Anglais seront au courant vingt-quatre heures plus tard, et moi brûlé, non seulement en Égypte mais dans tout le Proche-Orient et je dois bientôt repartir pour Damas !

Pulli Bey hausse les épaules :

— Mon vieux, tu peux dormir tranquille ! Je connais Roberta. Elle veut épouser cet Américain et devenir la dame la plus respectable des États-Unis. Non seulement elle ne parle jamais de son passé, mais je crois qu'en toute bonne foi elle l'oublie, aussi complètement qu'une femme peut oublier. Les documents de Farouk, c'est le passé. Roberta prend à son compte la parole des Écritures : « Laisse les morts ensevelir les morts ! »

Je terminai la parabole en la paraphrasant :

— « Et toi, va annoncer le règne de la vertu ! »

Il rit et dit :

— Contrairement aux apparences, Roberta est un monument de vertu !

Roberta devait épouser le roi des bonbons acidulés, quitter l'Égypte pour les États-Unis, sans souffler mot des documents cueillis chez le roi et qui expliquaient l'apparition du collier de perles rares à son cou. Elle disparut sans laisser trace de son aventure. Ni Pulli Bey, l'artisan de sa fortune, ni Eppler, son obligé et amoureux transi, ne surent jamais ce qu'elle était devenue.

Comme un oiseau de mer tournant autour d'un phare, seul point vivant dans la nuit, je reviens en Irak où la révolte mûrit. Le 28 janvier 1941 je rencontre le mufti à Bagdad et le trouve débordant d'optimisme. Selon ses dires, il aurait obtenu une aide de l'Axe. En fait, sa main droite, Kemal Osman Hedat a reçu de Von Papen une promesse d'appui toute diplomatique lors de son passage à Ankara. Mais Papen propose, Hitler et la Wehrmacht disposent ! L'armée allemande se trouve encore au stade exploratoire. Elle a délégué à Bagdad un technicien de l'OKW, le colonel Junck que je rencontre. Il veut connaître mon sentiment sur les chances de l'armée irakienne maintenant aux ordres des quatre colonels, surtout de Mahmoud Salmän placé à la tête de l'aviation. Honnêtement, je lui refuse toute valeur militaire ! Sur un effectif théorique de quarante mille hommes, elle peut seulement en aligner huit mille contre les deux mille cinq cents Britanniques préposés à la défense de Habbaniya, base implantée à trente kilomètres seulement de Bagdad. Les officiers ne possèdent aucune expérience du combat mis à part le général Faouzi Caukatsji qui, lui, est un vrai guerrier. Il a fait la Première Guerre mondiale dans l'armée turque, s'est battu contre les Israéliens dès la proclamation de l'État juif et contre les ennemis de Ibn Séoud. Il dispose d'une brigade. Mais on le tient pour une personnalité un peu douteuse, abondamment décoré à la fois par les Français, les Anglais, les Allemands et les Turcs, un jour bien, un jour mal, avec le mufti. Fondée sur une longue expérience du Proche-Orient, ma conclusion tient en peu de mots : sans une aide militaire sérieuse de l'Allemagne, l'Irak n'aura jamais raison des Anglais !

Consciencieusement, le colonel Junck dresse un état des hommes et du matériel capables de faire face à la situation. Personne ne sait que l'Allemagne se trouve au carrefour de son destin. Hitler s'apprête à lancer des millions d'hommes sur la Russie, alors que quelques unités aéroportées appuyées par les Commandos du Bataillon 800, les parachutistes survivant à la conquête de la Crête, suivis par un flot d'unités italiennes pour assurer l'occupation du terrain, pourraient à partir de l'Irak et à travers l'Iran et l'Afghanistan politiquement mûrs, couper la route des Indes. Mais la chancellerie du Führer n'a pas de conseils à recevoir de l'Abwehr et je n'évoque pas ces perspectives devant le colonel Junck. Il me demande si nous tenons politiquement l'Irak en main, comme la presse ennemie nous en accuse. Je lui ris presque au nez et réponds :

— Pour tenir l'Irak, il faudrait au moins un de nos agents par ville : Bagdad, Kirkouk, Ruandus, Bassorah, Mossoul, Arbil… où les prendrait-on ?

Je rencontre ensuite Mahmoud Salmän à l'hôtel Zia. Il me fait le point de la situation politique. En sommant le régent Iman Gazi de retirer sa confiance au Premier ministre Nouri Saïd, les Anglais ont poussé Rachid Ali dans les bras de l'Axe depuis le mois de novembre 1940. Leur homme lige, Nouri Saïd, qui cherche à le remplacer, les a donc mal conseillés. Rachid Ali travaille maintenant avec l'ambassadeur d'Italie Luigi Gabrielli qui se trouve en poste à Bagdad. Ici, depuis la défaite de la France, tout le monde juge l'Angleterre perdue avec une prochaine occupation de la Grèce, l'arrivée imminente des Fascistes en Égypte. Mais lui ne se fait pas d'illusion et me dit :

— C'est le mufti qui répand cet optimisme avec ses déclarations idiotes. Certes, les Anglais sont très occupés en Cyrénaïque. Leur position en Irak reste faible, mais je les connais. Ils s'accrocheront à notre terre, je veux dire à notre pétrole, jusqu'à leur dernier soldat ! Crois-tu que les Allemands se battraient aussi bien qu'eux pour nous délivrer ?

Je ris et réplique :

— Je ne sais pas si l'Allemagne marchera, mais je puis t'assurer que si la Wermacht arrive ici tout deviendra très sérieux !

C'est un Mahmoud Salmän pas tellement optimiste, malgré mes dernières paroles, qui prend congé. Je le vois remonter dans sa grosse Daimler et disparaître dans la nuit.

Entre le 3 et le 26 avril, je parcours l'Irak déguisé en Bédouin. Derrière l'épouvantable misère qui cloue au sol les populations rurales, je ne découvre aucun élan, aucune conscience politique capable de justifier les espoirs du mufti de Jérusalem. Je repasse par Damas afin de rétablir le contact avec Heloud qui, lors de ma dernière visite, ne voulait plus entendre parler de l'Allemagne et de l'Abwehr. Je suis descendu à l'Orient Palace et, du balcon de ma chambre, penché sur la nuit chaude et bleue, j'écoute les bruits de la rue. Les coupoles de la mosquée des Omayyades luisent encore faiblement grâce aux feux de bois qui s'allument aux carrefours, donnant par projection sur les murs des dimensions monstrueuses aux silhouettes des hommes en train de préparer leurs méchouis. Piquant leurs annonces criardes sur la mélopée des masses humaines, les petits porteurs de journaux passent… révolution à Bagdad ! Le putsch monté par les forces de l'Axe a commencé ! Le mufti de Jérusalem va proclamer la guerre sainte ! Le consulat britannique de Damas pris d'assaut et détruit par le peuple !

Après une pause qui a souligné le mouvement de stupeur produit par de telles annonces, la foule a lancé une clameur d'où la haine et l'enthousiasme émergent, étroitement liés l'un à l'autre. Je quitte ma chambre, dégringole les escaliers pour devancer le mouvement de l'ascenseur, plonge dans les masses humaines effervescentes puis, journal sous le bras, me dirige vers le consulat anglais. Toujours debout, il lui manque seulement quelques vitres brisées par jets de pierres. Je n'éprouve même pas la tentation de hausser les épaules, tellement ce rappel entre le conte oriental et la réalité me semble normal. Les Syriens ont simplement rêvé qu'ils détruisaient le bâtiment et se sont retirés, satisfaits d'avoir découvert le thème d'un rêve inédit. Donc, rien ne presse. La guerre sainte peut attendre ! Je téléphone à Héloud qui se trouve à Beyrouth et lui dis :

— Viens ! J'ai besoin de toi.

Il arrive vers vingt-deux heures au volant de sa grosse Dodge, très excité et me tombe dans les bras, criant :

— Ça y est ! T'as lu les journaux ?

— Bien sûr !

— Alors ? Que fait l'Abwehr ?

— Rien.

— Vous êtes des chiens paralytiques, toi et ton Abwehr ! C'est le SD qui a monté tout ça, et il se fout bien de toi ! T'as plus rien à dire !

— Tu as peut-être raison, mais nous manquons d'agents !

— Eh bien ! Sans l'Abwehr le « Carré d'or » va balayer les Anglais en Irak et Rommel fera le reste en Égypte !

Rommel se trouve à la frontière libyenne, à Sollum, depuis le 12 avril, mais je douche l'enthousiasme de Héloud en assurant :

— Rommel réussira peut-être, mais les Irakiens certainement pas !

Il fronce le sourcil et je sens qu'il me prend pour un défaitiste. Il me parle, lui aussi, des agents que nous avons dans chaque ville, ce qui est peut-être exact pour le SD mais certainement faux pour l'Abwehr. Je lui remets le rapport codé préparé pour Aladin, hâtivement rédigé, et dans lequel je ne cache pas mon sentiment sur la fragilité du putsch qui vient d'éclater. Prière d'acheminer par la nouvelle filière qui, maintenant, passe par lui. Il me quitte vers minuit. Tellement excité qu'il va se tuer sur la route de Beyrouth, contre un arbre qui attendait sa Dodge à la sortie d'un virage. Mon rapport parviendra tout de même à destination.

Le lendemain, j'émerge du lit à une heure raisonnable. La guerre sainte n'est pas pressée ! Moi non plus ! Je me rends au bazar pour acheter une djellaba neuve. Puis chez le coiffeur, pour que ma barbe tende vers la perfection qu'affiche celle du mufti. Enfin, je prends le Nairn mais dois voyager en dernière classe, car l'apartheid imposé par la morale anglaise règne encore, envoyant les gentlemen en compartiment-bar réfrigéré, refoulant les « bougnoules » de mon genre dans une prison roulante de tôles surchauffées dépourvue de confort. Tout cela devrait déjà être renversé si le putsch s'était imposé, renvoyant les gentlemen en deuxième classe, installant les fils de Mahomet au paradis roulant d'Allah. Je transpire, puis rissole dans ma djellaba toute neuve, blanche comme les déserts de sel. Mon vis-à-vis est un Kurde qui m'observe longuement avant de m'adresser la parole. Après avoir mastiqué un oignon saupoudré de cumin, il me dit enfin :

— Tu es libanais ?

— Oui.

Alors, il se confie.

— Les Allemands sont arrivés, j'espère qu'ils vont en même temps casser la gueule des Anglais et celle de ces maquereaux d'Irakiens !

— Tu n'aimes pas les Irakiens ?

— Ces chiens nous prennent pour des esclaves, mais ils n'osent pas nous affronter dans les montagnes où nous sommes forts !

— Vous êtes des sunnites... Pourquoi les détestez-vous puisque vous appartenez à la même secte ?

Il crache par terre.

— Nous ne parlons pas la même langue !

Irak contre l'Angleterre ! Kurdes contre Irakiens ! Comme disent les Français : quel pastis !

Le Nairn marque une halte au beau milieu du désert Badiat E Shams, à quelque cinq cents kilomètres de Damas. Lui refait son plein d'essence, et les voyageurs européens leur plein de whisky, satisfaction refusée à qui se prétend, comme moi, Bédouin à part entière ! Un fort ruiné, Ar Rutba, domine quelques baraquements. Je monte sur les restes de la tour pour mieux observer la nature du long panache de poussière déployé en plein désert, au Sud du fort, et qui se déplace d'Ouest en est. Elle est soulevée par les camions de la Légion jordanienne, unité d'élite formée par les Anglais. Ils l'ont appelée à la rescousse. Elle arrive de Transjordanie et marche sur Bagdad. Cette intervention menace sérieusement l'élan du « Carré d'or » et elle renforcerait mon pessimisme s'il ne se situait déjà à un niveau très élevé.

À Bagdad, je retrouve l'hôtel Zia puis me rends chez le mufti qui loge dans une très belle villa. Avant toute autre chose, il me pose une question qui semble le préoccuper terriblement :

— Sais-tu où se trouve Ramsès ?

Je comprends qu'il juge, lui aussi, la partie perdue à peine engagée, songe déjà à préparer son repli vers l'Iran pour échapper aux conséquences d'une révolte qu'il a notoirement provoquée par ses discours incendiaires et ses mensonges sur la puissance qu'il détenait. Il sait que Ramsès couvrirait sa retraite en toute sécurité, que derrière lui se tient le mystère armé du Kurdistan, mais ignore que le lieutenant de Dshaffar se trouve entière ment à mon service comme chef d'un réseau d'espionnage irakien, et qu'il en agira avec lui selon les instructions que je lui donnerai. Comme je n'ai aucune envie d'aider le mufti je réplique :

— À part moi, personne ne sait où se trouve Ramsès !

Puis, je laisse venir. Il bluffe de nouveau à partir des informations contenues dans une lettre que Von Papen vient de lui adresser. Seulement, chaque fois qu'il s'agit de Von Papen, j'oppose le proverbe allemand : « Il n'arriverait pas à faire sortir un chien de derrière le poêle ! ».

— Des milliers d'avions allemands et italiens viennent de se poser à Mossoul, affirme Hussein poursuivant son rêve... Le corps expéditionnaire de la Wehrmacht débarque à Latakié... D'énormes stocks de munitions sont entreposés à Alep !

Or, ce port et cette ville se trouvent sous le contrôle des Français, et je sais que le général Dentz n'a pas la moindre envie d'appuyer une intervention allemande. Le mufti ignore tout des quelques initiatives que nous prenons réellement. À bord d'un Heinkel 111, camouflé aux couleurs françaises, un diplomate vient d'atterrir à Damas. Il porte un titre mystérieux : « conseiller, secret du Führer », s'appelle Rahn et voyage sous le nom de Renoir. Après de laborieuses négociations, il a obtenu la libre disposition des terrains syriens pour les escales techniques des avions allemands. Un Junker 52, chargé de spécialistes qui doivent résoudre le problème du ravitaillement en essence s'est posé à Damas. Les Français cèdent à contrecœur huit cents tonnes d'armes et de matériel de guerre, prestations dérisoires qui, partant d'Alep par chemin de fer n'arriveront cependant jamais à Bagdad. C'est tout !

Avant de regagner l'hôtel Zia, le Bédouin Gaafar-Eppler parcourt la ville pour prendre sa température. Inquiétude et confusion règnent partout. Je note un certain déplacement des populations rurales vers la ville. La foule apparaît plus dense et misérable que d'ordinaire dans la banlieue chiite de Khadimain, isolée sur la rive droite du Tigre, couronnée par les hautes coupoles de son sanctuaire flamboyant au soleil. Mais le mental irakien n'a pas évolué. Le respect des femmes reste général, la grossièreté considérée comme un manquement aux règles orientales qui font de la vie un luxe. Les Irakiens d'un certain niveau social s'habillent toujours strictement de noir, l'œil fixé sur la Turquie et l'Europe dont ils envient la tenue, sans la culture car, chez le riche comme le pauvre, ils restent d'une ignorance phénoménale.

C'est une intervention de la Royal Air Force qui a provoqué inquiétude et confusion dans Bagdad. En réponse à l'annonce faite par le ministre Rachid Ali que ses canons prenaient position devant Habbaniya, elle a fait pleuvoir sur la capitale, non des bombes, mais des tracts encore plus menaçants que les canons irakiens !

De nouveau, le mufti m'attend, me reçoit et demande :

— Peux-tu envoyer pour mon compte un message à Ankara ?

Il cherche toujours à déblayer le chemin de sa retraite ! Je réponds :

— Non ! Moi, je ne m'occupe pas de politique. Seulement des Anglais. Adressez-vous au représentant officiel de l'Allemagne !

Voyageant sous le nom de Gerhke, l'ambassadeur Grobba est revenu à Bagdad le 12 mai. La D.C.A. irakienne a réalisé la veille le seul exploit de sa courte histoire. Alors qu'elle ouvrait le feu sur quelques avions anglais survolant la ville, un Junker 52 se présentait pour atterrir. Il portait un colonel de l'OKW chargé de coordonner l'aide militaire promise par Berlin. L'éclat d'un obus expédié par les Irakiens à une mauvaise adresse traversa la carlingue et le tua net. On devait l'enterrer au côté de Von der Goltz, dans le petit cimetière allemand de Bagdad où reposent nos morts de la Première Guerre mondiale. L'armée de terre irakienne n'obtient pas de meilleurs résultats que sa D.C.A. Commandées par Fahmi Saïd, l'un des colonels du « Golden Square », les troupes de Bagdad ont fait mouvement sur la base anglaise d'Habbaniya dès le 2 mai. Ses canons ont bien ouvert le feu, mais pas réussi à mettre un seul coup au but. La Royal Air Force a répliqué et, bien que composée de vieux appareils, réussi à décourager l'adversaire.

Jaber Omar, le plus proche collaborateur du Premier ministre Rachid Ali, me fait venir au palais et me demande :

— À votre avis, combien de temps pouvons-nous tenir seuls contre les Anglais ?

Par politesse, je réponds à côté de la question.

— Si l'aide germano-italienne promise par le mufti arrive assez tôt, la guerre d'Irak peut être gagnée.

— Si non ?

— Euh…

— Par radio, le mufti lance des appels à la guerre sainte, mais la population des campagnes ne bouge pas.

Je sais. Elle n'accorde à Rachid Ali qu'une confiance limitée. Elle ne devine, derrière lui, que trop d'intérêts étrangers. Totalement ignorante, comment imaginerait-elle qu'une intervention allemande porterait remède à sa cruelle misère ?

— Croyez-vous à l'aide de votre pays ? reprend Jaber Omar.

Je me défile.

— Que dit le colonel Junck ?

— Il a simplement communiqué à Berlin la liste de nos besoins.

— Berlin vous a répondu ?

— Non.

— Et comment vont les affaires du général Faouzi ?

— Mal.

À la tête d'une brigade, le seul vrai guerrier expérimenté de l'Irak s'est porté à la rencontre de la Légion jordanienne dont j'avais découvert les avant-gardes en traversant le désert Badiat E Shams. Il a tenté d'arrêter les mercenaires de Glub Pacha près de Ar Rutba, sans succès.

— Actuellement, il se replie sur l'Euphrate.

Jaber Omar n'ajoute rien, tombe dans une sombre rêverie dont il sort enfin pour me dire :

— Par ses mensonges, le mufti nous a poussés dans un piège ! Et si je le faisais fusiller ?

— Ce n'est pas moi qui prendrai le deuil !

— Enfin, tout peut changer ! On m'annonce l'arrivée de chasseurs allemands M.E. 109.

C'est exact. Le général Felmi qui commande la Luftwaffe à Rhodes vient de diriger deux escadrilles sur l'Irak et des Savoia Marchetti stationnent déjà sur ses terrains. Mais les machines éprouvent des difficultés. Je sais que trois Messerschmidt seulement ont jusqu'ici réussi leur escale technique à Alep.

Le même jour, je rencontre pour la seconde fois le colonel Junck. Je lui demande ce qu'il a promis aux Irakiens.

— Rien. Je n'avais rien à promettre. Évaluer seulement leurs besoins, quant à l'aide militaire sollicitée.

— Elle arrivera trop tard ! Si elle vient !

— Si elle vient ! Et vous ? Grande activité ?

— Oui et non. Moi, je m'informe et renseigne. Mission limitée. Je dois savoir que, depuis deux jours, un régiment de Gurkas, venu de Karachi, marche sur Habbaniya et je le sais ; mais je ne cherche pas les moyens de l'arrêter. Et pour cause ! Avec qui ? Avec quoi ?

— Je me trouve dans la même situation que vous. J'avais réclamé six escadrilles de M.E. 109 et une de Heinkel 111.

— S'ils arrivent, ils arriveront trop tard.

— Trop tard !

C'est déjà le mot de la fin ! Mais, comment les uns et les autres auraient-ils deviné que Hitler se préparait à partir pour Moscou et non Bagdad ? Je n'ai plus rien à faire à Bagdad sur laquelle pèse une chaleur accablante et cette humidité que provoque la situation si particulière de la ville. Construite au bord du Tigre, fleuve soumis à la loi de l'inondation succédant aux maigres de l'été, la ville repose sur une mince épaisseur de terre fouillée par les nappes phréatiques étendues à moins de deux mètres au-dessous des fondations. Lentement, des maisons s'enfoncent, les chaussées s'effondrent, les cloaques s'installent dans les quartiers pauvres.

Je m'offre un dernier repas nocturne de qualité avec un « mazgouf », ce grand poisson du Tigre qu'on grille devant un feu de broussailles et qu'on sert, ouvert en deux, parfumé au fenouil et rendu féroce par une sauce épicée. J'ai décidé de remonter chez les Kurdes d'où mes liaisons avec Aladin fonctionnent mieux qu'à partir de Bagdad. Le petit train de Kirkuk me laisse à Irbil. Quarante kilomètres de tape-cul à dos d'âne refont de mes fesses deux magnifiques steacks bien saignants. Mais, fesses pour fesses, je ne suis pas en reste avec mon bourricot car, afin de le persuader d'avancer au kilomètre vingt qu'il prétendait ne pas dépasser, têtu comme un âne, j'avais, selon la tradition, allumé un petit feu de broussailles sous ses bourses, obtenant ainsi un démarrage foudroyant, comparable à celui de la Lancia grand sport que je possédais autrefois en Égypte !

Je retrouve Ramsès à Quraitu. C'est un petit village, comme Dohouk, mais qui occupe une meilleure position stratégique. On y surveille plus facilement la progression des cavaliers venant de la plaine, on atteint plus vite et facilement la Turquie ou l'Iran. J'y trouve Ramsès et ses Kurdes sur le pied de guerre, prêts à faire le coup de feu, non point contre les Anglais, mais les Irakiens. Je lui dis :

— Tu as raison. Ne fais pas comme le mufti qui prétend gagner la guerre avec des proclamations. L'ennemi ne fait pas de politique, mais tire !

— Le mufti ? Je le fais descendre s'il vient ici !

À la grimace féroce qui le défigure, je comprends qu'il s'agit d'une menace fondée et me dis : pourvu que le mufti n'ait pas l'idée de fuir à travers le Kurdistan !

Ramsès me dit :

— Viens chez moi, je vais te donner l'argent.

— Quel argent ?

— Celui qu'Aladin a fait envoyer par Hindi. Il pensait que tu manquais d'argent !

Je récupère chez Ramsès un assez gros sac plein de souverains. De quoi acheter tout Bagdad grâce à la dévaluation galopante du dinar ! Mais je pense : il serait plus facile de gagner la guerre contre les Anglais avec mille guerriers de ta classe, Ramsès, qu'avec tout cet or ! Quel dommage que ta haine ne suive pas la même route que celle des Irakiens ! Lui me dit :

— Maintenant, j'ai douze agents qui travaillent partout. À Quraitu, tu vas en apprendre plus long qu'à Bagdad.

Je suis venu dans la montagne pour entendre sonner l'heure de la défaite et préparer le repli des vaincus qui peuvent encore rendre à l'Allemagne les services qu'elle n'a pas mérité en abandonnant les quatre colonels du « Golden square » à leurs illusions !

Au fond, ce Ramsès se situe plus près de l'Allemagne que moi. Lui comprend et parle la « langue des héros » qui me reste plus ou moins fermée et, s'il travaillait à Berlin, on le tiendrait pour un grand organisateur. Il manipule ses douze espions mieux que l'amiral Canaris les siens. Je lui ai fait cadeau d'une vieille Chevrolet laissée à Mossoul quelques mois plus tôt. Une fois la plaine atteinte à cheval ou à dos d'âne, il la charge à la manière orientale – douze passagers pour quatre sièges, plus un cochon, quelques lapins et poulets servant aux échanges ! Il laisse deux Kurdes à Kirkouk. Ils s'installent vendeurs sur le marché. Il dépose trois hommes à Bagdad. L'un cirera les chaussures, l'autre retrouvera des amis au Palais royal, ramassera des papiers dans les corbeilles, écoutera aux portes. Les autres couvrent le delta, circulant sur le port d'Abadan parmi les troupes anglaises. Relève tous les trois jours. Retour à la montagne. Et l'homme le mieux informé de l'Irak, qui se repose à Quraitu s'appelle Eppler ! Fidèlement, Ramsès me communique tout ce qu'on lui signale.

— Le général Faouzi Caukatsji bat en retraite entre l'Euphrate et le Tigre. Il a l'air de se diriger vers le Kurdistan.

— Tu crois qu'il se replie sur la montagne ?

— S'il arrive ici, nous couperons les oreilles de tous ses chiens d'Irakiens.

Trois jours plus tard :

— Faouzi a dit qu'il allait ouvrir les vannes de tout le réseau d'irrigation entre Euphrate et Tigre pour arrêter les Anglais !

Cet antique système de défense échoue. Les espions de Ramsès ont seulement repéré trois ou quatre voitures militaires bloquées par la boue. La brigade de Faouzi n'existe plus. Les compagnies se sont dispersées. Chacun est rentré chez soi !

— Les chasseurs allemands ont attaqué des colonnes anglaises. Mais ils sont maintenant presque tous en panne. Le sable ronge les pistons des moteurs qui n'ont pas été équipés d'un filtre à air tropical.

— Le pilote Blomberg a été tué par une balle de mitrailleuse perdue !

C'est le fils du maréchal Von Blomberg qui finit ainsi, inutile, dans le ciel irakien.

Le 23 mai :

— Notre front est percé à Faloudja sur la rive gauche de l'Euphrate.

Le 28 mai, j'aperçois venant de la plaine, un cavalier qui monte vers nous et que je reconnais aussitôt. C'est Jaber Omar. Il a réussi, non sans difficultés, à franchir les barrages des guetteurs kurdes. Essoufflé par la course, gêné par la mission dont on l'a chargé, il me dit :

— Écoute… c'est un peu compliqué… Très, très ennuyeux… enfin… voilà…

Je souris et lui facilite l'aveu :

— C'est le mufti qui s'amène, bien entendu ?

— Précisément. Avec Rachid Ali. Ils ont fichu le camp de Bagdad par le train. Je leur ai trouvé des chevaux. Dans une heure ils seront sur la frontière, à Qasrl el Shirin.

— Eh bien, qu'ils aillent au diable !

— C'est que... Je leur ai juré sur l'honneur que tu serais à Qasrl el Shirin dans une heure, avec Ramsès et ses hommes !

Je fais la grimace. Ramsès frappe sur la crosse de son fusil et crie :

— Nous y serons !

Mon terrible guerrier n'a pas besoin de nous faire un petit dessin pour illustrer ses intentions. Je lui dis sur un ton sévère :

— Non ! Tant que je suis là, on ne touche pas à un poil de sa barbe ! Le mufti se trouve sous la protection de l'Allemagne et si je le déplore, il me faut l'aider ! C'est comme ça !

Ramsès, furieux, serre les poings et se tait. Il ne m'adressera plus la parole pendant trois jours.

Je monte à cheval et suis Jaber Omar, emmenant derrière moi Ramsès, Hindi, Inch' Allah et une petite troupe de rebelles puissamment armés. Je trouve le mufti qui n'a rien perdu de sa dignité et Rachid Ali sombre comme un ciel d'orage. Ils ont quitté Bagdad en catastrophe, en même temps que les colonels du « Golden square » pendant que Arschad al Oman constituait un comité de sécurité pour négocier et signer l'armistice avec les Anglais qui entreront le 31 mai dans la capitale.

Nous escortons le mufti en territoire iranien puis faisons demi-tour, tandis qu'il poursuit directement vers Téhéran. Nous cachons Rachid Ali dans un village, au fond d'une vallée frontière. Le ministre et le faux prophète se retrouveront plus tard, à Ankara. Les colonels du Carré d'or, eux, vont connaître un destin tragique. Le 5 mai 1942 à deux heures du matin, les Anglais pendront

Fahmi Saïd et Mahmoud Salmän, aux abords du ministère de la Défense. Saïd meurt en silence mais Salmän fait face et déclare : « C'est du cadavre des martyrs que vivent toutes les nations, c'est sur nos cadavres que se bâtira l'Irak. » L'Irak moderne fera de lui le héros national qu'il souhaitait incarner. Les Anglais pendirent les autres beaucoup plus tard… Wait and See ! Kamil Shabib le 17 août 1944… Salah Eddin al Sabbagh le 16 octobre 1945. Ils avaient laissé à celui-ci, réfugié à Ankara, le temps d'écrire ses mémoires avant que les Turcs ne cèdent à leurs pressions et ne le livrent[1].

Quand j'arrive à mon tour à Ankara, le mufti s'est déjà envolé pour Berlin. Les Turcs l'ont laissé sortir sans difficulté mais prétendent garder Rachid Ali sous leur contrôle. Avec l'appui de Leverkuehn, il me faut organiser son évasion. Je dis à mon chef :

— Nous avons un résident allemand qui vient de mourir à Istanbul. Renvoyons le ministre irakien en Allemagne sous son nom !

— Impossible ! Un fonctionnaire turc assiste toujours à la mise en bière !

— Bakchich ?

— Peut-être, mais je crois difficile de truquer le cercueil plombé et soudé que douane et police sont tenues de vérifier. Nous ne pouvons prendre ce risque.

Je me remets au travail et monte une opération très compliquée. Je découvre d'abord l'existence d'un groupe de techniciens allemands qui s'apprête à repartir en avion pour Berlin. Il s'agit d'abord de découvrir celui dont la silhouette rappelle celle de Rachid Ali, puis le persuader de différer son départ. Il y consent. Notre ambassade lui fabriquera ultérieurement un passeport. Mais Rachid Ali doit franchir les contrôles de police, très sévères au départ, et la

1. *Fsran al Uruba fi al Irak*, Damas 1956.

photo du passeport ne saurait être confrontée avec le physique, tout à fait oriental, de l'ancien Premier ministre irakien. Je prépare de longue main l'opération que je viens d'imaginer.

D'abord des hommes de mon réseau montent une bagarre dans un café de Bedesten Bazar. Le technicien allemand y participe, mollement, mais jusqu'à l'arrivée de la police, afin que son nom figure sur le procès-verbal. On l'arrête avec les autres mais, sur intervention de notre ambassade, il est relâché vingt-quatre heures plus tard avec une fiche de levée d'écrou. Un médecin turc, appointé par nos services, rédige un bulletin d'entrée-sortie d'une clinique et relevé d'honoraires pour soins au visage. Puis je visite un certain nombre de policiers de ma connaissance, cherchant à m'informer sur la bagarre, les blessures reçues par cet ingénieur allemand, jusqu'à ce que l'affaire soit connue de tous les services de sécurité. L'inspecteur qui surveille l'embarquement dans l'avion de Berlin se trouve donc au courant, et lorsqu'il feuillette les papiers présentés par Rachid Ali, ne saurait imaginer que l'énorme pansement qui cache son visage depuis le menton jusqu'à la racine des cheveux, ne ménageant que trois orifices pour la bouche et les yeux, ne recouvre aucune blessure. Rachid Ali s'embarque sans difficultés.

J'arrive à Berlin un mois plus tard. Le mufti est installé dans une superbe villa nichée au fond d'un parc à Zehlendorf. La première fois que je me présente devant la grille, je me heurte à deux S.S. qui montent la garde, mais sans armes, et je les entends commenter mon approche en termes peu flatteurs. L'un d'eux dit à son camarade :

— Tiens, voilà encore un bougnoule !

Je me plante devant lui et grogne :

— Vous avez quelquefois entendu parler de l'Abwehr ?

Et je lui mets ma petite carte verte sous le nez. Il rectifie la position et le claquement de ses talons doit s'entendre jusqu'au bout de l'avenue. Il ne s'excuse pas. Je sais qu'on ne s'excuse pas dans la S.S.. C'est la règle ! Mais il s'explique car l'explication doit remplacer l'excuse non fournie :

— Depuis qu'on est là, les Orientaux ne cessent de rappliquer chez le grand mufti dont nous assurons la sécurité.

— Il n'y a pas de grand mufti ! C'est un mufti tout court !

Il me reçoit. Il n'a rien perdu de sa prestance. Il est certain que, drapé dans sa djellaba éblouissante, il doit impressionner a Ribbentrop lui-même. Il visite souvent le ministre des Affaires étrangères dont les caisses ne font jamais la sourde oreille quand il appelle les bénédictions d'Allah sur leurs serrures. Il me parle de ses projets de visite à Rome. Il espère que Mussolini, protecteur des croyants, le recevra. Il obtiendra de la louve fasciste le bol de lait qu'il attend. Plus tard, à la fin de la guerre, il tapera le quai d'Orsay à Paris. Les desseins d'Allah sont obscurs et ses besoins innombrables !

Je le rencontre encore une fois la semaine suivante. Puis, je repars pour Copenhague, mais pour peu de temps. Le 30 août, l'Abwehr me rappelle à Berlin. À peine ai-je regagné mon appartement que le téléphone sonne. Un « Legationrat » dont j'ai oublié le nom m'appelle depuis le ministère des Affaires étrangères et me dit :

— Ah ! Vous êtes arrivé ! Très bien ! Nous avons de la chance… Demain ou après-demain, vous devez accompagner le grand mufti à la chancellerie du Führer… oui, comme interprète…

Terminé.

Je raccroche à la fois ennuyé et impressionné. La perspective de me trouver face à face avec Hitler, si la chose arrive, ce qui n'est pas certain car aller à la chancellerie pleine de fonctionnaires de tout genre ne signifie pas rencontrer obligatoirement le Chancelier, possède un caractère à la fois inquiétant et alléchant. Je me méfie toujours de César ! Mais peu d'hommes ont, dans leur existence, l'occasion de lui serrer la main !

Je retourne à Zellendorf le lendemain et Hussein pousse un soupir de soulagement en me disant :

— J'avais peur qu'on ne désigne un interprète allemand si tu n'étais pas rentré.

Il sait que je le méprise depuis longtemps, mais comme il veut la fin, il veut aussi les moyens ! Il joue tous les atouts dont il dispose. Il me dit :

— Au moins, tu es un musulman et tu ne parles pas l'arabe de ces professeurs prussiens qui, à Jérusalem, malgré leurs diplômes, seraient incapables de demander un timbre-poste !

Nous attendons la voiture qui doit venir nous prendre au début de l'après-midi. La grande Mercedes noire décapotable, montée par deux S.S. des Services spéciaux, se présente à l'heure et nous emporte vers le centre. Parking. Petite marche entre les pelouses. Escalier monumental encadré par deux S.S. de la « Leibstandarte Adolf Hitler » qui, figés sur leur petit socle de bois, évoquent les statues d'une haute époque hitlérienne déjà morte. La Chancellerie rappelle les anciens décors dressés à Bayreuth pour donner la Tétralogie, Tristan ou Parsifal. Une demi-lumière baigne d'interminables couloirs, des salles que des lampadaires colossaux éteints laissent plongés dans une pénombre romantique. Un certain mauvais goût césarien y estompe la volonté de grandeur. Le grand hall de la Chancellerie apparaît aussi vaste que celui d'une gare. Moins encombré que lui par les voyageurs, mais cependant très peuplé de fonctionnaires pressés, de S.S. statufiés, sculptés tantôt dans les uniformes noirs de l'Allgemeine S.S., tantôt dans le feldgrau des Waffen S.S..

Je ne me sens pas très à l'aise, impressionné par ce décor de style grec alourdi par l'apport germanique, ces gardes qui n'arriveraient pas à passer sous une toise de un mètre quatre-vingt, contrastant par trop avec ma petite taille et l'attente de comparaître en personne devant Adolf Hitler lui-même. Alors, je me défends contre toute tendance à l'idolâtrie qui pourrait naître de cette rencontre, certaine maintenant, de ce fameux magnétisme des yeux de l'Autrichien et, pour me rendre inébranlable dans cette confrontation avec un destin qui, d'un obscur caporal fit un dictateur plus puissant que César, je me réfugie dans les bras de mon père.

Tout enfant, je l'avais accompagné chez le roi Fouad. Dans notre grande maison, au bord du Nil, j'avais rongé mon frein pendant qu'il s'habillait. Je me sentis éperdu d'admiration pour l'homme qui rendait la justice suprême dans toute l'Égypte quand je le vis apparaître, dans son habit de gala, couvert de décorations, de plaques étincelantes… grand ordre du Nil… ordre de l'Éléphant, ordre de Mohammed Ali, écharpe verte au croissant et à l'étoile. Il fronça le sourcil en découvrant mon trouble et me dit :

— Mon fils, nous allons chez le roi. Ne te laisse pas impressionner. Et n'oublie jamais qu'un roi est, comme toi ou moi, obligé de se retirer de temps à autre aux W.C. Il n'est pas fait autrement que nous !

Je n'avais pas oublié, et je connaissais maintenant la chanson populaire française qui parle de « cul royal et de cul prolétaire » ! Une visite au roi Fouad, sur laquelle flottait les paroles d'un chant, suffisait à me protéger de Hitler !

Au bout d'un quart d'heure, un homme en uniforme s'approche de nous et dit :

— Le Führer va vous recevoir dans quelques minutes.

Il devait porter un grade élevé dans la S.S., quelque chose comme Oberstandartenführer et, cependant, pendait à son cou une sorte de plaque de feldgendarme. Peut-être voulait-elle simplement signifier que cet Oberstandartenführer se trouvait en service, comme un huissier doublé d'un flic ? S'adressant à moi personnellement, il demande :

— Monsieur, savez-vous comment on doit saluer le Führer ?

Je lève le bras.

— *Heil Hitler !*

— Non. Vous dites : *Heil mein Führer*. Et, pour le bras, il doit être tendu à l'horizontale. Votre salut est de style fasciste, pas hitlérien !

On m'avait déjà reproché cette envolée de la main vers le ciel quand j'apprenais la langue des héros à Sorau. Mais, à la caserne, les instructeurs n'avaient cure de cette politesse de cour adoptée par l'Oberstandartenführer de la Chancellerie, Quand on levait le bras si mollement que la main ne parvenait pas au niveau de l'épaule, le sergent disait :

— Vous êtes impuissant ? Jamais vous ne bandez mieux que ça devant une fille ?

Mon salut fasciste, lui, provoquait les ricanements et un commentaire imposant la modestie.

— Si haut, devant une fille ? Ne vous vantez donc pas, petit ramoneur !

Protégé par mon père et l'adjudant du panzer régiment de Sorau, cuirassé d'images apaisantes, je me sentais maintenant capable d'affronter Hitler de pied ferme. Nous attendons encore quelques minutes devant la porte monumentale de son bureau, qu'orne une cartouche à ses initiales A. H., puis elle s'ouvre, un autre S.S. apparaît sur le seuil tandis que le premier gardien s'efface :

— Messieurs…

La pièce est immense, les murs du fond se perdent dans le clair-obscur entretenu par les hautes fenêtres que voilent presque entièrement de lourds rideaux. Hitler est assis derrière un bureau et, quand il se lève pour marcher vers nous, la main tendue, il apparaît tout petit, confronté avec l'étendue anormale de la pièce. Il porte sa tenue feldgrau de caporal et aucune décoration qu'il n'ait gagnée autrement qu'en risquant sa vie, la croix de fer de première classe, l'insigne d'argent des blessés, le macaron du N.S.D.A.P. « insigne du sang », réservé aux révolutionnaires qui, en 1922, se firent recevoir à coups de mitrailleuse à la Feldernhalle de Münich. Ses bottes sont aussi bien cirées que celles d'un adjudant présentant sa section pendant une revue. Il s'avance vers le mufti, lui serre la main en disant :

— Monsieur, j'espère qu'un séjour chez nous ne vous fera pas regretter votre patrie.

Le « Legationrat » qui se trouvait en conférence avec lui avant notre arrivée, sans doute celui-là même qui m'avait téléphoné la veille, me prend par les épaules et me pousse vers Hitler, m'empêchant ainsi de lever le bras, m'évitant de saluer en forme réglementaire, salut que j'aurais certainement raté ! Je ne transpire plus ! Hitler me serre la main et je trouve la sienne très douce, presque féminine. Je lui trouve la courtoisie excessive d'un parvenu et dans ses yeux bleus profonds, je lis une légère lueur de mépris et de cruauté. Il me demande :

— Alors Monsieur, vous parlez l'arabe ? Est-ce une belle langue ?

— Oui mon Führer, c'est une très belle langue !

— Et où l'avez-vous apprise ?

— Je suis né à Alexandrie, mon Führer.

Et j'ajoute :

— Ma famille connaît très bien celle de M. Rudolf Hess.

Sur le moment, je n'ai pas songé que par cette évocation, je pouvais mettre les pieds dans le plat. Rudolf Hess vient en effet de sauter en parachute sur l'Écosse pour rencontrer lord Hamilton. Mais Hitler sourit et murmure sans aucune animosité :

— Ah ! Vous connaissez la famille de M. Hess !

Je pense tout de suite : l'indignation officielle pour la fugue de Rudolf, c'est du bidon ! Ils étaient d'accord tous les deux pour tenter de faire la paix avec l'Angleterre.

Hitler nous invite à prendre place dans des fauteuils modernes à dossier tendu de tissu à fleurs, sobres et magnifiques. Il a croisé les jambes et dessine de petits cercles avec la pointe de sa botte libre. Il apparaît très détendu et, les yeux mi-clos, jamais il ne projette son fameux regard magnétique sur l'un d'entre nous. Il n'a sans doute pas besoin de nous convaincre et je comprends tout de suite que les affaires du mufti ne l'intéressent pas. Cette entrevue confirme les conclusions déjà tirées en Irak. Hitler, tout entier tendu vers la conquête de la Russie, déjà prévue dans *Mein Kampf*, n'a jamais songé à couper la route des Indes.

Le mufti trône dans son fauteuil, superbe, en vrai prince oriental. J'ai pourtant l'impression que Hitler pense : mais que fait ce bougnoule dans mon cabinet ? Cependant, il se tourne vers moi et ordonne, d'une voix dont la douceur rappelle celle de sa main :

— Dites à Monsieur le Grand mufti de Jérusalem qu'il se trouve en Allemagne comme chez lui.

Je traduis. Il dit ensuite au Legationrat :

— Vous veillerez à lui assurer tout le bien-être possible. Que les Affaires étrangères s'occupent de tout ça.

Tout en observant le S.S. de garde qui, depuis le début de la réception, se tient devant la tenture qui masque la porte du bureau, militairement impeccable mais sans raideur excessive, je pense : mon pauvre Führer, le mufti se trouve ici pour te piquer du fric, et rien de plus ! Ses grands projets ? Autant en emporte le vent du désert ! Mais il n'ose pas te taper directement. Il sait, comme nous à l'Abwehr, que depuis vingt ans tu n'as jamais un pfennig en poche.

Naturellement, je ne traduis pas ces réflexions qui, peut-être, réussiraient à réveiller le Führer. Il paraît en effet dormir. Visiblement, tout ça ne l'intéresse pas. Pour ce raciste, que sommes-nous sinon des bougnoules ?

Il se lève, nous reconduit, nous serre la main avec une politesse d'Autrichien qui aurait été élevé à la cour de Vienne. Le S.S. de garde s'efface. Celui qui veille de l'autre côté de la porte nous reprend en charge. Je quitte la Chancellerie, très impressionné par cette réception, mais pas dans le sens que je m'étais imaginé. Au lieu du foudre de guerre et de l'envoûteur que j'attendais, j'ai serré la main d'un Führer visiblement fatigué, lourd de rêves et j'emporte de lui, que je ne reverrai plus, la seule image que ne retiendra pas sa légende : celle d'un homme très bien élevé !

XI

À trente kilomètres t'attend la mort

Mon ami Laslo von Almaszy, ce prince de l'aventure, qui m'avait aidé à découvrir le grand désert occidental égyptien, faisait lui aussi partie de l'Abwehr depuis 1941. Son entrée chez Canaris n'avait pas eu le caractère prémédité de la mienne. Revenu d'Égypte, vivant désormais à Budapest de petites rentes, il se trouvait, une nuit, au bar de l'hôtel Bristol en train de discuter avec un ami. Un inconnu prit part à la conversation qui planait au-dessus de l'Égypte, survolant les oasis mystérieuses autant que des personnalités qui ne l'étaient pas moins. Puis l'inconnu se retira. C'était un officier allemand qui venait souvent à Budapest. Almaszy avait dû lui remettre sa carte avec sa courtoisie habituelle de grand seigneur, monocle vissé dans l'œil gauche. Rentré à Berlin, l'officier parla de cette rencontre, car nul ne pouvait oublier le seigneur hongrois, les sphères intellectuelles et politiques qu'il évoquait, non plus que les pays décrits par lui sous un éclairage envoûtant. La carte de visite se promena dans les bureaux de l'OKW pour tomber finalement sur celui du colonel Maurer, quai Tirpitz. Un matin, le chef du secteur Abwehr à Budapest appela mon ami, le sonda et lui offrit un billet de chemin de fer pour Berlin. Quelques jours plus tard, Laslo von Almaszy entrait dans l'Abwehr avec le grade de capitaine.

Pour lui, comme pour moi deux ans plus tôt, l'aventure prenait une dimension nouvelle. Le seigneur hongrois ne pouvait la vivre qu'au niveau de l'épopée. Que n'allait-il tenter avec les grands moyens dont il disposerait désormais, lui qui, sans appui, avait jadis réussi à dérober une locomotive suisse, la mettre sous pression et ramener en Hongrie son empereur déchu, juché sur le tender !

Dès ses débuts dans le métier d'espion, il va imaginer de mettre au service de l'Allemagne le chef d'état-major de l'armée égyptienne, El Masri Pacha, limogé par les Anglais. Il reprend ainsi le projet que j'avais caressé quelques années plus tôt, avec une finalité différente dans le détail mais politiquement voisine dans le fond, lorsque je conseillais aux jeunes officiers révolutionnaires du Caire de le mettre dans leur jeu. La guerre avait pris de l'ampleur en Afrique avec Rommel. Menacés au point le plus sensible de leur empire, les Anglais s'étaient ingéniés à couper le pays du reste du monde, atteignant pratiquement leur but dès 1941.

La contre-offensive de l'Abwehr fut très modeste au départ. La Wehrmacht et la Luftwaffe réclamaient l'émission quotidienne d'un bulletin météorologique en provenance du Caire. Maurer me demanda de monter l'affaire et je répondis non. J'avais évité la corvée des relevés topographiques au Proche-Orient, ce n'était pas pour remplacer le théodolite par le baromètre et les ballons-sondes ! Mes chefs utilisèrent donc la voie diplomatique ouverte par la fidélité hongroise qui pouvait encore s'appuyer sur la neutralité du pays. L'ambassadeur de Hongrie au Caire fit entrer l'émetteur en Égypte par la valise diplomatique. On l'installa sous l'autel de l'église Sainte-Thérèse dans le quartier de Shoubrah. Un ancien officier de l'armée austro-hongroise, devenu prêtre après la guerre, couvrait l'opération. Pendant qu'il disait sa messe, le radio envoyait le bulletin météorologique.

El Masri Pacha ayant accepté de s'évader vers l'Allemagne, le prêtre fut prié de couvrir un trafic supplémentaire le concernant. À l'état du ciel, la force du vent au sol, succédèrent sur les ondes courtes les divers états d'âme du général égyptien. Jamais l'Intelligence Service ne localisera l'émetteur qui passait en clair le bulletin météorologique et en code la mise en œuvre de l'opération Pacha, *cover name* du général El Masri. Pas une faute ne fut commise, les heures d'émission changeant chaque jour ainsi que les longueurs d'ondes, le prêtre bouleversant l'ordre de ses messes et vêpres avec cependant une réticence qui allait croissant. Mais l'adhésion du général relevait du rêve arabe et manquait totalement de réalisme. Lui aussi, comme le mufti, brandissait l'épée de Saladin et chevauchait les nuées.

Quand je revis Almaszy pour la première fois, l'entreprise venait d'échouer et Maurer de me rappeler avec angoisse, comme si mon bon sens bien connu pouvait tout sauver. Il me dit :

— Alors, c'est maintenant que vous arrivez ?

— Je viens de Copenhague, mon colonel. J'ai bien le droit de prendre des vacances comme tout le monde !

— Mais on a besoin de vous !

— Pourquoi ? Ça brûle ?

Almaszy me tomba dans les bras.

— Et toi ? d'où sors-tu ?

— De chez moi !

— Tu nous as manqué !

Il me résuma l'affaire Pacha en tirant des bouffées de son fume-cigarette qu'il manipulait avec sa distinction habituelle. Mais je la connaissais déjà en détail et demandai :

— Quel est le crétin qui voulait envoyer un sous-marin dans la lagune de Berollo pour embarquer le Pacha ? Je ne savais pas, excusez-moi, que la marine allemande avait inventé le U-Boot à roulettes !

Le plan numéro 2 prévoyait une évasion par la voie des airs. El Masri avait suggéré comme point d'envol l'aérodrome d'El Khatatba, sur la route du delta, vers Shibin el Khom, au bord du Rayah el Béhéri-canal. Il s'y rendit en compagnie du pilote

Abdel Moneim Abdel Raouf mais n'osa décoller en découvrant la présence d'immenses dépôts anglais alentour. Un plan numéro 3 conçu par Almaszy proposait un terrain dans le désert libyen, derrière le Gebel Rozza, la montagne rouge, à quatre-vingts kilomètres à l'ouest des pyramides, non loin de la route de l'oasis Farafra-Dakhla. Le 5 juin 1941, Masri partit en auto vers le rendez-vous, toujours en compagnie d'Abdel Moneim Abdel Raouf. Mais la voiture tomba en panne et il rentra au Caire. Almaszy s'était déplacé pour rien avec ses deux avions et il n'avait même pas réussi à se poser car la croix d'atterrissage ne se trouvait pas à l'emplacement prévu. Par la radio clandestine de l'église Sainte-Thérèse, El Masri annonça une nouvelle tentative. Il comptait s'échapper sur un bombardier bimoteur égyptien et se poser à Derna. Le commandant d'escadrille Hussein Zulficar Sabry, qui deviendra plus tard ministre des Affaires étrangères, et l'inamovible Abdel Moneim Abdel Raouf l'accompagneraient. Mais, par l'intermédiaire de leur agent Moussa Lutfi, les Anglais avaient appris que le général cherchait à s'enfuir et, guidés par le colonel Hegazi, chef du Bureau de renseignements de l'armée égyptienne, ils arrivèrent à l'aérodrome juste au moment où l'avion décollait. Nerveux, et pour cause, Zulficar Sabry poussa le manche à balai de l'avion en avant au lieu de le tirer en arrière et cassa la machine contre une haie. Indemnes, les fugitifs furent arrêtés, emprisonnés, condamnés à des peines bénignes pour conspiration.

Sadate devait écrire plus tard[1] : « Si la fatalité ne s'était pas acharnée contre nous, si à la suite d'un coup de main heureux nous avions pu joindre nos forces avec celles de l'Axe, peut-être le cours des événements eût-il été changé ». En vérité, le mouvement des officiers, alors pratiquement nul, n'avait aucune chance d'aboutir car ses premières cellules agissaient isolément. En outre, El Masri

1. Dans son livre *Revolt on the Nile*, New York, 1957.

n'avait aucun intérêt à ce que les Allemands occupent l'Égypte. Il savait très bien qu'il n'obtiendrait pas la libération du pays, une fois les Allemands installés au Caire. Nasser, alors jeune sous-lieutenant, ne connaissait rien de toutes ces péripéties. Il se trouvait au Soudan et ne devait rentrer en Égypte qu'à la fin de 1941. Quant à Sadate, qui parlera de fatalité dressée contre cette « révolution des officiers », il s'était fait porter malade dans un hôpital militaire afin d'éviter son arrestation. Tout cela n'était que jeux enfantins, typiquement égyptiens !

— Il n'est bien entendu plus question de Pacha, me dit Maurer. Rommel marche maintenant sur Alexandrie. Sa stratégie se développe à partir de la surprise et de la ruse. Il lui faut donc connaître le moindre détail de ce qui se passe sur les arrières du front et dans la vallée du Nil. Un renseignement, si mince soit-il, devient plus précieux qu'un char de combat supplémentaire. Or, depuis que le contact hongrois n'existe plus, nous ne possédons aucune liaison direction avec Le Caire.

L'arrestation du général El Masri avait donc entraîné le silence de l'émetteur installé sous l'autel de l'église Sainte-Thérèse, le prêtre hongrois se montrant courageux mais pas téméraire. Un dernier message avait prévenu l'Abwehr : « Pacha arrêté, trahison possible, craignons que notre émetteur et position soient en danger, rompons le contact. Fin. »

Rommel se trouvait en possession des plans de défense du désert occidental que le maréchal Wawell avait été obligé de communiquer au roi Farouk et à Masri Pacha. Farouk en avait donné une copie à Pully Bey avec l'ordre de les communiquer aux Italiens. Plus tard, El Masri me dira que c'était lui qui les avait transmis aux Allemands par la Turquie, mais c'était probablement pour me faire croire qu'il avait épousé la cause du IIIe Reich. Il ne réussira pas à m'abuser car Pully Bey lui-même m'assurera qu'il avait agi sur ordre de Farouk.

De mai 1941 à janvier 1942, le réseau d'espionnage italien Roberto fonctionnera très bien, seulement Rommel se méfiait depuis que le plan de sa première attaque contre Tobrouck s'était retrouvé sur la table du général Auchinleck, fuite attribuée aux services de la marine italienne. En juin 1941, une conférence présidée par l'amiral Canaris s'était tenue quai Tirpitz et le chef de l'Abwehr décida d'utiliser les Heinkel restés à sa disposition pour déposer deux agents en Égypte, Klein, dit Patachou, et Muhlenberg. L'un avait longtemps vécu à Alexandrie, l'autre à Haïfa et ils devaient se baser dans ces deux villes. La direction de l'opération revenait, comme la précédente, au major Ritter et Almaszy, conseiller technique. Partant de Derna, en Cyrénaïque occupée par Rommel, les deux appareils, l'un protégeant l'autre, se poseraient à cent kilomètres du Nil, sur une piste naturelle que seul Almaszy qui pilotait l'un des Heinkel, pouvait repérer. Les agents gagneraient ensuite le Nil avec une moto transportée par l'un des avions, puis Le Caire par chemin de fer. L'expédition venait d'échouer, victime d'erreurs humaines et de la malchance. Bilan : un avion perdu en mer, Ritter et le chef mécanicien Leicht blessés, l'agent Muhlenberg noyé. Je dis à Almaszy qui me résumait l'affaire :

— Quel est le crétin qui a pensé qu'on pouvait se balader à moto dans le désert occidental ?

— C'est moi, convint le gentilhomme hongrois. Entre le point d'atterrissage et le Nil, il restait cent kilomètres à parcourir. Impossible à pied, nos agents ne disposant que de trois jours d'eau et de vivres. Seule la moto aéroportée convenait.

— Et les Anglais ? As-tu pensé aux Anglais ?

— Justement, les agents de liaison anglais ont des motos !

— Ouais ! Sur les routes goudronnées du delta, d'accord. Dans le désert, ils roulent avec des Bedford. Tu devrais être bien placé pour le savoir !

Il ne l'était plus. Il avait quitté l'Égypte avant 1939. Il ne connaissait rien de l'occupation anglaise en temps de guerre. Mais il eût été impossible de lui en faire grief et de l'accabler. D'ailleurs, il se défendait fort bien.

— La moto n'a joué aucun rôle dans l'échec. Ce sont les avions. L'un des Heinkel a décollé de Derna avec un pneu avarié, précisément celui qui portait la moto et les agents. Au dernier moment, son pilote n'a pas osé se poser sur le « reg ». Et puis, les machines possédaient un rayon d'action trop faible !

Le colonel Maurer s'agita et dit :

— Messieurs, ne refaisons pas l'histoire, je vous en prie. Nous avons à résoudre un problème qui reste entier. Rommel réclame la présence d'un agent expérimenté au Caire. Monsieur Eppler, je n'ai personne d'autre sous la main que vous, capable de réussir dans une telle mission. C'est pour cela que je vous attendais avec impatience ! Êtes-vous d'accord pour organiser l'antenne de l'Afrika Korps en Égypte ?

— Bien sûr mon colonel... seulement...

— Seulement ?

— Les moyens d'entrer en Égypte ont presque tous disparu. Il ne reste que le sous-marin et le parachutage. Si j'arrivais à prendre pied sur la côte ou dans le delta, en moins d'un mois je monterais le meilleur réseau que l'Allemagne ait jamais possédé dans ce pays ! En fait, j'en dispose depuis 1938 !

Je pensais aux « Frères musulmans », aux « Chemises vertes » que les Anglais n'inquiétaient pas, jugeant ces fascistes trop peu nombreux pour représenter une force politique, aux cellules de jeunes officiers révolutionnaires dont ils connaissaient mal les activités, cet univers secret du monde musulman qui m'était acquis de longue date. J'allais enfin recueillir le fruit de ma prévoyance, mais...

— Disposer d'un sous-marin ou d'un avion ne dépend pas de moi, mon colonel !

Maurer saisit son téléphone et appela l'officier commandant notre section maritime. Quelques minutes plus tard, la discussion reprenait, mais centrée cette fois sur les possibilités d'approche par mer. Je ne résistai pas à l'envie d'exercer ma verve aux dépens des gens de mer et dis au lieutenant de la Kriegsmarine :

— Moi je ne propose pas la lagune Berollo !

Puis, sérieusement cette fois :

— Je pense que les atterrages d'Alexandrie sont devenus inabordables, même pour un sous-marin.

— Vous avez raison, approuva l'officier. Seul un sous-marin de poche ou une torpille pilotée conviendrait, mais aucun bâtiment ou engin de ce genre ne se trouve en Méditerranée.

— Je connais encore bien des petites criques sur les côtes de la mer Rouge qu'un sous-marin, même de fort tonnage, pourrait aborder.

— Faire le tour de l'Afrique, remonter l'océan Indien jusqu'au Bab el Mandeb demanderait trop de temps, fit remarquer le colonel Maurer et la requête de Rommel se fait beaucoup trop pressante pour qu'on retienne cette solution !

Il congédia l'officier Abwehr-Kriegsmarine et reprit :

— Alors, Monsieur Eppler ?

— Eh bien, il reste le parachutage !

Il hocha la tête.

— Quand nous avons perdu le Heinkel 111, l'état-major de la Luftwaffe a poussé de vrais rugissements. Je suis persuadé que jamais plus on ne nous prêtera un appareil pour une mission de cet ordre. Donc, il n'y a pas de solution ?

J'approuvai du chef, terriblement déçu de voir mes plans démantelés par une coalition d'interdits techniques et me tournai vers Almaszy, l'homme que j'avais plusieurs fois surpris en train de transcender l'impossible.

— Qu'est-ce que tu en penses ?

Il alluma posément sa cigarette et répliqua :

— Ce n'est pas facile, mais je crois qu'on peut réussir en automobile !

Le colonel Maurer fronça le sourcil et objecta :

— Voyons, capitaine, pensez-vous qu'une simple automobile peut atteindre Le Caire en traversant le front ? Les Anglais possèdent encore des yeux pour voir et des canons pour mettre votre automobile en pièces !

— Il ne s'agit pas de traverser le front, mais de le tourner par le Sud, mon colonel, *via* Gialo, Gilf el Kébir, Charga, le col de Japsa, jusqu'aux portes d'Assiout. Là mon ami Eppler prendra le train pour Le Caire !

— Ça représente combien de kilomètres ?

— Quelque chose comme deux mille, dans chaque sens, répondit Almaszy avec la nonchalance qui occultait le feu intérieur allumé en lui depuis la découverte de cette solution, aussi géniale que périlleuse.

Maurer ne se laissait pas convaincre.

— Mais j'ai entendu dire qu'il s'agissait là du désert le plus hostile de l'Afrique ?

— C'est en effet le plus hostile en temps de paix, et la guerre n'a pas changé son caractère, bien au contraire !

Moi, je restais sans voix, sans réaction autre qu'une admiration éperdue pour le gentilhomme hongrois que, seul, un faible sentiment de jalousie tempérait. Comment n'avais-je pas, de moi-même, pensé à la traversée de ce désert que nous connaissions déjà tous les deux avant la guerre. Nous avions atteint Koufra et Charga avec nos camions Bedford, mais en partant du Caire, c'est-à-dire d'Est en Ouest, abordant ainsi les grandes difficultés par les pentes descendantes. Elles apparaissaient déjà si considérables que les vaincre dans l'autre sens semblait impossible.

— Rien n'est impossible ! répliqua Almaszy lorsque je mis l'accent sur cet aspect du relief.

Pas un équipage, même composé des plus grands spécialistes du désert, n'avait à ma connaissance, réussi ni même tenté, cette traversée d'Ouest en Est, sauf peut-être… Là, nous tombions dans l'inconnu de la guerre. Sur ces étendues désolées, presque totalement privées de puits, l'inconnu s'appelait *Long Range desert group*. Rassemblant dès le début de la guerre en Cyrénaïque tout ce que la société britannique comptait de résidents bons connaisseurs du désert, les meilleurs pilotes des sables, les topographes employés par le gouvernement égyptien, les Anglais avaient constitué une troupe de commandos motorisés menée par des chefs qu'une audace folle animait. Surgissant sur les arrières des unités allemandes et italiennes, à des milliers de kilomètres de leur base, à la pointe de l'aube, voire en pleine nuit, ces commandos enlevaient des officiers, sabotaient du matériel, incendiaient des dépôts d'essence puis disparaissaient comme ils étaient venus, sur des pistes réputées impraticables, à travers des étendues que nul n'osait affronter. À la tête de ces groupes, on retrouvait mes vieux amis, Penderell ou Clayton, qui m'avaient initié à l'exploration motorisée du désert. Je dis à Maurer :

— Mon colonel, la solution proposée par le capitaine Almaszy comporte peu de risques du point de vue militaire. Que peut-il se passer ? Une rencontre avec le Long Range desert group ? La probabilité joue à un contre mille ! Si on nous arme aussi bien que les Anglais, nous n'avons rien à redouter !

Sentimentalement, je pensais le contraire. La perspective d'avoir à ouvrir le feu sur Penderell ou Clayton m'horrifiait. Maurer approuva du chef, tout en suivant visiblement un ordre de pensée différent. Il finit par demander :

— Et combien coûterait cette petite promenade ?

Il me prenait au dépourvu. Le projet venait seulement de naître. Comment le chiffrer ? Almaszy ne se laissa pas démonter et répliqua sur un ton assuré :

— Un million de marks, mon colonel !

Il ne possédait aucun élément lui permettant de chiffrer le coût d'une telle expédition, d'autant plus que, menée par du personnel militaire, utilisant du matériel de l'armée, elle pouvait difficilement reposer sur des bases comptables traditionnelles. Mais Almaszy rayonnait, se voyant déjà supporté par un mécène comme jamais explorateur n'en découvrît d'aussi puissant au cours de l'histoire. Il venait d'énoncer un chiffre énorme pour prendre une revanche sur le passé, exorciser les difficultés qu'il éprouvait autrefois à financer ses expéditions et se rappelait que, bien souvent, il lui manquait cent livres sterling qu'il demandait à Gaafar pour prendre le départ ! Mais le colonel se leva en disant :

— Je doute que la Wehrmacht vous accorde une pareille somme pour vous promener dans le désert… Enfin, je vais en parler au patron !

Il quitta son bureau sur nos talons et prit la direction du troisième étage où se tenait l'amiral Canaris.

Nous étions maintenant lâchés sur Berlin avec un moral élevé. Avant de réaliser celle du grand désert occidental, nous partîmes à la conquête du Kurfurstendamm. J'invitai Almaszy à dîner chez Horcher. Puis nous échouâmes au Femina Bar, à la recherche de gazelles plus douces que celles des oasis interdites, comme Zarzura, tirée par Almaszy de sa légende en 1937 !

La joie d'un aristocrate hongrois lâché dans Berlin ne passe pas inaperçue. Almaszy ne brisait pas les glaces comme un prince russe, mais vidait autant de bouteilles que lui ! Nos voisins de bar se demandaient quel genre de victoire ces deux civils pouvaient bien fêter car, en Allemagne à cette époque, on ne pouvait célébrer d'autres victoires que militaires et nous ne portions pas le casque d'acier, le « hurra tuté » accessoire indispensable pour souligner les acclamations. À intervalles plus ou moins longs, Almaszy me répétait :

— Tu te rends compte ! Gilf el Kébir, Charga, Japsa par l'Ouest ! Et dire que ça ne va pas me coûter un mark !

Je répétais inlassablement :

— Calme-toi, c'est pas encore fait !

Il riait. Ce qu'Almaszy voulait, la Wehrmacht le pouvait ! Paraphrasant la devise gravée sur le ceinturon des millions de soldats qui se battaient en Russie, il criait :

— *Gott mit Almaszy !*

Dieu était avec Almaszy ? À ce moment-là, je ne me rendais pas compte à quel point mon compagnon incarnait le héros d'une Europe qui fut nietzschéenne sans le savoir. Après lui et quelques farfelus de son espèce, elle cessera d'écrire sa légende des siècles !

Deux jours plus tard, je me présente quai Tirpitz et, dans l'ascenseur, tombe sur Obermüller, la secrétaire de l'amiral Canaris. Je suis très bien avec elle, mais en tout bien tout honneur ! C'est une vieille fille, fanatiquement attachée à son chef. Seulement, aucun rayon de soleil n'éclaire sa vie. Elle n'a jamais trouvé la chaleur humaine dont elle manque au contact du haut personnel de l'Abwehr, ces officiers figés dans leur raideur prussienne qui la saluent réglementairement, sans plus. Eppler, c'est autre chose. Comme on dit en français, je lui passe la main dans le dos. Je plaisante. Je lui tourne un compliment quand je suis de bonne humeur. De temps à autre, je demande à l'amiral la permission de l'inviter à dîner. Elle remercie son patron du bout des lèvres et le « chieur de pépins » du fond du cœur. Elle me veut du bien et, sans rien dire, alors que l'ascenseur la dépose à son étage, elle m'adresse un clin d'œil qui signifie : c'est gagné !

Quelques heures plus tard, muni d'un bon de caisse impressionnant par la somme qu'il porte, je me présente à la trésorerie de l'Abwehr, sous l'œil sévère de Oberzahlmeister Gärtner qui la dirige. C'est un personnage redouté, conscient de l'importance que lui donnent les fortunes qu'il compte aux agents. Mais chaque mark qui sort de sa caisse lui fend le cœur au passage. Il s'empare de mon document et se met à comparer la signature de l'amiral Canaris avec celles qu'il possède déjà. Il doit se résigner à l'admettre pour authentique, pousse un profond soupir et ouvre son coffre-fort. Il pose des liasses de billets sur son bureau et dit, en me tendant une feuille :

— Signez là pour les livres sterling… quarante mille livres sterling !

Je signe pendant qu'il commente :

— Et ce sont des coupures authentiques !

Puis, avec un mépris non dissimulé pour l'organisation qu'il évoque :

— Ce n'est pas cette fausse monnaie du S.D. qu'on reconnaît à deux mètres de distance !

C'est faux, car les livres sterling imprimées par le S.D. sont parfaitement imitées, mais aucune sympathie n'existe entre le S.D. et l'Abwehr.

— Signez là… Dix mille livres égyptiennes !

Pas besoin de préciser le caractère authentique des coupures, personne ne perdant son temps à imiter cette monnaie de piètre valeur. Puis Gertner aligne sur son bureau des piles de souverains or à l'effigie de saint Georges, après les avoir fait sonner une à une sur un petit bloc de marbre. Tout en comptant et poussant des soupirs, il grommelle :

— Ah là là ! Tout cet argent gâché ! Quelle misère ! Des sommes pareilles que tous les petits jeunes gens comme vous vont dépenser en se saoulant la gueule… Se payer des poules… Ah là là ! Pauvre Allemagne ! Oui, bien sûr, Adolf paiera ! Mais quand Adolf paye c'est l'Allemagne qui s'appauvrit ! Tenez, signez là pour les souverains-or… Bien, et soyez économe des deniers du Reich, jeune homme !

Une heure plus tard, je me trouve dans le bureau de Canaris, avec le colonel Maurer qui m'avait prévenu :

— Le vieux vous attend !

Je comprends pourquoi « le vieux » a signé l'ordre de mission qui porte le nom de code « Salam ». Le côté un peu fou de l'entreprise l'a séduit. Car son âme d'aventurier s'étiole dans un bureau. Il cherche à prendre une revanche sur la vie à travers ses collaborateurs. Je me suis parfois demandé si le privilège qu'il m'accordait ne relevait pas d'une sympathie secrète, comme celle d'Obermüller, pour un oriental qui servait l'Allemagne, tout en la niant par son salut : *« Drei liter ! »* au lieu de *« Heil Hitler ! »* De là à conclure que Canaris travaillait contre les nationaux-socialistes, justifiant ainsi sa fin tragique, il n'y a qu'un pas. Je ne l'ai jamais franchi car, à mon échelle, je n'ai jamais découvert un seul acte de trahison dans les opérations de l'Abwehr.

L'amiral me souhaite bonne chance en me serrant la main et me renvoie chez Piekenbrock.

— Du Caire, me dit celui-ci, vous passerez deux messages par jour à l'Afrika Korps. C'est un gros travail. Donc vous allez prendre un radio.

Je n'aime pas travailler en équipe, car si un espion isolé apparaît presque invulnérable, deux ne le sont plus. Mais l'argument travail ne manque pas de valeur et je m'incline en faisant une réserve.

— Mon capitaine, vous me permettez de choisir mon collaborateur ?

— D'accord. Je vous donne huit jours pour découvrir l'oiseau rare.

Je pars pour Leipzig et me présente à la caserne Hindenburg. Comme j'arrive en civil, le Staftfeldwebel m'accueille presque aussi mal que celui du glorieux panzer régiment Sorau lors de mon premier stage.

— Eh là-bas, où allez-vous ?

J'exhibe mon ordre de mission.

— Vous parlez quoi ? demande le sous-officier.

— Anglais.

— Pour les Englanders, par ici à gauche !

Dans cette caserne, on regroupe progressivement les Allemands nés ou ayant vécu à l'étranger. Tous parlent parfaitement la langue de leur pays d'adoption et, souvent, plusieurs langues après avoir séjourné dans plusieurs pays. Tous ne sont pas destinés à servir dans l'Abwehr, bien au contraire. Ils constitueront des commandos, après leur formation accélérée pour rattraper le retard pris sur l'Angleterre dans cette spécialité. Une grande partie d'entre eux servira dans le Bataillon à Destination spéciale, S.S. Brandebourg, qui passe progressivement à l'échelle de la division. Quelle que soit sa langue ou sa spécialité, chaque stagiaire que je rencontre là reçoit une formation de radio.

Au bout d'une semaine, après quelques erreurs d'approche et plusieurs entretiens avec le quai Tirpitz par la ligne directe « Adolf », j'ai trouvé mon oiseau rare. Originaire d'Oldenbourg, ce grand jeune homme blond et détendu qui s'appelle Sandberg rentre du Kénya. Il parle curieusement l'anglais avec un léger accent américain, manipule à la perfection et marche d'une manière qui ne laisse pas d'être remarquable, donc dangereuse, la pointe d'un pied passant légèrement sur l'autre, en écrasant le gros orteil, comme on dit en Allemagne, à la manière l'un cow-boy de cinéma. Je passe. Au Caire, je ne compte guère le lâcher souvent dans la rue. Il promet de se comporter en compagnon agréable.

Je le ramène à Berlin sans rien lui révéler de mes activités. Il a répondu oui quand je lui demandais, dès l'abord : « Ça vous plairait de voyager en Afrique avec moi ? ». Cela suffit. Il pense peut-être : nous allons avec l'Afrika Korps. Et c'est en partie exact.

Quai Tirpitz. Piekenbrock me présente cérémonieusement un nouvel appareil émetteur radio et me dit :

— Vous avez l'honneur de mettre en service le premier poste de la série du type 100. C'est une merveille. Je suis persuadé que vous en ferez un excellent usage !

Construit à Stahnsdorf, près de Berlin, ce nouvel émetteur possède une avance considérable sur tout autre matériel existant chez l'ennemi en 1942. Il loge dans un coffret de 40 cm sur 20, pèse moins de cinq kilos, fonctionne à l'émission sur pile ou secteur indifféremment, porte à mille kilomètres. Grâce à lui, j'atteindrai notre central de retransmission d'Athènes sans relais. C'est un progrès extraordinaire sur tout ce que j'ai utilisé jusqu'ici.

Au mois de février 1942, je pars en avion avec Almaszy pour l'Afrique, *via* Rome et Trapani. La traversée de Sicile en Tripolitaine à bord des Junkers 52 devient de plus en plus dangereuse au fur et à mesure que la chasse anglaise se renforce à Malte et sur les porte-avions. L'Allemagne a commis une faute majeure en laissant à l'Italie le soin d'attaquer l'île qu'elle n'occupera jamais. Tolérant ainsi derrière elle un pistolet braqué sur le cœur de l'Afrika Korps. Mais notre vol s'accomplit sans histoire.

À Tripoli, je loue une villa dans le quartier résidentiel qui s'élève au seuil du Corso Vittore Emanuele derrière l'hôtel Ouardan. Là se retrouve l'aristocratie militaire des deux pays. Climat de préséances tout à fait étranger à la guerre. Pas de bombardements. Le front se situe à quelque mille kilomètres dans l'Est. Mais la ville est pleine de soldats arrivant d'Europe, regagnant l'Europe. Ceux qui sortent de la Cyrénaïque, marqués par les combats, avec des visages que le gibli, ce vent du désert, a burinés, cherchent les distractions, flânent sur le Bazar pour acheter quelque chose de « typique » ! Souvenirs ! Souvenirs ! Un bordel géant – vingt maisons au moins – se dresse non loin de notre villa. Il reste en principe interdit aux soldats allemands puisque Rommel a dit : « C'est la guerre, on ne baise pas ! » Mais…

En quelques jours, nous jetons les bases de notre organisation, bien entendu, très compliquée. Le matériel roulant doit être d'origine anglaise. Il nous sera fourni par les commandos de prise qui parcourent le désert. Les cigarettes également. Nous exigeons vingt mille paquets de Player's sous emballage tropical. Nous voyons grand. Très grand ! Adolf paiera ! Quant aux rations spéciales, elles seront fournies par la Hollande, surtout pour le cacao introuvable ailleurs.

Nous rentrons à Berlin une fois les plans établis, les liaisons avec les services de l'armée Rommel assurées. Je dois maintenant me procurer des cartes à grande échelle. Sans doute comportent-elles plus d'espaces blancs que de surfaces gravées, mais avec notre expérience qui date d'avant la guerre, nous arriverons bien à les compléter. Regagnant le quai Tirpitz, je rencontre le Rittmeister Ahoesch, du service central de l'Abwehr, et il me demande :

— Alors, c'est sérieux ?

— Quoi ?

— Cette balade en Afrique ?

J'éprouve un léger choc. J'espérais que la mission Salam bénéficiait du plus grand secret, au moins dans le cadre de l'Abwehr. Le Rittmeister pointe un doigt vers l'énorme paquet que je porte sous le bras et poursuit :

— Je croyais d'abord qu'il s'agissait d'une blague, mais c'est sérieux puisque vous en êtes au stade des cartes !

Je ne réponds rien. Ahoesch insiste, mais sous un angle différent qui n'ouvre pas des curiosités dangereuses pour moi.

— Eh bien, reprend-il, vous allez avoir de la concurrence. Moi, je pars aussi !

À mon tour de poser des questions indiscrètes.

— Et où allez-vous ?

— Oh... Vers l'Oubangui... le Tchad... à la chasse avec des copains.

— Vous connaissez le Tchad ?

— Un peu, grâce au film *La Croisière jaune* de Citroën.

Je reste muet de stupéfaction et n'en crois pas mes oreilles. Voilà donc un Rittmeister de l'Abwehr qui part en mission de chasse aux grands fauves avec, pour seule documentation le souvenir d'un film paru bien avant la guerre ! Non ! Pas vrai ! Je demande :

— Et l'espionnage ?

— Bien sûr, on fera un peu d'espionnage… Mais, comme ça, en passant !

— Et les engins ?

— Je viens de les réquisitionner à Paris, quai de Javel.

Deux Citroën à traction avant.

Le Rittmeister ne bluffait pas. Il revenait de Paris avec deux 11 CV Citroën, le dernier des véhicules à utiliser en terrain vierge, car immédiatement paralysé par le sable. Incroyable, mais vrai ! En pleine guerre, un Rittmeister de l'Abwehr comptait s'offrir un safari qu'il justifierait en rapportant quelques informations dénuées de toute importance. Et moi qui trouvais Almaszy trop gourmand quand il réclamait un million de marks pour une entreprise jugée vitale par le général Rommel !

— Nous irons jusqu'au lac Victoria, assura mon collègue Ahoesch, avec une naïveté désarmante.

Furieux, je lui tournai le dos en criant :

— Là-bas, vous saluerez les Anglais de ma part !

Cette rencontre confirmait le sentiment qui, d'année en année, se renforçait en moi, à savoir que l'espionnage n'était pas une affaire sérieuse, mais un moyen de voyager sans bourse délier, puisqu'un agent de l'Abwehr pouvait se permettre de revivre la croisière jaune de Citroën, en se disant pour toute justification « Adolf paiera » !

L'Afrika Korps heureusement, veillait. Les deux tractions Citroën arrivèrent à Tripoli bien avant le Rittmeister. Elles restèrent abandonnées sur le port durant plusieurs semaines, et comme le général exigeait qu'aucun homme, aucun instrument, aucune boîte de conserves ne demeure inutilisé, un feldwebel discipliné prit les deux voitures en charge et les jeta dans la bataille du désert où le sable se chargerait de les liquider sans l'aide des Anglais !

J'avais déjà accompli deux voyages en Cyrénaïque en compagnie d'Almaszy. Je regagnai Berlin une fois de plus, mais sans lui qui restait à Tripoli. Au retour, après avoir tout réglé dans la capitale que je ne devais plus revoir avant 1949, j'éprouvai quelques difficultés à trouver un avion au départ de Tempelhof... Le temps passe. Je suis pressé. Je vois atterrir un Arado[1]. Plein d'audace, j'aborde son pilote et lui dis :

— Je vais à Rome. Mission urgente. Tu me prêtes ton taxi ?

Il hausse les épaules, suffoque et réplique :

— Demande ça au colonel commandant la base !

Je fonce sur le colonel, explique mon affaire.

— Vous êtes pilote ?

— Oui.

— Montrez-moi votre carnet de vol.

J'exhibe un carnet de vol très honorable pour un amateur. Il renâcle un peu et, pour le décider, je lui fourre sous le nez ma carte de l'Abwehr. Victoire ! Il me confie l'Arado, facile à piloter. Je me rends à la météo, je communique au contrôle mon plan de vol, je décolle et, sans incident, me pose à Rome. Pas de Junker 52 en partance pour le Sud, mais un Heinkel 111 en cours d'essais, après révision. Je persuade le pilote qu'un essai de moteur est aussi probant en direction de Trapani que de Venise. Il trouve ma logique impeccable, m'embarque, atteint Trapani sur un seul moteur, l'autre ayant lâché en route, afin de prouver que les mécaniciens de la Luftwaffe n'avaient pas bien fait leur travail.

1. Avion léger de reconnaissance.

Sur cet aérodrome, je me trouve en pays de connaissance. Le capitaine Marwitz, qui commande une escadrille de Messerschmidt 109 est un vieil ami. Je bois un verre au bar en sa compagnie et lui demande s'il a vent d'un décollage rapide pour l'Afrique. Aucun Junker 52 ne se trouve sur le terrain. Mon Heinkel 111 est déjà reparti et, cette fois, sur deux moteurs ! Pas de chance ! Pas d'espoir avant le lendemain. Que faire à Trapani, à mon âge, en période morte pour le tourisme ? Boire ? J'ai bu ! Baiser ? Les Siciliennes ne badinent pas plus avec l'amour que les « mafiosi » avec la jalousie. L'inaction me ronge et voilà qu'une idée géniale trotte dans ma tête. Je dis à Marwitz :

— Prête-moi un 109 !

Il hoche la tête, stupéfait, et réplique :

— Tu ne peux m'embarquer un 109 jusqu'à Tripoli ! Qui le ramènerait ?

— Bien sûr... Mais, pour une petite balade, tu ne marches pas ?

Le Messerschmidt 109 est un monoplace et cela signifie que je dois le piloter sans assistance ! Il hésite :

— Je suis responsable du matériel, dit-il lentement, si tu casses le zinc dans ces conditions, ils vont, là-haut, me donner à fumer un sacré cigare !

— Penses-tu ! D'abord, je ne casserai rien et si je manque de chance, Canaris te couvrira. L'Abwehr peut justifier n'importe quoi, même un plan de vol touristique !

Puis, repensant au Rittmeister Ahoesch :

— Même une partie de chasse aux fauves en Afrique !

Cet argument le décide. Mais, il décrète :

— Une heure de vol, pas plus ! L'essence se fait rare !

Ayant arraché le privilège incroyable de me balader en pleine guerre sur un avion de chasse sans appartenir à la Luftwaffe, je me laisse docilement équiper. Cockpit. Parachute sanglé. Derniers conseils :

— Pour rentrer ta roulette de queue, pas de problème. Mais attention, pour les volets, le petit treuil manuel se coince parfois. Alors, tu tournes un peu la manivelle en arrière, puis en ayant jusqu'à ce que tes volets rentrent. Vu et compris ?

— Compris.

Le gros moteur Mercedes démarre. Je me place en bout de piste et attaque. Jamais je n'ai eu l'occasion de décoller aussi vite ! Ça me paraît miraculeux ! Je grimpe à trois mille mètres, puis réduis les gaz, prends un cap plein Sud et m'installe dans la béatitude du vol, jetant de temps à autre un coup d'œil sur la montre de bord, afin de ne pas dépasser le temps accordé par mon ami. Quinze minutes. Vingt-cinq minutes. Trente minutes. Je dois maintenant me trouver loin au sud de l'île, car je n'aperçois plus la côte dans mes rétroviseurs. Il serait temps de virer cap pour cap. J'hésite. Je grignote encore deux ou trois minutes, histoire d'en faire toujours un peu plus que prévu. Je suis comme ça. J'aime aller au fond des choses. Les Anglais aussi ! En effet, juste à l'instant où je m'apprête à virer, j'aperçois une série de trous noirs couvrir mon aile droite, comme les gouttes d'une pluie d'orage, des copeaux d'aluminium se détacher d'elle. Le bruit de la rafale claque ensuite, puis celui du moteur de ce chasseur anglais qui se tenait dans le soleil, invisible, et vient de fondre sur moi en me gratifiant d'une giclée bien ajustée. Merde ! L'aile droite se met à vibrer dangereusement, l'appareil s'engage sur elle. Mes efforts sur le manche à balai pour rétablir la ligne de vol restent inutiles. En une fraction de seconde, mon plan de sauvetage se dessine. Que je tente de poser le 109 sur le ventre, en mer, ou que je l'abandonne en vol, de toute manière l'appareil est perdu et Marwitz fumera son cigare…

Donc, il faut sauter. C'est une grosse affaire quand une telle éventualité se présente en catastrophe. Et si la verrière refuse de glisser sur ses rails qu'une balle peut avoir faussés ? Comment sauter ! Allons-y ! *Inch'Allah,* la verrière s'ouvre ! Le parachute aussi !

J'en appelle aux conseils de l'adjudant instructeur qui comparait ma réception à l'atterrissage d'un sac de pommes de terre... Problème moins important dans l'eau qu'au sol. Mais il s'agit de se dépêtrer rapidement de la voilure pour revenir en surface. Je réussis, retire mes lourdes bottes de vol et commence à nager au ralenti. Ciel vide. Mer vide mais calme. Les petites dunes mouvantes du flot me bercent. Je pense : mer et désert obéissent aux mêmes lois, donc je dois me comporter comme jadis, quand je tombai en panne avec Almaszy, à cinq cents kilomètres du Caire : ne pas bouger, économiser mes forces, attendre le secours. Je me déshabille complètement, me mets sur le dos, cesse de nager, effort inutile pour regagner la Sicile puisque le proverbe arabe dit : « À trente kilomètres t'attend la mort ! » Maintenant, il me reste à supputer mes chances de sauvetage. Faibles ! Je ne porte pas de gilet flottant, il me manque la cartouche à colorer l'eau de mer qui faciliterait mon repérage. *Inch'Allah !*

Huit heures plus tard, alertée par Marwitz qui n'avait pas vu rentrer son appareil dans les délais, une vedette rapide italienne me localisait et me repêchait. J'avais à la fois cruellement souffert du froid et du soleil, bas du corps glacé, épaules et visage brûlés. Il fallut m'hospitaliser à Trapani d'où je sortis huit jours plus tard, portant les traces d'un phénoménal coup de soleil. Je perdis encore deux jours, accroché au téléphone pour amener l'amiral Canaris à couvrir Marwitz qui, sans lui, eût « fumé un sacré cigare » !

J'arrivai à Tripoli après avoir effacé le complexe de supériorité sur le Rittmeister Ahoesch que je tirais de mon aventure. Pendant qu'il planifiait encore à Berlin sa partie de chasse aux grands fauves, moi je venais de perdre un chasseur de la Luftwaffe ! Dans l'art de faire payer Adolf, je le battais de plusieurs millions de marks, sans compter les quarante mille livres sterling, l'argent égyptien et l'or que je portais sur moi !

En compagnie d'Almaszy et de l'adjudant Steffens, responsable du matériel de l'expédition, je partis tout de suite pour la zone des opérations. Au mois de janvier 1942, par l'une de ces offensives foudroyantes dont il avait le secret, Rommel venait de reconquérir la Cyrénaïque perdue quelques semaines plus tôt seulement. L'avance de l'Afrika Korps atteignait maintenant la ligne Gazala-Bir-Hakeim. Nous roulions avec des camions italiens vers Bengazi, sur la via Balbia, entre la mer dont le bleu cruel s'opposait aux terres rouges dans lesquelles le proconsul de Mussolini l'avait ouverte, quand un chasseur anglais réalisa une passe sur le convoi, vira, se préparant à la doubler. Coup de frein. Fuite éperdue. Puis, tout le monde revient aux véhicules dont quelques-uns flambent. Le camion-citerne qui nous précède, percé, laisse fuir non pas de l'essence mais… de l'anis ! Les soldats italiens se précipitent, casques tendus et boivent au camion-bistrot heureusement mis en perce par la Royal Air Force. Ces malheureux soldats romains ne se trouvent pas souvent à la fête ! Si leurs officiers font bombance, eux ne reçoivent qu'une nourriture misérable à base de « singe » qu'ils appellent du « Mussolino » et nous du « vieux sicilien ». Le cognac Sarti, parcimonieusement distribué, est infect. L'équipement et l'armement suivent. Ce n'était pas la trousse qui rendait le corps expéditionnaire italien aussi peu efficace dans la bataille, mais le dénuement, le commandement exécrable, car pour ce qui est du « cœur au ventre », bien des « macaronis » rendaient des points à nos troupes !

Le convoi était reparti et nous suivions le camion-bistrot qui se vidait toujours. Je dis à Steffens :

— Ne roulez donc pas si près de lui, s'il nous asperge, la voiture va puer l'anis pendant quinze jours !

C'était en outre fort dangereux car, fin saouls maintenant, les équipages italiens décrivaient de grandes arabesques sur le goudron de la via Balbia, tant et si bien que le camion-bistrot finit par la quitter et tomber du haut des falaises dans la mer ! Nous en fûmes débarrassés et poursuivîmes, après avoir constaté que Dieu veillant sur les ivrognes, l'équipage venait de sauter avant d'accomplir le plongeon final !

La via Balbia s'achève sous un arc de triomphe gigantesque, l'arco dei Fineli, très beau, et qu'on aperçoit de vingt kilomètres à la ronde. Nous lui consacrâmes quelques minutes touristiques pour examiner le bas-relief destiné à immortaliser Mussolini. Italo Balbo l'avait commandé et rédigé les inscriptions gravées au-dessous de lui.

— Il fit également bâtir le monument lui-même, me dit Almaszy, et sais-tu pourquoi ?

— Le style fasciste ? L'appel à la grandeur romaine ?

— Bien sûr, mais encore ?

— Aucune idée !

— Eh bien, ce Balbo s'était mis d'accord avec les entrepreneurs pour faire exécuter la route moins large d'un mètre que prévue par les plans. La différence entre les prix de revient s'est retrouvée dans sa poche ! Il avait de gros besoins d'argent !

— Vu ! Mais, l'arco dei Fineli, pourquoi ?

— Attends ! Comme il éprouvait des remords, il décida de rendre cet hommage grandiose à Mussolini, son bienfaiteur malgré lui ! Voilà toute l'histoire !

Le soir, à Benghazi, un colonel italien qui avait passé la plus grande partie de sa vie en Tripolitaine, nous la confirma. Ici, nous devions compléter nos approvisionnements. Pour les douze hommes qui participeraient au raid vers le Nil, il y avait toutes sortes de conserves, du lait condensé, fruits séchés, biscuits de campagne, thé, sucre, sel, cacao et des pilules vitaminées. Ainsi, bien entendu, que des ampoules de cyanure pour Eppler et Sandberg, le radio. À ne consommer qu'au stade des interrogatoires renforcés !

Il nous manquait encore deux véhicules. Notre motorisation se faisait aux frais des Anglais. D'abord, parce que Rommel compensait sa pauvreté en matériel par un mot d'ordre : tout engin pris à l'ennemi doit rouler ; ensuite parce que la couche de sable effaçant vite les signes de reconnaissance peints sur les tôles, le convoi de la mission Salam pouvait, à la rigueur, croiser ceux du Long Range Desert Groupe, sans éveiller leur méfiance. Nous détenions trois staff-car et un Bedford. Les voitures possédaient un moteur Ford V8, une ouverture dans le toit pour laisser passer une mitrailleuse lourde MG 34 montée sur tourelle rotative d'avion. Deux Bedford devaient être armés de la même manière. Tous les véhicules comportaient des radiateurs spéciaux pour le refroidissement. Nous trouvâmes à Benghazi, dans un parc de récupération, les deux camions qui nous manquaient. Ces prises de guerre ne tombaient pas toujours entre nos mains pendant les combats. Nos commandos Unternehmen allaient les chercher dans le désert en attaquant les petites colonnes ennemies qui se croyaient tranquilles loin du front. Le Long Range Desert Group opérait de même à nos dépens. Mais nous devions les trouver toujours plus décidés que nous. Eux n'hésiteront pas à pénétrer dans Tobrouk le 15 septembre 1942, loin sur les arrières de Rommel, vêtus d'uniformes allemands sous la conduite de leur chef, le colonel Haselden. Nous avions décidé d'accomplir le raid vers le Nil en uniformes de l'Afrika Korps, conformément au droit international, et ce n'est que longtemps plus tard, en 1944, que Skorzeni et ses « cascadeurs » de la division Brandebourg, opéreront dans les Ardennes en uniformes américains, imitant ainsi Haselden, pour se le voir amèrement reprocher plus tard par ces mêmes anglo-saxons.

Quelques jours avant notre départ vers le Sud, je donnai mes dernières instructions aux deux radios chargés de capter et déchiffrer les messages. Ils s'appelaient Aberlé et Weber. Tous deux venaient de Palestine. Le Souabe Aberlé y travaillait avant la guerre, près de Jaffa et Weber près de Haïfa. Ils avaient rallié le Bataillon 800 à destination spéciale. Détachés à Sandsdorff, près de Berlin, ils y avaient appris à fond leur métier de radios avant d'être envoyés à l'Afrika Korps. Quand la mission Condor – car tel était le nom de code sous lequel j'allais opérer au Caire – commencerait son travail, le leur s'avérerait simple : double écoute journalière, messages à décrypter avant leur transmission à von Mellentchin, chef du service des renseignements à l'Afrika Korps. Le code employé reposait sur l'édition anglaise du roman de Daphnée du Maurier : *Rebecca.*

Mes deux radios étaient installés confortablement dans un vieil autobus devant leur servir à la fois de caravane-camping et station d'écoute. Je leur recommandai de se déplacer souvent, avec beaucoup de naturel et de discrétion pour ne pas éveiller l'attention des agents ennemis, nombreux sur les arrières de Rommel, et de se tenir loin de ses unités blindées, toujours très exposées, sans cesse proches de la victoire autant que de la destruction ou la captivité en raison de l'audacieuse stratégie du général en chef. Ils me promirent de consacrer leurs nombreuses heures de loisir à l'élevage des poules !

Ensuite, nous partons pour Mameline, quartier général de l'Afrika Korps où Rommel travaille à ses nouveaux plans offensifs contre Tobrouk qui tombera le 21 juin. Je me présente. Dans l'armée allemande, aborder un feld-maréchal est une aventure que chacun juge redoutable. Pas moi. J'ai déjà rencontré sans dommage Adolf Hitler après les rois Fouad et Farouk, à l'abri du blindage psychologique forgé par mon père. Bien que n'allant pas aux « feuillées », ou simplement à la dune et aux cactus comme nous tous, le feld-maréchal ne peut ignorer la chaise percée ! Il m'apparaît réglementaire jusqu'au bout des ongles, casquette vissée sur le chef, avec les bottes de toile de l'Afrika Korps strictement lacées sur le devant, les lunettes de moto pendues au col, tel que le représentent les magazines illustrés. Les mille rides que l'étude du désert a gravées au coin des paupières semblent traduire une sorte de rire silencieux probablement provoqué par l'examen détaillé de ma tenue. Si j'appartenais à l'Afrika Korps, la fantaisie sur laquelle elle tire m'interdirait tout avancement, je le sens ! Mais comment imaginer que ce souci du détail, cet amour de l'efficacité qui caractérisent Rommel déboucheront bientôt sur une imprudence qui manquera me coûter la vie ? Il finit par sourire franchement et me dit avec son accent souabe :

— Alors, le cirque Kröne est arrivé ?

Le cirque Kröne, c'est moi ! Sur le même ton léger, mais qui n'exclut pas la déférence, je réplique :

— Pas exactement, Herr Feld-général, c'est le cirque du Caire !

Il rit franchement et dit à mon camarade :

— Comte Almaszy, j'espère arriver au Caire avec mon armée par une route plus courte que la vôtre !

Almaszy s'incline, toujours très grand seigneur et répond :

— Nous aurons préparé pour vous la plus belle villa qu'il soit possible de trouver sur la route des Pyramides, Monsieur le Feld-général.

Nous échangeâmes encore quelques phrases, mais sans évoquer les perspectives de la mission Condor dont Rommel connaissait l'importance mais pas le détail. Il laissait à l'amiral Canaris et von Mellentchin le soin de le régler.

Pouvons-nous envisager, à partir de l'oasis Gialo, de piquer directement vers le Nil pour éviter l'interminable détour par le Gilf el Kébir ? Une économie de parcours de mille kilomètres se trouve en jeu ! Aucune carte ne permet de juger du pour et du contre. Aucune mission motorisée et, sans doute, aucune caravane n'a jamais affronté cet univers de dunes, dont les premières, aperçues par de rares explorateurs, s'élèvent à deux cents mètres et plus de hauteur. Quid des autres ? Les escalader semble exclu.

Reste la possibilité de se glisser dans les vallées gui les séparent, à la condition qu'existe entre elles une solution de continuité. Almaszy obtient un avion de reconnaissance et, pilotant lui-même, partant de Gialo, survole cette portion du désert, représentée par des espaces blancs sur les cartes anglaises, baptisée Calauscio Sand Sea et Great Sand Sea, comme si, plus à l'Est, une grande mer de sable pratiquait une inquiétante surenchère sur la précédente. Almaszy rentre deux jours plus tard et me dit :

— Très difficile et probablement impossible dans la situation actuelle, compte tenu de l'urgence. Une mission organisée en temps de paix pourrait prendre le risque et, qui sait, réussir au prix d'une énorme consommation de carburant, mais ce luxe nous est interdit.

Et, comme les préparatifs sont terminés, notre commando motorisé rallie Gialo dès le lendemain.

En 1942, le Long Range Desert Group occupait Gialo et, à partir de l'oasis, multipliait des raids fructueux sur les arrières de l'Afrika Korps, réalisant des performances sportives comparables à celles que nous allons tenter. L'offensive de Rommel l'en a délogé le 26 janvier 1942. Il a disparu sans laisser de trace. Les Italiens le remplacent. La réalité de Gialo dément les images de rêve que les hommes se font d'une oasis quand ils transpirent ou crèvent de froid en attendant son apparition à l'horizon du désert... Palmiers presque bleus ! Orangers, citronniers, dattiers ployés sous la caresse du vent ! Sources riantes chantant de toutes leurs eaux vives ! Maisons blanches serrées autour de fraîches ruelles ombragées où, derrière d'étroites fenêtres, brillent les yeux de braise des femmes lourdes de toutes les voluptés de l'Orient ! Ici, au fond de la cuvette où Gialo rissole, pas d'eau vive, pas de fruits, pas de maisons, pas de femmes. Un lieu sinistre qu'érode le vent éternel. Des champs de pierres noires appelées « pierres du diable ».

À l'ombre à peine suggérée par des palmiers chétifs, les Italiens chantent leur nostalgie, creusent et aménagent des fortins avec une patience incroyable.

Nous commençons à compléter nos provisions d'eau à raison d'un bidon de vingt litres par véhicule, ce qui, selon les prévisions, assurera un litre par jour et par homme, avec obligation de se raser chaque matin. J'ai imposé cette servitude en disant à nos Brandebourgeois :

— Si vous cessez de vous raser, dans huit jours le commando représentera une troupe de forbans prêts à se révolter contre le capitaine Almaszy avant de mourir dans le désert !

Un Bédouin qui nous regarde opérer me dit :

— Pourquoi prends-tu l'eau ici ?

— Parce que Allah veut que je la trouve sur place !

— Tu as tort, cette eau sera pourrie dans trois jours. Tu dois aller chercher celle de Bir a Tafal, comme nous !

Je m'incline. Nous parcourons vingt kilomètres jusqu'au point d'eau saine. Les laboratoires de Rommel ont déjà analysé des eaux qui ne se conservaient pas plus de trois jours et nous avons peu de chance de refaire le plein des bidons avant Charga, mille kilomètres plus loin !

Le vrai départ du raid est pris, en ligne, comme pour une compétition, le 11 mai, à quatre heures du matin. Disposés les uns à côté des autres, les six véhicules démarrent simultanément. Les « Staff-car » Ford V 8 portent chacun un compas Askania fixé à demeure sur le capot moteur, sous les yeux du pilote, et la voiture de commandement que j'occupe avec Almaszy, un compas solaire en plus d'un sextant. Nous n'allons pas en effet rouler, mais plutôt naviguer sur une étendue de « sérir », sable dur et plat dénué de tout obstacle pendant des centaines de kilomètres à droite, à gauche, en avant comme en arrière. Il me suffit de tenir le cap fixé au départ à l'aide de la boussole et de filer, accélérateur calé, pour obtenir une vitesse constante de quatre-vingts kilomètres-heure, volant bloqué, avec les autres engins alignés sur moi. Ils n'ont simplement qu'à garder leur distance les uns par rapport aux autres et se maintenir sur un même front. Ce n'est pas une colonne mais un gigantesque râteau qui se déplace.

Déjà, je sens que nous allons réussir. Tout a été prévu, calculé, avec une minutie allemande et nous avons obtenu tout ce que nous demandions grâce en partie aux efforts de l'adjudant von Steffens. Nous sommes approvisionnés en essence pour couvrir trois mille cinq cents kilomètres, plus qu'il n'en faut pour l'aller et retour. Chaque engin possède quatre pneus de rechange neufs et dix chambres à air, un nécessaire de vulcanisation, un gonfleur et une pompe de secours ! Les camions portent un moteur de rechange pour les Ford et un pour les Bedford, des disques d'embrayage, couples coniques de pont, demi-arbres, paliers. Chaque engin est autonome pour ses approvisionnements en vivres, eau, munitions et possède sa trousse médicale, de sorte qu'il peut rester plus ou moins longtemps isolé dans le désert.

Malheureusement, l'équipe s'affaiblit presque tout de suite. Dès le second jour, notre médecin est atteint par la folie du désert, maladie d'épuisement que traduisent de la cyclothymie et des troubles psychiques. Une crise cardiaque frappe von Steffens. Après une nuit de repos, Almaszy décide de les renvoyer à Gialo. Ils nous quittent à bord d'un « Staff-car » piloté par Beilharz, l'un de nos Brandebourgeois qui nous manquerait beaucoup en cas de mauvaise rencontre.

Quelques changements d'itinéraire ont enfin convaincu Almaszy que jamais la mission Salam n'atteindra le Nil à travers la grande mer de sable. À trois reprises, nous avions abandonné la marche à la boussole pour affronter les dunes, cinquante kilomètres à l'est de notre axe de progression. Praticables dans leur fond, les vallées de sable aboutissaient régulièrement à des cols infranchissables. Insister eût été mortel car, si nous arrivions bien à gravir tangentiellement ces dunes hautes de deux cents mètres et plus, aborder leurs crêtes eût relevé du suicide car, travaillées par le vent, elles surplombaient d'autres vallées par trente à cinquante mètres de porte-à-faux. Sous le poids des véhicules ils se fussent effondrés pour les précipiter et les engloutir dans la vallée ouverte sous eux.

La marche plein Sud fut reprise. Au delà de cet océan que nous venions de traverser au compas s'étendait maintenant une zone absolument infernale que les Bédouins nommaient le « Garet el Segar ». Deux cents kilomètres de plaine truffée de blocs de basalte, tantôt gros comme des maisons, parfois comme des ballons de football, mais couvrant toujours le sol avec une telle densité que nos véhicules n'arrivaient pas à se faufiler entre eux. La voiture de commandement progressait au ralenti, Almaszy ou moi debout sur le capot-moteur, étudiant une ligne de moindre résistance qui, cependant, n'offrait jamais plus de dix mètres de marche continue. Il fallait donc stopper. Tout le personnel descendait pour déplacer les blocs de basalte. La mission Salam couvrait alors une dizaine de mètres, stoppait de nouveau et ainsi de suite, progressant vers le Sud à la vitesse moyenne de cinq kilomètres-heure. Cette tâche hallucinante dura deux jours. À la fin, personne n'arrivait plus à manger ou dormir, l'estomac noué par l'effort, l'esprit agité par des rêves hallucinatoires que hantait la valse des blocs de basalte noirs comme une éruption volcanique filmée au ralenti. Enfin, la grande mer de sable dessina de nouveau, dans l'Est, ses rivages de dunes blondes.

Un Gibli souffla pendant neuf heures et nous bloqua sur place, réfugiés sous nos voitures, à l'abri d'une toile tendue, entre le pied de caisse et le sol. Des centaines d'oiseaux fuyant devant sa ruée, sans doute pourchassés par lui sur d'énormes distances, vinrent s'abattre autour de nous, morts d'épuisement. Les Bédouins disent en effet : réunissez le Simoun qui souffle dans le Sud algérien, le Sherkija qui balaye l'Arabie et le Khamsin d'Égypte, et vous n'atteindrez pas à la violence du Gibli. Malgré les grillages qui les protégeaient, nous eûmes des vitres de voitures brisées par les cailloux qu'il projetait devant lui, et celles qui furent épargnées apparaissaient maintenant opaques, le sable soufflé ayant dépoli le verre ! En repartant, Almaszy me dit :

— J'espère que tous ces emmerdements seront justifiés par ton travail au Caire !

— Je l'espère aussi, mais n'en suis pas absolument persuadé !

— Pourquoi ?

— Je suis plus ancien que toi dans l'espionnage. J'en ai vu de toutes les couleurs ! Quand je fais le bilan de mes fatigues, des risques courus malgré ma prudence, des sommes folles dépensées, j'ai le sentiment de n'avoir vécu que des aventures inutiles, en dehors de la joie personnelle que j'en ai retiré, bien entendu !

— Comment ça ?

— Eh bien, j'ai passé mon temps à mettre le Proche-Orient en condition révolutionnaire, de Beyrouth au Karakorum, préparer le passage de la Wehrmacht, trouver des alliés, expliquer aux tribus les points faibles de la domination anglaise, avec quel résultat ? Nul ! Chaque fois, le ministre des Affaires étrangères abandonnait ce qu'il venait de recommander six mois plus tôt ! En Irak, le S.D. tirait à hue ! pendant que l'Abwehr tirait à dia. Finalement, après nous avoir fait préparer la route des Indes, l'Allemagne prend celle de Moscou ! Pas croyable !

— Qui est responsable selon toi ? Le grand patron ?

Je n'avais pas spécialement envie d'accabler Hitler, cependant...

— Bien entendu, répondis-je, mais il n'est pas le seul ! La bureaucratie qui l'entoure travaille mal ou pas du tout !

— Comment ça?

— Je pourrais te fournir des tas d'exemples, mais parler donne soif après ce coup de Gibli, et l'eau reste rare! Laisse-moi te dire seulement qu'un secret de l'armée anglaise d'Afrique percé par Eppler, au Caire, en septembre 1940, et immédiatement transmis à Berlin, n'a été répercuté à mon chef Aladin, puis à Rommel, qu'un an plus tard, en septembre 1941 avec, il est vrai, la mention: « À classer, matériel de premier ordre! »

Je n'avais pas envie de parler. Après avoir grelotté au lever du jour par huit degrés au-dessus de zéro, le soleil faisait bouillir l'océan de « sérir » sur lequel je naviguais par cinquante degrés. Mais cela ne m'empêchait pas de revivre, par la pensée, cette aventure décevante.

Tout avait commencé avec Aladin par une discussion à peu près semblable à celle que je soutenais maintenant avec le capitaine comte Almaszy. C'était en septembre 1941, lors de mon ultime passage à Ankara. Mon chef venait juste de recevoir le message à classer « matériel de premier ordre ». Nous étions allés aux bains turcs pour en discuter, lieu de rencontre idéal pour les espions qui parlent allemand dans un milieu qui ne l'entend pas et ne témoigne d'aucun souci autre que d'hygiène. Après le bain, nous étions étendus sur les lits d'une petite pièce où le masseur « fort comme un Turc » bien entendu, venait de malaxer nos membres et les frotter avec une éponge spéciale plus rugueuse qu'une feuille de papier de verre. À peine venait-il de se retirer qu'Aladin m'annonça la disparition de notre agent Alex. Alex était l'un des trois ou quatre grands espions de l'Abwehr dont Canaris, qui s'y connaissait, avait dit un jour devant moi: « Ils possèdent cette séduisante tentation de pénétrer les secrets et le besoin de détenir entre leurs mains la puissance ». Critère, selon lui, de l'espionnage en tant que vocation. Lui-même répondait à ce critère, mais s'en défendait car il me dit ensuite:

— Alors, mon petit, ça va bien ce sale métier ?

Alex avait été parachuté sur les bords de la mer Caspienne et n'avait plus donné de nouvelles. Inutile de faire un dessin pour expliquer ce qu'il était devenu entre les mains du NKVD. Je dis à mon chef :

— *Totsiegen !*

Ce qui, en allemand, signifie : « victorieux dans la mort ». Et j'ajoutai :

— Nous le serons tous !

— Vous ne croyez pas à la victoire ? demanda Aladin.

Pas plus national-socialiste que courtisan affamé d'honneurs, je ne respectais le conformisme d'une époque où, en Allemagne la croyance en la victoire constituait un acte de foi, sa négation une hérésie punissable, car je ne craignais pas les sanctions en tant que citoyen égyptien. Je persistai donc :

— Nous gagnerons toutes les batailles, sauf la dernière. Comme d'habitude ! Alex est mort pour rien, ce qui m'arrivera aussi si je ne fais pas très attention !

— Et Rommel ?

— L'Afrika Korps écrit l'histoire et après, le chariot reste dans la boue !

— Vous êtes pessimiste.

— Réaliste !

Aladin l'était aussi. À travers un certain nombre de précautions oratoires, il finit par livrer sa pensée à nu pour la première fois. Lui non plus ne croyait pas à la victoire finale. Mon rapport sur le camouflage révolutionnaire mis en œuvre par la VIIIe armée britannique venait de lui parvenir de Berlin avec un an de retard, et cette incroyable carence le confirmait dans son pessimisme. Il me demanda comment j'avais obtenu cette percée dans un secteur particulièrement bien défendu.

Je revenais de Suez où j'avais relevé l'emplacement des filets de camouflage posés sur les installations vitales du canal, travail facile accompli en compagnie de mon agent Fouad Osman au cours d'une simple randonnée avec ma Dodge. Osman parlait toujours beaucoup, un peu à tort et à travers parfois, mais je l'arrêtais tout à coup et le priais de me donner des précisions. Il parlait de drôles de véhicules et de curieux parachutistes anglais qu'il avait aperçus dans la cour d'un ancien bordel réquisitionné par eux et situé sur les arrières du salon de thé Groppi, l'établissement le plus sélect du Caire, rue Soliman Pacha.

Je rentrai chez moi, non pas dans la villa que je louais à la veuve d'un juge, au numéro 4 de la rue Salah el Din, derrière le Gesireh Sporting Club, superbe demeure où j'abritais mon ancien compagnon d'aventures en Éthiopie, René Rehbinder, parce que tout à fait désargenté, mais au studio de la rue Sherif Pacha où je vivais le plus souvent avec la danseuse égyptienne Carioca. Elle représentait pour moi une merveilleuse couverture, toute la ville disant : ce jeune farceur de Gaafar entretient Carioca et ne s'ennuie pas avec elle rue Sherif. Si Carioca ne devinait rien de mon activité, Rehbinder, lui, la connaissait parfaitement et protégeait mes arrières. C'était un vrai gentleman. Quand les Anglais l'arrêteront pour lui faire accomplir un an de camp de concentration, il me dira dans un billet transmis clandestinement qu'il ne regrettait rien, précisant : « Il fallait bien payer d'une manière ou d'une autre la location de cette magnifique villa, la nourriture, les services d'un larbin, d'un cuisinier et d'un jardinier ». En Égypte, l'humour n'était pas un privilège anglais !

Une fois revenu chez moi, avec la belle Carioca, je me pris à réfléchir sur le problème posé par la découverte de Fouad Osman. De quoi s'agissait-il au juste ? Comme il est de règle en matière d'espionnage, j'avais toutes les chances de perdre beaucoup de temps et d'argent pour finir par découvrir un matériel déjà connu, quelques camions ou chars de combat Mark IV, peints d'une couleur différente ! Mais l'évolution technique entrait dans le champ de mes curiosités et une vérification s'imposait.

Je finis par me souvenir d'un jeune militant des « Chemises vertes » qui habitait rue Soliman Pacha, juste en face du bordel maintenant dédié non plus au repos du guerrier mais à ses activités présumées secrètes. Je le retrouvai. Il occupait le dernier étage de la maison d'où l'on jouissait d'une vue plongeante sur la cour du bordel. Je le priai de me céder son logement pour un mois et l'envoyai habiter dans ma villa de la rue Salah el Din. C'était bien la première fois que les fascistes égyptiens répondaient à l'espoir que j'avais mis en eux dès 1937 !

La cour du bordel était vide. Le second jour d'observation, un engin apparut. Je me tenais à l'abri des persiennes et observais. J'aperçus un char de combat, mais comme la distance s'avérait assez considérable, il me fut impossible de le classer ou non dans la série des Mark existants. Il me fallait approfondir la question. Le lendemain, je repris ma faction avec l'appui d'une puissante paire de jumelles et celui de Rehbinder, excellent expert en matière d'automobiles et, par extension, d'engins militaires à moteur. Nous restâmes en alerte durant toute la matinée. Il ne se passait rien autour du char de combat. Quelques soldats allaient et venaient. Mais l'heure de ma récompense sonna en début d'après-midi. J'aperçus quatre hommes se diriger vers le char. Ils se placèrent aux quatre coins de l'engin, le saisirent par les crochets prévus pour le remorquage et, à ma grande stupéfaction, le soulevèrent au commandement, le transportèrent vers un camion qui stationnait au fond de la cour et, sans efforts apparents, le hissèrent sur son plateau. De deux choses l'une, ou bien l'armée anglaise avait obtenu la collaboration des descendants du géant Atlas, voire de la postérité d'Hercule, ou bien ce char de combat était en caoutchouc !

Il était en mousse de latex, parfaitement imité du Mark IV. C'était un leurre ! Un an plus tard, Rommel bluffera sur l'importance de ses divisions blindées en lançant dans le désert des camions producteurs de poussière, bricolant des engins soufflant avec des moteurs et de vieilles hélices, fabriquant de faux chars de combat avec des planches et des toiles, mais les Anglais y avaient pensé avant lui et, avec tout le sérieux des gens vraiment riches, ils allaient mettre en service de vrais faux Mark IV ! L'issue de la guerre tenait dans cette proportion et l'Allemagne ne pouvait pas la gagner car elle ne régnait pas sur les plantations de caoutchouc de l'Extrême-Orient qui fournissait le latex ! Je dis à Rehbinder :

— Demain, tu m'achètes des films et j'apporte mon Leica à télé-objectif.

Le lendemain, je photographiai tout à loisir un autre char de combat fantôme et, nouvelle surprise, une section de parachutistes en tenue de combat. De loin, rien ne permettait de les prendre pour des leurres, tellement l'imitation apparaissait bien réalisée, sauf sous l'angle de la stature. Ils mesuraient en effet à peine un mètre mais, sans doute, les experts avaient-ils jugé que, sur un champ de bataille, en raison de la distance d'observation, cette anomalie cessait d'être perceptible. Je photographiai le char. Je photographiai les parachutistes que les soldats emportaient tranquillement sous leur bras pour les empiler dans les camions, et j'envoyai les rouleaux de films par la filière habituelle, en même temps que mon rapport.

Un an plus tard, les bureaucrates de l'Abwehr devaient révéler à Rommel cette « nouveauté » – et encore en passant inutilement par le canal d'Aladin – précisant bien qu'il s'agissait là d'un matériel de premier ordre, à classer comme tel car, pour tous les fonctionnaires du monde, les Allemands en particulier, la beauté du classement apparaissait plus importante que la victoire des armes ! C'était cette déconvenue que je remâchais en roulant sous le soleil féroce et que je n'avais pas le courage de raconter au capitaine Almaszy. Et je me demandais maintenant devant qui la mission Condor avait le plus de chance de réussir : Rommel ou le feld-maréchal archiviste du quai Tirpitz !

La progression redevint facile une fois le convoi dégagé des pierres du diable. Quelques dunes bordaient nos axes de marche et chantaient la nuit. L'imagination seule ne saurait donner une idée de ce chant des dunes produit par le déplacement des milliards de grains de sable dont le vent modifie l'équilibre. La solitude, l'inflexibilité de la nuit glacée, les périls potentiels épars autour des hommes, le guet féroce des étoiles au-dessus de leur tête, donnaient à ce chant un caractère ésotérique… Pour les chrétiens, ce sont les anges qui se manifestent, les djinns pour les musulmans ! Mon radio se montrait fort impressionné. Je jugeai le moment venu pour lever l'obstacle qui, entre lui et moi, interdisait la conclusion d'un pacte au dernier vivant, imposé par la dangereuse mission Condor dans laquelle je l'entraînais. Je lui dis :

— Mon cher Sandy, – je l'appelais maintenant Sandy et devenais pour lui Budy – je te dois maintenant toute la vérité. Je travaille pour l'Abwehr, et te voilà dans le coup ! Excuse-moi de t'affranchir aussi tard, mais les ordres sont les ordres.

Dans l'ombre, je l'entendis confirmer sans émotion perceptible : « *Dienst ist dienst, schnaps ist schnaps*[1] *!* ». Puis, il ajouta sur le ton de l'ironie :

— Figure-toi que je m'en doutais depuis longtemps ! Alors, c'est au Caire que les Anglais doivent nous flinguer ?

Je surenchéris sur l'humour noir qu'il affectionnait :

— On a toujours le choix entre le poteau et le cyanure !

En fait, personnellement, je ne croyais ni à l'un ni à l'autre. À Berlin, les services spéciaux avaient voulu me doter d'un bridge à ouverture commandée pour la capsule de poison, tel celui que Himmler utilisera plus tard, mais j'avais refusé en disant : pas confiance, imaginez que votre truc se mette à marcher tout seul pendant que je baise une belle fille ! J'avais seulement accepté deux

1. Le service est une chose, l'alcool une autre !

pilules foudroyantes que je portais maintenant dans un sachet sur la poitrine, détendu, grâce à une confiance illimitée en ma bonne étoile ! Mais Sandy m'opposait une nature spontanément pessimiste et le caractère abrupt de la mission que je ne cachais plus désormais ne lui facilitait pas la recherche d'un sommeil sans rêves !

La chance semblait tourner. Le jour suivant la sortie des pierres du diable, nous perdîmes l'un des trois camions Bedford par accident mécanique, impossible à réparer sur place. Puis nous aperçûmes, à l'est, déployées sur l'horizon, de plus en plus hostiles et hautes, les falaises qui révélaient le Gilf el Kébir, un plateau culminant à presque deux mille mètres d'altitude. En 1937, Almaszy et Clayton en avaient découvert la passe étroite et unique permettant d'y pénétrer ou d'en sortir, alors qu'ils recherchaient l'oasis Sarsura, ce qui veut dire en arabe « l'oasis des petits oiseaux ». Ils l'avaient effectivement trouvé, permettant ainsi au poète allemand Arnold Höllriegel de chanter cette vieille légende. Découvrant aussi dans les falaises supportant le Gilf el Kébir des huttes de papyrus vieilles de mille ans, des dessins rupestres sur les parois de cavernes qui représentaient un habitat encore plus ancien, dessins qui reproduisaient des nègres, des lacs, crocodiles et hippopotames, ils avaient scientifiquement prouvé que la vie s'était retirée de ces zones à des époques relativement récentes, que le désert était un phénomène « moderne », en pleine extension, prêt à ronger toute l'Afrique, à ajouter des ruines neuves à celles d'autres civilisations disparues.

Seulement, maintenant, Almaszy devenu capitaine à l'Abwehr tandis que Clayton animait le Long Range Desert Group ennemi, abordait le Gilf el Kébir par l'Ouest, alors qu'en 1937 les deux explorateurs venaient de l'Est. Retrouverait-il el Lagaba, le col qui constitue la clé du passage et, une fois retrouvé, serait-il franchissable à la montée comme il l'était à la descente cinq ans plus tôt ? Telle était la marge d'incertitude pesant sur nous et l'avenir de la mission Salam.

Mais la chance, de nouveau, nous souriait. Le prodigieux Almaszy retrouva d'abord, et sans même le rechercher, un bidon de vingt litres d'eau qu'il avait déposé là en 1937 pour assurer son repli vers l'Égypte en cas de malheur. Almaszy possédait non seulement une mémoire visuelle d'intensité photographique, mais encore une sorte de sixième sens pour l'exploitation du terrain telle, qu'on pouvait imaginer sa vue doublée d'un radar ! Et, miracle, le bidon soudé contenait encore son plein d'eau potable ! Ce fut donc un jour de fête car cette découverte nous permettait, sinon de boire à satiété une eau portée à plus ou moins de soixante degrés, mais de nous asperger mutuellement ; la sensation de brûlure d'abord éprouvée se résolvant rapidement en fraîcheur grâce à la réhydratation des tissus desséchés de nos corps.

Le comte Almaszy retrouva tout aussi facilement l'amorce du col Lagaba. Nous laissâmes en dépôt, à son pied, l'un des camions Bedford car la montée apparaissait litigieuse. Nous passâmes, mais de justesse avec le dernier camion et les deux « Staff-car » dont les roues droites frôlaient le précipice, la piste naturelle n'offrant jamais plus de quatre à cinq mètres en largeur jusqu'au plateau. Au sommet, nous laissâmes refroidir les moteurs et le chauffeur Wieland me dit :

— Eh bien, l'eau bouillait dans mon cul pendant cette putain de montée !

Nous venions d'affronter des pourcentages probablement supérieurs à 30 %, mais ce qui était fait était fait, et la route du Caire se trouvait ouverte !

Nous remontions maintenant vers le Nord-Est, en direction du groupe d'oasis de Charga, épuisant nos dernières réserves d'eau potable. Almaszy, aussi bien que moi-même et nos « cascadeurs » brandebourgeois avaient maigri de quatre à cinq kilos depuis le départ, tellement l'atmosphère restait sèche, la température élevée, jamais inférieure à cinquante degrés en début d'après-midi. Comme il est d'usage, les hommes résistaient là où renonçaient les bêtes. Sur le haut-plateau, nous passions à côté de cigognes crevées, frappées d'épuisement au cours de leur migration annuelle vers le Nord. Sans doute avaient-elles tenté de couper au plus court depuis la haute Égypte et le Soudan, au lieu de suivre paisiblement le cours du Nil, trahissant ainsi leur instinct, donc leur vie. Nous retrouvâmes même une fois un canard sauvage qui avait suivi la même route, commis la même imprudence, connu le même destin. Les pierres semblaient sortir d'un four. Nos pneus éclataient l'un après l'autre. L'eau des véhicules bouillait malgré les radiateurs à grande surface de refroidissement et il nous eût fallu du glycol pour pallier cet inconvénient, mais l'Afrika Korps réservait sans doute ce produit de luxe pour ses avions de chasse, à moins qu'il n'en fût totalement privé.

Enfin, nous atteignîmes Charga, oasis de paix et de vie après cette marche lunaire. Almaszy avait gagné son pari et, déjà, formait des projets plus grandioses, comme celui de proposer à Rommel, dès son retour, une manœuvre d'enveloppement de la VIIIe armée par l'itinéraire que nous venions de suivre, ses troupes aéroportées atterrissant sur le Gilf el Kébir qui offrait une piste assez vaste pour que mille Junker 52 puissent s'offrir le luxe d'un atterrissage aile dans aile, en toute sécurité !

De Charga, nous partîmes avec une seule voiture vers le col de Japsa qui représente le thalweg entre le désert et la vallée du Nil. Le dernier camion et la dernière des « Staff-car » restèrent pour révision en vue du retour vers l'Afrika Korps par le même itinéraire qu'à l'aller. Wieland conduisait avec Sandy à ses côtés et j'occupais le siège arrière avec Almaszy. Il n'existait maintenant plus d'obstacle naturel, mais le danger naissait des hommes, le risque de rencontrer quelque patrouille du Long Range Desert Group devenant pressant. Il ne serait plus alors question de jouer la force mais seulement le mensonge. Une fois largué avec Sandy au col de Japsa, je dépendrai de la bonne ou mauvaise fortune de guerre.

L'instant approchait. La voiture stoppa. Sous nos pieds s'ouvrait la vallée du Nil avec ses champs de coton brillants, ses palmiers que caressait une légère brise. Un poteau indicateur se dressa en précisant : *« Assiout – six miles »*. Il nous restait donc dix kilomètres à couvrir à pied, sans tenir compte du complément d'informations fournies par le Royal automobile club égyptien : « Pente dangereuse – descendre en première vitesse ». Sandy pointa son doigt vers le panonceau et dit :

— Tu as vu ? Pente dangereuse !

Je savais ce qu'il pensait en fonction de son pessimisme naturel ! Mais j'avais pris toutes les précautions imaginables en prévision d'une mauvaise rencontre. Je portais mon vrai passeport égyptien au nom de Gaafar et Sandy un passeport U.S. *made in Berlin*. Impeccable ! Nous troquâmes rapidement les uniformes de l'Afrika Korps contre des tenues de désert que des griffes certifiaient achetées au Caire. Je vérifiai le petit agenda qui portait mention de futurs rendez-vous dans la capitale égyptienne, mon vieux carnet d'adresses parfaitement authentiques, ma carte de l'Automobile-Club, celle du Gesireh Sporting Club. Je n'avais pas oublié mon permis de conduire, ni la carte grise et les clés de contact de la Dodge qui m'attendait, garée au n°4 de la rue Salah el Din, ainsi que n'importe quel policier britannique ou égyptien au service de l'Angleterre pouvait s'en assurer. Gaafar se trouvait cautionné presque dans l'absolu, Sandy un peu moins mais, abrité sous le paratonnerre de son accent américain, c'était vraiment le natif du Middlewest, l'ami de collège à qui je venais de révéler le grand désert égyptien. Nous faisions le poids ! Nos deux valises également. Et il nous serait impossible de nous débarrasser de ces bombes avant l'arrivée au Caire ! L'une contenait le trésor de guerre – quarante mille livres sterling, dix mille livres égyptiennes, un sac plein de Souverains à l'effigie de saint Georges, l'autre le dernier modèle d'émetteur produit par les techniciens de l'Abwehr. Il venait déjà de transmettre notre position journalière et de répercuter « je vous reçois cinq sur cinq » de mes correspondants Aberlé et Weber, de l'Afrika Korps.

Une dernière cigarette. Pas d'adieux romantiques. La mission suivait son déroulement normal. Almaszy regagnait la Cyrénaïque, Eppler-Sandy ouvraient la mission Condor sur les arrières de la VIIIe armée britannique. Tout simplement. C'était la guerre.

— Rendez-vous au Caire ! me dit Almaszy. Surtout, trouvez-vous un cantonnement convenable !

— D'accord !

Ce fut la fin de nos entretiens sur l'avenir de l'humanité !

Nous descendions maintenant le col de Japsa, en direction d'Assiout. Les pièces d'or conféraient à ma valise un poids intolérable. Au bout de dix minutes, nous fûmes en nage. Nos chemises kaki collaient à la poitrine, nos cheveux rabattus sur le front, à la peau. Nous étions en réalité très affaiblis par le raid à travers le désert, assorti d'un rationnement cruel en eau. Nous parcourûmes environ cinq kilomètres. Déjà, les deux fils d'acier du chemin de fer brillaient dans la vallée, fuyant vers le Sud et le Nord en fils de la vierge tendus pour soulager la peine des hommes.

Maintenant bien dessinée, la piste plongea dans une petite oasis de palmiers et, quand elle en sortit, il était trop tard pour éviter le groupe de baraquements que, plus loin, elle traversait. C'était l'un des camps d'entraînement où les Anglais initiaient les recrues à la bataille du désert. Elles débarquaient à Port-Soudan et se voyaient directement dirigées sur le camp d'Assiout pour y recevoir un entraînement impossible à donner en Angleterre où les bords de la Tamise pouvaient difficilement offrir les mêmes obstacles que le Gilf el Kébir. Sandy me regarda en ricanant et dit :

— Voilà la fin du Condor !

Puis.

— J'entends siffler les balles que ces salauds vont nous foutre dans la peau !

L'obstacle ne pouvait être tourné sans éveiller les pires soupçons, donc il s'agissait de l'affronter résolument. Pour ses débuts de vol à travers le ciel égyptien, le condor manquait de chance, mais comment aurais-je pu deviner l'existence de ce nouveau camp, juste en dessous du col Japsa ? Je savais depuis longtemps qu'un minuscule détail pouvait culbuter l'opération la mieux préparée, mais je ne m'attendais pas à voir ma méfiance aussi brutalement confirmée, la mission sitôt menacée d'échec. Devant Sandy, il me fallait absolument affirmer un optimisme que j'étais loin d'éprouver. Je lui dis :

— T'inquiète pas ! Les militaires anglais sont aussi bêtes que les nôtres. Joue bien l'américain et nous passons.

Sur la route qui longeait le camp, un major assez âgé se promenait à petits pas, impeccable dans son uniforme bien repassé, jouant du stic contre ses mollets dans la grande tradition de l'armée des Indes. Parvenu à sa hauteur je m'arrêtai, en poussant le soupir d'un homme accablé, puis le saluai en anglais, comme tout Égyptien cultivé soucieux de paraître aussi gentleman qu'un représentant de la vieille aristocratie britannique. Je me présentai :

— Gaafar… Hussein Gaafar.

Je présente ensuite mon complice :

— Monkaster !

Le major me toise avec un effarement visible et, revenu de sa surprise, réplique :

— Eh bien Messieurs, j'ai cru que vous veniez me vendre des tapis comme ces…

Il efface le mot équivalent à « bougnoule » qu'il s'apprêtait à prononcer et enchaîne :

— Ces Arabes qu'on rencontre parfois chez nous, en Angleterre. Et qu'est-ce qui vous arrive, gentlemen ?

J'explique au Major que, partis en voiture du Caire pour montrer le désert occidental à mon jeune ami américain, j'avais cassé mon embiellage près de Charga et que nous venions de couvrir près de vingt kilomètres à pied.

— Partir avec une seule voiture dans le désert égyptien, quelle imprudence ! affirma le major. Et qu'est-ce que c'était comme voiture ?

— Une Dodge américaine.

— Eh bien, ça ne m'étonne pas ! Il fallait prendre une voiture anglaise, voyons ! Revenir à pied à travers ce maudit pays, c'est votre punition pour avoir commis une pareille erreur.

Il paraît réfléchir et découvrir soudain une vérité première en ajoutant :

— Donc, vous devez avoir soif ? Que diriez-vous d'un *drink* ?

Je réponds : *Yes*, et Sandy, tenant bien son rôle : *O.K. ! Mess.* Présentation à Messieurs les officiers instructeurs. Ils prennent des mines apitoyées quand j'annonce la nationalité américaine de mon ami. Comment peut-on être américain ? Et fabriquer d'aussi mauvaises voitures ? Je distribue ma carte de visite… Gaafar.

— Vous n'êtes pas le fils de l'ancien ministre de la Justice ? me demande un vieux résident britannique.

Un lieutenant me pose la question :

— Où donc avez-vous appris l'anglais pour le parler si correctement ?

J'évoque Oxford, la culture anglaise que je souligne habilement par quelques commentaires sur la barbarie nazie.

— Vous n'avez pas eu peur de vous faire capturer par le damné Rommel en vous aventurant si loin dans le désert ?

— Non. Dans le Sud, je me trouve automatiquement sous la protection de mes amis du Long Range Désert Group !

Je cite des noms. Penderell. Clayton. Pendant que j'évoque mes rencontres avec les rois Fouad et Farouk il faudrait un cataclysme cosmique pour que mes interlocuteurs en arrivent à imaginer que Hitler me recevait voici quelques mois ! Sandy se réhydrate consciencieusement au whisky. Il en a plus besoin que pendant le raid car je suis certain qu'il a perdu plusieurs litres d'eau par transpiration depuis notre arrivée au camp ! J'apprécie également le scotch qu'on nous offre, mais avec une grande sérénité ! Partie gagnée, sauf si, par accident, l'une de nos deux valises allait s'ouvrir ! Elles reposent devant le bar, aussi banales que redoutables, et quand le regard de Sandy tombe sur elles, je vois sa pomme d'Adam aller et venir, traduisant une émotion qu'il n'extériorise pas plus avant.

Après le bar, la table ! Un solide beef nous console de nos malheurs au désert. Je poursuis mon avantage en demandant, sous une forme très édulcorée, conforme à l'hypocrisie anglaise la plus raffinée si, par hasard, à la condition que cela ne gêne en rien le service, on ne pourrait point nous conduire jusqu'à la gare d'Assiout en voiture, pour nous épargner… après cette longue marche, des fatigues inutiles… faire bonne impression sur mon ami américain…

Ça marche ! Un quart d'heure plus tard, une Jeep nous charge, nous dépose devant la gare, et le soldat qui la pilote descend, porte nos valises jusqu'au guichet de distribution des billets et nous quitte sur un claquement de talons du plus bel effet.

— Eh bien, tu es culotté, me dit Sandy. C'est du vrai cinéma ! Mais comment se fait-il que les Anglais soient aussi bêtes ?

— Ce sont d'excellents soldats !

— Maintenant, youpi ! On s'en fout ! Nous voilà tirés d'affaire !

— Faux ! Comment feras-tu passer les valises en gare du Caire ? Il y a un contrôle et là, ce n'est pas la VIIIe armée qui opère, mais le Field Security service, avec des gars tout à fait vicieux.

— Il n'y a qu'à descendre à la dernière gare avant Le Caire et prendre un taxi ?

— Le Field Security service opère également en gare de Beni Souef. C'est sérieux, et je ne vois pas comment nous allons nous en tirer ! J'aimerais mieux passer par un nouveau camp anglais que par ce contrôle.

Brusquement, une idée géniale flambe sous ma casquette. Je repère une demi-douzaine de Noirs originaires de Dongola, dormant à même le trottoir, le long de la voie. J'ai pu les identifier grâce aux incisions rituelles qu'ils portent sur les joues. Les Gaafar possèdent une ferme dans le secteur de haute Égypte qu'ils occupent, j'ai vécu avec eux pendant mes vacances et je parle donc leur dialecte. Connaissant aussi leurs croyances, je sais que la jeunesse est tenue, chez eux, pour un facteur de chance. Je réveille donc le plus jeune de l'équipe et lui demande :

— D'où viens-tu, du Caire ?

— Oui, Pacha.

— Et qu'est-ce que tu faisais au Caire ? Tu étais domestique ?

— Oui Pacha ! Mais la famille que je servais est partie en Palestine !

C'est sans doute exact. La panique est en train de gagner Le Caire, après Alexandrie menacée par Rommel, et tous les Juifs évacuent la ville, suivis de ceux qui, à tort ou à raison, craignent l'arrivée de l'Afrika Korps. Sandy qui ne comprend rien au dialecte employé, ouvre de grands yeux et pose une série d'interrogations muettes. Je l'éclaire volontiers.

— Je suis en train d'engager un domestique pour porter les valises !

Foudroyé, il bégaye :

— Mais... le négro va foutre le camp avec... le fric et la radio ! Tu n'es pas un peu souffrant ?

Je lui tourne le dos et poursuis ma négociation avec le Noir :

— Tu ne veux pas servir comme domestique chez moi ?

— Mais oui Pacha !

— Combien veux-tu gagner ?

— Rien du tout, Pacha. Mais si tu me donnes cinq livres par mois, mon père, là-bas chez nous, va prier Allah pour toi cinq fois par jour !

— Et si je te donne six livres ?

— Alors, le menuisier d'Allah te fabriquera là-haut un grand lit en bois de cèdre sur lequel les cinq plus belles vierges d'Égypte t'attendront quand tu quitteras ce monde !

— Tu gagneras six livres ! Viens avec moi !

Je retourne au guichet des billets, et j'en prends un pour mon domestique. Troisième classe, bien entendu, un Noir en Égypte sous domination britannique, ne saurait voyager en pullman comme nous, pas même en deuxième classe !

— Voilà ! Tu prends ces deux valises avec toi. Au Caire, tu sors tout de suite de la gare avec elles, et tu m'attends à la station des taxis.

— Bien Pacha !

Dix minutes plus tard, je me retrouverai dans le pullman en compagnie de Sandy, mais sans les valises. Atterré, le radio me dit :

— Jamais on ne retrouvera l'appareil et le fric !

— T'occupe pas !

Sandy ne connaissait pas la fidélité d'un jeune Noir pour le maître qu'il vient d'élire son Pacha ! Moi, oui. Et je m'apprêtais à faire une petite sieste mais le pessimiste invétéré insistait lourdement :

— À l'arrivée, les Anglais vont fouiller le négro, trouver l'appareil et le fric et nous serons plus sûrement coincés que si nous tentions nous-mêmes la chance !

Je haussai les épaules et répliquai :

— Un Anglais du Field Security service ne s'intéresse jamais aux valises que porte un nègre. Un nègre et son bagage restent intouchables. Tu peux dormir tranquille jusqu'au Caire.

Vers neuf heures du soir, nous arrivâmes en gare du Caire et en sortîmes dans les conditions prévues par mon expérience du pays et ma connaissance du racisme anglais. Mon jeune domestique nous attendait, bien sagement à la station de taxis, couché sur les terribles valises pour en éviter le vol. C'était le 24 mai 1942. La mission Salam s'achevait sur un succès complet. Désormais, commençait la mission Condor.

XII

Condor, oiseau de malheur

Le Caire vit de préférence la nuit. Dans la guerre comme dans la paix. Surtout lorsque la guerre entre l'Afrika Korps et la VIIIe armée britannique n'est pas la sienne. Joie et peur restent ambiguës, car les hommes portent un masque. Derrière l'écran d'une même impassibilité, le jeune officier anglais qui danse au Kit-Kat, le plus célèbre des cabarets de la ville, maudit Berlin ; et l'officier égyptien Sadate qui conspire, souhaite qu'un jour prochain, l'Angleterre comme Carthage, soit détruite. Cadillacs et Buicks se hâtent. Whisky à gogo. Lampions multicolores dans les jardins. Une brise légère s'est levée du Nil et caresse les palmiers flexibles. Les cabarets ne désemplissent pas jusqu'à l'aube. La jeunesse dorée du Caire y côtoie les boursiers d'Alexandrie venus dépenser les centaines de livres gagnées le matin, les agents de l'Intelligence Service, les maquereaux parmi lesquels évolue Pulli Bey condamné à découvrir cinq filles chaque jour pour son roi ! En même temps que les pétroliers du golfe Persique venant jouer les rois sans couronnes, mais non sans dollars, d'interminables convois militaires traversent les ponts jetés sur le fleuve, progressant d'Est en Ouest au secours de l'armée impériale que malmène Rommel. Et le défilé de ces forces ne cesse pas quand revient le jour.

Malgré le jour, le soleil accablant qui endort l'imagination des hommes, il me faut tout de suite régler le problème le plus urgent, celui de Sandberg, mon radio, à qui je dois procurer un logement le protégeant des curiosités extérieures et de ses propres curiosités pour un Proche-Orient qu'il ne connaît pas encore. Ma confiance en Sandy n'est pas en cause, mais un espion doit projeter autour de lui un nuage de méfiance, comme le calamar dans l'eau son émission de liquide opaque. Je ne veux pas que Sandy prenne contact avec la ville hors de mon contrôle. Je connais Le Caire et ses tentations. Trop de belles filles faciles et bavardes, trop de whisky pour un « écluseur » de sa taille, trop d'argent dans nos poches, trop d'oreilles ennemies à l'écoute ! Je le conduis donc directement dans une pension de famille tenue par une Italienne qui m'a presque vu naître. Elle me reconnaît aussitôt.

— Hussein Bey ! Pas possible ! Mama mia, ça fait des siècles qu'on ne t'a pas vu ! Tu viens du Soudan ?

— Oui. J'ai passé six mois dans la ferme de l'oncle.

Le Soudan et les propriétés que ma famille y possède représentent un alibi increvable. Du moment qu'on ne me rencontre plus au Caire, c'est que je réside près du haut Nil où je chasse le lion ! C'est beau la fortune ! Comment l'ami des Gaafar sur qui je viens de tomber juste en sortant de la gare, une demi-heure plus tôt, et qui a commenté nos retrouvailles en évoquant ce Soudan providentiel, pourrait-il imaginer qu'en pleine guerre je me trouve plus souvent sur les bords de la Sprée que ceux du Nil bleu ? Je retiens deux chambres, et dès que Sandy a tourné le dos pour y déposer nos valises, je dis à la tôlière :

— Tu soignes bien mon ami et, surtout, ne le laisse pas sortir avant que je ne revienne.

Elle a l'air un peu étonnée mais promet de se déguiser en cerbère. On ne refuse rien, au Caire, à Hussein Bey, aimable rejeton de la famille Gaafar, tenu pour un peu fol et grand bringueur devant Allah !

Je me mobilise tôt le lendemain matin. Pas une minute à perdre. Il me faut d'urgence savoir pourquoi l'émetteur de l'église Sainte-Thérèse s'est tu après l'échec et l'arrestation du général El Masri. La dernière émission reçue pouvait n'être qu'une provocation de l'ennemi. Je pars à pied, malgré la chaleur. Avec ma tenue de désert minable je passe inaperçu, noyé dans la foule musulmane. Il me manque seulement la collection de tapis à vendre, posée sur l'avant-bras gauche. La mosquée Mohammed Ali flambe sous le grand soleil. Je traverse Midan el Mohatta, la grand-place de la gare, grouillante de foule, puis attaque l'interminable rue Choubrah. À mi-chemin, je vire dans Ibn el Kourany, aperçois l'église Sainte-Thérèse et me réfugie dans son oasis de fraîcheur. Quelques vieilles femmes y font leurs dévotions. Un prêtre dit sa messe. Est-ce le bon? Je l'étudie longuement. D'après sa taille, sa raideur qui pourrait bien traduire celle de l'officier qu'il fut et se survit en lui, je décide de l'aborder. Je connais mal le déroulement d'une messe mais imagine sans effort qu'une fois terminée, l'officiant gagne la sacristie. Je me poste auprès de sa porte et attends… Comme c'est long et ennuyeux un office chrétien! Enfin, le prêtre s'avance vers moi et je lâche les premiers mots du code de reconnaissance prévu.

— *Alma mater!*

Il stoppe et répond:

— La paix de Dieu soit avec vous.

C'est lui. J'en aurais juré à sa manière d'avancer, raide et droit comme le mât d'un voilier. Je reprends:

— *Facere significationem.*

Il me répond encore:

— *Cor ad cor loquitur.*

Je pénètre dans la sacristie sur ses talons. Posément, il m'explique la raison de son silence. Il en avait « ras-le-bol » des idioties arabes et redoutait les Anglais qui, alertés par les palinodies du général El Masri, auraient fini par localiser l'émetteur caché sous l'autel. Il l'a donc fait disparaître. Le silence qui tourmentait l'Abwehr ne comportait pas de piège. Vu. Terminé. Il me demande encore:

— Croyez-vous en Dieu ?

Je réplique :

— Pas du tout. Je crois au hasard !

Je fais demi-tour et me retire. Je coupe le contact avec ce Padre dangereux en raison des histoires qu'il ne manquera pas de m'attirer si, comme lui, je fourre mon nez dans les affaires égyptiennes, toujours « tordues ». Je fuis. Je regagne la pension de famille où je dispose d'une chambre. La tôlière m'arrête au passage et me dit :

— Mais, Hussein Bey, pourquoi ne veux-tu pas laisser sortir ton ami ? Il est gentil, et c'est un beau garçon !

Je cligne de l'œil d'une manière significative dans l'équivoque, et réplique :

— Justement ! Parce que c'est un beau garçon !

— Ah ! Voilà ! Tu es jaloux et tu as bien raison !

C'est fait. J'ai désamorcé les curiosités de la matrone par une explication tout à fait naturelle. Pourquoi le jeune Gaafar ne naviguerait-il pas « à voile et à vapeur » comme la plupart de ses frères musulmans ? Comme par exemple le célèbre Theologos Kalomeris, le propriétaire du Kit-Kat, qui parcourt la ville en fiacre en montrant ses fesses. Décidément, les alibis increvables pleuvent sur moi comme le soleil sur Le Caire. Je me sens plus détendu. La mission Condor peut suspendre son vol pendant vingt-quatre heures ! Je ne sais pas encore à quel point cette pause marquera ma vie. Petite visité à Sandy qui se morfond dans sa chambre.

— Tu as passé le message « bien arrivés » ?

— Passé et reçu réponse. Bonnes nouvelles d'Almaszy sur le chemin du retour. Tout est O.K.

— Bien. Nous allons au Bazar !

J'emmène Sandy au Bazar. Quatre paires de chaussures. Douze chemises. Linge de corps. Tailleur. Complets sur mesures et smoking blanc. Terminé pour demain matin ?

— Parfaitement, Hussein Bey.

Le lendemain, ayant retrouvé les moyens de tenir mon rang d'héritier Gaafar au Caire, je rends visite à Badia Massabni. C'est une Libanaise qui fut belle. Prenant de l'âge, elle ne danse plus dans le théâtre indigène qui lui appartient, près de l'Opéra, mais y produit les belles filles qu'elle sait toujours découvrir. Nous avons autrefois couché ensemble et restons bons amis. Je lui demande des nouvelles d'Hekmat Fahmy.

— Elle danse au Kit-Kat. Tu ne savais pas ?

— Non.

— C'est vrai que les nouvelles de la vie nocturne du Caire doivent rarement arriver jusqu'au Soudan dont tu sors ? Tu as tué beaucoup de lions là-bas ?

— Des tas !

Je souris intérieurement, ne tuant plus depuis longtemps un seul fauve, après avoir reconnu combien les bêtes se montraient plus dignes d'estime et d'amitié que les hommes ! Je demande :

— Tu revois souvent Hekmat ?

— Assez souvent.

— Elle te parle de moi ?

— Quelquefois.

— Elle couche ou non ?

— Jamais, comme autrefois !

Hekmat Fahmy, la plus célèbre danseuse du ventre de l'histoire égyptienne, possédait la réputation bien établie de refuser les hommages de ses innombrables admirateurs. Les grands propriétaires terriens, les rois du coton et de la Bourse, les émirs du pétrole en visite au Caire, le roi Farouk lui-même et, maintenant, les généraux anglais, rampaient à ses pieds. Ils n'obtenaient rien. Hekmat Fahmy gagnait beaucoup d'argent, rien qu'en se produisant sur les scènes des cabarets et méprisait les amours vénales. On ne lui connaissait qu'une passion : l'indépendance de l'Égypte, sa patrie. Cependant, j'avais connu le privilège de coucher avec elle. Une seule fois ! C'était l'un de ces soirs où, pour des raisons impénétrables, les femmes appartiennent à qui se trouve là, prince ou débardeur, et veut bien les prendre ! J'avais conservé de cette nuit un souvenir inoubliable et espérais bien, sans oser me l'avouer, en connaître une autre, un jour où les signes dans le ciel se montreraient favorables !

Bien étoffé dans mon smoking neuf, je me trouvai donc le soir même derrière une table, au bord de la piste du Kit-Kat, tout de marbre poli, cernée par le bar disposé en demi-cercle autour d'elle, sous un toit qui la protégeait de l'humidité et, aussi, des étoiles sur l'intervention cosmique desquelles je comptais !

Foule. Des chansons célèbres à l'époque malaxaient les danseurs : « *I love the man of mine* » et « *Rhum and Coca-cola* ». Un homme qui appartenait probablement à quelque société secrète égyptienne, peut-être un officier en civil dépendant des cellules révolutionnaires qu'El Faouzi et Sadate déjà, structuraient, réclama du chef d'orchestre « Lily Marlen », la chanson si mal vue des chefs hitlériens et que, pourtant, l'Afrika Korps reprenait quand la VIIIe armée britannique en achevait le dernier couplet, de l'autre côté du front. Par courtoisie pour les officiers anglais en civil, nombreux parmi la foule, par prudence aussi, l'orchestre s'abstint car il n'était pas égyptien, ne brûlait donc pas, comme la majorité de mes compatriotes, de lancer à la face des occupants le nom de Rommel.

Les fauteuils libres se faisaient rares et un Anglais me demanda l'autorisation d'occuper celui qui se trouvait près de moi. Je l'accordai. Au bout d'un moment, il me dit :

— Peut-être que Rommel Pacha boira un scotch à cette table dès la semaine prochaine ?

Il traduisait là une conviction quasi générale mais, toujours en alerte devant les provocations dont la technique représentait l'A.B.C. de l'espionnage, je répliquai :

— Pensez-vous ! Moi, je tiens Rommel pour *kaputt* dans les trois mois à venir. Alexandrie et Le Caire seront sauvées !

Mon voisin n'insista pas. D'ailleurs, Hekmat Fahmy venant d'apparaître sur la piste dégagée, l'heure n'était plus aux spéculations guerrières, mais à la tempête de sexualité qu'elle allait faire souffler sur l'assemblée. Hekmat était originaire de la haute Égypte, mais son père avait dû, selon une tradition fort répandue, prendre femme chez les Tcherkès. C'était sans aucun doute l'origine du sang qui bouillonnait en elle et donnait à sa danse quelque chose de plus fort que la mort. Elle paraissait s'accoupler avec l'univers entier et inviter les mâles de l'assemblée à en faire autant. À travers elle, flambaient treize siècles de sexualité arabe. Le flot de sa chevelure sombre ruisselant sur ses épaules nues, son ventre, ses cuisses, ses seins de marbre merveilleusement proportionnés, muscles jouant sous le volume de graisse exact qu'il fallait pour les enrober, dissimuler leur puissance tout en ménageant la douceur des formes, composaient une image de la féminité issue d'un rêve où chantaient les stances du Kama-Sutra. Elle émettait des ondes sexuelles à la manière des lampes Roenigen, productrices des rayons X, et à leur manière dispensait la vie ou la mort à qui se laissait éblouir par sa lumière. Mais, et surtout, elle bouleversait les élites qui, une fois dans leur vie, s'étaient penchées sur les bas-reliefs des temples égyptiens. Par ses yeux fendus en amande, son nez rectiligne aligné dans le plan du front, ses lèvres sensuelles, c'était une fille de Pharaon ou la reine Néfertiti, ressuscitée par un caprice de l'histoire, d'où l'impact produit sur les gens cultivés qui rêvaient d'étreindre ce fantôme sorti d'un temple de la vallée des rois, mais bien vivant et porteur d'un gage d'éternité ! C'était une fille terrible, fort intelligente de surcroît, bien qu'ignare et sachant à peine écrire son nom.

Un sourire détendit son visage hiératique quand elle m'aperçut, assis derrière ma table au côté de cet Anglais qui se résignait à boire son whisky en compagnie de Rommel Pacha. À deux heures du matin, je me retrouvai dans sa Cadillac, roulant vers le Nil. Elle habitait l'un de ces « House-boat » que la haute société du Caire préfère aux appartements car, vivre sur le Nil ou ses canaux permet de profiter des brises nocturnes, impossibles ou difficiles à capter dans les logements conventionnels.

Cette nuit-là devait ruisseler de signes dans le ciel et les Dieux concentrer toutes leurs faveurs sur moi, car Hekmat Fahmy me garda non seulement sur sa péniche mais encore sur le divan de son salon. Sans avoir rien demandé, ni mérité par mon physique ou ma situation, la fille des Pharaons m'accorda tout ce que les grands de ce monde en guerre sollicitaient d'elle sans rien obtenir. À huit heures du matin, j'avais compris ce que signifiait l'expression « être aimé des Dieux », mais je n'arrivai pas à m'expliquer pourquoi ils m'aimaient ainsi. Elle non plus. De sa voix rauque, qui évoquait plus le ronronnement d'un félin du Soudan que celui d'un chat domestique, elle me dit :

— Je t'aime, Hussein. Déjà, l'autre fois, je t'aimais ; seulement je ne m'en rendais pas compte. Ne me demande pas pourquoi, c'est impossible à expliquer. Demande-moi seulement de te le prouver.

Les eaux du Nil chantaient sous les fenêtres ouvertes. Les cris des bateliers qui convoyaient les felouques chargées de grain soulignaient le murmure harmonieux du courant. J'hésitais à répondre à la prière d'Hekmat. Que pouvais-je demander à cette fille puisque je lui devais déjà tout ? Et je redoutais cet attachement qui, à peine né, flambait déjà en elle comme le soleil du désert. Chargé de la mission Condor, je ne pouvais pas dépendre d'une femme si peu que ce fût, si envoûtante soit-elle.

Brusquement, le passage du Condor dans mon ciel claqua mieux qu'un coup de tonnerre. Je venais d'entendre son appel et ne pouvais hésiter à y répondre. Comment n'avais-je pas deviné plus tôt qu'avec son pouvoir de domination sur les hommes, son intelligence de premier ordre, la position qu'elle occupait au Caire, centre stratégique vers lequel convergeaient tous les moyens d'information, Hekmat Fahmy représentait l'espionne intégrale ? Moi qui ne croyais pas à l'utilité des femmes dans l'espionnage, venais de changer d'avis en un clin d'œil. Elle insistait :

— Hussein, si tu avais envie de tuer quelqu'un, même le roi d'Angleterre, c'est moi qui lui donnerais le poison ! Demande, ordonne, et j'obéis sur le champ !

Cette passion, brusquement libérée, m'effrayait et me captivait dans le même temps. Je n'avais pas le droit de la laisser se consumer sans rien brûler autour d'elle ! Je me décidai et demandai :

— Hekmat, accepterais-tu de travailler pour moi, même si c'était très dangereux ?

La fille du Pharaon me noyait dans ses yeux immenses et ses lèvres s'entrouvraient sur un sourire.

— Qu'est-ce que tu appelles un travail dangereux ?

— Espionnage.

Pendant quelques secondes, son regard se tint dans une sorte d'expectative, puis elle demanda, à voix très basse, comme si elle craignait de recevoir une certaine réponse :

— Pour qui travailles-tu ?

— L'Allemagne !

Elle poussa un cri qui devait être celui de Moïse découvrant la terre promise, se leva d'un bond et, encore nue, se mit à marcher à travers le salon, comme propulsée par une force longtemps contenue et qui, maintenant, se libérait. Elle cria :

— Contre l'Angleterre, jusqu'à la mort !

Je savais que Hekmat était comme pour une patriote égyptienne intransigeante, mais sans liaison avec les cercles nationalistes que je connaissais tous, elle n'avait jamais l'occasion d'exprimer ses sentiments avec la violence qu'elle traduisait aujourd'hui. Notre pacte fut donc scellé sans discours superflu. Je compris presque tout de suite que je venais de révéler à elle-même une espionne de grande valeur qui, jusqu'ici, s'ignorait. Tout de suite, la femme reparut et me dit avec douceur :

— Hussein, tu ne seras pas jaloux n'est-ce pas, si je dois coucher avec des officiers anglais ? Je les oublierai tout de suite.

— Je ne serai pas jaloux, Hekmat.

Depuis que je lui avais révélé mon état d'espion, elle posait sur moi un regard neuf.

— Et ça fait longtemps que tu travailles pour les Allemands ? demanda-t-elle.

— Bientôt cinq ans.

À la manière dont elle me contemplait maintenant, je comprenais qu'elle venait enfin de trouver la justification profonde de sa soumission. Avant la révélation, je n'étais qu'un Gaafar parmi bien d'autres jeunes et riches égyptiens physiquement mieux tournés que moi pour la plupart, bien que ne possédant pas mon dualisme physique entre le Nord et le Sud, hameçon auquel mordaient volontiers les femmes. Maintenant, j'étais le héros d'un monde qui ne lui avait pas été révélé par la littérature – et pour cause puisque Hekmat ne lisait jamais – mais le cinéma !

— Tu as rencontré Hitler ? demanda-t-elle encore, poursuivant l'inventaire du monde pharaonique moderne auquel j'appartenais.

— Oui. J'ai travaillé avec lui. Il m'a serré la main.

— Comment est-il réellement ?

— C'est un monsieur très bien élevé.

Elle reprit place à mes côtés, sur le divan du salon et redevint femme sur un plan brusquement maternel.

— Hussein très chéri, il faut que je m'occupe de toi et de ta sécurité au Caire.

— Mais je m'en occupe, sois tranquille, Hekmat.

— Pas aussi bien que moi. Comment vas-tu parler avec Rommel ? Où est ta radio ?

— Pour l'instant, sous un lit, dans une pension de famille. C'est l'affaire de Sandy.

— Il te faut un logement que personne n'aura jamais l'idée de surveiller. Je m'en occupe.

Elle s'en occupa si bien que je m'installai dès le lendemain. C'était un house-boat semblable au sien. Il appartenait à une danseuse de ses relations qui, retraitée, en possédait deux, ordinairement loués à de riches étrangers. J'achetai la plus belle de ces péniches et payai comptant. Mille cinq cents livres sterling pour le bâtiment, cinq cents pour les meubles. Elle se trouvait amarrée sur un bras du Nil, à deux cents mètres d'un autre bâtiment loué par… le commandant du Field Security service, mon ennemi le plus dangereux !

— Aucun autre agent sur cette terre, murmura la fille, n'aurait le culot de s'installer là !

Avec sa grande intelligence, aiguisée par la passion charnelle, elle avait compris que vivre dans l'environnement immédiat de l'Intelligence Service, c'était occuper l'épicentre d'un typhon où, comme dans les mers de Chine, règne un calme provisoire mais absolu. Le bâtiment mesurait une trentaine de mètres. Abrité du soleil par une tente bleue, le pont-promenade couvrait presque toute la coque, ménageant seulement en poupe et en proue deux espaces réduits rappelant le gaillard d'avant et la plage arrière des vrais bateaux. Protégé du vent par des cloisons de verre, un bar se dressait sur le tiers avant du pont-promenade, suivi par une manière de salon en plein air, encombré de fauteuils et de divans. À l'étage inférieur, à hauteur de la lisse, deux chambres de domestiques occupaient l'avant puis une cuisine, ensuite la salle de bains et, enfin, trois chambres dont deux grandes et une petite sur laquelle j'avais des vues originales. Des canalisations d'eau, gaz, électricité, téléphone, ainsi qu'une passerelle, reliaient le bâtiment à la ville.

Il était meublé et décoré d'une manière somptueuse, toutes cloisons tendues d'une soie naturelle vert eau du plus bel effet, portes et lambris en bois de mahrgonny, lustres en cristal de Venise, tapis d'Ispahan, Chiraz, Boukhara, Tabriz, posés dans les chambres comme autant de pelouses constellées de fleurs.

Je n'avais plus qu'à récupérer mon radio et me mettre au travail. J'avais amené ma Dodge au pied de la passerelle et m'apprêtais à partir pour la pension de famille où Sandy se morfondait, mais Hekmat m'en dissuada :

— Pas avec ta voiture ! C'est dangereux ! Prends ma Cadillac !

Je comprenais difficilement pourquoi rouler en Cadillac lui paraissait moins dangereux que conduire une Dodge, le possesseur d'une grosse américaine s'inscrivant, de toute manière, parmi les classes privilégiées du pays, mais je m'inclinai devant cette méfiance qui rendait des points à la mienne. Je la laissais volontiers révéler sa vraie nature. Cette danseuse sacrée, qui mimait les voluptés orientales, avait manqué sa vocation d'espionne et cherchait à rattraper le temps perdu avec l'excès de zèle correspondant. J'admirais aussi la haine qui la soulevait et que je n'arrivais pas à partager, quand elle parlait des Anglais. Ses yeux immenses perdaient la sérénité séculaire qui les figeait sur les bas-reliefs des temples et flambaient. Ses prunelles prenaient l'acuité de celles d'un chat égyptien surveillant sa proie, ses ongles laqués devenaient des griffes, tout ce qui la vouait aux caresses savantes disparaissait.

Confortablement installé dans sa Cadillac, j'atteignis rapidement la pension.

— C'est toi ? demanda Sandy à travers la porte de sa chambre.

Il l'ouvrit et, semblait-il, à regret.

— Je pensais, s'excusa-t-il, qu'à la longue tu ne reviendrais plus et que les Anglais ne manqueraient pas de me cueillir, pistolet au poing.

— Pourquoi, tu as commis quelque imprudence ?

— Oui et non, car je passe un message chaque matin, à neuf heures, comme tu me l'as demandé.

— Et alors ? Ça marche ?

— Ça marche. Je reçois Almaszy trois sur cinq.

Almaszy possédait aussi un émetteur du modèle 100, le troisième de la série. Il approchait de Gialo après avoir rencontré le Long Range Desert Group mais, heureusement, sous forme de son matériel, non de son personnel ! Tombant sur l'un de ses parcs automobiles, dans l'extrême sud du Gift et Kébir, il y avait refait son plein d'essence, puis incendié ce qu'il ne pouvait emporter.

J'installai Sandy dans le house-boat. Il se mit à l'explorer avec des ravissements presque religieux, comme s'il s'attendait à trouver Mahomet, ou à la rigueur Saladin, caché derrière chaque porte. Ce luxe l'impressionnait et il semblait m'en tenir rigueur comme si j'en étais responsable ! En fait, il ne réussissait pas à reprendre son équilibre. Depuis le départ de Tripoli, Sandy se voit projeté sur le plan d'une irréalité bouleversante… Berlin lui fait apprendre la radio, puis le lance dans l'espionnage sans lui demander son avis. Il atteint le Nil avant Rommel, mais sans tirer un coup de fusil. Le hasard le jette dans les jambes d'un major anglais qui, au lieu de le faire fusiller, l'invite à son mess. Je laisse le trésor et l'émetteur radio aux mains d'un petit nègre et, au lieu de les voler, il les restitue avec une fidélité exemplaire. Je l'enferme dans la chambre d'une pension assez sordide pour l'en tirer presque aussitôt en Cadillac et le conduire dans une résidence royale ! Il doit se demander si je suis tout à fait normal, avant de prendre au sérieux cette cascade d'aventures. Sadate, le futur président de la République égyptienne, ne réagira pas comme lui et prétendra, trente ans plus tard, que vivant sur cette péniche en satrape, dans les bras de la plus belle des Égyptiennes, je n'avais pas donné à la mission Condor l'impulsion qui convenait. Jalousie et complexe d'infériorité faussaient alors le jugement de ce petit lieutenant issu d'une famille d'humbles fellahs ! Mais il écrira aussi dans son livre : « Même le plus astucieux des mouchards n'aurait pas été capable de deviner qu'un émetteur de la Wehrmacht se trouvait sur cette péniche et que des agents allemands y vivaient ».

Sans perdre un jour, je fis venir des charpentiers et, dans le même temps, commandai le plus puissant des électrophones américains qu'on pouvait trouver au Caire à cette époque. La mise en place de notre émetteur commença. La plus petite des chambres du house-boat se trouvait sous le pont-promenade, à l'aplomb du bar et du moignon de mât qui pointait au-dessus de la tente, en vue de donner à la villa flottante l'apparence d'un vrai bateau. Je fis condamner la porte de cette chambre donnant sur la coursive par une feuille de contreplaqué, recouverte par la même tapisserie de soie verte tendue sur l'ensemble de l'appartement, non sans mal, car j'employai plusieurs jours pour découvrir un tissu exactement assorti. Désormais, qui parcourait la coursive ne pouvait soupçonner l'existence de cette petite pièce derrière la cloison. Encore fallait-il pouvoir y accéder ! Le charpentier pratiqua donc une ouverture dans le plafond qu'une trappe ferma derrière le bar, au niveau du pont-promenade. Un tapis l'occultait, sans exiger de manœuvre compliquée pour la dégager. Un simple escabeau permettait de prendre pied dans la chambre ou d'en sortir, car elle était, comme toutes les cabines du bateau, basse de plafond.

L'émetteur y fut installé. Restait le problème de l'antenne justifiée par le poste radio-phono que j'avais commandé en ville et qu'on allait bientôt me livrer.

Il fut résolu par l'Intelligence Service lui-même, comme si les Anglais avaient décidé de mettre les rieurs de mon côté. Désireux de m'être agréable, mon voisin de péniche, le colonel Robertson me délégua un sergent-major de l'Intelligence Corps, spécialiste des transmissions, et qui lui servait aussi de chauffeur. En étroite collaboration avec Sandy, qui en éprouvait des sueurs froides, il mit en place l'une de ces antennes que son propre service utilisait normalement pour capter les émissions allemandes et italiennes. Inutile de préciser qu'il s'agissait là d'un matériel de haute qualité. Quand tout fut terminé, je lui offris un scotch bien tassé. Puis le colonel Robertson en personne vint à bord, pour savoir si tout s'était bien passé et si j'étais content. Ce sentiment se lisait facilement sur mon visage mais le colonel ne pouvait percevoir l'ironie inscrite dans le filigrane du sourire ! L'émetteur fut relié à l'antenne accrochée au sommet du mât par un fil noyé dans la gorge pratiquée le long de son fût. Quand l'électrophone nous fut livré, un imposant *His master's voice*, je le plaçai dans le bar, au pied du mât, afin de justifier l'antenne et, par la musique, de couvrir le ti-ti-ta-ta déjà très faible de l'émetteur que Sandy, enfermé dans la chambre secrète, manipulerait sans avoir à tenir compte des visiteurs, dansant et buvant à bord, car j'avais l'intention de donner de brillantes réceptions pour tenir le rang d'un jeune Gaafar, pressé de liquider la fortune du clan, manière efficace d'occulter l'activité de l'espion Eppler. Sur le plan des liaisons radio, la mission Condor ne courait ainsi aucun risque sauf, bien entendu, sa localisation par une voiture-gonio, mais encore fallait-il que l'Intelligence Service découvrît une raison de la mettre en chasse et, tout comme Hekmat, je me faisais fort de ne jamais lui en fournir l'occasion.

Hekmat se mit au travail. Elle s'y consacrait beaucoup plus en voyante extralucide qu'en prostituée. Sur son terrain de chasse du Kit-Kat, il lui arrivait rarement de perdre son temps. Elle attaquait toujours quelque « very important person » dépendant des états-majors, allant et venant entre Le Caire et le front de Cyrénaïque, Le Caire et Jérusalem ou Damas. Ces officiers arrivaient au cabaret avec la mentalité d'émigrants contraints de quitter la paix pour la guerre et pressés de noyer dans le champagne, le whisky, les yeux d'Hekmat, leur nostalgie des derniers beaux jours. La danseuse choisissait ses victimes avec clairvoyance, les faisait boire et, sur le coup de deux heures du matin, sans rien leur promettre bien que leur faisant tout espérer, les invitait à prendre un dernier verre chez elle, c'est-à-dire sur son house-boat ancré à égale distance des péniches habitées par Eppler et Robertson, colonel de l'Intelligence Service !

On ne saute pas comme un taureau sur une dame qui vous invite dans une résidence pour milliardaires et vous y conduit en Cadillac. Il s'agit de soigner les approches et c'est ainsi que, de whisky en cognac, de gin-fiz en bouteilles de champagne, les officiers anglais tombaient dans une agressivité plus verbale que sexuelle ! Commodément installé derrière la cloison mitoyenne, je prenais des notes. Après avoir essayé de roucouler, les pigeons finissaient régulièrement par ronfler. Hekmat confisquait alors portefeuille, carnet de notes, porte-documents lorsqu'il s'agissait d'un courrier en partance pour le front et je dépouillais toute la paperasse jusqu'au lever du jour. Puis les domestiques d'Hekmat rejetaient sur le quai tous ces poivrots repentis qui se hâtaient de disparaître, rejoindre leurs états-majors. C'est par ce procédé, classique en matière d'espionnage, usé semblait-il depuis des siècles et pourtant toujours efficace, que je surprenais les secrets militaires de la plus haute importance. Dès les premiers jours, je connaissais les plans arrêtés pour mettre en état de défense El Alamein, même le nombre de mines à poser – cent mille – chiffre que que Rommel ignorera jusqu'à la catastrophe de l'Afrika Korps.

La bonne marche du dispositif mis en place ne devait pas me réjouir bien longtemps. Presque tout de suite Sandy me dit :

— C'est curieux, Adolf qui accusait réception des messages quand je les passais depuis la pension de famille, maintenant ne répond plus. Je me demande si notre émetteur n'est pas tombé en panne !

Je hochai la tête, sceptique et répliquai :

— Peu probable ! Tu sais bien que le 100 représente l'appareil le plus avancé existant à l'heure actuelle dans le monde ?

— Justement ! Je me méfie des prototypes.

— Mais ce n'est pas un prototype ! Nous avons le numéro 2 de la série et Almaszy le trois.

— Ça ne fait rien ! Les premiers exemplaires d'une série restent suspects, comme pour les automobiles. Les défauts apparaissent, non pas au cours des essais, mais après mise en service par les utilisateurs. Pourtant, je n'ai rien remarqué d'anormal et je ne comprends pas pourquoi Adolf ne répond plus !

Adolf était l'indicatif de l'Afrika Korps. Si Aberlé et Weber n'accusaient plus réception des messages émis par Sandy, c'est qu'ils ne les recevaient pas ! Donc, Rommel ignorait encore les précieux détails que je venais d'expédier sur la mise en état de défense de la position de résistance que les VIIIe, IXe et X^e^ armées mettaient en place devant El Alamein. Il y avait de quoi s'arracher les cheveux ! En général, ce qui apparaît le plus difficile dans une mission d'espionnage, c'est de découvrir la source d'information. La transmission pose peu de problèmes. Or, j'occupais le meilleur point stratégique pour l'espionnage dans le secteur de la guerre africaine. Grâce à une série de coïncidences, toutes plus extraordinaires les unes que les autres, mon dispositif tactique s'inscrivait parmi les meilleurs de toute l'histoire de l'Abwehr et voilà qu'une défaillance se produisait au niveau des liaisons ! Absurde !

Avec Sandy, j'entrepris de vérifier notre installation, depuis l'antenne jusqu'à la source d'alimentation électrique. Certes, nos investigations restaient limitées, surtout à propos d'un matériel révolutionnaire défiant des compétences aussi réduites que les nôtres, mais tout semblait fonctionner correctement. Sandy demanda :

— Alors ? Qu'est-ce qu'on fait ?

— Tu continues. Deux émissions par jour, comme prévu. Adolf nous reçoit peut-être très bien !

— Ça m'étonnerait !

Le doute s'était introduit en nous, comme le ver dans le fruit, et n'allait plus cesser de nous ronger jusqu'à la catastrophe finale.

Un ennui ne vient jamais seul, assure un proverbe que, bien souvent, l'existence quotidienne vient confirmer. Un matin, Samy apporta cette confirmation. Je connaissais de longue date ce Juif égyptien, employé préposé au change dans la banque Misr du Caire. C'était un homme très habile, très sérieux, très fidèle, capable de remplir toutes sortes de missions dans les secteurs du marché noir et, peut-être même ceux des secrets militaires. Je l'avais chargé de convertir une partie des quarante mille livres sterling en monnaie égyptienne, au cours officiel pratiqué par la banque Misr. Il me dit :

— Sais-tu que ton paquet est plein de fausses livres ?

— Non ? Pas possible !

Je repensai à l'Oberzaltmeister Gärtner, le trésorier de l'Abwehr qui m'avait garanti la loyauté de cette monnaie avec des larmes dans la voix, en me remettant les liasses. Il tenait en effet tellement à sa caisse qu'il suspectait les bons qu'on lui remettait, même s'ils portaient la signature de l'amiral Canaris, comme le mien ! J'eus envie de crier : quel salaud ! C'eût été injuste, car il ne pouvait séparer les livres émises par la banque d'Angleterre de celles que fabriquait le S.D., parfaites quant à l'impression, la couleur, le filigrane du papier. J'avais appris pendant mon stage que, même les numéros de série ne pouvaient les faire reconnaître. Ceux de nos fausses livres sterling ne pouvaient faire double emploi avec ceux de l'institut d'émission anglais. On les choisissait en effet dans des gammes jamais utilisées par lui. À vrai dire, le seul moyen permettant de distinguer le faux du vrai tenait dans la nature du papier impossible à imiter car, fabriquée aux Indes, la pâte avait été imprégnée par la sueur des Indiens qui la brassaient, lui donnant une contexture unique au monde, inimitable et pour cause, en dehors de l'Inde. Cet enseignement, la première partie du moins, apparaissait faux car Samy me demanda :

— Sais-tu comment le caissier a découvert les faux fafs ?

— Non, car c'est impossible !

— Pas du tout, c'est possible, mais il faut tomber sur une coïncidence fantastique. Juste avant que je ne lui apporte ton paquet, un major anglais était venu changer deux billets de vingt livres. Or, parmi les tiens, deux portaient les mêmes numéros que les siens !

— C'est impossible !

— Tu vois bien que non !

Je ne pouvais pas lui expliquer que c'était impossible d'après l'Abwehr, car il ignorait les vraies raisons de ma présence au Caire ! Comment lui faire comprendre que Gerter aurait pu me remettre par hasard de faux billets, provenant non pas du S.D. mais de quelque officine étrangère à l'Allemagne ? Je souris pour me donner une contenance en demandant :

— Et comment ton caissier a-t-il décidé que mes billets étaient faux et ceux du major authentiques ?

— Le major anglais venait évidemment de changer là des coupures reçues directement d'Angleterre, ou ramenées d'Angleterre au retour d'une permission. Et comme le caissier me connaît bien, puisqu'il s'agit de mon beau-frère, il sait que je change les billets que je ramasse un peu partout. Les fausses coupures passent donc fatalement par mes mains et non celles d'un major anglais !

— Qu'est-ce que tu as fait ?

— J'ai rendu les livres égyptiennes et repris ton paquet !

— C'est bien.

Si les Gaafar apprenaient en ville que je tentais d'écouler des sommes importantes en fausses livres, au Caire, la ville entière saurait vite à quoi s'en tenir sur la nature de mes activités ! L'incident apparaissait déjà inquiétant, il fallait l'empêcher de prendre des proportions dangereuses. Je dis à Samy :

— Tu vas me changer ça au noir ! Je veux bien perdre cinquante pour cent, mais pas plus !

— J'ai des offres d'achat à un pour trois ?

— Non. Un pour deux, maximum.

— Je vais essayer.

Perdre la moitié du trésor ne représentait pas une catastrophe mais, bien que n'ayant pas de comptes à rendre à l'Abwehr, il me fallait jouer serré, prévoyant des frais énormes. Sachant que rien ne coûte aussi cher qu'un agent égyptien, surtout lorsqu'il travaille comme elle, par idéalisme, j'avais en effet l'intention d'offrir un night-club à Hekmat !

La fin du mois de juillet apportait maintenant les grosses chaleurs, mais les habitants des péniches souffraient moins que les Cairotes logés dans le centre de la ville. L'aube et le crépuscule ruisselaient toujours de fraîcheur. Le soleil se levait dans un ciel finement nacré et, en même temps que lui, renaissait l'odeur envoûtante du jasmin dont le souvenir reste indissolublement lié en moi à celui de l'Égypte. Comme il aurait fait bon vivre avec Hekmat, mes amis Sandy et Rehbinder, sans souci d'argent ou autre, dans la société des riches Égyptiens et de l'aristocratie militaire anglaise si parfaitement bien élevée, si j'avais pu apporter une réponse positive à la question que je me posais, jour et nuit, de plus en plus de nuit que de jour, au fur et à mesure que l'angoisse me refusait le sommeil : Rommel recevait-il les informations que je recueillais à la source même de la puissance britannique ?

Sandy émettait régulièrement, matin et soir, et ne recevait jamais de réponse, que ce soit d'Adolf ou de notre relais d'Athènes capable de répercuter nos émissions sur Ankara ou Berlin. Silence total. Le réseau mondial de l'Abwehr n'ayant pu disparaître en l'espace d'un mois, il me fallait bien admettre que mon émetteur ne portait plus. Il chantait toujours « ti-ti-ta-ta » au même niveau apparent mais, pour une raison indéfinissable, ne propageait pas mes chiffres sur les ondes. Chaque jour, je me demandais qui, au Caire, en dehors de Sandy impuissant, pouvait le vérifier ou le réparer. Je n'avais pas les moyens de déterminer si la carence se situait au niveau de l'émission ou seulement de la réception. Les postes à lampes en vente dans le commerce au Caire, ne pouvaient pas capter les ondes extrêmement courtes sur lesquelles nous opérions. Le superbe électrophone *His master's voice* ne permettait pas de contrôler l'émetteur 100 installé dans la chambre secrète, à deux mètres seulement au-dessous de lui. Il m'eût fallu disposer d'un appareil bâti selon les mêmes techniques, c'est-à-dire d'un poste que seul l'Intelligence Service pouvait détenir au Caire. Je pensai très vite à Sadate, officier de transmissions dans l'armée égyptienne et le fis venir à bord du house-boat. Ami d'école, organisateur des premières cellules révolutionnaires de l'armée avec Zulfikar, le futur président de l'Égypte ne faisait en aucune manière partie de l'Abwehr, comme certains auteurs et journalistes l'affirmeront plus tard, comme lui-même le laissera supposer, mais il me fournissait beaucoup de renseignements sur l'ennemi anglais, connaissait bien entendu, et de longue date, la nature de mes activités, contrairement à ma famille et mes autres amis égyptiens. Avec lui, je ne courais pas de risques.

Il se pencha sur notre émetteur sans réussir à le prendre en défaut. Mais cela ne signifiait rien. Seul, un technicien allemand de

Stannsdorf possédait les capacités suffisantes pour ausculter l'appareil. Sadate me quitta sans songer à me plaindre, m'enviant plutôt pour ce luxe extraordinaire dans lequel je vivais, supputant les sommes que je devais dépenser et les comparant avec sa misérable solde, sans réussir à dominer un petit sentiment de jalousie, non plus que le complexe d'infériorité provoqué par la conscience de sa médiocrité comparée à la science des techniciens allemands!

Je dressai un bilan des périls que me faisait courir ce silence qui m'enveloppait. Rommel savait qu'il disposait au Caire d'un agent parfaitement intégré au pays mais ne me connaissait qu'à travers mon *cover name*: Condor. Les deux opérateurs à mon service, Weber et Aberlé, également. Le seul lien existant entre eux et moi et par lequel l'ennemi pouvait rapprocher l'Afrika Korps de Condor, c'était le roman de Daphnée du Maurier: *Rebecca*, prévu pour décrypter les messages mais qui n'avait pratiquement jamais servi puisqu'on ne me répondait plus. Au Caire, personne ne savait que Condor s'appelait Eppler, en dehors de mon radio, Hekmat, Rehbinder et Sadate. Mise à part ma famille, qui ne savait rien de l'Abwehr, personne au Caire ne connaissait l'origine allemande de ma mère. L'éventail des trahisons possibles apparaissait donc fermé. Une approche de l'ennemi extrêmement difficile, voire impossible. Et cependant, le hasard faisant bien les choses pour les Anglais, celui qui devait remporter sur moi une victoire bien gagnée, m'avait déjà rencontré.

C'était lors de ma troisième ou quatrième soirée au Kit-Kat, vers le début du mois, après que j'eusse scellé mes amours avec Hekmat. J'attendais la fin de son numéro pour regagner le houseboat en sa compagnie. Désireux de tuer le temps, je vins me percher sur un tabouret du bar, aux côtés d'un Anglais habillé en civil, petit, blond, assoiffé. Au bout d'un moment, il se présenta en s'inclinant légèrement en vrai gentleman, révélant d'entrée un comportement qui ne se verra jamais altéré par la guerre:

— Samson.

— Gaafar.

Puis, il enchaîna sur la beauté du Caire, le Nil, les pyramides et, enfin la chaleur, tirant d'un jugement pessimiste sur elle la conclusion qui s'imposait :

— Me permettez-vous de vous offrir un *drink* ?

Je permis et lui en offris un autre. Il me rendit la politesse et, lorsque Hekmat m'entraîna vers sa Cadillac, je me trouvais honteusement en reste d'une tournée de whisky ! J'oubliai tout de suite cet homme dans les bras de la belle héritière des Pharaons, car je n'avais aucune raison de lui assigner une place spéciale dans la galerie de mes relations anglaises. Cette place, il la prendra de lui-même, et il me faudra attendre sept ans pour lui rendre, à Londres, la politesse du dernier verre à laquelle j'avais failli !

La vie continuait. La mission Condor aussi. J'avais bien l'impression de me battre en vain contre un mur qui, autour de moi, graduellement, s'élevait mais la quantité et la qualité des informations d'ordre militaire que je recueillais se révélaient tellement étonnantes, qu'il me fallait les répercuter chaque jour, comme devant, même si ma voix devait se perdre dans le désert.

Depuis le pont-promenade de ma péniche, j'arrivais à détecter l'effectif des unités passant sous mes yeux à un homme, un char de combat, un canon, un camion près ! Nous étions en effet amarrés à proximité du pont de Zamalek par lequel transitaient toutes les unités, tous les convois des IXe et X^e^ armées refluant au secours de la VIIIe au-delà du Nil. Dès le début, j'avais mis au point avec Hekmat un calcul par unité-allumette afin de ne commettre aucune erreur. Nous en avions acheté plusieurs grosses boîtes et, chaque fois qu'une compagnie traversait le pont, nous en laissions tomber une sur le tapis. Ramassées en fin de journée, elles fournissaient le chiffre du transit total. L'ennemi poussait même la gentillesse jusqu'à bivouaquer à portée de voix, le long du quai. En général des unités de mercenaires indiens jugées indignes de se voir hébergées dans les camps anglais ! Ils allumaient leurs petits feux au bord de l'eau, faisaient cuire les tristes rations de haricots blancs et bavardaient beaucoup. Nous savions d'où ils venaient, à une heure près le moment de leur départ, et tout sur leur armement, organisation interne, ravitaillement, jusqu'au nom de leurs officiers et les fables qu'ils leur racontaient pour les entraîner vers le désert égyptien !

Jamais espion n'avait sans doute occupé un tel observatoire, ouvert le jour sur la troupe, la nuit sur les officiers à travers les yeux d'Hekmat qui lisait en eux mieux que ceux d'Ezechiel, sans parler des suprêmes voluptés qui, lorsqu'il le fallait, ramenaient la conscience militaire au niveau du sexe ! J'apprendrai plus tard qu'un colonel revenu des jardins d'Allah dans lesquels Hekmat venait de le promener jusqu'au lever du jour, bouleversé par les imprudences commises à travers ses bavardages, s'était emparé d'une Jeep dès son retour au front, pour foncer, seul, vers les lignes de l'armée Rommel. Bienveillante, et à moins de trente kilomètres, l'attendait la mort !

En août 1942, l'histoire était en train de préparer une cage pour le Condor, la ruine de l'Afrika Korps qui, privé de renseignements sur la force réelle de l'armée anglaise d'Afrique, n'allait pas tarder à se jeter dans le piège d'El Alamein. En fait, mon poste marchait très bien ! C'était l'organisation mise en place pour exploiter son travail qui ne marchait plus. Il me faudra des années, le témoignage des survivants de l'armée Rommel et celui de mes adversaires de l'Intelligence Service, pour reconstituer la cascade de fatalités qui fit du Condor un oiseau de malheur.

En vertu de l'adage « le mieux est l'ennemi du bien », le Feldmaréchal Rommel portait la responsabilité initiale de la catastrophe. Avant de quitter Mamelin, j'avais recommandé à mes correspondants Aberlé et Weber de vivre dans leur vieil autobus d'une manière simple et discrète, le plus loin possible des unités blindées et du quartier général, deux secteurs névralgiques, l'un soumis au feu de l'ennemi, l'autre à la pression de son espionnage. Ils s'étaient donc installés dans un coin tranquille, près d'un village indigène et, pendant leurs nombreux loisirs, élevaient des poules ! C'était là qu'ils reçurent les premiers messages envoyés par la mission Salam, puis la mission Condor à partir de la pension de famille dans laquelle j'avais bouclé Sandy avec la complicité de la vieille maquerelle italienne. Ils les avaient traduits en clair, à partir du code *Rebecca*, le roman de Daphnée du Maurier dont ils possédaient un exemplaire.

Rommel vint à passer en tournée d'inspection, stoppa devant ce vieil autobus qu'une antenne insolite signalait à son attention. Aberlé et Weber se présentèrent et s'engagea le dialogue qui me fut rapporté sept ou huit ans plus tard :

— Qu'est-ce que vous faites là ? demanda le Feld-maréchal.

— L'écoute de la mission Condor.

— Ça représente combien d'heures de travail ?

— Une à deux heures.

— Et le reste du temps ?

— Rien, dit Weber.

— On élève des poules, précisa Aberlé.

De maigres poules, en effet, s'agitaient autour de l'autobus, Rommel éclata :

— On ne sert pas dans l'Afrika Korps en élevant des poules ! Vous allez tout de suite rallier mon quartier général avec votre station d'écoute. Les radios avec les radios ! Là-bas, on vous trouvera du travail !

Rommel, c'était bien connu, pourchassait l'oisiveté avec la même ténacité que la VIIIe armée britannique. Dans le travail, les amateurs de slogans voient la liberté et le Feld-maréchal la victoire ! Au quartier général, Aberlé et Weber trouvent du travail, mais aussi les Anglais à l'aube du 8 ou du 9 juillet, si mes souvenirs sont exacts, alors que la mission Condor vient à peine de s'implanter au Caire. Un commando du Long Range Desert Group, parti de la lointaine oasis de Shiwa, et en train de balayer les arrières de l'Afrika Korps, vient de tomber par hasard sur le parc de l'état-major Rommel, obligeant même le Feld-maréchal à décamper en vitesse, à moitié rasé et en pyjama ! Aberlé et Weber se trouvent ainsi entre les mains de l'ennemi dès le début de l'opération Condor ! Leur capture ne compromet nullement l'avenir de la mission, pas plus que ma sécurité. Il suffirait de les remplacer par d'autres radios sachant décoder un message.

Les Anglais n'avaient en effet aucune raison de soumettre à l'interrogatoire renforcé ces deux soldats appartenant, comme bien d'autres, aux services de transmission de l'Afrika Korps. Même si on les plaçait sous régime spécial au lieu de les maintenir parmi les prisonniers de guerre protégés par la convention de Genève, ils ne pouvaient faciliter ma capture au Caire. Mis à part mon *cover name*, ils ignoraient tout de moi et de leur collègue Sandberg. Les Anglais ne pouvaient tirer d'eux autre chose que le code *Rebecca*. Si Weber et Aberlé livraient la clé du code, s'ils acceptaient de servir l'ennemi comme « pigeons assis », ils pouvaient certes émettre sur ma longueur d'onde mais je les brûlais immédiatement puisque je poursuivais mes propres émissions.

Rommel venait de commettre une faute en privant mes correspondants de la semi-clandestinité que je leur avais conseillée. On ne pouvait le lui reprocher, car il agissait en soldat, préoccupé de donner leur pleine efficacité aux forces réduites dont il disposait. Il se servait de l'espionnage et n'en connaissait pas les règles. Mais c'est l'Abwehr lui-même qui commit la faute impardonnable et irréparable. Voici comment.

Toute mission importante était automatiquement placée sous la responsabilité d'un chef de service en place quai Tirpitz. Un certain major Seubert coiffait la mienne. Il s'était attribué le *cover name* Angelo, sans aucun motif ni la plus mince utilité, tous les grands chefs sédentaires travaillant à visage découvert sous leur véritable identité, Canaris lui-même, Maurer, Piekenbrock et bien d'autres. Que risquaient-ils en effet, puisqu'ils ne pouvaient entrer en contact avec l'ennemi avant qu'il n'occupe la capitale du Reich, éventualité qui, en 1942, semblait exclue. Lourd de nostalgie pour les risques qu'il ne courait pas, le major Seubert jouait sans doute à l'espion de choc en devenant Angelo. Mais c'était plus probablement un fonctionnaire aussi stupide que le responsable de la mise sous le boisseau de mon rapport sur les tanks en caoutchouc et son retour chez Aladin avec la mention « à classer matériel de premier ordre » ! Plus grave qu'un crime, la décision qu'il prit, comme responsable suprême de Condor, représentait une faute ! Elle faillit me coûter la vie, peu de chose en temps de guerre, mais en privant Rommel de toute information sur la puissance réelle qu'on allait lui opposer à El Alamein, elle le jeta dans un piège qu'il pouvait aisément éviter en tournant l'ennemi par l'extrême Sud. Je n'affirmerai pas que l'échec de Condor allait coûter à l'Allemagne la route des Indes et du pétrole, puisque Hitler ne voulait pas l'emprunter, mais Rommel franchissant le Nil, débouchant sur le versant sud du Caucase et le golfe Persique, avec ou sans l'approbation de Hitler, voilà qui changeait peut-être le déroulement de la Seconde Guerre mondiale.

L'homme qui brisa les ailes de Condor s'appelait donc Seubert, dit Angelo. Il affirmera plus tard qu'il prit la décision de « m'emmurer » pour me protéger. Délicate attention. Mais ce mur, qu'il édifia autour de nous, me perdit. On fusillait beaucoup en Allemagne pour trahison, malheureusement le crime de stupidité administrative ne figurait pas plus dans le code militaire que dans la bible hitlérienne, et pourtant... !

Prévenu par radio de la capture d'Aberlé et Weber, le major Seubert lança aussitôt une alerte générale sur le réseau Abwehr avec ordre de couper tout contact avec Condor, à la réception comme à l'émission. D'où le silence qui, brusquement, venait de tirer sur nous son linceul.

Au lieu de diriger la mission Condor, le major Seubert en romançait les péripéties, compliquait à plaisir une situation très simple au départ. Je me livrerai plus tard à certains calculs que mon chef pouvait faire tout de suite, lui possédant les données d'un événement dont je ne savais rien. Capturés à Mamelin par le Long Range Desert Group, Aberlé et Weber ne pouvaient être ramenés en Égypte par lui avant quarante-huit heures au minimum. Un premier interrogatoire standard les dirigeait sur un camp de prisonniers de guerre normal, un jour ou deux plus tard. En admettant que des soupçons particuliers flottassent autour d'eux – et on ne voit pas comment ils fussent nés – les Anglais avaient encore besoin de vingt-quatre heures pour les confier au centre d'interrogatoires spécial du Field Security service à Maadi, situé à quinze kilomètres au sud du Caire. L'Abwehr disposait donc d'une semaine pour manœuvrer la mission Condor avant qu'elle puisse être inquiétée par l'ennemi, et en admettant qu'un interrogatoire des radios y suffise, éventualité pratiquement impossible. On me tirait d'affaire par une simple vacation radio comportant trois mots : code de secours. Au lieu de répondre sur *Rebecca*, je poursuivais la mission Condor sur Donauschiffahrts Kapitaen, avec la même efficacité qu'avant. Si, par un excès de prudence l'Abwehr préférait abandonner en me mettant hors de cause avec mon collaborateur, un ordre de décrochage suffisait. Je prenais alors ma Dodge, la route d'Assouan puis gagnais paisiblement le Mozambique portugais, *via* Khartoum, avec Sandberg, Rehbinder et Hekmat si elle se croyait menacée, sans oublier l'émetteur ni le trésor que, par avion, je ramenais à Lisbonne où je me retrouvais disponible pour une mission nouvelle. La capture de Weber et Aberlé ne représentait pas un drame mais un simple accident de parcours. Le drame, c'était la bêtise humaine.

La vie continue au Caire, toujours brillante sur la péniche, et de plus en plus sombre pour ceux qui l'habitent. Je comptabilise toujours les effectifs qui franchissent le pont de Zamalek, Hekmat poursuit ses interrogatoires galants et, pendant que je donne de brillantes réceptions, que le *His master's voice* fait danser les couples sur le pont du house-boat, Sandy joue à « ti-ti-ta-ta » à deux mètres sous leurs pieds et leurs jupes, avec l'émetteur le plus perfectionné du monde qui, cependant, ne sert plus à rien. C'est le moral de mon radio qui baisse le plus rapidement. D'un naturel foncièrement pessimiste, lui s'installe déjà dans la catastrophe et me dit, presque chaque soir, avant de s'en aller coucher à la poursuite d'un sommeil qui ne vient plus :

— Alors, c'est demain qu'ils viennent nous cueillir ?

Et il noie son insomnie dans le scotch. Je le retrouve de plus en plus souvent fin saoul. Je n'ai ni le courage ni le temps de lui faire des reproches, préoccupé par un dilemme impérieux. Ou bien je continue à rassembler des informations inutiles, ou bien je décroche sans ordres pour me tirer d'un guêpier en train de bourdonner autour de nous avant de nous piquer de la façon la plus cruelle… Où se trouve mon devoir vis-à-vis de mes chefs, de mes collaborateurs et de moi-même ? Je ne lutte pas sur le front du Caire pour le triomphe du national-socialisme, le rassemblement des Germains dans la Grande Allemagne car, Germain sans l'être, un tel but de guerre m'échappe et, cependant, j'admets que l'Abwehr est en droit de compter sur ma fidélité. Je sais qu'on donne automatiquement l'ordre de résister jusqu'au dernier soldat quand la situation en Russie se dégrade. Je dois donc jouer le jeu, d'autant plus qu'on ne m'a pas mobilisé contre mon gré. J'ai choisi de vivre l'aventure sous les ordres du plus grand des aventuriers et il ne serait pas convenable de le lâcher à l'heure où, précisément, elle prend une dimension de plus en plus intéressante. La mission Condor m'appartient, et je la dirigerai jusqu'au terme de son inutilité. J'ai beau me moquer, à l'occasion, de Frédéric le Grand et de Saladin, je suis obligé d'entendre, même faiblement, ce que l'un me conseille par la bouche de ma mère allemande, l'autre à travers le souvenir de mon père arabe. Pas plus un Allemand qu'un Arabe ne se défile à l'heure du danger lorsqu'il n'a que vingt-huit ans, comme moi. Et, pour corriger ce léger mouvement d'orgueil, j'en appelle à la bonne vieille morale : toucher l'argent du IIIe Reich et refuser de le servir tant qu'il paye relève de l'escroquerie. Ma signature figure au bas d'un contrat que je respecterai, quoi qu'il arrive !

Mais quid de Sadate, Rehbinder, Hekmat, Sandy ? Sadate me fuit, doutant de mon sérieux, Rehbinder hausse les épaules quand je parle d'un départ pour le Mozambique, Hekmat se met à pleurer après avoir réaffirmé son amour plus fort que la mort, et Sandy débouche une nouvelle bouteille de whisky. Je ne prends donc aucune décision et nous retombons tous dans la hantise dominante : vérifier une fois de plus l'émetteur, réparer l'émetteur si nous découvrons l'origine de la panne qui nous paralyse.

Aucun d'entre nous ne fait le poids comme technicien de radio. Je dois par conséquent solliciter une aide extérieure. Amener un inconnu dans la chambre secrète d'émission équivaut à introduire un loup dans une bergerie jusqu'ici bien gardée. Je sens que ma méfiance naturelle ne le permettra jamais. Une autre solution existe et je la découvre après quelques jours de réflexion. Il s'agit de trouver un amateur qui, possédant un émetteur à ondes courtes, accepterait de me le confier pour quelques jours. Qui, au Caire, en dehors des agents de l'Intelligence Service, possède un émetteur à ondes courtes assez puissant pour me permettre de rétablir la liaison avec l'Afrika Korps ? *That's the question !*

Mais l'underground cairote, bien entendu ! Maintes fois, au cours de ma carrière d'espion, c'est l'underground, le monde souterrain de chaque pays, qui m'a permis de réussir une mission ou de neutraliser un péril. Je fais donc venir Samy, le meilleur factotum de mes relations qui, finalement, a réussi à changer mes livres sterling au marché noir sur une base raisonnable. Je lui demande qui, à son avis, possède un émetteur à ondes courtes. Il me répond sans hésiter.

— La croix rouge suédoise.

— Et tu connais celui qui l'utilise ?

— Parfaitement. C'est un Autrichien nommé Maur.

— Et tu pourrais l'approcher ?

— Ce n'est pas impossible.

— Alors, tu lui expliqueras qu'un certain Gaafar voudrait jouer les radios amateurs. Dis-lui que c'est un type un peu cinglé, connu comme tel dans toute l'Égypte, un type qui se fait à l'occasion chercheur d'or, explorateur, coureur automobile et cherche maintenant un nouveau hobby. Fais-lui comprendre, si nécessaire, qu'il paye bien. Vu ?

Pour Samy, je dessinai là un portrait de moi-même que, de longue date, il tenait sans doute pour exact. Rien dans le cheminement de sa pensée ne le conduisait donc à l'Abwehr, malgré le caractère insolite de ma requête.

— Je m'en occupe, affirma-t-il.

Je glissai dans la main de cet admirable Samy un billet de cent livres égyptiennes et le congédiai.

Le soir, tard, je passai au Kit-Kat et, en attendant la fin des danses de ma complice, m'installai au bar. J'avais rencontré une fois, et bu, en compagnie du jeune Anglais qui me frôla sans m'apercevoir. Il s'appelait Samson et servait dans l'Intelligence Service avec le grade de capitaine. Nous aurions dû nous présenter l'un à l'autre une fois de plus, cela lui eût évité bien du travail, et à moi bien du souci.

Connaissant l'objet de ses dernières curiosités, j'aurais eu le temps de filer vers le Mozambique avec mes collaborateurs. Malheureusement, je ne connaissais absolument rien de ce qui se tramait de l'autre côté du mur de silence que cet abruti d'Angelo venait de dresser entre moi et l'actualité.

Derrière le mur de silence, le capitaine Samson travaillait, servi à la fois par une chance insolente et le génie de l'espionnage que la guerre venait de révéler en lui. Quelques semaines plus tôt, un sergent du Field Security service l'avait rencontré au Sémiramis, hôtel situé dans le Garden city, quartier résidentiel du Caire et qui, réquisitionné par l'occupant, hébergeait ses officiers. Au cours du déjeuner, il lui demanda :

— Capitaine, avez-vous lu *Rebecca*, le livre de Daphnée du Maurier ?

— Bien sûr, c'est un roman intéressant. Mais pourquoi me parlez-vous littérature ? Tout cela est bien dépassé par la guerre, n'est-ce pas ?

— Si je vous en parle, mon Capitaine, c'est parce que nous avons trouvé un exemplaire de ce livre dans le barda d'un Allemand fait prisonnier à Mamelin par le Long Range Desert Group.

— Et alors ? Un prisonnier de guerre, même allemand, a bien le droit de lire *Rebecca* ? Je ne vois pas…

Le sergent du Field Security service lui, voyait. Revenu au camp de Maadi où Weber et Aberlé venaient d'être transférés, non pour y subir des interrogatoires renforcés que rien a priori ne justifiait mais, simplement, parce que l'armée anglaise s'intéressait systématiquement aux radios, plus susceptibles que les autres de connaître les informations intéressantes, il se mit en devoir de converser en anglais avec mes anciens collaborateurs. Il s'aperçut tout de suite qu'ils n'en comprenaient pas un traître mot et, le lendemain, revint au Caire. Il se présenta au siège du Field

Security service, au numéro 8 du Midan Sheik Youssef et se fit recevoir par Samson. Il lui remit l'exemplaire de *Rebecca* saisi dans le camion-radio de mes collaborateurs, en disant :

— En effet, mon capitaine, cela n'a rien que de normal pour un Allemand de lire *Rebecca.* La chose devient tout à fait étrange lorsque cet Allemand le lit dans une langue dont il n'entend pas un seul mot. Voilà l'édition anglaise qu'on a trouvée dans le camion de Weber et Aberlé !

Il déposa le livre sur le bureau pendant que Samson sursautait. Il n'y avait pas besoin de lui faire un petit dessin pour l'intéresser à cette histoire. En fait, la chance lui offrait l'extrémité du fil qui allait le conduire à la gloire promise aux espions qui réussissent. Il feuilleta *Rebecca*, se pencha longuement sur l'envers de la couverture qui portait encore une étiquette témoignant sur le prix du volume mais, pâlie par le temps et l'usage, elle ne permettait plus de distinguer le chiffre marqué.

— Envoyez ce bouquin au laboratoire, ordonna-t-il, qu'ils essayent de faire ressortir en clair l'inscription effacée, c'est peut-être possible.

Restitué deux jours plus tard, le livre révélait non seulement son prix mais encore la monnaie dans laquelle le libraire l'avait vendu. En escudos portugais ! Très excité, Samson écrivit à son attaché militaire à Lisbonne en le priant d'enquêter sur tous les libraires de la ville. Peu de temps plus tard, la réponse parvenait : on n'avait pas réussi à identifier l'acheteur de *Rebecca*, mais seulement le libraire qui s'étonnait d'en avoir vendu d'un seul coup cinq exemplaires à la même personne ! Qui donc pouvait, à Lisbonne, acheter à la fois cinq exemplaires d'un livre anglais, sinon un agent de l'Abwehr, ou de l'Intelligence Service, et que pouvait-il en faire sinon les distribuer dans les circuits de l'organisation pour servir de code ?

Aberlé et Weber entrèrent donc dans le circuit des interrogatoires renforcés et, bien entendu, comme tout prisonnier livré à la discrétion des curieux professionnels, qu'ils soient de l'Intelligence Service, de la Gestapo, de la Kripo, du S.D., du Deuxième Bureau français ou de la NKVD russe, ils vidèrent leur sac, à dire le vrai, peu rempli. Samson apprit seulement qu'ils faisaient partie d'une mission Condor dont la tête se trouvait quelque part en Égypte – ils ne savaient exactement où – qu'elle transmettait sur code *Rebecca*, sur une longueur d'onde dont ils prétendaient chevaleresquement ne pas se souvenir, mais qu'il était facile de déceler puisque je m'obstinais à émettre. Moi, je ne savais rien de ce qui s'était logé sous le crâne de mister Samson qui applaudissait Hekmat pour sa danse du ventre. L'avenir eût changé de visage si, tombé amoureux d'elle, il avait essayé de ramener l'honneur de l'Intelligence Service au niveau du sexe, comme tant d'autres officiers de ce pays.

La mission Condor progressait sur le plan de l'information et restait figée sur celui de la transmission. Je connaissais maintenant tout ce qu'un espion pouvait apprendre sur les forces dont Montgomery allait disposer quand Rommel tenterait la percée sur Alexandrie, au début de l'automne. Mais il me manquait les moyens de le prévenir. Il ne me restait qu'une possibilité : envoyer une estafette qui, reprenant la route du désert par laquelle j'étais venu, apporterait les informations à domicile ! J'étudiai le problème et tentai de dégager la solution. Un homme expérimenté roulant seul à bord d'un staff-car bien camouflé aux couleurs anglaises, et portant toute l'essence nécessaire avec lui, pourrait peut-être rallier Gialo. La voiture ? Le marché noir cairotte offrait tout ce qu'on pouvait désirer. L'armement ? Il s'agissait de tenter la chance, sans même un pistolet en poche. Sur un coup de poker, le messager atteindrait Rommel ou tomberait aux mains de l'ennemi, armé ou non. L'homme ? Pas plus Sadate que Nasser n'accepteraient de déserter au profit de l'Abwehr, soucieux de respecter par avance les règles d'honneur et de fidélité qu'ils rêvaient d'imposer plus tard au peuple égyptien. Rehbinder ? Malade. Sandy ? Ivre un jour sur deux. Restait Eppler. Un raid de plus ou de moins, à travers le grand désert occidental, même accompli seul, entrait dans le cadre de mes routines. J'entrepris d'étudier ce voyage pour redonner au Condor le goût de vivre. Quand je me levai, tôt le matin, à l'heure où le soleil émerge de son lit de roses, où la brise souffle sur le Nil l'odeur envoûtante du jasmin, je respirais par les fenêtres entrouvertes de ma somptueuse chambre, et sifflotais pour traduire le robuste optimisme qui m'animait. Hekmat pouvait bien pleurer et Sandy boire, renoncer à ma gaieté naturelle n'était pas mon genre quand se présentaient les circonstances dangereuses. J'allais repartir vers de nouvelles aventures, et je retrouvais le bonheur !

Je fis appeler Samy pour le prier de me procurer un staff-car en bon état de marche, après avoir cependant beaucoup hésité. Abrité sous ma réputation de « fils à papa » cérébralement dérangé au point de vivre sur une péniche au lieu de résider dans la maison bien close, bien ravitaillée, bien défendue, de la famille Gaafar, cela me permettait de jouer la vocation de radioamateur pour demander un poste à ondes courtes, mais prétendre disposer maintenant d'un staff-car pour me promener sur le front anglais d'Égypte, serait difficilement reçu par n'importe quel esprit sain ! Je passai outre, comptant sur la discrétion de Samy. Je n'oubliais pas que, durant toute ma carrière d'espion, les Juifs m'avaient procuré des renseignements de valeur inestimable, que pas un ne m'avait découvert par imprudence ou trahison. Mais je m'étais donné beaucoup de mai pour rien en pesant le pour et le contre, car la question du staff-car ne se posa plus.

— J'ai contacté le type de la croix rouge suédoise, me dit Samy. Il peut vous procurer une radio, mais désire d'abord vous rencontrer.

Je lui lançai par Samy une invitation à dîner pour le lendemain. L'espoir renaissait. Si nous possédions un poste émetteur, même incapable d'atteindre en direct la Cyrénaïque, je reprendrais la liaison par le relais d'Athènes, suppléant ainsi à la défaillance de mon appareil, trop perfectionné sans doute pour marcher longtemps, peut-être aussi avarié par la chaleur ou le sable pendant la traversée du désert.

Comment Eppler, « emmuré » par le major Seubert, cet Angelo de malheur – expression qu'il utilisera plus tard après la guerre pour justifier son initiative en présence de nos collègues espions démobilisés – aurait-il pu imaginer la situation dans laquelle il se trouvait, de fait ? J'avais, en France, contemplé un tableau « les emmurés de Carcassonne » qui rappelait les initiatives de l'Inquisition en pays cathare. Je ne savais pas, je n'imaginai pas, qu'il puisse exister des « emmurés » de l'Abwehr ! Et je me demande aujourd'hui si Angelo prit de lui-même cette initiative, si la condamnation de la mission Condor ne venait pas de plus loin, ne traduisait pas un courant de haine ou de jalousie né dans les profondeurs de l'organisation. Rohde m'avait prévenu, avant même de signer mon contrat en 1937. Rien de plus dangereux pour un espion que de faire parler de lui. Le tragique destin d'Alex, « roi de l'Abwehr », disparu sur les bords de la Caspienne, ne constituait-il pas un avertissement ? Je ne me posai pas la question, et pour cause, puisque ignorant tout de ma propre situation, mais des années plus tard, je tenterai d'établir un lien entre la mort d'Alex, l'emmurement d'Eppler et la chute de l'amiral Canaris. Cela revient à poser une question : existait-il dans l'Abwehr un courant autodestructeur, un super-agent délégué par les Hitlériens, un homme de l'Intelligence Service glissé dans ses rangs à l'échelon le plus élevé, afin de le paralyser ou le perdre ? Ma propre aventure tendait à vérifier cette hypothèse. En effet, je n'avais éprouvé aucun ennui tant que je recevais des missions à objectif lointain ou vague. Mais, après la destruction des péniches anglaises prévues pour obstruer le Danube, succès matériel d'importance internationale, loin de me féliciter l'Abwehr m'avait acablé. La mission Condor comptait parmi les trois ou quatre entreprises de grande envergure qui sont à porter au crédit de Canaris pour la durée de la guerre. En cas de réussite, le « chieur de pépins » devenait l'un des grands espions de l'histoire allemande. Mais, qui aurait osé, obéissant à un simple sentiment de jalousie, casser la mission Condor qui, on le sait aujourd'hui, commandait au destin de l'Afrika Korps se trouvant seule en mesure de le détourner à temps d'El Alamein ? Et, cependant...

Le capitaine Samson lui, ne se posait pas les mêmes questions que moi à propos de cette mission dont il savait encore peu de choses. Il connaissait le livre-code *Rebecca*, dans peu de temps il traduirait mes messages puisque je n'utilisais pas mon code de secours. Il ne savait pas d'où j'émettais, mais localiserait bientôt mon antenne grâce aux voitures-gonio. Il venait d'alerter toutes les bases égyptiennes du Field Security service et, à mon insu, des centaines d'agents se préparaient à me donner la chasse. Il ne savait encore rien d'Eppler et ne se doutait pas que le plus redoutable des espions installés au Caire, sur les arrières de l'armée anglaise d'Afrique, apparaissait régulièrement vers deux heures du matin au Kit-Kat pour surveiller sa maîtresse dont il admirait l'art sans désirer la chair. Mais, d'instinct, car il était né pour l'espionnage comme d'autres la musique ou le bridge, il sentait que le chef de la mission Condor et cet agent fixé au Proche-Orient et connu pour la perfection avec laquelle il parlait l'arabe ne représentaient qu'un seul et même personnage. Parmi les photos que la centrale de l'Intelligence Service venait de lui faire parvenir, se trouvait la seule que les agents anglais aient jamais réussi à prendre de moi, à la sortie d'un palace portugais, l'Estoril, alors que, pour quelques minutes seulement, se relâchait ma méfiance traditionnelle. Mais il n'avait pas encore opéré le rapprochement entre la photo de l'agent Eppler et le client du Kit-Kat avec lequel il avait une fois bu des whiskies, par une nuit plus chaude qu'à l'accoutumée et, curieusement, ce rapprochement, il ne l'opérera jamais.

Bien entendu, je ne connaîtrai ces détails que fort longtemps après la guerre, en lisant le livre que Samson devait publier, puis en le rencontrant à Londres dans le cadre d'une amitié naissante, fortifiée depuis, comme il se doit entre deux adversaires qui cessent de se combattre une fois la hache de guerre enterrée.

La soirée qui suivit le dîner offert à l'Autrichien Maur, collaborateur de la Croix rouge suédoise du Caire, fut très réussie. J'avais invité force jolies filles et quelques jeunes de la société égyptienne. On dansa beaucoup et, si « Monsieur Prudhomme » avait compté parmi les agents de l'Abwehr, il aurait assuré avec sa gravité habituelle, que nous dansions sur un volcan. Mais Hekmat, Sandy, Rehbinder enfin rétabli, et moi-même dans une certaine mesure, avions besoin de nous étourdir. La fièvre obsidionale montait en nous, autour de nous. Lentement mais sûrement, sans qu'il nous soit possible d'en surveiller la progression par des points de repère qui nous étaient refusés, nous adoptions la mentalité des hommes traqués, en éprouvions la fatigue croissante. Rien ne semblait nous menacer dans la vie de chaque jour. L'argent abondait. Aucun individu suspect par son vêtement luxueux ou ses haillons ne rôdait autour du house-boat. Le téléphone ne lançait jamais d'appels suivis de silences. Extérieurement, nous vivions en temps de paix, mais que de guerres dans le subconscient de chacun de nous ! Rien ne témoignait sur la défaite, cependant acquise, de Condor, sinon ce poste muet, à la fois rocher de Sisyphe et épée de Damoclès et, cependant, nous pouvions en lire tous les détails dans nos cœurs. Chaque soir, mon radio se retirait en murmurant, puis finalement criant :

— Budy, c'est demain qu'ils viennent !

Ce rituel ne remontait pas le moral d'Hekmat qui, elle, affirmait :

— Hussein, mon chéri, nous allons tous mourir. C'est la volonté d'Allah. Il faut partir. Emmène-moi loin d'ici.

La vie brillante qui, la nuit, berçait ses folies dans le rayonnement des ampoules multicolores du pont-promenade, recouvrait des suaires que, lentement, chacun de nous tirait de plus en plus haut vers son visage. Un état de crise se dessinait. Le poids de la lutte contre l'ennemi sans visage qui nous assiégeait devenait intolérable et créait ces conditions, bien connues de la police, qui engagent le coupable à se livrer spontanément, sans qu'il soit nécessaire de le pourchasser dans ses positions de repli. Vivre dans la clandestinité se révèle impossible à la longue. Surtout lorsqu'elle ne sert plus à rien. Sandy ne croyait pas à une confrontation entre notre émetteur et celui que l'Autrichien Maur venait de me promettre. Hekmat ne croyait plus à l'utilité de confesser les officiers anglais dans son lit. Elle espaçait déjà ces corvées abominables, et bientôt elle y renonça. Le Condor s'était posé au bord du Nil et, désormais, ne reprendrait plus son vol.

C'était à ce moment qu'il eût fallu mettre un terme à l'aventure, abandonner la péniche et la ville. Partir avec la Cadillac pour le Soudan restait encore possible, même facile. Mais, tenace, je ne renonçai pas à rétablir cette liaison radio puisque Maur venait de me promettre un poste. Toutes les conditions pour que le Condor tombât dans un piège se trouvaient réunies. Nous étions à bout de nerfs. C'est ainsi que, prenant congé de Maur qui semblait avoir approuvé ma fantaisie de jouer au radio amateur, Sandy prononça la phrase qui, probablement, scella le destin de la mission. Il dit à l'Autrichien, en lui serrant la main, mi-sérieux mi-rieur :

— Et n'oublie pas que si tu es un mouchard, je te flingue et je te jette dans le Nil !

Si Maur était un mouchard, une pareille sortie non justifiée par la conversation précédente ne pouvait que l'engager à se précipiter chez les Anglais. S'il ne représentait vraiment qu'un simple collaborateur de la Croix rouge, elle l'amenait à se poser des questions troublantes. Devenant mouchard malgré lui, par idéologie, car Autrichien anti-hitlérien au service d'une Croix rouge qui l'était encore plus que lui, il ne pouvait que se précipiter également chez les Anglais. Restait un problème que je ne suis jamais arrivé à résoudre après la guerre : comment ce Maur disposait-il d'un émetteur à ondes courtes ? Si la Croix rouge en possédait un, il lui servait pour les liaisons avec Stockholm et il paraissait douteux qu'un simple employé puisse le détourner à son profit. Si la Croix rouge n'avait pas de poste, où pouvait-il s'en procurer un, au Caire, sinon auprès de… l'Intelligence Service ? Maur travaillait-il pour Samson ? Mon ennemi prétend ne l'avoir jamais connu, du moins c'est ce qu'il devait m'affirmer plus tard, à Londres. Mais comme j'ai tendance à penser que si Allah est Allah, l'Intelligence Service est son prophète, je ne crois jamais à la totale sincérité des espions. Il est des agents qu'il faut protéger, même une fois la paix revenue !

Sandy venait de commettre une faute grave. Je n'avais pas le courage de lui reprocher cette phrase explosive. Il était déjà saoul en prononçant. Saoul de whisky et de désespoir. Il allait passer la nuit à se saouler plus encore. Jusqu'à l'oubli. Je l'entendais maintenant ouvrir une bouteille pendant que je me déshabillais, venant de raccompagner Hekmat jusqu'à sa péniche, amarrée non loin de là, juste à côté de celle qu'habitait le colonel Robertson, chef de l'Intelligence Service au Caire. Entre le house-boat de l'Intelligence Service et celui de l'Abwehr existait à peine une centaine de mètres…

L'employé de la Croix rouge suédoise fit livrer le poste de secours le lendemain, comme promis. Mon domestique nubien le réceptionna, car Sandy dormait et je me trouvais encore en ville. Je venais d'exécuter un plan original caressé depuis quelque temps. Il s'agissait de s'introduire dans la grande centrale militaire occupant l'hôtel Sémiramis réquisitionné, la visiter, y recueillir le plus de renseignements possible. Je ne pouvais y déléguer Rehbinder ou Sandy, à plus forte raison Hekmat, trop connue pour jouer les petites putains en mal de soldats, chassant le jour par impossibilité de triompher de la concurrence durant la nuit. Je décidai d'opérer moi-même. Je ne croyais pas tellement à l'efficacité d'une telle incursion en territoire ennemi. J'y voyais plutôt une aventure à m'offrir, simplement parce qu'elle manquait à ma collection. Mon subconscient aurait dû savoir que ce serait la dernière. Le chant du cygne, ou plutôt du Condor bien que le grand oiseau de la cordillère des Andes soit peu doué pour les vocalises.

Pour édifier mon plan, je me dirigeai d'abord vers la rue Asr el Aini où habitait Hassan Ezzat, l'un des officiers appartenant, avec Sadate, aux cellules secrètes de l'armée égyptienne. Il détenait des papiers militaires anglais, volés sur les officiers, la nuit, à la sortie des boîtes et rendez-vous galants par ses hommes. Une fois, ils avaient même confisqué les uniformes et laissé les Anglais dans la rue en caleçon et gilet de corps. Je choisis dans sa collection les documents d'un lieutenant des Rifle Brigades dont l'âge correspondait au mien. Remplacer sa photo d'identité par la mienne ne posait aucun problème à nos faussaires cairotes. Je le quittai pour rencontrer sa sœur, une fille aussi jolie qu'intelligente, dans une villa de l'île Manyal el Rhodo, sur le Nil, dans le sud de la ville. J'y donnai rendez-vous à Sadate.

La maison où je rencontrais habituellement El Masri Pacha et Anouar el-Sadate, se trouvait dans un grand jardin abandonné et entouré d'un mur élevé, blanchi à la chaux, qui le protégeait des curieux. Tout près du portail se dressait un vieil olivier. Quand nos rendez-vous n'étaient pas menacés, Sadate accrochait un rameau de palmier à l'une de ses branches. L'absence du rameau signifiait : danger. Une nuit, je me dirigeai vers la villa pour y rencontrer El Masri, avec l'espoir de le détacher de la cause allemande qu'il perturbait par ses tentatives d'évasion régulièrement ratées, et dont il ne pouvait rien attendre pour la libération de l'Égypte. Sadate venait tout juste de mettre en place le signal donnant la voie libre et se trouvait encore au pied du vieil olivier. Je lui dis :

— Anouar, crois-tu que toutes ces précautions sont bien nécessaires ? Les Anglais surveillent El Masri certes, mais par l'intermédiaire de Lotfi, donc ça ne signifie rien !

Le colonel Lotfi, chef du service de renseignement égyptien, comptait en effet parmi les membres des cellules secrètes de l'armée. À cette époque, les cellules dépendant de Nasser ou de Sadate ne possédaient aucune force politique capable de renverser la monarchie et, à plus forte raison, de bouter les Anglais hors du pays. Bien des années passeront, et Farouk devra commettre bien des fautes capitales pour frayer la voie à la révolte militaire. Sadate me répondit :

— Lofti est d'accord avec nous, bien sûr, mais des traîtres peuvent se trouver dans le circuit. Méfions-nous.

La méfiance représentait la première vertu du futur président égyptien. Je n'insistai pas et gagnai la villa en sa compagnie. Un lampadaire déployait dans le salon une ambiance d'aurore au désert. Masri Pacha dégustait une tasse de café avec la maîtresse de maison qui se leva aussitôt pour nous en offrir une. Je me laissai tomber dans un fauteuil au côté du général et lui dis :

— Tu as tout à fait tort de t'obstiner à vouloir quitter l'Égypte. Qu'est-ce que tu ferais à Berlin ? Tu joues un jeu dangereux. Si jamais l'Allemagne perd la guerre, tu auras tous ses ennemis vainqueurs sur le dos. Et d'abord les Anglais ! Plus aucune chance de libérer le pays ! Si Rommel gagne, la situation change peu. Ce n'est pas toi, mais lui, qui fera la pluie et le beau temps au Caire. Hitler enverra plus tard un *gauleiter* et, si les Anglais perdent dans le delta les champs de coton que Manchester y possède, les Allemands les reprendront pour Berlin. Le sort du peuple égyptien sera peut-être meilleur, mais sa liberté n'y gagnera rien.

Je me tournai vers Sadate :

— Qu'en penses-tu, Anouar ?

Il ne me répondit pas. Anouar el-Sadate conservait en toutes circonstances une attitude fuyante et, de préférence, répondait « oui » aux questions les plus contradictoires.

J'insistai et il finit par répondre « oui », comme d'habitude.

Mais ce « oui » ne signifiait rien et pouvait aussi bien représenter un encouragement pour un départ de Masri Pacha que pour son renoncement à l'aventure. D'ailleurs, nous le surnommions entre nous « Anouar *isah isah* », ce qui, en français signifie : « Anouar oui-oui ». Il restera prisonnier de cette prudence jusqu'à la révolution des officiers. Nasser lui-même devra le rechercher à travers Le Caire au moment crucial, avec sa petite Austin Seven. Il finira par le découvrir dans une salle de cinéma où il s'était réfugié avec femme et enfant pour le cas où Farouk l'aurait emporté sur les révolutionnaires. Cependant, je connaissais le fond de sa pensée. Cet honnête homme représentait un parfait nationaliste égyptien. Ce n'est pas lui, certes, qui aurait tenté de prendre le pouvoir en Égypte tout en résidant à Berlin. Étroitement lié aux « Frères musulmans » et aux « Chemises vertes », lui savait qu'on n'emporte pas sa patrie à la semelle de ses souliers, et l'affirmait, d'autant plus que son patriotisme restait étroitement lié à la religion musulmane. Mais ce fils de paysans madrés ne prenait aucun risque. J'essayai encore de convaincre Masri Pacha en lui disant :

— C'est en Égypte, pas à Berlin, que les révolutionnaires de 1919 ont opéré. C'est ici, et non à partir de l'Allemagne, que Saad Zaghloul a essayé de libérer le pays. Alors ?

Mais le général n'arrivait pas plus à renoncer à ses projets d'évasion qu'à mettre au point un plan cohérent de fuite dont la stratégie cesserait de relever de la pagaille égyptienne. Je le quittai tard dans la nuit, en compagnie d'Anouar el-Sadate et regagnai ma péniche.

Mon uniforme était prêt. Je l'avais commandé chez un tailleur de la rue Fouad, spécialisé dans les tenues militaires depuis vingt-cinq ans. J'y fixai, en bonne place, le badge des Rifle Brigades et, quelques jours plus tard, vers onze heures du matin, je franchissais d'un pas martial le seuil du Sémiramis, salué en forme réglementaire par la garde.

Une délicieuse émotion me chatouillait la gorge, mais sans plus. Je ne m'attendais pas à surprendre les confidences de Montgomery à son état-major, à tomber sur les plans détaillés de la bataille d'arrêt qu'il mettait au point contre Rommel, non plus qu'à me voir démasqué par l'un des officiers rencontrés au Kit-Kat, bien que cette éventualité ne puisse logiquement être exclue. Je savais que ma bonne étoile brillait toujours et que, jouant maintenant plutôt que vivant mon rôle d'espion, je ne courrai pas plus de risques qu'un acteur de cinéma.

Je parcourus les couloirs du Sémiramis avec l'assurance d'un jeune lieutenant des Rifle Brigades sachant où il va, saluant les officiers supérieurs que je croisai, rendant les saluts du personnel subalterne. Je finis par déboucher dans les anciens salons, transformés en salles de conférences. Une réunion se tenait dans le plus vaste. Une cinquantaine d'officiers déployés en demi-cercle devant un tableau noir exposant des positions de campagne, écoutait un colonel. Il expliquait qu'il s'agissait là des « jardins du diable » de Rommel. Peu au courant des créations tactiques du Feld-maréchal, je ne savais pas que ces positions d'arrêt devaient être mises en œuvre par lui devant El Alamein, mais les Anglais, eux, semblaient fort bien le savoir, et ils en instruisaient leurs officiers de troupe appelés à les affronter. C'était pour moi une découverte, non une révélation car je savais déjà que, si les plans de l'Afrika Korps se baladaient dans les hôtels du Caire, c'était parce que les agents de l'Intelligence Service voyageaient beaucoup entre Rome et Tripoli. L'échec du premier assaut contre Tobrouk en témoignait. Si j'avais encore possédé des liaisons avec Rommel, je me trouvais en situation de remporter un joli succès en matière de contre-espionnage. Mais l'espoir pouvait renaître si Maur apportait l'émetteur promis. Je restais sceptique, mais disponible.

Le colonel instructeur insistait maintenant sur une technique d'emploi des chars connue de nous, et je décidai de me retirer avant la fin de la conférence, pour éviter de participer aux discussions qui ne manqueraient pas de suivre. Je me glissai parmi mes camarades en m'inclinant légèrement chaque fois que je les frôlai.

— *Sorry… Sorry… Sorry!*

Il se faisait tard. La lumière baissait.

Avant de quitter le Sémiramis, je passai tout naturellement par les lavatories et là, il me fallut répondre à la cordiale invitation à prendre un *drink* au Turf Club que deux officiers me lançaient *ex abrupto*. Je les suivis. Je ne craignais rien puisque portant d'authentiques documents d'identité des Rifle Brigades. Malheureusement, au moment de payer la tournée de scotch que je venais d'offrir, je posai sur la table un billet de cinq livres sterling. Je ne savais pas que les Anglais réglaient les soldes en livres égyptiennes et interdisaient l'usage de leur monnaie nationale dans le pays. Le barman Peter, que je connaissais, changea le billet sans faire de remarque, mais un client qui observait la scène se leva aussitôt et s'enferma dans la cabine téléphonique. Je comprendrais seulement le lendemain, en rencontrant Peter dans la rue, que je venais d'abaisser ma garde devant l'ennemi et que le pseudo-lieutenant des Rifle Brigades avait intérêt à disparaître le plus tôt possible. Peter me disait en effet que, cinq minutes après mon départ, deux hommes étaient venus lui réclamer le billet de cinq livres ! C'était l'Intelligence Service qui se lançait à la recherche du mystérieux lieutenant, avec d'autant plus d'énergie que les services d'écoute venaient de signaler à Samson l'existence d'un émetteur clandestin dans la capitale égyptienne !

Cependant, j'avais quitté le Sémiramis sans plus de difficulté que pour l'aborder quelques heures plus tôt. Je regagnai la péniche, après avoir traîné dans les rues jusqu'à la nuit close, afin de me glisser à bord sans être vu. Que se serait-il passé si le pauvre Sandy, ivre comme chaque soir, m'avait pris pour un véritable officier anglais ? Il m'aurait probablement tiré dessus !

En regagnant ma chambre, j'ai aperçu le poste émetteur livré par l'Autrichien. Il m'a paru énorme par rapport à celui de l'Abwehr et l'état de Sandy ne permettant pas de procéder immédiatement à sa mise en place, j'ai remis l'affaire au lendemain. Je dors peu et m'éveille tôt. Généralement vers quatre heures du matin. Je garde la fenêtre ouverte durant la nuit. Surtout ici, pour respirer l'odeur du jasmin que je trouve paradisiaque. Je m'installe dans le silence, sorte de bivouac posé sur la route de l'Orient, oasis de paix dressée entre deux chansons, un appel du muezzin et un cri d'ânier, la plainte d'un aveugle et la psalmodie des bateliers descendant le Nil. J'aime ce silence presque absolu ! Quelques jours plus tard, il ne se trouve pas au rendez-vous de l'aube. Pourquoi ? À demi-réveillé, je prête l'oreille, cherchant à percevoir ce qui le trouble. Presque rien. Un frôlement d'où naît un bruit soyeux comme celui de deux pièces d'étoffe glissant l'une sur l'autre. Ou celui de rames oscillant sur leurs tolets soigneusement graissés, essayant de ne laisser aucune trace sonore en plongeant dans l'eau. Un simple murmure qui se déploie le long du house-boat. Personne n'a crié, comme dans un film de guerre ou d'espionnage « garçons, nagez en silence ! » et cependant, j'ai compris. Je sais. Je bondis de mon lit, me lance dans le couloir que je parcours pieds nus et en pyjama. Je donne du poing contre la porte d'une chambre en criant :

— Sandy, les voilà !

Déjà, des pas clapotent sur le pont-promenade. Je ne me sens pas autrement ému. Tout s'ordonne en moi avec une netteté extraordinaire, en même temps que s'accomplit un classement des priorités. D'abord le cyanure. Trop tard, car les capsules se trouvent dans un tiroir du bar déjà occupé par l'ennemi. Ensuite, la péniche. Je me précipite dans les fonds et ouvre les prises d'eau. La trombe qui jaillit sur mes pieds m'apparaît délicieusement tiède. Ensuite, l'émetteur de l'Abwehr. Trop tard ou non ? Déjà sonne la vingt-cinquième heure, une heure après la dernière heure, mais Sandy l'a maîtrisée. J'entends des craquements formidables. Mon athlétique radio est en train de briser l'appareil à coups de hache. Quel désastre si ce poste d'avant-garde était tombé intact aux mains de l'Intelligence Service ! Je remonte dans le couloir et me heurte à Sandy qui, d'un coup d'épaule, a brisé le contre-plaqué occultant la porte de la chambre d'émission. Il a les mêmes réflexes que moi et crie :

— Le cyanure ?

— Trop tard, il est là-haut !

Il fronce le sourcil, réfléchit une seconde et dit :

— On ne peut pas vivre tous les deux… Les interrogatoires… On videra chacun notre sac si on les laisse nous jouer l'un contre l'autre.

— Et tu crois qu'ils vont te laisser ton Luger ?

— Ils ne trouveront pas la lame de rasoir que je porte entre les couilles et la cuisse, collée avec du scotch. Alors, qui passe le premier ?

— On a le temps, mais il faut décider[1].

1. Avec un courage exemplaire, Sandberg s'ouvrira les veines à trois reprises, mais les Anglais découvriront toujours ses tentatives de suicide assez tôt pour le sauver par des transfusions sanguines.

Déjà, de violents coups ébranlent la porte-amont du couloir. Mais, bloquée de l'intérieur par une solide barre de fer, elle résiste. Des cris s'élèvent :

— Rendez-vous !

Il me semble reconnaître une voix déjà entendue quelque part. Au Kit-Kat peut-être. Mais ce n'est pas celle de Hekmat. Une fille de Pharaon ne trahit pas ! Sandy insiste :

— Vite. Décidons-nous. Qui passera le premier ?

— On joue ça à pile ou face.

J'extrais une pièce de ma poche et la jette en l'air.

— Face !

— Pile !

Je gagne et dis :

— On n'en est pas là ! Il faut tenter une diversion. J'occupe les Anglais sur l'avant pendant que tu sors de la chambre radio par la trappe. Tu plonges du pont supérieur et nages discrètement vers la péniche d'Hekmat. Tu as seulement cent mètres à couvrir. Vite ! Exécution !

Sandy disparaît. Je repasse par ma chambre à la recherche d'une arme, ne trouve pas le pistolet, rafle sur la commode une paire de chaussettes noires déposée là par le Nubien après lavage et qui, roulée, offre toutes les apparences d'une grenade à main. Grenade en main, je me dirige vers la porte du couloir que les coups ébranlent. À intervalles réguliers, un homme se jette contre elle pour l'enfoncer. Je libère brusquement la barre de fer qui la bloque. La porte s'ouvre d'un seul coup sous la ruée de l'assaillant qui, ne rencontrant plus d'obstacle, perd son équilibre, s'étale et glisse à plat ventre le long du couloir. Je bondis sur le petit gaillard d'avant où il y a foule. Merde, combien sont-ils à donner l'assaut ? Une compagnie au moins ! Dans le jour qui naît, maintenant, auréolé comme une coupe d'albâtre que des bougies éclaireraient par en dessous, le moindre de mes gestes devient perceptible. Je porte la paire de chaussettes roulée à mes dents et simule un dégoupillage de grenade. Des cris montent :

— Attention, il est armé ! Grenade !

Les assaillants refluent. Certains plongent par-dessus bord. La route vers l'échelle extérieure, qui permet d'atteindre le pont-promenade apparaît maintenant dégagée. Donc, je grimpe pour couvrir Sandy qui s'apprête à quitter le house-boat. Trop tard. Je sens brusquement la pression d'un canon de mitraillette au bas de mes reins et j'entends la voix déjà connue crier, avec une sorte de désespoir :

— Non ! Non ! Prenez-le vivant !

Intimé en dialecte cockney, un ordre de mon agresseur claque :

— *Stick'em up honey !*

J'obéis et lève les bras. La pression de la mitraillette se relâche un peu. Je reconnais alors l'homme qui se dirige vers moi. C'est celui qui m'offrit un whisky au bar du Kit-Kat la nuit où Hekmat devait se donner à moi !

Il s'approche et se présente.

— Samson !

Puis :

— *Good morning, mister Gaafar*[1].

Je ne saurais être en reste de courtoisie.

— *Good morning, sir !* Je vous signale que, dans dix minutes, ce house-boat sera au fond du Nil.

Mais, comme je me souviens d'être en retard d'un whisky dans l'assaut de politesse commencé trois mois plus tôt, j'ajoute :

— *I owe you a drink, sir !*

Je m'acquitterai de cette dette sept ans plus tard seulement, mais le fait de la rappeler dans des circonstances aussi mouve-

1. Samson écrira dans son livre : « La capture d'Eppler représenta mon plus grand succès de toute la guerre, mais fut également la plus difficile ».

mentées laisse mon adversaire en retard d'un trait d'humour. Il le comprend, l'admet et me tend la main en disant :

— *I'm sorry!*

Moi aussi, je suis *sorry*, et plus encore qu'il ne l'imagine, mais je prends tout de même la main tendue et la serre. Il me dit encore :

— *Take it for a game and as you know there are winners and losers!*

Je confirme sa remarque pleine de philosophie :

— Dans tout jeu, l'un perd et l'autre gagne ! Vous avez gagné. J'ai perdu. L'histoire ne comporte pas d'autre moralité.

Les hommes de Samson me poussent vers la passerelle avec Sandy qui n'a pas eu le temps de sauter à l'eau. La péniche s'enfonce très rapidement derrière nous, emportant au fond du Nil ses précieux tapis de Perse, les tapisseries de soie, le bar richement approvisionné et les ruines du poste émetteur qui, tout en représentant le dernier mot de la technique, ne nous a pas rendu plus de services qu'une brouette ! Il est cinq heures du matin. Déjà, les quais s'animent. Le menu peuple égyptien qui se dirige avec sa nonchalance habituelle, vers ses tâches quotidiennes, ne saurait m'être d'aucun secours. Les Anglais règnent sur le pays et ce ne sont pas les cellules militaires de Sadate qui peuvent, pour l'instant, changer la situation !

Le cockney qui m'a collé sa mitraillette dans les reins marche à mes côtés, mais sans hostilité apparente et ne cherche plus à me menacer de son arme. Il fait partie de l'équipe de rugby victorieuse, tout simplement. Il me fait monter dans un staff-car. C'est un Ford V-8 semblable à celui qui m'a permis de franchir le désert depuis les positions occupées par l'Afrika Korps. Samson prend place sur la banquette près de moi et nous démarrons. Par petites phrases lancées avec une froide objectivité, il me raconte quelques épisodes de la poursuite engagée contre moi depuis plus de trois mois. Il s'est particulièrement penché sur les traces du mystérieux lieutenant des Rifle Brigade que j'avais campé pendant vingt-quatre heures, mais sans aboutir.

Une rage contenue me serre la gorge. L'initiative prise par cet imbécile de Seubert, me rejetant dans les ténèbres extérieures du silence, a servi Samson mieux que les fautes tactiques commises par moi et Sandy : un billet de cinq livres donné à contretemps et une phrase malheureuse. L'image de ce fonctionnaire que je connais occupe tout l'horizon de mes pensées et ne laisse aucune place aux perspectives immédiates qui vont m'engloutir. Je connais les règles du jeu. Je ne me fais aucune illusion et me félicite mentalement d'avoir obligé Rohde à prévoir dans mon contrat une indemnité de trente mille marks à verser entre les mains de Wapo en cas de mort. Puis je repense au proverbe arabe du désert : « À trente kilomètres t'attend la mort ! » C'est à peu près la distance qui m'en sépare maintenant, car nous venons de traverser le Nil et, sur sa rive droite, roulons vers le Sud.

On me conduit évidemment à Meadi. Là se trouvent de riches villas entourées de jardins, les restes d'une forêt pétrifiée et, deux kilomètres plus loin, un camp installé depuis le début de la guerre par le SIME, c'est-à-dire le Secret Intelligence Middle East. Je sais, après l'avoir aperçu une fois et observé, mais de loin, qu'il s'appelle « Central Security Detention and Interrogation Camp ». Je connais le processus qui m'attend… Plusieurs mois d'interrogatoire serré à raison de dix heures par jour… la cour martiale… la mort. Je sais qu'avant de mourir, j'aurai « vidé mon sac » ! On parle toujours pendant un interrogatoire renforcé, devant l'Intelligence Service, tout comme le S.D. ou la NKVD, même si des enquêteurs intelligents n'usent pas de violences pour vous délier la langue !

Déjà, mon cerveau travaille sur un plan nouveau, opère un choix entre ce qu'il convient de dire et, dans toute la mesure du possible, de taire pour ne pas compromettre le travail ou la vie d'autres camarades. Je possède un seul atout, me permettant de sauver quelque chose dans la bataille qui s'engage : le silence de Sandy. Les Anglais ne pourront pas jouer mon radio contre moi, tactique aussi efficace que classique, s'il se suicide à temps, comme le sort en a décidé. Mais la question qui se pose, au-delà de cette étape, comporte une seule réponse : je le suivrai obligatoirement dans les espaces infinis où ne règne ni Dieu ni diable !

Je ne pose aucune question sur mon sort futur à Samson qui se garde bien d'aborder un tel sujet. Il connaît aussi bien que moi les règles du jeu et, avec une discrétion tout aussi britannique que l'hypocrisie de son clan, évite d'entrouvrir des perspectives désagréables. À quoi bon rompre ce climat d'estime réciproque qui, depuis ma capture, vient de s'établir entre le chasseur vainqueur et le gibier promis à la casserole ?

Pendant quelques minutes, je me penche plus volontiers sur mon passé que sur l'avenir et me pose des questions. L'Abwehr que j'avais sollicité pour vivre des aventures originales, m'a-t-il trahi ? En aucune manière. Il m'a procuré une gamme de situations et de sensations que jamais je n'eus montée par mes propres moyens, quelles que fussent mon imagination et ma fortune, qui était cependant rondelette ! Mon action dans l'Abwehr a-t-elle servi à quelque chose, pesé sur l'événement ? En aucune manière ! J'avais créé une voie secrète à travers le Proche-Orient, jusqu'aux Indes, et la Wehrmacht ne l'a pas utilisée. La mission Condor, qui pouvait changer le sort de l'Afrika Korps, n'a jamais pris son vol, par la faute de l'Abwehr lui-même, bien qu'elle ait coûté un million de marks ! Et cela m'amène brusquement à penser que si j'ai eu le temps d'acheter pour Hekmat le night-club qu'elle a bien gagné, je porte encore sur moi plus de dix mille livres sterling en coupures authentiques. Je suis résolu à exiger des Anglais un reçu en bonne et due forme pour cet argent qu'ils vont confisquer à l'heure de la fouille. En effet, si l'Allemagne remportait une victoire encore problématique, le caissier de l'Abwehr tiendrait à présenter à Canaris une balance des comptes exacte à un pfenning près. Membre d'une grande famille arabe, le « chieur de pépins » doit laisser une réputation d'honnêteté aussi inattaquable que la femme de César ou de Mahomet.

Je vais donc mourir pour ma passion de l'aventure, mais non pour l'Abwehr ! L'Abwehr égale zéro ! Mais l'Intelligence Service aussi ! Maintenant que Samson m'a éclairé sur les difficultés surmontées par lui, l'argent dépensé pour me capturer, alors que depuis mon arrivée au Caire je ne représente, bien malgré moi, aucun danger pour l'armée anglaise, je pense que l'espionnage pratiqué dans l'un ou l'autre des camps représente une activité aussi coûteuse que peu sérieuse. Il n'existe d'espion efficace que dans la littérature spécialisée. Cette activité romantique est liée aux guerres « de grand papa » et ne peut que tendre vers sa disparition car un jour viendra où les robots perceront les secrets de l'ennemi mieux que les hommes. Et, au lieu de me lamenter sur mon sort, je me dis maintenant que j'aurai compté parmi les derniers aventuriers à avoir agréablement vécu ce temps des illusions !

Je ne me sens plus mortifié par ma défaite, inquiet de mon avenir, mais délicieusement inutile. Comme Samson qui me dit :

— *We are going to Holiday Camp !*

« Camp de vacances« , c'est le surnom que les Anglais, avec une prodigieuse expérience de l'humour noir, ont donné au Central Security Detention and Interrogation Camp qui va m'accueillir. La mort ne m'attend plus à trente kilomètres, comme dans le désert, mais à vingt, puis dix, puis cinq. Cependant, je me sens de plus en plus tranquille. Je me rappelle que, parti avec Almaszy dans le grand désert occidental avec une seule voiture, comme des collégiens, nous avions attendu la mort. Elle n'était pas venue, au contraire. L'Anglais Clayton était arrivé, porteur de la vie. Et en somme, Samson était un agent anglais… alors ?

Le camp se trouve à cinq cents mètres de la route goudronnée, à l'extrémité d'un chemin poudreux. Au carrefour des deux voies, le chef d'un poste de garde nous fait stopper, contrôle les documents. Second contrôle à la porte du Central Security Detention and Interrogation Camp. Longues perspectives de baraquements pareils à toutes les baraques du monde. Vaste esplanade centrale. Parkings. La voiture s'immobilise à la hauteur d'un officier supérieur qui paraît l'attendre, s'avance, se présente quand j'en descends.

— Brigadier Roberts !

Puis, d'un geste engageant, il désigne la baraque du mess des officiers et ajoute :

— *I invite you for your last good breakfast!*

Mon dernier bon petit déjeuner ? C'était le mot de la fin. La fin de mes aventures d'espion. Quant aux autres, comme j'avais seulement vingt-huit ans, la vie ne faisait que commencer.

Table des matières

histoire

Hitler et les sociétés secrètes

Philippe Valode

nouveau monde poche

histoire
Himmler
et l'empire SS
Édouard Calic
nouveau monde
poche

histoire

Les hommes de Pétain

Philippe Valode

nouveau monde
poche

histoire

Maréchal Rommel
La guerre sans haine

Carnets

veau monde
poche

histoire

Beria, chef de la police secrète stalinienne

Thaddeus Wittlin

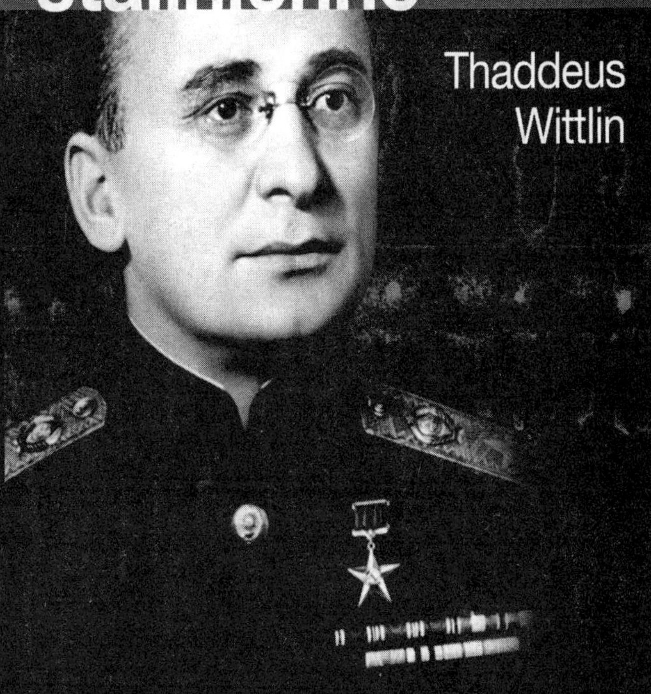

nouveau monde
poche

Thaddeus Wittlin
Beria, chef de la police secrète stalinienne

nm
poche

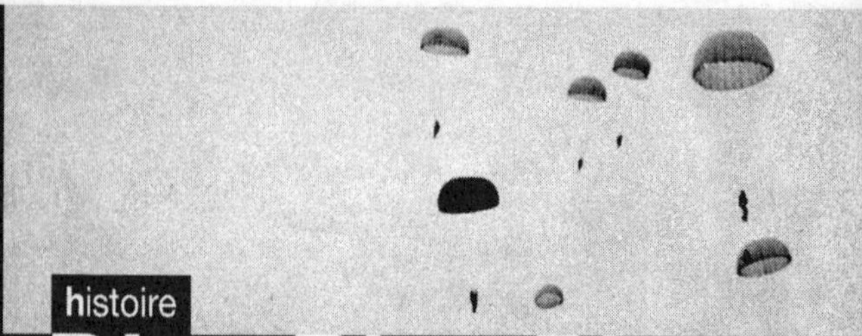

histoire

Dien Bien Phu vu d'en face

Paroles de bô dôi

Dien Bien Phu vu d'en face
Paroles de bô dôi

nm
poche

nouveau monde
poche

Stalingrad Friedrich Paulus

histoire

Stalingrad

Friedrich Paulus

Édition présentée
et annotée par
Boris Laurent

nouveau monde
poche

nm
poche

histoire
Les dernières heures de Guernica
Gordon Thomas
Max Morgan-Witts
nouveau monde
poche